5-7, rue de l'Ecole-Polytechnique, 75005 Paris

http://www.editions-harmattan.fr

ISBN : 978-2-343-12659-3
EAN : 9782343126593

La responsabilité pénale des personnes morales en droit malien à la lumière du droit comparé

Collection « Études africaines »

dirigée par Denis Pryen et son équipe

Forte de plus de mille titres publiés à ce jour, la collection « Études africaines » fait peau neuve. Elle présentera toujours les essais généraux qui ont fait son succès, mais se déclinera désormais également par séries thématiques : droit, économie, politique, sociologie, etc.

Dernières parutions

Mahamat Nasser HASSANE, *Dispositions et normes environnementales des lois pétrolières en Afrique centrale. Projets d'exportation du brut tchadien et du pipeline Tchad-Cameroun*, 2017.

Romaric Franck QUENTIN DE MONGARYAS, *L'école secondaire au Gabon, Analyse sociologique des jugements professoraux*, 2017.

Minette TOMEDI EYANGO TABI, *Bassin versant du Nkam-Wouri. Prototype de la biodiversité des zones humides du Cameroun*, 2017.

Herman Blaise NGAMENI, *La diffusion du droit international pénal dans les ordres juridiques africains,* 2017.

San Simon COULIBALY, *Interroger les défunts, orienter les vivants. Analyse ethnolinguistique des causes de la mort en pays toussian*, 2017.

Auguy MAKEY, *Misère de la philosophie négro-africaine*, 2017.

Edwige KOUADIO, *Du fosterage à l'adoption plénière. L'adoption des enfants de la pouponnière d'Adjamé (Abidjan, Côte d'Ivoire),* 2017.

Patrice MOUNDZA, *Le quotidien des artères urbaines du Congo*, 2017.

Jean-Emery ETOUGHÉ-EFÉ, *Les bars populaires de Libreville. Des construits de sociabilités*, 2017.

Guy MVELLE et Laurent ZANG (Dir.), *L'Union africaine quinze ans après, Tome 2*, 2017.

Guy MVELLE et Laurent ZANG (Dir.), *L'Union africaine quinze ans après, Tome 1*, 2017.

Joachim Emmanuel GOMA-THETHET, Marcel IPARI, Raymond Timothée MACKITHA, *Introduction à l'histoire et aux civilisations des peuples de la Lékoumou (Congo)*, 2017.

Alhousseini MOULOUL, *L'intégration économique et juridique en Afrique*, 2017.

Martial JEUGUE DOUNGUE, *La garantie des droits fondamentaux au Cameroun*, 2017.

Mamadou Billo BARRY, *Gouvernance et coopération internationale en éducation, Le cas de la Guinée*, 2017.

Christine THÉODORE, *Objets d'initiation. Rencontre avec un chasseur dozo. Échanges d'objets d'initiation et modifications des interactions*, 2017.

Pierre GIGUÈRE, *L'accès à l'habitat dans l'Afrique des villes. Un toit pour l'Afrique*, 2017.

Daniel MULENDA LOMENA EMAMBA, *La gestion de l'intégration des entreprises par la préservation des écosystèmes naturels*, 2017.

Issa Makan KEITA

La responsabilité pénale des personnes morales en droit malien à la lumière du droit comparé

L'Harmattan

DÉDICACE

À mes parents,

À mon épouse Dr. Fatoumata KEITA,

À mes enfants Amadou dit Junior, Moussa Balla
et le tout-petit Abdoul Karim,

À mes amis et collègues.

« *Le droit est l'objet d'une recherche, d'une recherche jamais close, qui s'opère par la dialectique et sur la base d'observations. L'étude n'y aboutit jamais qu'à des résultats provisoires.* »

M. VILLEY,
La formation de la pensée juridique moderne,
PUF « Quadrige », 2006, p. 91.

SOMMAIRE

PRÉFACE

Le présent ouvrage portant sur « La responsabilité pénale des personnes morales en droit malien à la lumière du droit comparé » constitue le texte de la thèse que le Docteur Issa Makan Kéita a soutenue à l'Université Ouaga II le 18 février 2014 sous ma direction devant un jury composé de cinq professeurs dont un Camerounais et un Sénégalais. A l'origine de ce travail, l'attention de l'auteur a été attirée par les débats doctrinaux relatifs au rejet et à l'admission de la responsabilité pénale des personnes morales. Il a été guidé dans le choix de ce thème par le souci de parvenir à une répression efficace des infractions commises, qu'il s'agisse d'une personne physique ou d'une personne morale, et à une plus grande équité à cet effet. C'est ainsi qu'il a engagé la réflexion en partant du cas de son pays, le Mali, puis en s'ouvrant aux droits des Etats de la sous-région et au droit comparé, en se concentrant sur les notions décisives de responsabilité pénale, de personnalité morale et en se préoccupant du sort des personnes physiques dirigeant de personnes morales ou impliquées dans la commission de l'infraction par la personne morale.

La responsabilité pénale est l'obligation pour toute personne de répondre de ses actes délictueux. Classiquement, les actes délictueux sont commis par une ou des personnes physiques. Il est donc question de savoir si une personne morale peut se rendre coupable des mêmes actes. Suant à la personnalité morale, elle n'est pas définie par la loi. Selon un célèbre arrêt de la Cour de cassation française de 1954, « la personnalité morale n'est pas une création de la loi ; elle appartient en principe à tout groupement pourvu d'une possibilité d'expression collective pour la défense d'intérêts licites, dignes, par suite, d'être juridiquement défendus et protégés ». Il en résulte, pour la doctrine, que les groupements ont la personnalité juridique s'ils sont pourvus d'intérêts collectifs distincts de ceux de leurs membres, d'une volonté collective qui permet la défense de leurs intérêts et d'une organisation collective qui assure l'expression de cette volonté. Avec l'évolution, le législateur est intervenu pour fixer le moment du commencement de la personnalité juridique pour la plupart des personnes morales, en particulier les sociétés commerciales dont la personnalité commence avec leur immatriculation au registre du commerce.

On peut noter qu'en raison de l'apparentement du droit de nombre d'États africains, dont le Mali, avec le droit français, celui-ci peut constituer une source d'éclairage et d'inspiration pour le droit malien afin de l'amener à consacrer un principe général en la matière. L'approche juridique comparative retenue a consisté à analyser, sous l'angle du droit malien, les grands principes du droit pénal et du droit de la responsabilité des personnes morales, en accordant une grand place aux sociétés commerciales qui jouent un grand rôle dans l'économie et, de manière générale, dans la société générale. L'auteur a eu recours à plusieurs législations d'Europe, d'Amérique et d'Afrique, lesquelles ont fait l'objet de ses analyses.

L'ouvrage présente un double intérêt théorique et pratique. Il dégage et analyse les principes et mécanismes juridiques pouvant permettre d'engager la responsabilité pénale des personnes morales, mais aussi de faire l'état de l'applicabilité et de l'application desdits principes par les tribunaux en vue d'éclairer les choix à faire sur le problème posé. L'institution de la responsabilité pénale des personnes morales est susceptible de diminuer la criminalité dont ces dernières peuvent être responsables. Elle vise à instaurer plus d'équité et de justice entre les personnes physiques et les personnes morales.

Le problème général de savoir si le législateur malien doit ou, tout au moins, a intérêt à adopter le principe général de la responsabilité pénale des personnes morales, a été traité par l'auteur autour de deux grandes parties avec des intitulés cohérents et expressifs : Première partie : L'inexistence d'un principe général de la responsabilité pénale des personnes morales en droit malien ; Deuxième partie : Pour la proclamation d'un principe général de responsabilité pénale des personnes morales en droit malien.

Le premier point concerne donc l'inexistence d'un principe général de la responsabilité pénale des personnes morales au Mali. A cet égard, l'auteur note qu'il faut reconnaître que l'être moral est pratiquement inexistant en droit pénal malien. Probablement, certaines raisons expliquent cette situation sans pour autant exclure une admission exceptionnelle de celle-ci.

Au titre des probables raisons du rejet au Mali, l'auteur relève la politique criminelle de la République du Mali, la politique criminelle étant l'ensemble des procédés par lesquels le corps social organise les réponses à la criminalité afin de maintenir l'ordre social. La politique criminelle malienne a la particularité de placer la personne physique au centre de ses préoccupations. Il convient d'y ajouter que le législateur malien a dû se laisser influencer par les arguments soulevés par les opposants à l'admission de la responsabilité pénale des personnes morales ainsi par les législations étrangères ayant rejeté le principe général de la responsabilité pénale des personnes morales.

Au titre de l'admission exceptionnelle de la responsabilité des personnes morales, elle découle de la directive de l'UEMOA portant sur certaines infractions spécifiques telles que la lutte contre le blanchiment des capitaux et le financement du terrorisme, directive que chaque Etat membre avait l'obligation de transposer dans sa législation nationale dans un délai raisonnable. Cela a conduit le législateur malien à transposer cette directive par la loi n°06-066/AN-RM du 29 décembre 2006 en incorporant dans sa législation les infractions prévues à l'encontre des personnes morales qui commettraient un certain nombre d'actes ou d'abstentions.

En plus de ce domaine, sur le plan régional, le droit de la responsabilité pénale des personnes morales fait allusion aux infractions portant atteinte à l'environnement. Il est à signaler que l'Association des Hautes juridictions de cassation des pays ayant en partage l'usage du Français s'intéresse à la question et constitue un cadre d'échanges à même de contribuer à l'évolution en la matière. Selon l'auteur, tout cela milite pour l'admission du principe de la responsabilité des personnes morales par le droit malien.

S'agissant du second point concernant la possible consécration du principe général par le législateur malien, l'auteur considère que l'adoption du principe général doit prendre en compte toutes les personnes morales de droit privé ainsi que les infractions susceptibles d'être commises par elles. Pour y parvenir, il a été fait recours aux justifications tirées du droit comparé et aux adaptations nécessaires à la mise en œuvre du principe.

D'abord pour les justifications tirées du droit comparé, l'incidence de la responsabilité pénale des personnes physiques sur les personnes morales doit inspirer le législateur malien. La personne physique se trouve toujours impliquée dans la commission de l'infraction. Il peut donc exister un cumul de responsabilité de la personne physique et de la personne morale. Le problème du cumul découle à la fois de l'imputation directe et de l'emprunt à la criminalité. Comme une personne morale peut être condamnée à la suite d'une infraction commise par son représentant, elle peut ne pas être pénalement responsable lorsque ce dernier bénéficie des causes d'exonération de responsabilité pénale. Ici, avec le cumul fréquent de la responsabilité pénale de la personne morale avec celle de la personne physique, on a l'assurance que la consécration de la responsabilité pénale des personnes morales ne va pas aboutir à l'irresponsabilité des personnes physiques, ce qui pourrait constituer un certain encouragement à la criminalité des affaires.

Le législateur malien doit également s'inspirer de la question de la représentation des personnes morales dans les différentes étapes du procès pénal. Le représentant de la personne morale doit être désigné dans les textes ou les statuts. Il peut aussi être désigné par le juge lorsque le représentant légal est inculpé, à titre personnel, en même temps que la personne morale pour les mêmes infractions.

L'on note des limites dans les procédures de désignation du mandataire ad hoc et du représentant spécial. Il s'agit de tierces personnes physiques comme le liquidateur judiciaire et l'avocat d'une personne morale pénalement poursuivie. Toutefois, la responsabilité pénale peut être retenue sans représentation. Il y a donc l'autonomie de la responsabilité pour les infractions par omission relatives, par exemple, au non-respect d'une obligation légale commise par un organe collectif au sein duquel un responsable n'est pas déterminé.

Ensuite, les adaptations de la mise en œuvre du principe doivent préciser davantage les critères d'existence de la responsabilité pénale. En effet, la commission d'une infraction par le représentant ou l'organe de la personne morale ne suffit point pour engager sa responsabilité pénale. Il faut qu'elle soit commise à son seul profit. En définitive, la personne morale doit retirer de l'infraction un bénéfice matériel ou moral, direct ou indirect.

Les adaptations doivent également préciser la nature des peines applicables aux personnes morales. Les peines prévues contre les personnes morales restent hiérarchisées en peines criminelles, correctionnelles et contraventionnelles avec des peines principales, complémentaires et alternatives. La loi doit prévoir ces différentes peines et encadrer leur prononcé par le juge. Comme pour les personnes physiques, les peines sont caractérisées par l'existence de circonstances aggravantes ou atténuantes. Les règles relatives à la tentative de commission d'infraction et à la complicité sont également applicables à la personne morale. Les personnes morales peuvent encourir une amende dont le montant est plus élevé que celui applicable aux personnes physiques pour la même infraction afin que la peine produise les effets attendus de son prononcé. Certains législateurs l'ont fixée au quintuple de l'amende applicable aux personnes physiques. De plus, certaines peines spécifiques sont prévues pour les personnes morales telles que la dissolution qui correspond quelque peu à la peine de mort pour les personnes physiques. Le casier judiciaire des personnes morales permet, à cet effet, de répertorier les condamnations prononcées à leur encontre.

En définitive, il y a lieu de relever que le débat sur la responsabilité pénale des personnes morales n'est jamais clos. Au-delà de l'interprétation des textes à laquelle le juge peut procéder, on peut penser que, au regard des faits générateurs qui existent, il est nécessaire de consacrer le principe au Mali et dans tous les États dont la situation juridique est comparable. Le développement économique et social, particulièrement celui de l'industrie et des services, accroit la fréquence de survenance de faits générateurs de la responsabilité pénale et les dangers que ces faits font peser sur les individus et l'ensemble de la société.

Au total, la réforme proposée pour le Mali découle d'un souci de rendre le droit pénal plus efficace et de maintenir l'équité entre la personne morale et la personne physique. Il s'agit de tenir compte d'une réalité criminologique où les personnes morales ne sont pas moins délinquantes que les personnes physiques. C'est pourquoi on peut remarquer que l'immunité qui leur est concédée actuellement par le silence de la plupart des textes ne se justifie guère. À chaque fois qu'une personne physique est pénalement responsable en sa qualité de représentant de la personne morale, le sentiment général qui se dégage est qu'elle a été injustement punie. Ainsi, l'admission du principe général de cette responsabilité permettra au droit pénal malien de rependre une part importante de son domaine que certaines structures administratives se sont déjà appropriées. Il s'agit des structures chargées de réguler les secteurs de l'activité économique et sociale, qui sont dotées de pouvoirs de sanction des personnes morales. Il s'agit également des autorités douanières qui disposent de pleins pouvoirs pour prononcer des amendes souvent plus élevées que celles classiquement connues en droit pénal. À cet effet, les contours des débats seront mieux cernés tout en ouvrant la voie à une effectivité de la responsabilité pénale des personnes morales en droit malien et africain sans créer une irresponsabilité au bénéfice des personnes physiques dirigeantes de personnes morales, qui, souvent, jouent un rôle non négligeable dans la commission d'infractions par les personnes morales.

On peut conclure avec le jury qui a examiné la thèse du Docteur Kéita que son ouvrage constitue une contribution importante à la théorie du droit de la responsabilité pénale des personnes morales et s'inscrit dans le mouvement de construction d'un droit africain des affaires, les Etats africains étant appelés à opter entre les grandes tendances de la législation pénale en la matière en y apportant leurs propres spécificités.

Pr Filiga Michel SAWADOGO
Agrégé des facultés de droit, Professeur Titulaire,
Ancien Doyen, Ancien Recteur, Ancien Ministre,
Commissaire à l'UEMOA
(juin 2017)

SIGLES ET ABRÉVIATIONS

AAI : Autorité Administrative Indépendante
AJDA : Actualité Juridique de Droit Administratif
Alii. : Et autres
AN : Assemblée Nationale
Art. : Article
BCEAO : Banque Centrale des États de l'Afrique de l'Ouest
BNP : Banque Nationale de Paris
Bull. crim. : Bulletin Criminel
C. A. : Cour d'Appel
Cass. Crim. : Cassation Criminelle
C. civ. : Code Civil
C. déb. Boiss : Code du débit de Boisson
CDI : Commission du Droit International
CEE : Communauté Economique Européenne
CENTIF : Cellule Nationale de Traitement des Informations Financières
Cf. : Confère
CFA : Communauté Financière Africaine
Chron. : Chronique
CIMA : Conférence Interafricaine des Marchés d'Assurances
Coll. : Collection
C. pén. : Code pénal
CPF : Code pénal français
CPPF : Code de Procédure Pénale Français
CSCRP : Cadre Stratégique de Croissance et de Réduction de la Pauvreté
C. trav. : Code du travail
D. : Dalloz
DG : Directeur Général
Doctr. : Doctrine
EDF : Electricité de France
EUARL : Entreprise Unipersonnelle à Responsabilité Limitée
GAFI : Groupe d'Action Financière
GIABA : Groupe Intergouvernemental d'Action contre le Blanchiment d'argent en Afrique de l'ouest
GIE : Groupement d'Intérêt Economique
Gaz. Pal. : Revue « Gazette du Palais »
Ibid ou Ibidem : Même référence
Infra : Ci-dessous

JCP : Juris - classeur périodique
JO : Journal Officiel
Litec. : Librairie technique
LGDJ : Librairie Générale de Droit et de Jurisprudence
NCPC : Nouveau Code de Procédure Civile
Obs. : Observations
OGM : Organismes Génétiquement Modifiés
OHADA : Organisation pour l'harmonisation en Afrique du Droit des Affaires
ONG : Organisme Non Gouvernemental
ONU : Organisation des Nations Unies
Op. cit. : Opere citato (déjà cité)
PDG : President Directeur Général
PNUD : Programme des Nations Unies pour le Développement
Préc. : Précédent
QPC : Question Prioritaire de Constitutionnalité
Rapp. : Rapport
Req. : Requête
RID Pén. : Revue Internationale de Droit Pénal
RSC : Revue de Sciences Criminelles et de Droit pénal comparé
RTD civ. : Revue Trimestrielle de Droit Civil
RTD com. : Revue trimestrielle de droit commercial et de droit économique
S. : Suivant
SA : Société Anonyme
SARL : Société À Responsabilité Limitée
SCS : Société en Commandite Simple
SNC : Société en Nom Collectif
SNCF : Société Nationale des Chemins de Fer (France)
Somm. : Sommaire
Spéc. : Spécial
SUARL : Société Unipersonnelle à Responsabilité Limitée
Suppl. : Supplément
Supra : Ci-dessus, plus haut
TGI : Tribunal de Grande Instance
Trib. Corr. : Tribunal Correctionnel
Trib. Pol. : Tribunal de simple police
UEMOA : Union Economique et Monétaire Ouest Africaine
V. : Voir

INTRODUCTION GÉNÉRALE

1. L'histoire de l'arche de Noé commence lorsque Dieu observe la méchanceté et la perversité des hommes, et décide de faire tomber un déluge sur la Terre pour y détruire toute vie en guise de sanction[1]. Également, l'histoire légendaire de la destruction mystérieuse des villes de Sodome et Gomorrhe intervient lorsque Dieu sanctionna leurs habitants immoraux et infidèles[2]. Ces cas font nécessairement allusion à la responsabilité pénale collective.

D'autres versions, d'une ressemblance plus approximative, peuvent se retrouver dans de nombreuses cultures à travers le monde. Ainsi, dans les sociétés traditionnelles africaines, la famille constitue l'unité de base à partir de laquelle s'érige l'édifice social par le respect des règles établies et acceptées par la conscience collective du clan[3]. Le chef de famille exerce la justice au sein de l'unité familiale. Les membres (la mère et les enfants) peuvent collectivement répondre des actes commis par l'un d'entre eux (généralement par les enfants). La sanction retenue est principalement le bannissement et la malédiction.

Traditionnellement au Mali, la notion de la responsabilité pénale collective a toujours existé. La malédiction constitue une sorte de *Nyama*, c'est-à-dire l'effet punitif de ce qui est interdit. C'est donc un rituel appelant les puissances divines à exercer leur action punitive contre un individu ou un groupe d'individus. Par le fait d'une personne, la malédiction peut atteindre

---

[1] L'**arche de Noé**, d'après la Bible, est un navire (une arche) construit sur l'ordre de Dieu afin de sauver Noé, sa famille (ses trois fils ainsi que leurs épouses) et toutes les espèces animales d'un Déluge sur le point d'advenir ; V. le livre de la Genèse, chapitre 6-9 ; v. le Coran, sourate 11, intitulée « Houd », versets 27 à 51.

[2] Après avoir convenu de se séparer d'Abraham afin d'éviter l'installation d'une discorde entre leurs clans, Loth s'attribua une riche plaine de la région du Jourdain où se trouvaient lesdites villes considérées comme les symboles de vice et de dépravation. Dieu, alerté par l'immense clameur qui s'élevait de ces villes, envoie deux anges pour vérifier si le péché était avéré. Quand Loth, sauvé par les anges, entra dans le Tsoar, l'Éternel fit tomber une pluie de soufre et de feu qui détruisit toute la plaine, ces villes et tous les habitants. La femme de Loth qui regarda en arrière, se transforma en statue de sel ; v. le livre de la Genèse, XIX.

[3] V. Chinua ACHEBE, *Things Fall Apart*, London : Heinemann, 1986. 150 p.; WA Thiong'o NGÛGI, *Weep Not, Child Portsmouth,* N. H : Heinemann, 1987, 136 p.

toute sa famille voire sa descendance. Il s'agit, par exemple, d'abattre son totem (interdit) ou certains animaux dans les positions bien indiquées, etc.

Aujourd'hui dans une ère de globalisation où l'individu s'efface au profit d'entités économiques et financières, il est également indispensable de retenir la responsabilité pénale de celles-ci. La responsabilité *s'entend*, en général, comme l'obligation pour une personne de répondre d'un acte perturbateur de l'ordre social et d'en assumer les conséquences civiles, administratives[4], pénales, etc. Elle consiste, plus précisément, en droit pénal dans l'obligation de répondre de ses actes délictueux. En cas de condamnation, la sanction pénale prévue pour cette infraction doit être exécutée selon les conditions et les formes prescrites par la loi. La responsabilité pénale n'est donc pas un élément de l'infraction mais l'effet et la conséquence juridiques de celle-ci. En droit pénal moderne lorsqu'une infraction est matériellement commise (peu importe qu'elle soit consommée ou tentée) contrairement aux législations primitives, l'auteur ou le complice n'encourt pas automatiquement de plein droit la sanction prévue par la loi. Ils ne peuvent être condamnés à une peine que s'ils sont reconnus pénalement responsables par le juge.

Les prétoires n'étaient pas réservés aux seuls êtres humains vivants. L'histoire de l'humanité recèle quelques exemples, en retraçant les époques avec leurs caractéristiques. La question de la responsabilité pénale, en général, remonte aux âges les plus sacrés de l'humanité. Si déjà en janvier 897 le Pape Etienne VI jugea le cadavre du Pape Formose en le condamnant et le dépouillant de ses ornements sacrés ou encore des procès intentés à des animaux accusés d'avoir dévoré des enfants, il parait légitime de considérer que la responsabilité pénale est aussi fonction de son époque.

2. La notion de la responsabilité pénale a, ainsi, eu différentes significations selon les conceptions et les époques. Prévue aujourd'hui par plusieurs codes et législations en matière pénale, la notion a été forgée au cours des siècles. Mais elle fut complètement formulée ou plus achevée à la fin du 18e siècle et au début du 19e siècle, suite à une certaine conception de l'homme développée avant la plupart des sciences humaines modernes. Cette conception était le reflet de l'anthropologie existante d'alors qui fut, à son tour, l'aboutissement d'une longue évolution de la notion de responsabilité générale[5].

---

[4] En droit français, la **responsabilité administrative** est l'obligation pour l'administration de réparer les préjudices causés par son activité ou celle de ses agents. La responsabilité de l'administration peut être engagée pour toutes les activités de l'administration mais obéit à un régime différent de celui du droit civil (Concl. sur TC, 5 mai 1877, *Laumonnier-Carriol).*

[5] Cf. J.-M. AUSSEL, *Le concept de responsabilité pénale,* Annales de la faculté de droit et des sciences économiques de Toulouse, tome XVII, fasc. 1, 1969, p.99, cité par Ibrahima Niass DIA : *Réflexion sur l'applicabilité aux personnes morales des causes d'exonération de responsabilité pénale,* thèse pour le doctorat en droit, Poitiers, 10 juin 2006, p. 13.

Au sein des sociétés archaïques ou primitives, cette notion était surtout axée sur la croyance en l'action de forces ou puissances surnaturelles dans la cohésion du groupe. Les faits criminels ont toujours été attribués aux puissances. Elles agissaient, dans un premier temps, par le biais de l'être humain (personnage social) à qui la responsabilité était liée en tant que membre du groupe défini par un système de référence et d'articulation et non l'homme saisi dans ses motivations psychiques de l'être individuel[6]. Dans un second temps, les puissances agissaient par des objets et des animaux[7], ce qui expliquait, sans nul doute, des procès contre ces derniers. La sanction visait, seulement, à éliminer le désordre au sein du groupe.

L'être humain n'est pas détachable du groupe car tout se fait autour de lui. Il s'agit là d'une responsabilité pénale plus subjective. L'évolution sensible dans les sociétés de l'antiquité sur la notion de responsabilité pénale a fait constater, à l'époque, une affirmation de la responsabilité individuelle dans plusieurs civilisations comme la Grèce et la Rome. Désormais, la personnalité du délinquant prend place avec une analyse de sa volonté. Avec un tel mouvement de subjectivation interviennent les notions de fautes et d'intention. Ainsi se définit l'infraction criminelle par « l'intention de son auteur (voluntas) et non par son seul résultat matériel (exitus) »[8].

La subjectivation de la responsabilité pénale a connu une dimension beaucoup plus importante avec les penseurs chrétiens à l'image de Saint AUGUSTIN[9]. Ils mettront tous l'accent sur la mentalité du pêcheur (délinquant) et aboutiront à la conclusion selon laquelle la responsabilité est retenue si toutefois l'individu a agi avec volonté et intelligence. Également, l'accent fut mis sur l'élément intentionnel par les juristes laïcs[10].

C'est surtout avec le droit canonique médiéval qu'une doctrine portant sur la responsabilité pénale affirme que l'auteur d'une infraction ne peut être puni que s'il a été moralement responsable de l'acte et a eu la volonté de le commettre[11]. Saint THOMAS mettra en exergue la liberté fondamentale de l'homme en disant que « c'est en tant que l'acte est volontaire, siège d'une volonté perverse, qu'il est coupable et qu'il engage la responsabilité morale »[12]. Ici, l'auteur insiste sur l'expression de la responsabilité morale plutôt que sur celle de la responsabilité pénale. Toujours, selon lui, « la responsabilité morale ne peut être appréciée en définitive par aucun tribunal

---

[6] Ibid., p. 102.

[7] V. J.-P. MARGUENAUD, *L'animal en droit privé,* thèse 1987, Limoges ; V. également R. MERLE, A. VITU, *Traité de droit criminel. Problèmes généraux de la science criminelle. Droit pénal général,* 7e éd. Cujas, 1997, n° 616 et spéc. note 6.

[8] Voir J.-M. CARBASSE, *Histoire du droit pénal et de la justice criminelle,* PUF, 2006, p. 25.

[9] Cité par J.-M. CARBASSE, op. cit., p. 223.

[10] Ibidem.

[11] J.- M. AUSSEL, op. cit., p. 103.

[12] Ibidem.

humain ; en jugeant les délinquants, on doit se contenter d'une approximation avec le concept de responsabilité pénale »[13].

La responsabilité pénale objective a, également, existé. En ce sens, l'État n'hésite pas à punir gravement les coupables « purement involontaires »[14]. Mais il faut rappeler que la sanction ne peut s'appliquer devant une cause d'exonération de responsabilité pénale (par exemple, les faits justificatifs qui permettent au juge de ne pas retenir la responsabilité pénale).

3. Les différentes conceptions de la responsabilité pénale seront, de plus en plus, abandonnées à partir du 18e siècle au profit des notions de culpabilité et d'imputabilité qui, souvent, déterminent le degré de responsabilité ou tout simplement la responsabilité de l'auteur. La responsabilité pénale suppose la réunion des notions de culpabilité et d'imputabilité sans lesquelles elle ne sera pas retenue. On conviendra alors que la personne morale n'est responsable pénalement que si elle est déclarée coupable et que l'acte lui est imputable. Toutefois, il faut distinguer la responsabilité des notions de culpabilité et d'imputabilité avec lesquelles on la confond très souvent[15].

D'abord, la culpabilité suppose la commission d'une faute au sens large, soit intentionnelle, soit d'imprudence ou de négligence constituant l'élément moral de l'infraction. Il s'agit de l'état de la personne convaincue d'avoir commis une infraction. En l'absence de faute, il n'y a pas de culpabilité et il n'y a pas d'infraction au sens classique[16]. Dès lors, le problème de la responsabilité pénale ne se pose pas. Et enfin, l'imputabilité[17] consiste dans la possibilité de mettre la faute au compte de celui qui l'a commise. Elle suppose donc avoir une conscience et une volonté pénale. Tel n'est pas le cas lorsqu'il y a trouble psychique ou contrainte[18]. Par là-même, il ne saurait y avoir de responsabilité véritablement pénale. Autrement dit, pendant que la culpabilité est l'élément moral de l'infraction, c'est-à-dire le rapport entre le sujet et sa conduite, l'imputabilité devient un état, une qualification du sujet lui-même. La responsabilité pénale au sens strict suppose la commission d'une faute (culpabilité) par l'auteur et que cette faute puisse lui être imputée (imputabilité)[19].

---

[13] Voir J.-M. CARBASSE, op. cit., p. 104.

[14] Voir J.-M. CARBASSE, op. cit., p. 47.

[15] Concernant cette distinction, v. Adde DANA, « *Essai sur la notion d'infraction pénale* », thèse Lyon 1981, LGDJ, 1985.

[16] Cf. Jimenez DE SUA, *Les problèmes modernes de la culpabilité*, Mélanges constitués, 1971, p. 147.

[17] Cf. l'art. 85 du Code pénal Italien de 1930 l'identifie avec la capacité de comprendre et de vouloir, v. aussi infra. n° 169.

[18] V. Infra. n° 207 et s.

[19] G. LEVASSEUR, *L'imputabilité des infractions en droit français*, Rev. Crim. 1968-1969, p. 390 et s. n° 5.

4. En revanche, il faut reconnaitre que même si l'expression « responsabilité pénale » est apparue au 18e siècle, le code civil français de 1804[20] et le code pénal français de 1810[21] n'utilisent guère le terme « responsabilité », mais plutôt le mot « responsable ». Les deux codes définissent différemment le mot responsable même s'ils font tous référence à la notion de faute. Il convient de signaler que les personnes morales sont partout civilement responsables des dommages causés et elles peuvent exercer un recours contre leur administrateur fautif. Mais cette règle n'intéresse pas le droit pénal qui a aussi ses limites[22]. La responsabilité civile est réparatrice alors que la responsabilité pénale est plutôt punitive.

Une personne morale ne pouvait être mise en cause que sur le plan civil pour réparer des dommages causés aux tiers, soit du fait de ses représentants légaux lorsque ceux-ci commettaient une faute considérée comme celle de la société elle-même, soit du fait des préposés de la société agissant dans l'exercice de leurs fonctions, sauf lorsque ceux-ci le faisaient sans l'autorisation et à des fins étrangères à leurs fonctions. Mais une personne morale ne pouvait être tenue responsable pénalement en raison du principe de « la personnalité des peines ».

5. La commission d'une infraction requiert non seulement la responsabilité pénale de l'auteur mais aussi sa responsabilité civile. Cela se justifie par un adage du 19e siècle, « le pénal tient le civil en l'état ». En d'autres termes, dès lors que la juridiction pénale est saisie et que les deux responsabilités (civile et pénale) portent sur les mêmes faits, alors le juge civil doit surseoir à statuer. Conformément à ce principe, l'article 4 du code de procédure pénale français indiquait que le juge civil devrait surseoir à statuer tant que le juge pénal ne s'était pas définitivement prononcé, lui interdisant ainsi de trancher le litige porté devant lui. L'action publique jouit donc d'une suprématie sur l'action civile, sur le commercial et le prud'homal[23]. Toujours par rapport à ce principe, la jurisprudence sociale[24]considérait que « dès lors que la décision pénale à intervenir était susceptible d'exercer une influence sur la solution de l'instance civile, le sursis devrait être ordonné ».

Mais la loi française du 10 juillet 2000 a introduit l'article 4-1 dans le code de procédure pénale qui a abrogé ledit principe concernant les fautes

---

[20] Cf. Les articles 1382 à 1386 du Code civil français qui font allusion à l' « obligation de réparer », constituent la base de la matière et utilisent le mot « responsable ».

[21] Les articles 59 à 69 du Code pénal français font état des « *personnes punissables, excusables ou responsables pour crimes ou pour délits* ».

[22] Limites à caractère pénal, v. infra n° 227, 299 et 307.

[23] En France, le conseil de prud'hommes est une « *juridiction d'exception paritaire chargée de concilier et, à défaut, de juger les litiges nés de la conclusion, de l'exécution et de la dissolution du contrat individuel de travail.....* », Lexique des termes juridiques, 12e éd., p. 135.

[24] Cf. Cass. soc., 1er octobre 2002.

non intentionnelles. Toujours en France, l'article 20 de la loi du 5 mars 2007 a modifié l'article 4 du code de procédure pénale en ces termes : « la mise en mouvement de l'action publique n'impose pas la suspension du jugement des autres actions exercées devant la juridiction civile, de quelques natures qu'elles soient, même si la décision à intervenir au pénal est susceptible d'exercer, directement ou indirectement, une influence sur la solution du procès civil »[25].

Cette réforme d'application immédiate s'applique aux procédures en cours dès que le juge n'a pas ordonné le sursis à statuer. Le sursis à statuer perd alors son caractère automatique et le juge civil peut se prononcer avant la décision pénale, sauf dans le cas des actions civiles en réparation du préjudice direct résultant de l'infraction pour laquelle le juge pénal est saisi. Ces textes français constituent désormais une remise en cause du principe[26], d'où il résulte que « le pénal ou le criminel ne tient plus le civil en l'état ».

6. La responsabilité pénale ainsi analysée du point de vue juridique[27] se différencie clairement de la responsabilité envisagée du point de vue criminologique.

La première n'existe que si une faute a été commise par l'auteur de l'infraction et si cette faute lui est imputable. C'est pourquoi on dit généralement que la responsabilité juridique est une responsabilité morale[28]. Ceci suppose que les personnes sont libres de leurs actes et que connaissant le bien et le mal, ce qui est permis et ce qui est défendu, c'est en toute liberté avec une pleine volonté qu'elles ont commis une infraction.

Quant à la seconde, elle est fondée sur le risque que l'individu fait courir à la collectivité. Pour certains criminologues, le libre arbitre est un mythe et la liberté morale une illusion. La volonté est en réalité déterminée par des influences naturelles, d'ordre physique, psychologique ou social. Ici, il résulte que la faute n'existe pas et, en conséquence, aucune peine ne peut être prononcée[29]. Pour la plupart des criminologues, il s'agit plutôt d'une responsabilité aussi bien sociale[30] que morale. Lorsqu'une personne est responsable, ce n'est pas parce qu'elle a commis une faute, mais parce qu'elle vit en société. Dès lors qu'elle trouble l'ordre social par ses actes ou par son comportement, elle s'expose à la réaction de défense de la société.

---

[25] V. Loi n° 2007-291 du 5 mars 2007, art. 20, J.O du 6 mars, p. 4206.

[26] Il s'agit du principe énoncé au 19e siècle « *le pénal tient le civil en l'état* », op. cit., p. 9.

[27] L'avant-projet définitif du Code pénal français de 1978 n'employait pas le terme de « *responsabilité* » pour les personnes physiques, ce qui avait suscité de nombreuses critiques.

[28] Par là, il faut retenir que l'obligation de subir la peine est une conséquence de la faute et la peine une sanction de cette faute.

[29] Il n'est pas nécessaire qu'une infraction au sens juridique soit réalisée car la responsabilité criminologique peut résulter du seul fait qu'une infraction a été commise par un dément ou un mineur.

[30] Cette responsabilité est appréciée par les juridictions répressives avec des garanties très voisines, sous forme de responsabilité pénale au sens large.

Ceci peut constituer une mesure destinée moins à punir l'auteur qu'à protéger la société. Il s'agit, dans ce cas, d'une responsabilité non juridique[31].

Fondamentalement, ces différentes définitions semblent ne pas diviser les juristes même si chacun conçoit la notion de responsabilité de manière à mieux l'adapter à sa discipline. La responsabilité juridique est nécessairement encourue par une personne, qu'elle soit physique[32] ou morale, publique ou privée.

7. La question de la responsabilité pénale s'avère être embarrassante avec la personne morale eu égard à la nature de cette dernière. En effet, la personne morale se définit comme une entité, généralement un groupement[33], ayant la personnalité juridique susceptible d'être titulaire de droits et d'obligations à l'instar de la personne physique[34]. Elle peut être, en outre, un groupement de personnes ou de biens dans le but de réaliser un bénéfice ou une économie.

La diversité des situations rend difficile l'élaboration d'une définition générale[35]. Ainsi définie, la personne morale répondrait pénalement de ses actes. Mais il a fallu attendre le règne de Louis XIV en France pour voir cette responsabilité des êtres moraux textuellement consacrée[36]. La personnalité, dont le groupement est revêtu, a pour effet de lui conférer la permanence et l'unité puisqu'elle forme une seule et même personne[37].

La personnalité morale n'est pas définie par la loi mais par une jurisprudence selon laquelle « la personnalité morale n'est pas une création de la loi ; elle appartient à tout groupement pourvu d'une possibilité d'expression collective pour la défense d'intérêts licites, dignes, par suite, d'être juridiquement défendus et protégés »[38]. Les conditions d'obtention de la personnalité juridique pour les groupements ont fait l'objet de nombreux débats. Il s'agissait de savoir si le législateur peut discrétionnairement décider d'accorder la personnalité à ces groupements. La personnalité morale

---

[31] La responsabilité non juridique peut être, aussi, le fait pour un mandataire de rendre compte à ses électeurs. On dit également que « *le gouvernement responsable devant le parlement* ».

[32] La personne physique a, tout le temps, été pénalement responsable.

[33] Il s'agit d'un groupement de personnes physiques ou morales qui souhaitent accomplir quelque chose en commun mais aussi de biens ou d'une personne morale constituée par la volonté d'une seule personne.

[34] Cf. Raymond GUILLIEN et Jean VINCENT, *Lexique de termes juridiques*, Dalloz, 17e éd., 2010 ; v. R. MERLE et A. VITU, *Traité de droit criminel*, tome I, 7e éd. Paris CUJAS, 1997, p. 212.

[35] Voir R. MERLE et A. VITU, *Traité de droit criminel- Droit pénal général*, Tome 1, Cujas, 7e éd., 1997.

[36] V. Infra. n° 79.

[37] Cf. B. SERRATRICE, *La responsabilité pénale des personnes morales dans le nouveau code pénal*, thèse Aix-Marseille, 1993, n° 24. ; V. également L. MICHOUD, *La théorie de la personnalité morale, son application au droit français*, tome I, LGDJ, 1924, p. 3 et 4.

[38] Cf. Cass.fr. 2e ch. Civ. 28 janvier 1954, D. 1954, p. 217, note G. Levasseur.

ne dépend pas du législateur mais de critères permettant de vérifier qu'elle existe. Les groupements ont la personnalité juridique s'ils sont pourvus d'intérêts collectifs distincts de ceux de leurs membres, d'une volonté collective qui permet la défense de leurs intérêts et d'une organisation collective qui assure l'expression de cette volonté[39].

La loi peut, néanmoins, décider des formalités d'obtention de la personnalité juridique et de l'étendue des droits et devoirs des personnes morales. Ce contrôle de la loi vise à protéger les tiers en leur permettant de connaître les instances dirigeantes notamment au cas où le groupement serait fictif. Ainsi, selon le type de groupement, la personnalité morale s'acquiert plus ou moins facilement et la personnalité juridique est plus ou moins complète.

8. La personnalité morale confère à son titulaire un certain nombre d'attributs reconnus aux personnes physiques comme le nom, un patrimoine ou un domicile et lui permet notamment d'ester en justice et d'acquérir des biens meubles ou immeubles.

De nombreux systèmes juridiques reconnaissent l'existence des personnes morales. Mais les règles qui varient d'un système à un autre et leurs capacités juridiques peuvent être plus ou moins étendues[40]. Le critère d'appréciation de la nature de la personnalité morale a suscité une des plus belles controverses[41] que le droit ait connues[42]. Il s'agit de la question de la volonté des personnes morales, eu égard aux répercussions du débat sur les notions de sujet de droit et de droit subjectif. Ainsi posée, la personnalité morale serait-elle une fiction ou au contraire une réalité ?

9. Selon la théorie de la fiction, seules les personnes physiques sont aptes à devenir sujets de droit. Cette théorie, dite classique, est mise en forme par SAVIGNY[43] et sera notamment adoptée dans ses grandes lignes par AUBRY

---

[39] Cf. Y. BUFFELAN-LANORE, *Droit civil*, Armand Colin, 13e éd., 2003, n° 182. ; V. G. CORNU, *Introduction : les personnes, les biens*, Montchrestien, 9e édition, 1999, n° 775. P. MALAURIE, *Les personnes Les incapacités*, *Defrénois*, coll. Droit civil, 2003, n° 356 ; v. F. TERRE, D. FENOUILLET, *Droit civil : Les personnes La famille Les incapacités*, Dalloz, 6e édition, coll. Précis, 1996, n° 246. ; v. F. TERRE, *Introduction générale au droit*, Dalloz, 4e édition, coll. Précis, 1998, n° 353.

[40] Cf. La loi du 1er juillet 1901 en France confère la personnalité morale aux associations déclarées. On parle de « *petite personnalité* » qui permet à l'association d'encaisser des ressources et d'acquérir des bâtiments.

[41] Il s'agit des années 1850 à 1920 environ.

[42] Cf. Charlaine BOUCHARD, *La personnalité morale démythifiée*, Coll. « Droit », 2002, p. 67.

[43] SAVIGNY cité par Charlaine BOUCHARD, *La personnalité morale démythifiée*, Coll. « Droit », 2002, p. 41.

et RAU[44]. Le système repose sur une coïncidence entre personnalité humaine et personnalité juridique.

En revanche, SAVIGNY reconnaît que le droit positif peut élargir la catégorie des sujets de droit au-delà des personnes naturelles en créant artificiellement des personnes juridiques. Ici naît, donc, la personnalité morale. Quant à la mise en œuvre des droits ainsi dévolus à cet être artificiel qui n'a pas de volonté propre, SAVIGNY fait appel à un « remède artificiel » : la représentation[45]. En effet, seront désignées dans les statuts des personnes physiques qui voudront pour elle ou, en d'autres termes, lui fourniront une volonté. En résumé, pour SAVIGNY, les personnes morales ont bien une volonté mais une volonté artificielle attribuée fictivement à la collectivité grâce à la représentation. La personne morale serait un véritable incapable. La volonté ne se trouve donc pas au fondement de la personnalité morale. Elle n'est utile que pour résoudre le problème induit par la reconnaissance de sujets de droit fictif. L'absence de volonté propre empêcherait la personne morale d'être pénalement responsable.

Une autre conséquence de ce système est que la fiction est nécessairement l'œuvre de l'État car attribuer la personnalité juridique à une collectivité est un fait extraordinaire mais si l'État est l'auteur de cette personnification comment expliquer qu'il soit lui-même une personne morale.

10. La théorie de la réalité, au contraire, soutient que la reconnaissance de l'État n'est pas indispensable à l'établissement de la personnalité morale. Pour les partisans de cette école, seule la réalité compte. Or, l'observation de cette réalité montre que la volonté d'un groupement de personnes est autre chose que la somme des volontés individuelles de ses membres.

Pour MICHOUD[46] et IHERING[47], l'élément essentiel du droit subjectif est l'intérêt et le sujet est celui à qui profite le droit, la volonté ne servant qu'à la réalisation de cet intérêt. MICHOUD définit donc le mot personne juridique ou personne morale comme « un sujet de droit qui n'est pas en même temps un être humain, une personne physique »[48]. Il ajoute que le mot personne devient « un sujet de droit, c'est-à-dire un être capable d'avoir des droits lui appartenant en propre et des obligations lui incombant »[49]. Ainsi, la personne morale serait, comme la personne physique, un sujet de droit ayant des droits et des obligations.

---

[44] Cf. AUBRY et RAU, *Droit civil français-Responsabilité délictuelle*, T.VI-2 : Litec., 8e éd., 1989.

[45] SAVIGNY cité par Charlaine BOUCHARD, op. cit., p. 42.

[46] Cf. L. MICHOUD, *La théorie de la personnalité morale, son application en droit français*, tome I, LGDJ, 1924, p. 3 et 4.

[47] IHERING cité par Charlaine BOUCHARD, op. cit., p. 45.

[48] L. MICHOUD, op. cit., p. 13.

[49] Ibidem.

11. Cependant, comme les intérêts de la personne morale et ceux de ses membres sont différents, il en découle que la personne morale est un être totalement distinct des personnes qui l'ont constituée. Or, l'intérêt du groupe c'est celui de ses membres. Pour les sociétés, selon l'article 1833 du code civil, « toute société doit avoir un objet licite et être constituée dans l'intérêt commun des associés ». En fait, l'intérêt de la personne morale découle d'une sélection opérée au sein des intérêts individuels de ses membres. Dans ce cas, on peut admettre les groupements personnifiés constitués ou ceux devenus unipersonnels.

La théorie de MICHOUD[50] n'est pas purement juridique car elle est fondée sur la notion d'intérêt collectif qui est un élément relatif au groupe envisagé comme le support de la personnalité morale.

Ce sont les positivistes, avec leur chef de file Raymond Carré DE MALBERG[51], qui franchissent cette étape. Ils affirment que la personnalité morale est une réalité exclusivement juridique fondée sur des éléments purement formels tels que l'organisation unifiante qui constitue pour eux le seul élément fondateur de la personnalité. La seule réalité dont le juriste doit tenir compte est la réalité juridique[52]. Il suffit que la volonté de certains membres du groupe soit juridiquement considérée comme étant celle du groupe pour que la volonté des personnes morales ne soit plus une fiction. Cette tendance constitue une admission de la responsabilité pénale des personnes morales car il existe une volonté propre indispensable à la commission de l'infraction.

12. Au regard de ces analyses, la notion de la personnalité morale reste multiple en droit positif. Il s'avère, de plus en plus, difficile à établir un dénominateur commun entre les différentes personnes morales, d'où une absence de théorie d'ensemble de la personnalité morale en droit français. Par ailleurs, l'examen du droit positif permet encore de remarquer que l'épanouissement juridique des groupements ne passe plus nécessairement par la personnalité morale[53].

Ce constat sur la perte de signification du concept de la personnalité morale a fait l'objet d'une thèse de droit comparé par la belge Valérie SIMONART en 1995[54], un siècle après l'étude de SALEILLES[55] et MICHOUD[56] ayant la même déconcertante maîtrise de sujet. SIMONART présente une conception renouvelée de la personnalité morale et s'éloigne des traditionnelles théories de la fiction et de la réalité qui apparaissaient

---

[50] Ibidem.
[51] Charlaine BOUCHARD, op. cit., p. 47.
[52] Ibidem.
[53] Question importante qui a fait l'objet de travaux de l'association Henri Capitant les groupements et organismes sans personnalité juridique T. XXI, Paris, Dalloz 1974.
[54] Citée par Charlaine BOUCHARD, op. cit, p. 49.
[55] Cf. Raymond SALEILLES, *De la personnalité juridique*, leçon 25, Dalloz Sirey 2007.
[56] Cité par Charlaine BOUCHARD, op. cit., p. 51.

définitivement fixées par la recherche du fondement de l'autonomie patrimoniale des sociétés de personnes. Elle a démontré que la personnalité morale est un concept à signification unique, contrairement à ce qui a cours en droit contemporain.

13. Le professeur Jean PAILLUSSEAU[57] a présenté une approche renouvelée de la personnalité morale dont l'élément-clé aura été constitué par la thèse de SIMONART[58]. La comparaison des conceptions de PAILLUSSEAU et de SIMONART a permis de présenter une analyse novatrice de la personnalité morale tout en offrant une solution aux incohérences du droit positif et au paradoxe de la législation. Il ne s'agissait donc pas simplement de la présentation d'une nouvelle théorie juridique, mais de son expérimentation en droit français.

La solution retenue par le droit positif français n'est pas d'une clarté absolue en la matière. D'abord, la Cour de cassation française avait consacré la thèse de la réalité[59] (l'immatriculation au registre du commerce et des sociétés pour les sociétés). Et enfin, le législateur français a appliqué la théorie de la fiction en subordonnant la naissance de la personnalité morale d'un certain nombre de groupements à une formalité administrative, donc à une reconnaissance Étatique (la déclaration à la préfecture pour les associations à but non lucratif). Plus récemment, la chambre sociale de la Cour de cassation française semble avoir relancé le débat dans l'arrêt du 29 janvier 1990[60] et dans celui du 17 avril 1991[61] en accordant, sans reconnaissance Étatique, respectivement la personnalité morale à un comité de groupe et à un comité d'hygiène et de sécurité.

14. Par ailleurs, avec le développement progressif des sociétés, on a commencé à se rendre compte du rôle néfaste que les personnes morales pouvaient avoir, d'où la tentation de les mettre pénalement en cause. C'est ainsi qu'il est, de plus en plus, apparu nécessaire la question de pouvoir obtenir la responsabilité pénale des personnes morales.

Au moyen-âge, la question de la responsabilité pénale des personnes morales s'est posée à Rome. Le droit romain connaissait l'existence d'entités corporatives telles que l'« *universitas* ». Son représentant agissait en son nom et pour son compte. Cependant, ces entités, que l'on qualifierait aujourd'hui de personnes morales, ne pouvaient pas commettre de dol (c'est-à-dire de délits). Les romains considéraient que le représentant agissait en vertu des pouvoirs que lui conférait la loi. Or, la loi ne lui donnait pas le

[57] Cf. J. PAILLUSSEAU, *Le droit moderne de la personnalité morale,* Revue trimestrielle de droit civil 1994, p. 34 et s.
[58] Ibidem.
[59] Cf. Ch. 2e civ., 28 janv. 1954, D. 1954, p. 217, note LEVASSEUR.
[60] Cass. soc., Dalloz 2002.
[61] Ibidem.

pouvoir de commettre des dols. Donc, lorsqu'il commettait un dol, le représentant avait outrepassé ses pouvoirs et n'engageait pas la responsabilité de l'entité corporative[62]. Il semblerait que la règle de l'irresponsabilité pénale des personnes morales se soit progressivement assouplie en droit romain. Les textes romains auraient pu prévoir cette responsabilité dans plusieurs domaines[63]. Ainsi, « l'action pénale *quod metus causa* »[64] pouvait servir de fondement à la responsabilité des « *universitas* »[65]. Il faut cependant noter que la question de la responsabilité pénale des personnes morales en droit romain reste controversée et que tous les auteurs ne sont pas du même avis[66].

Toujours au moyen-âge, la question de la responsabilité pénale des personnes morales s'est également posée à l'Église et aux rois de France. Les historiens du droit ne s'accordent pas sur la position de la papauté vis-à-vis de la responsabilité des « *universitas* ». Il semblerait que le Pape Innocent IV ait été contre la sanction par l'Église d'une « *universitas* » au motif que les « *universitas* » sont sans âme et qu'elles sont une fiction[67]. Certains auteurs[68]ont relevé que le pape et les différents rois sanctionnaient les entités corporatives (commune, *universitas*...).

Les personnes morales pouvaient être responsables de soulèvements, de meurtres, d'excès ou de violences pour maintenir leurs droits. Elles pouvaient être condamnées à la privation d'un privilège ou à une amende au profit du roi, sans qu'une peine afflictive ne soit prononcée contre les membres du groupement[69]. Par exemple, la ville de Bordeaux a été dissoute par le Conseil du roi après son soulèvement lors de la Fronde[70]. La responsabilité pénale des personnes morales était acquise jusqu'à la révolution française qui l'a remise en cause parce qu'elle avait naturellement supprimé toutes les personnes morales (corps, sociétés...) en 1792[71]. Elle en redoutait l'influence[72] et la concurrence. Il ne devait exister aucun

---

[62] Voir M. LIZEE, « *De la capacité organique et des responsabilités délictuelle et pénale des personnes morales* », *Revue de droit de McGill* 1995, volume 41, p. 132.

[63] Voir A. MESTRE, *Les personnes morales et le problème de leur responsabilité pénale,* Thèse Paris, 1899 ; v. M. LIZEE op. cit., p. 136.

[64] Action pour violence morale concédée à la personne ayant contracté sous l'empire d'une crainte fondée.

[65] Voir R. VALEUR, *La responsabilité pénale des personnes morales dans les droits français et anglo-américains*, Marcel Giard 1931, p. 9.

[66] M. LIZEE op. cit., p. 131.

[67] M. LIZEE, op. cit., p. 132.

[68] Voir A. MESTRE précité, en citant notamment Jean BODIN ; V. également M.-L. RASSAT, *Droit pénal général, PUF* éd. 2000, n° 345.

[69] V. M.-L.THEBAULT, *La responsabilité pénale des personnes morales de droit public*, Mémoire DEA Orléans, 1997, p.3.

[70] Cf. O. MARTIN, *Les Ordres, Les Pays, les Villes et les Communautés d'Habitants*, éd. *Loysel*, 1998, p. 384.

[71] M. LIZEE op. cit., p. 138.

[72] Cf. P. FAIVRE, *La responsabilité pénale des personnes morales*, *RSC* 1958, p. 547 ; A. MESTRE, op. cit., p.16.

intermédiaire entre l'État et l'individu. Seul l'État devait représenter le peuple[73].

À partir de la fin du XIXe siècle jusqu'au début du XXe siècle, l'essor grandissant d'activités considérées comme dangereuses (notamment le développement du machinisme, des transports, des échanges économiques) de l'économie capitaliste s'est traduit par le développement du droit pénal des affaires. Il concerne la réglementation des prix, de la consommation, de relation de travail ou encore de l'environnement et s'est étoffé. Or, les manquements observés apparaissent, souvent, imputables aussi bien aux personnes physiques qu'aux entreprises, personnes morales. Les personnes morales sont progressivement réapparues et la question de leur responsabilité pénale suscita alors un grand intérêt parmi les juristes et les chercheurs.

15. La société française ne pouvait se passer de cet outil de développement et la question de la responsabilité pénale des personnes morales s'est, à nouveau, posée. Ses partisans et opposants se sont affrontés en 1929 lors du congrès international de droit pénal de Bucarest en Hongrie. Il en est ressorti une proposition de réprimer les personnes morales[74]. Certainement, c'est en prenant en compte cette proposition que le législateur avait tenté d'incriminer les personnes morales dans le projet de code pénal de 1934[75]. De nombreux projets prévoyant la responsabilité pénale des personnes morales se sont multipliés sans pour autant aboutir[76]. Ce fut le cas en 1992 avec le projet de code pénal français qui avait prévu la sanction des personnes morales. La responsabilité pénale des personnes morales a été effectivement reconnue en 1994 avec le nouveau CPF. Ce fut une autre révolution en France. Mais avant, le principe était l'irresponsabilité pénale des personnes morales basée sur la fiction et du manque de volonté propre. L'ancien code pénal français de 1992 était muet sur la question.

Par contre, la jurisprudence avait décidé qu'une personne morale ne pouvait encourir une sanction pénale, même pécuniaire au motif «... qu'il ne saurait en être autrement qu'en vertu d'une disposition particulière de la loi ; qu'à défaut d'une telle disposition légale (...), aucun texte n'autorisait les juges à retenir une présomption de responsabilité pénale, en raison de ses fonctions, à la charge du président de l'« Union » susvisée, auquel aucun fait n'était personnellement reproché »[77]. Seul le dirigeant pouvait être poursuivi et condamné.

À l'appui de cette solution jurisprudentielle, des arguments avaient été invoqués. Il a été soutenu que l'absence de texte approprié et le manque de

---

[73] Cf. F. TERRE, D. FENOUILLET, *Droit civil* : *les personnes, la famille, les incapacités*, Dalloz. 6e éd., coll. Précis, 1996.

[74] M. LIZEE op. cit, p. 139.

[75] P. FAIVRE op. cit., p. 64.

[76] R. MERLE et A.VITU, *op. cit.*, p. 11.

[77] TC, 30 juil. 1873, *Pelletier*, *Rec.* p. 117, *GAJA* n° 2.

volonté personnelle empêcheraient la personne morale d'engager sa responsabilité pénale. On a également démontré que l'absence de comportement matériel chez la personne morale lui rendra incapable de commettre une infraction.

16. Ces arguments avaient été critiqués par la doctrine[78] qui était favorable à la responsabilité pénale des personnes morales devant celle des dirigeants. La responsabilité pénale retenue contre les dirigeants de sociétés est devenue insignifiante face à la croissance rapide des personnes morales et de la criminalité en matière d'affaires. Il faut rappeler que la jurisprudence avait décidé que la personnalité morale est une réalité avec une volonté propre, ce qui lui rendrait favorable à la responsabilité pénale[79]. La personne morale peut donc commettre une infraction qui engage ses responsabilités pénale et civile.

17. Avec la généralisation de la responsabilité pénale, les sanctions prévues sont communes à toutes les catégories de personnes morales. Le législateur français n'a pas distingué le caractère public ou privé de la personne morale en la matière. Il semble logique que les personnes morales ne peuvent faire l'objet de peines restrictives ou privatives de liberté comme : les peines d'emprisonnement et d'interdiction de quitter le territoire. Il s'agit là de comprendre que les personnes morales, par leur nature, ne peuvent pas s'adapter à certaines peines propres aux personnes physiques. Ceci est surtout dû au but visé par une peine comme l'intimidation[80]et l'expiation[81].

En revanche, la dissolution, le placement sous surveillance judiciaire et l'interdiction de faire appel public à l'épargne (pour les sociétés commerciales) sont des sanctions propres aux personnes morales. L'article 131-39 du nouveau code pénal français[82] énumère des peines criminelles ou correctionnelles applicables aux personnes morales. Ce sont des peines d'interdiction d'exercer une activité professionnelle ou sociale, de fermeture d'établissement ayant servi à commettre les faits incriminés et d'amende (seule peine contraventionnelle). Le taux maximum de l'amende (systématique pour chaque infraction) est plus sévère (cinq fois) que celui prévu pour les personnes physiques[83]. Toutefois, le même article exclu, de

---

[78] Voir A. MESTRE, *La question de la responsabilité pénale des personnes morales,* th. Paris, 1899 ; V. Aussi M. K. EL SAYED, *Le problème de la responsabilité pénale des personnes morales,* th. Paris, 1989.

[79] Cass. civ., 2e ch., 28 janvier 1954, D., 1954, p. 217, note G. LEVASSEUR ; JCP G, 1954, II, 7978, concl. LEMOINE, op. cit., p. 12.

[80] V. Infra. n° 311.

[81] « *Faire subir un châtiment, une peine imposée par lesquels on répare une faute, un crime* », Larousse 2005, 100e éd., p. 444.

[82] Nouveau Code pénal français de 1994 dans son livre 1, titre 3, chapitre 1, section 2.

[83] V. les articles 131-38 et 131-41 du CPF.

l'arsenal répressif de la responsabilité pénale des personnes morales de droit public, les peines de dissolution et de placement sous surveillance judiciaire qui ne sont pas applicables aux partis ou groupements politiques et aux syndicats professionnels. Ce choix s'explique par le principe de la continuité du service public. Les différentes condamnations des personnes morales sont inscrites dans un casier judiciaire[84] tenu à cet effet.

Sous l'ancien code pénal français de 1934, des lois particulières avaient institué quelques hypothèses de responsabilité pénale. Une ordonnance de 1945[85], prise au lendemain de la guerre, a prévu la dissolution et la confiscation des biens des sociétés qui avaient collaboré avec l'ennemi. La loi n° 82-660 du 30 juillet 1982 a prévu une amende (prononcée contre la société commerciale) de 50 francs français par dividende illégalement versé aux actionnaires.

18. Après l'affirmation du Conseil constitutionnel français selon laquelle « aucun principe constitutionnel ne s'oppose à l'engagement de la responsabilité pénale d'une personne morale »[86], les personnes morales de droit privé comme de droit public, à l'exclusion de l'État, sont pénalement responsables. L'article 121-2 du nouveau code pénal français affirme la responsabilité pénale des personnes morales en ces termes : « les personnes morales, à l'exclusion de l'État, sont responsables pénalement, selon les distinctions des articles 121-4 à 121-7, des infractions commises pour leur compte, par leurs organes ou leurs représentants. Toutefois, les collectivités territoriales et leurs groupements ne sont responsables pénalement que des infractions commises dans l'exercice d'activités susceptibles de faire l'objet de conventions de délégation de service public… ».

Par contre, les collectivités ne sont jamais pénalement responsables dans l'exercice ou à l'occasion de l'exercice d'une activité ou d'une mission de service public. Pour illustrer cette affirmation, lorsqu'un policier municipal commet une infraction, la commune ne peut pas être responsable. Mais les communes exercent une quantité d'activités qu'elles pourraient déléguer : transports scolaires, distribution d'eau, enlèvement des ordures, etc. Une infraction commise dans le cadre de telles activités engagent leur responsabilité pénale.

19. En France, les groupements n'ayant pas la personnalité juridique sont exclus du champ de la responsabilité pénale. On peut noter les sociétés en participation, les sociétés créées de fait (mais le gérant peut engager la responsabilité pénale de l'entité morale qu'il représente), les associations

---

[84] V. infra. n° 341.

[85] Voir F. DESPORTES et F. LE GUNEHEC, *Droit pénal général*, *Economica,* 10e édition, coll. Corpus de droit privé, 2003, n° 574, v. G. STEFANI, G. LEVASSEUR, B. BOULOC, *Droit pénal général*, Précis Dalloz, 18e éd., n° 306.

[86] V. infra, n° 61.

non déclarées, les sociétés civiles de moyens, les fonds communs de placement, les groupes de sociétés, les conglomérats financiers, etc. Par contre, la Belgique, les Pays-Bas et l'Angleterre considèrent comme pénalement responsables des groupements n'ayant pas la personnalité juridique[87].

20. Selon le nouveau code pénal français, les personnes morales n'étaient pénalement responsables que dans les cas prévus par la loi ou les règlements. Les textes d'incrimination, très nombreux et peu cohérents, prévoyaient expressément la responsabilité pénale des personnes morales (principe de spécialité). Mais la loi n° 2004-204 du 9 mars 2004 a abandonné le principe de la spécialité au profit de celui de la généralité. Depuis le 31 décembre 2005, les personnes morales sont pénalement responsables de toutes les infractions (principe de généralité).

21. La responsabilité pénale de la personne morale suppose que l'infraction ait été commise pour son compte et à son profit. La responsabilité pénale de la société n'est pas engagée lorsque son gérant commet une infraction pour son propre compte. Il s'agit de toutes les infractions dont les personnes morales sont susceptibles de commettre. Mais sur le plan pratique, la mise en cause des personnes morales intervient le plus souvent en matière d'accident de travail, de travail clandestin, de marchandage et de contrefaçon. L'infraction doit être commise par un organe ou un représentant de la personne morale[88].

Cependant, l'infraction commise par un salarié ne met pas en cause la responsabilité pénale de la personne morale. Deux cas spécifiques illustrent cette hypothèse. D'abord, c'est le cas des entreprises et des délégations de pouvoirs où la jurisprudence[89] engage de plus en plus la responsabilité pénale des personnes morales en raison de l'accroissement de leur nombre à chaque stade hiérarchique de leur fonctionnement. Enfin, lorsque l'infraction est commise par le dirigeant de fait[90] la responsabilité pénale de la personne morale n'est pas mise en cause quand on sait que le dirigeant de droit n'est qu'un prête-nom. À propos du dirigeant de fait, deux thèses doctrinales s'affrontent[91]. D'une part, DELMAS-MARTY[92] affirme que les dirigeants de fait peuvent engager la responsabilité pénale des personnes morales car il est

---

[87] V. infra. n° 88.

[88] Le représentant peut être le maire d'une commune ou le PDG d'une société ou entreprise, etc. Par exemple, comme infraction, le Conseil d'administration peut décider de ne pas payer les cotisations sociales.

[89] V. Bull. crim. 1998 n° 325. Dalloz 2000, p. 34 ; V. également, Bull. crim. 2000 n° 206, D. 2001, p. 2350.

[90] Com. 2 fév. 1982, Bull. civ. 1982, n° 40.

[91] www.playmendroit.fr (consulté le 27 juin 2009).

[92] Cf. Mireille DELMAS-MARTY, *La responsabilité pénale des groupements (avant-projet de 1978)*, RID Pén. 1980, p. 39.

possible de placer des prête-noms à la tête d'une personne morale afin d'échapper aux sanctions. En d'autres termes, COUERET[93] ajoute que le représentant est celui qui a reçu de la personne morale un mandat d'agir à sa place dans la vie juridique. D'autre part, on peut engager la responsabilité pénale des personnes morales qui fait, plutôt, figure de victime que de coupable. De toute façon, l'article 121-2 du code pénal français doit s'entendre de manière restrictive et exclusive et ne doit concerner que les organes et les représentants de droit de la personne morale selon les thèses de BARBIERI[94], MERLE et VITU[95].

C'est la première thèse qui prévaut selon la jurisprudence[96]. Sous peine de vider la reforme de son contenu, il est difficile de restreindre la notion de représentant sous réserve d'interprétation stricte du droit pénal. La réforme vise à instaurer une sanction plus juste de l'auteur et une meilleure indemnisation de la victime, personne morale, quant on sait que celle-ci est, généralement, plus solvable que la personne physique incriminée. Cependant, selon l'article 121-2 du code pénal français, « la responsabilité pénale des personnes morales n'exclut pas celle des personnes physiques qui ont commis ou ont été complices de l'infraction ». Les poursuites engagées contre la personne morale peuvent concerner également la personne physique pour les mêmes faits. Le but visé, ici, est de restreindre la sanction des seuls dirigeants.

Cependant, la loi française du 10 juillet 2000 en matière de violences involontaires a prévu la dépénalisation des représentants (personnes physiques) qui auraient commis une faute non qualifiée et indirecte. Cette loi peut encourager les tribunaux à engager, le plus souvent, la responsabilité pénale des seules personnes morales.

22. La présente étude intitulée « la responsabilité pénale des personnes morales en droit malien à la lumière du droit comparé » permettra de mieux observer la problématique liée à la question et de proposer une solution de droit appropriée. Mais plusieurs perspectives d'aborder la question sont possibles. Il s'agit à la fois d'une perspective historique, une perspective critique (opportunité de la responsabilité pénale des personnes morales) et une perspective juridique. L'interrogation majeure qui peut être posée est celle-ci : comment peut-on comprendre le principe général de la responsabilité pénale des personnes morales en droit positif malien ?

On peut noter qu'en raison de leur apparentement avec le droit français, celui-ci pourrait constituer une source d'éclairage et d'inspiration pour le

---

[93] Cf. A. COUERET, *Infraction aux règles d'hygiène et de sécurité du travail, délégation de pouvoirs et mise en danger*, Rev. Dr. Soc. 1995, p. 344-347.

[94] Voir J.-F. BARBIÉRI, 1993, *L'incidence de la réforme du Code pénal sur la gestion des personnes morales*, Les Petites Affiches, 120, 22-28.

[95] Voir R. MERLE et A. VITU, op. cit., p. 97.

[96] V. Com. 2 fév. 1982, Bull. civ. 1982, n°40 ; v. Cass. crim., 17 déc. 2003, Bull. crim. 2004.

droit malien. Également, les droits de la sous-région et bien d'autres législations serviront de voies empruntées pour faire la lumière sur la question en droit malien dans la perspective de promouvoir le bien fondé d'un principe général de la responsabilité pénale des personnes morales.

L'effectivité de la responsabilité pénale des personnes morales amène à circonscrire un certain nombre de problèmes qu'il convient de résoudre. Ces problèmes sont relatifs à la conciliation des risques de cumul de condamnations entre les sanctions administratives et désormais les sanctions pénales[97], à l'imputabilité et à la représentation des personnes morales. La question est donc transversale et porte, à la fois, sur le droit des sociétés commerciales, le droit de la responsabilité et le droit pénal. Son analyse permet de montrer l'applicabilité et l'application des règles pénales aux sociétés commerciales et à toutes les autres personnes morales de droit privé.

23. L'analyse du principe général de responsabilité pénale des personnes morales en droit malien présente des intérêts d'ordres théorique pour le droit pénal, en général et pratique pour la responsabilité pénale des personnes morales, en particulier.

L'intérêt pour le droit pénal réside dans l'analyse approfondie des principes et mécanismes juridiques pouvant mettre en œuvre la responsabilité pénale des personnes morales.

Quant à l'intérêt pour la responsabilité pénale des personnes morales, il permet de faire un constat sur l'application de ces principes et mécanismes par les tribunaux et de faire des propositions pour la complémentarité entre les intérêts théoriques et pratiques. Toujours sur le plan pratique, la criminalité dont les personnes morales peuvent être désignées comme responsables diminue certainement.

24. Les mécanismes juridiques relatifs à l'analyse de la question seront à connotation comparatiste. Cela signifie que les différents systèmes juridiques qui consacrent des aspects liés au contenu de cette responsabilité seront analysés pour rechercher le bien-fondé et les insuffisances. Il est important de souligner qu'une étude de droit comparé avec l'examen des différents systèmes juridiques qu'elle nécessite, implique la définition des notions qui paraîtront élémentaires ou futiles pour un système juridique et fondamentales pour l'autre.

25. Une telle approche constitue l'amorce d'une étude approfondie sur la question de la responsabilité pénale des personnes morales en droit malien.

---

[97] Pour illustration, une des responsabilités de la fonction juridique et de la direction des ressources humaines est d'assurer la protection des personnes physiques, dirigeants de l'entreprise, contre la commission de l'infraction, mais également celle de la personne morale elle-même. Les systèmes de protection des premières peuvent aboutir à accroître l'exposition des secondes.

Elle permet de mettre à la disposition du législateur malien les matériaux indispensables à la mise en œuvre d'un tel principe tout en faisant des propositions conformément aux réalités juridiques de son espace. Ainsi, seront étudiées :

- L'inexistence d'un principe général de la responsabilité pénale des personnes morales en droit malien (première partie) ;
- Pour la proclamation d'un principe général de responsabilité pénale des personnes morales en droit malien (deuxième partie).

PREMIÈRE PARTIE

L'inexistence d'un principe général de la responsabilité pénale des personnes morales en droit malien

26. L'étude de la responsabilité pénale des personnes morales reste étroitement liée à l'application de la loi pénale qui en fixe le cadre. La responsabilité pénale connaît des préalables en dehors desquels la question de son existence ne peut être posée. Elle requiert que la pensée coupable se soit extériorisée dans le fait car « nul n'est à l'abri d'éprouver des tentations malsaines, mais tout le monde n'y succombe pas »[98]. La pensée coupable doit avoir quitté le fort intérieur de la personne et s'être manifestée dans les conditions permettant sa constatation de manière objective. Déjà, l'on admettait que l'on ne peut être puni sur sa seule pensée[99]. Dans le même sens, LOISEL avait noté que « le fait juge l'homme », c'est-à-dire que l'on est jugé à travers ses actes et non à travers ses désirs[100].

L'extériorisation de la pensée coupable ne suffit pas pour poser la question de la responsabilité pénale de son auteur. Il faut aussi que le fait reproché soit imputable à celui qui l'accomplit. À cet égard, la simple causalité objective n'implique pas qu'un individu doive répondre de ses actes. Si celui qui agit ne comprend pas ce qu'il fait, la poursuite pénale n'a pas lieu d'être car elle n'a aucun sens. La responsabilité pénale est donc le résultat d'un raisonnement bien élaboré. Elle ne s'impose pas de manière intuitive à l'instar de la responsabilité morale.

Lorsque les préalables de la responsabilité pénale sont établis, la question de l'existence de cette responsabilité pénale peut être posée. On peut se

---

[98] Voir R. MERLE et A. VITU, *Problèmes généraux de sciences criminelles, droit pénal général*, Cujas, 7e éd. 1997, p. 605.

[99] Sens du principe (*Cogitationis poenam nemo patitur*). La déclaration du 26 août, dans son article 10, a traduit cette exigence en principe selon lequel « *nul ne doit être inquiété par ses opinions, mêmes religieuses, pourvu que leur manifestation ne trouble pas l'ordre public établi par la loi* ».

[100] Voir sur l'origine de cette règle, A. LAINGUI, *Les adages du droit pénal*, Rev.sc. crim, 1986, p. 42.

demander si la personne physique ou morale a effectivement commis une infraction au moment où il est possible d'imputer à cette personne des faits ressemblant à ceux que requiert une incrimination.

Malgré cette réalité, les rédacteurs du code pénal malien n'ont pas expressément prévu le principe général de la responsabilité pénale des personnes morales et optent, du coup, pour l'irresponsabilité pénale comme régime juridique applicable[101]. La position relative au rejet du principe semble s'appuyer sur des raisons probables (Titre I), même si on peut observer une admission exceptionnelle de quelques cas (Titre II).

[101] Il s'agit des différents codes pénaux que le Mali a connus, notamment de 1961 et 2001.

TITRE I

Les probables raisons de rejet du principe

27. La politique criminelle du Mali s'inspire largement du droit colonial français. À l'époque, le droit français ne reconnaissait pas la responsabilité pénale des personnes morales[102] en raison de vives controverses dans la doctrine[103]. Le code pénal, étant la traduction juridique de la politique criminelle, se trouve ainsi être dépourvu du principe au Mali. À la base, on semble soutenir que l'obstacle qui se dresse le plus contre la responsabilité pénale des personnes morales est la constitution[104]. Bien qu'elle ne soit pas prévue par cette dernière dans ses dispositions, la question n'a jamais été posée devant la Cour constitutionnelle du Mali, contrairement en France où le Conseil constitutionnel l'avait explicitement reconnu[105]. Aucune juridiction malienne ne s'est prononcée « pour » ou « contre » cette responsabilité pénale. Ceux-ci traduisent la volonté du législateur malien de ne pas prévoir le principe même si certaines dispositions du code pénal peuvent être interprétées comme impliquant une reconnaissance du principe.

28. La doctrine avait rejetée le principe général de la responsabilité pénale des personnes morales. Suite aux multiples et passionnés débats entre les juristes, les chercheurs et les praticiens du droit[106], la question a suscité des polémiques. C'est pourquoi de nombreux pays continuent de rejeter le

---

[102] On sait que la France a longtemps hésité. Elle avait reconnu avant de l'abandonner avec la révolution française pour les reconnaitre à nouveau en 1994.

[103] Il faut reconnaitre que la Cour de cassation française a relevé quelques fois des exceptions au principe de l'irresponsabilité par une jurisprudence constante : Crim. 8 mars 1883, D. 1884 ; Crim. 2 déc. 1905, S., 1908.

[104] Ce sont les constitutions de 1960, 1974,1992 et les actes fondamentaux de 1968, 1991 que le Mali a connu.

[105] Cf. QPC transmise par un jugement du tribunal correctionnel d'Aix-en-Provence du 2 fév. 2011 à la Chambre criminelle de la Cour de cassation qui à son tour, a refusé de renvoyer ladite question au Conseil constitutionnel par un arrêt : Cass. Crim. du 27 avr. 2011, n° 11-90013, Bull. Joly Sociétés, 01 sept. 2011 n° 9, p. 720.

[106] Supra. Paragraphe n° 14, dernier paragraphe.

principe sur le bien-fondé des arguments avancés par les détracteurs. Le droit positif malien ne prévoit pas de principe général de la responsabilité pénale des personnes morales. Cependant, de probables raisons de rejet existeraient. D'une part, il s'agit de la politique criminelle du Mali qui place l'être humain, personne physique, au cœur du champ pénal (Chapitre I) et, d'autre part, de l'influence de la doctrine et de certaines législations qui se sont prononcées sur la question du rejet du principe (Chapitre II) où les auteurs ont tenté d'expliquer qu'il était impensable de vouloir admettre qu'un être moral puisse commettre une infraction.

CHAPITRE I

Les raisons liées à la politique criminelle du Mali

29. Selon Mireille DELMAS-MARTY, la **politique criminelle** est l'ensemble de procédés par lesquels le corps social organise les réponses à la criminalité[107]. Son but essentiel est le maintien de l'ordre social. Elle consiste en des mesures préventives (éducation, famille, emploi, etc.) et des mesures répressives (emprisonnement, etc.). C'est aussi une science qui recherche l'équilibre entre l'efficacité de ces mesures et les effets pervers causés par elles. Il s'agit, en particulier, des atteintes portées aux droits et libertés fondamentaux des citoyens. Les sciences criminelles sont essentielles pour l'édification de la politique criminelle[108].

Pour Von LISZT, « une bonne politique sociale est la meilleure politique criminelle »[109]. Il faut rappeler au sens large que la politique concerne l'organisation, l'exercice du pouvoir, le gouvernement des hommes par un État au sein d'une société organisée. Au sens étroit de « Policy », la politique désigne les programmes appliqués dans des domaines concrets de la vie de la cité. C'est à travers les politiques publiques qu'une autorité choisit de s'engager pour intervenir ou ne pas intervenir dans un domaine spécifique. Ainsi, la politique criminelle ne se dégage pas à partir d'un document formel. Mais on peut consigner ou énumérer les différents axes qui la concernent dans un tel document.

30. Sous l'influence du droit colonial, des encyclopédistes, des grands philosophes libéraux et utilitaristes, le Mali a élaboré les grands axes de sa politique criminelle (Section I). Comme toujours, une conception de l'homme sous-tendait les différents codes pénaux de 1961 et 2001 que le

---

[107] Mireille DELMAS-MARTY, *Les grands systèmes de politique criminelle*, PUF collection Thémis, 1992.

[108] Christine LAZERGES, *Introduction à la politique criminelle*, L'Harmattan, coll. Sciences Criminelles, Paris, 2000.

[109] Voir Von Liszt (1882) cité par Denis SZABO (1929), Criminologie et politique criminelle, L'Harmattan, coll. Sciences Criminelles, Paris, 1978.

pays a connus. L'homme, éminemment raisonnable et libre de ses décisions, enfreignait les règles que la société s'était données pour protéger l'exercice efficace de la liberté de chacun de ses membres. Le crime délibérément commis par une personne douée de raison en vertu de son libre arbitre témoignait de sa responsabilité personnelle. Le délit est envisagé comme une entité juridique. La lecture de cette réalité se fait au moyen du système de justice au Mali (Section II). Mais les différents codes pénaux maliens sus indiqués ne prévoient pas expressément dans leurs dispositions la responsabilité pénale des personnes morales.

SECTION I. LES AXES DE LA POLITIQUE CRIMINELLE DU MALI

31. La politique criminelle au Mali est caractérisée au double plan théorique par le dogmatisme théorique[110] et pratique par l'ineptie[111]. Relégués aux manuels de droit pénal, ces aspects théorique et pratique constituent des problèmes auxquels devront faire face les autorités nationales judiciaires et pénitentiaires.

Selon Marc ANCEL, « il convenait de rechercher non plus la punition abstraite de l'acte fautif, mais le « traitement » de la délinquance dans une perspective concrète de réaction anticriminelle humaine »[112]. Malgré ce nouveau courant, le législateur malien est resté inflexible en maintenant la personne physique comme la seule pénalement responsable. Le rejet de la responsabilité pénale des personnes morales serait alors considéré comme un véritable problème de droit où l'auteur n'est pas sanctionné en dépit des causes d'exonération de la responsabilité.

La politique criminelle doit être bâtie autour de certains axes en tenant compte des possibilités d'évolution du système pénal applicable[113]. Il s'agit des domaines et des acteurs concernés pour la mise en mouvement de la politique conçue. Présentement, elle s'articule autour de cinq axes majeurs : la lutte contre l'impunité, la lutte contre la corruption et la délinquance financière, la gestion rationnelle des conflits fonciers, la lutte contre l'insécurité routière, le respect des droits humains. À part la lutte contre la délinquance financière, tous les autres axes sont l'œuvre de la personne physique

Dans sa mise en œuvre, trois objectifs prioritaires sont à atteindre. Il s'agit de faire respecter l'égalité de tous devant la justice (l'exécution des

[110] Sur le plan théorique, elle fut enfermée dans le dilemme : responsabilité morale-culpabilité d'une part, punition-expiation-récidive d'autre part.

[111] Sur le plan pratique, elle se cantonnait dans les vœux pieux.

[112] Marc ANCEL, *Pour une étude systématique des problèmes de politique criminelle,* Archives de politique criminelle, 1975.

[113] Alessandro BARATTA, *Déviance et société,* Volume 23, n° 23-3, 1999, pp. 239-257.

décisions de justice), de relever le défi de la lenteur de la justice et de désengorger les maisons d'arrêt en les humanisant.

Concernant la recrudescence de l'insécurité routière, la répression des infractions du code de la route doit être appliquée en vue de la prévention des crimes et délits.

La présomption d'innocence doit être observée pour une meilleure sauvegarde des droits humains. Le crime est un phénomène de société à multiple dimension. D'un point de vue sociologique, le crime ne se définit pas intrinsèquement comme un acte. Un crime n'est pas, en effet, l'acte en lui-même. On ne devient pas criminel parce qu'on commet un acte conçu comme tel par la loi. Une personne accusée à tort rentre dans la catégorie des criminels et le coupable non découvert n'est pas un criminel. La sociologie du crime met les normes au centre de son analyse mais ne se contente pas d'être une sociologie de la déviance. Elle tient compte de la spécificité de la norme pénale et donc de la peine.

Elle s'articule autour d'un triptyque théorique : la criminalisation primaire c'est-à-dire le processus de mise en place d'une norme pénale, la criminalisation secondaire autrement appelée la répression et le processus explicatif du passage à l'acte délictueux. Aussi, est-il difficile de faire une véritable sociologie du crime sans passer par ce triptyque.

Fort de cette réalité, on examinera successivement le fondement juridique du crime (paragraphe I) et la protection du citoyen, personne physique, contre le crime (paragraphe II).

Paragraphe I. Le fondement juridique du crime

32. Si le pouvoir discrétionnaire du système de justice pénale doit être fortement diminué et si l'idéal de réhabilitation ne doit pas porter atteinte aux droits imprescriptibles de l'homme (personne physique) momentanément privé de liberté, on doit offrir à chaque sujet de l'univers carcéral la chance d'un nouveau départ. On doit multiplier les expériences soigneusement conduites et évaluées par rapport aux types de délinquants.

L'influence de la politique est probablement inéluctable dans les régimes où les gouvernements élus, municipaux ou centraux, doivent remplir leur programme électoral. Mais influence ne signifie pas interférence. La loi fixe en général les devoirs de la police qui doit se soustraire, à cet égard, à toute autre influence que celle de la législation ou de la constitution.

Ainsi, le recours aux méthodes d'intimidation et à la violence, lors du règlement des conflits de travail, étend l'emprise du code pénal à certaines législations concernant les relations de travail. Les ristournes consenties par les entreprises pour s'assurer le concours d'hommes politiques en vue d'obtenir des contrats et la conspiration pour contourner les législations assurant la protection du consommateur, agrandissent les catégories des « crimes en cols blancs » déjà spécifiées par la recherche criminologique.

S'il y a des sanctions, seuls les dirigeants (personnes physiques) répondraient alors qu'à l'inverse, c'est l'entreprise qui devrait être pénalement responsable puisque la conspiration a été faite pour son compte et à son profit.

Si le principe de responsabilité demeure à la base de l'inculpation des criminels, le même principe de responsabilité doit être appliqué pour les mêmes raisons à la communauté dont fait partie l'agresseur éventuel. L'anonymat et la mobilité de nos cités se prêtent évidemment très peu à l'exercice d'une responsabilité effective liée aux mécanismes du contrôle social. Tout effort à cet égard demeurera illusoire tant que le tissu socioculturel sera gangrené par l'anomie, l'absence de normes résultant de conflits de valeurs. Néanmoins, une politique sociale basée sur l'acceptation de la responsabilité de la communauté - et de sa solidarité - vis-à-vis de la délinquance et de l'homme criminel, est la seule redevable pour une civilisation au service de l'homme.

Aucune société historique n'a été exemptée ni de criminalité ni de répression. Les débats font rage pour savoir laquelle suscite l'autre. Dans les théories qui raisonnent à partir de l'homme, c'est ce dernier qui présente le défi du crime et de la déviance, sous forme de groupe et société organisée. Dans celles qui raisonnent à partir de la société, de ses institutions et de son organisation, c'est la collectivité qui porte la responsabilité principale de la criminalité et de la conduite déviante. On sait bien que les deux pôles, la personne et la société, sont largement interdépendants. En science comme en morale cette dichotomie n'a pas beaucoup de sens. Néanmoins, les débats intellectuels et les mesures politiques procèdent comme si un choix était possible.

Le rôle de la loi et du droit pénal dans la société, tout comme le problème des effets de la sanction pénale (A) et l'efficacité de l'administration de la justice (B) peuvent montrer le choix opéré par la politique criminelle du Mali.

A. Le rôle de la loi dans la détermination des sanctions

33. Les fonctions traditionnelles de la loi portent sur la protection de la vie, de l'intégrité corporelle, de l'honneur, de la vie privée et de la propriété des citoyens, la sauvegarde de l'intérêt supérieur de l'État et de la propriété collective. Or, selon toutes les apparences, les conventions et les systèmes de valeurs que la loi est censée protéger, subissent des mutations. De nouveaux aspects apparaissent et la criminalité économique, par exemple, qui retient les infractions aux lois sur les sociétés commerciales, sur la fiscalité et sur l'observance des règles de la compétition et du marché, constitue un secteur encore mal exploré. Elle échappe à une attention législative suffisante et à une répression efficace par les organes appropriés. Les abus d'autorité de la part de l'administration, particulièrement en ce qui concerne les droits de l'homme (écoute électronique, interception de communication postale, établissement de listes noires en vue d'une action discriminatoire), ne sont pas du tout combattus. Le citoyen, victime de la bureaucratie, a très peu de recours dans le système des lois actuelles.

La conception contemporaine de la justice sociale diffère de celle d'hier. Une plus forte tendance existe pour réclamer l'égalité effective des citoyens alors que les lois protègent souvent le statu quo. L'impunité de certains actes, la protection dont jouissent certains auteurs de délit, l'efficacité des enlèvements dont sont victimes des innocents, contribuent à discréditer les lois et mettre en question leur légitimité.

Celle-ci doit reposer, pour une large part, sur l'assentiment profond et tacite de la population aux valeurs qu'elle incarne. Il s'agit plutôt des tâches majeures de la politique criminelle que de sonder attentivement les diverses couches de la population pour ajuster, au sens de la justice, les lois et les législations actuelles.

34. Des doutes sérieux surgissent dans l'esprit de celui qui s'interroge sur les effets actuels de la triple finalité que sont : l'intimidation ou la dissuasion, l'élimination ou la neutralisation et l'amendement ou de la punition. Il suffit d'ouvrir le journal ou la radio pour réaliser le degré d'insécurité qui règne dans certains quartiers des grandes villes, dans les banlieues du pays[114]. Si la sanction détourne de moins en moins les auteurs potentiels d'actes criminels de leur forfait, à quoi peut-elle bien servir ? Est-ce imputable à l'inefficacité des services de la police ? Au parquet ou au tribunal ? À l'astuce particulière ou au nombre accru de criminels ? Ou, à l'instar de certains virus qui développent une accoutumance à certains médicaments, le criminel d'aujourd'hui résiste-t-il mieux à l'intimidation ? Il n'y a pas de réponse claire, scientifiquement établie à la question.

L'élimination du criminel s'appuyait sur des méthodes radicales par le passé. On exécutait, mutilait, déportait ou enrôlait de force dans les armées les éléments indésirables et criminels. Depuis qu'on les gardait en prison, la seule vertu de l'éloignement de la société est apparue comme moralement et matériellement insuffisante aux yeux d'une fraction croissante de la population. Ces réalités concernent uniquement les personnes physiques.

Finalement, l'amendement et la resocialisation auxquels on attachait une grande importance, du moins en principe, se sont avérés inopérants jusqu'à présent dans le milieu carcéral malien. Non seulement relève-t-on une proportion croissante de détenus qui se rebellent contre la société et refusent, par conséquent, de se voir resocialiser, mais on constate que pour ceux qui présentent des symptômes de troubles psycho ou socio-pathologiques, les conditions carcérales excluent, à toute pratique, toute réhabilitation. Ici, les personnes morales ne sont concernées et ses représentants ne peuvent pas subir des peines de prison pour les infractions qui leur sont reprochées.

---

[114] Article RFI, Sylvain BIVILLE, 18.03.2009.

B. Le rôle de l'administration de la justice

35. L'administration de la justice a constitué, pendant fort longtemps, la partie la plus traditionnelle de l'appareil d'État. Si l'on compare le personnel et les lieux physiques où se déroulent l'administration des finances, des travaux publics ou de l'agriculture, les différences majeures sauteront aux yeux. Non seulement on trouvera un recours systématique aux techniques de communication et de gestion des plus modernes, mais le personnel qui y travaille est beaucoup plus diversifié au point de vue de la formation et de la spécialisation professionnelles.

L'évolution des éléments constitutifs (le tribunal ou le parquet et parfois même le poste de police) de la politique criminelle au Mali demeure négative. Le monde a donc changé, la justice est restée sur place ; elle a reculé en fait. Ce n'est pas le lieu ici de déballer tous les problèmes qui écrasent l'administration de la justice au Mali et qui s'étalent, d'ailleurs, au grand jour du public. Non seulement souffre-t-on d'inadaptation entre les lois, les règlements d'application et la réalité sociale, mais l'administration de la justice est marquée du sceau de la sous-administration. Étant un service non productif, politiquement peu rentable dans nos démocraties parlementaires où l'intérêt du législateur est sollicité par des besoins innombrables, l'administration de la justice est le parent pauvre des autres services de l'État.

Toutefois, on note une certaine évolution depuis l'avènement du programme décennal pour le développement de la justice (PRODEJ)[115]. On peut signaler, sommairement, les grands traits d'une réforme de l'administration de la justice. Il y a l'intégration des objectifs des divers sous-systèmes dans un ensemble cohérent. En effet, la police, la Cour, la prison ne se voyaient assigner ni par la loi ni par les habitudes et règlements administratifs des objectifs socialement cohérents. Il en résultait la situation bien connue du conflit entre les objectifs des uns et ceux des autres. Le policier arrêtait, le magistrat condamnait et le gardien de prison gardait. Ce processus s'applique aux seules personnes physiques

Il faut aussi plus d'argent pour réaliser les expériences et les réformes. La réforme exige aussi qu'on accroisse la compétence professionnelle de ceux qui ont la charge des prisonniers. De leur contact dépend, pour une large part, le succès du séjour en institution. La magistrature et la police doivent prendre conscience de leur rôle décisif par rapport au système pénitentiaire.

L'usage de la peine représente un chapitre décourageant dans l'histoire sociale. Il est l'illustration vivante de la philosophie pessimiste de HOBBES, un exemple d'inhumanité de l'homme pour l'homme. La crise pénitentiaire témoigne, aussi, de l'incapacité de la raison à guider l'action des hommes en

---

[115] Ce programme est initié par le gouvernement Canadien et il existe dans plusieurs autres secteurs tels que : le Programme Décennal de Développement de l'éducation et de la Culture (PRODEC), le Programme Décennal de Développement de la santé (PRODES).

inspirant des mesures rationnelles et fonctionnelles pour résoudre un grave problème social. Mais un changement va s'opérer, même si le rythme en paraît désespérément lent. La police judiciaire, en tant qu'auxiliaire de la magistrature, a bien sa place dans les manuels de droit pénal. Mais la police comme organisation sociale, comme partie intégrante du système de contrôle social d'une communauté, est relativement peu connue. Son caractère paramilitaire y est pour quelque chose : les gardiens de l'ordre public ne voient toujours pas d'un bon œil le fait d'être l'objet d'investigations, même pour des raisons scientifiques.

On note, en particulier, que les fonctions traditionnelles de la police subissent, sous nos yeux, des changements notables. Leur rôle essentiellement répressif se transforme en un rôle plutôt préventif. Au lieu d'une application pure et simple des lois, on a réalisé que la police devait accomplir un véritable travail social dans l'exercice de sa fonction. En effet, plus des deux tiers du temps du policier est requis pour des interventions effectuées lors de crises survenues dans des relations entre individus, groupes, ménages ou collectivités.

L'exercice de l'autorité, le port de l'uniforme, le caractère ingrat de certaines fonctions, font de la police, en tant que groupe social, une sous-culture. Celle-ci imprime sur eux, jusque dans leurs relations familiales, des caractéristiques qui en font des gens à part dans la communauté. Le sentiment de *rejet, d'incompréhension,* d'ostracisme dont souffrent les policiers ne contribue pas au bon fonctionnement de la police comme partie intégrante du système de justice criminelle au sein d'une société démocratique.

36. Personne ne semblait se soucier de l'effet de son action sur l'ensemble du système judiciaire, voire sur l'ensemble du système social. Pourtant, chaque membre préposé à la protection de la société dans l'administration de la justice doit être, en même temps, un éducateur et un juge, un homme exerçant des pouvoirs disciplinaires et un travailleur social. La complexité des problèmes auxquels font face les fonctionnaires ne souffre pas l'attribution parcellaire des fonctions.

Il y a également la nécessité de réformer d'une manière permanente la loi afin de l'adapter aux changements des besoins et des conditions sociales. Toute une série de conduites pourraient être justiciables devant des instances socio-administratives au lieu de l'être devant l'appareil judiciaire. Il s'agit de l'alcoolisme, l'usage des drogues, les délits de mœurs, les délits des jeunes. D'autres services pourraient être créés et dotés de moyens d'intervention efficaces : lutte contre la fraude et la corruption, contre le crime organisé, par exemple. La protection systématique des droits des personnes doit être maintenue en assurant que la détention préventive soit réduite au strict minimum, que chaque accusé soit représenté par un avocat, que le cautionnement ne demeure pas lettre morte faute de moyens matériels de l'accusé. Le recours systématique à des sanctions autres que la privation de la liberté par l'emprisonnement est une exigence supplémentaire. Il y a un grand nombre de mesures à portée sociale, moralement positives, qu'il s'agit d'introduire dans le code. Lorsque plus de la moitié des personnes emprisonnées le seraient faute de n'avoir pas payé l'amende et de ne pas représenter un véritable danger pour la société, on peut estimer que le législateur et le public seront sans excuse pour tolérer une telle situation. Dans ce cas, la sanction ne sera pas en cause, mais plus tôt la manière dont elle est exécutée.

Paragraphe II. La protection des personnes physiques contre le crime et ses effets

37. Dans les sociétés industrielles avancées, c'est bien moins l'organisation de la société qui est en cause. Elle représente plus de similitude (économie de marché, sécurité sociale et emplois élevés, etc.) que de contrastes. Ce qui est considérablement différent d'une société à une autre, c'est l'expression et l'organisation de la réaction sociale, de la réaction judiciaire et pénitentiaire au défi de la criminalité. La tâche la plus importante de la police criminelle et de la science criminologique consiste dans l'analyse des conditions et des exigences d'un ordre social, qui réduit systématiquement les occasions et les motivations d'activités criminelles. Dans ce sens, il y a sûrement une inflation législative et une volonté mal placée de légiférer dans les domaines qui pourraient être laissés, sans grands risques, au jugement des consciences individuelles et à ceux des pairs. Moins de responsabilité à la bureaucratie, davantage à la communauté organisée.

Cependant, l'efficacité dans l'application des lois correspond à la règle élémentaire de l'égalité de tous devant la loi. On ne doit pas s'attendre à une justice parfaite ni à une administration exemplaire. Des solutions de moindre mal, de meilleure protection de la sécurité des personnes et des biens, une protection plus efficace des libertés individuelles, suffiront.

Poser la criminalité comme un problème social ouvre, évidemment, d'autres perspectives. La politique criminelle devient ainsi un pan de la politique sociale. En même temps apparaît l'interdépendance entre la criminalité et le contexte socio-économique ambiant. On peut alors en tirer les conséquences sur le plan des mesures de prévention, des questions administratives et des mesures curatives.

La politique de prévention sociale qui, pour l'essentiel, doit être assumée à l'échelle de la communauté (A). Plus, l'emprisonnement devient exceptionnel plus, le rôle des organismes communautaires devra s'accroître. La « clientèle » des prisons était composée de trois catégories de personnes, selon le jeu de mots anglais : les « *mads* » (les fous), les « *sads* » (les misérables) et les « *bads* » (les mauvais)[116]. Les deux tiers de la population carcérale au Mali appartiennent, selon les meilleures estimations, à la catégorie des misérables[117]. Ce sont ceux-là qui doivent, en priorité, pouvoir compter sur l'appui de la communauté qui leur assurera la réinsertion sociale et une peine autre que l'emprisonnement, d'où l'importance du système carcéral (B).

A. La prévention sociale du crime

38. La prévention, c'est l'anticipation. Dans le domaine de la lutte contre le crime qui s'organise et s'internationalise de plus en plus, l'occupation permanente du terrain et la mise en place d'une banque de données fiables permettront de prévenir les situations dangereuses. En cela, l'indice de sécurité d'un pays s'apprécie plus en termes de situations catastrophiques prévenues pour éviter à la population d'avoir un sentiment d'insécurité et de faire confiance aux forces de sécurité qu'en termes de délinquants arrêtés ou de manifestations dispersées. La stratégie de prévention sera renforcée par la création d'une police de proximité, c'est-à-dire une police municipale, pour mieux assister la population.

L'on a coutume de dire que la sécurité est avant tout une mission de service public de proximité. Cela signifie que le besoin de sécurité ou, à tout le moins, le sentiment de sécurité, suppose la présence constante et apparente des agents de sécurité au cœur des quartiers populaires. Cela suppose l'institution d'un partenariat quotidien avec la population au service de la collectivité locale. Il s'agit donc d'améliorer le service public en l'intégrant davantage à son environnement.

La prévention du crime est probablement l'élément qui intègre, le mieux, la politique criminelle dans la politique sociale. En effet, personne ne soutient plus aujourd'hui que la loi à elle seule, avec l'aide de ceux qui l'appliquent, suffit à la prévention du crime. On admet communément que sans les mesures sociales appropriées, il n'y a pas de prévention qui tienne. On observe, à cet effet, sommairement les grands chapitres de la politique de prévention criminelle.

Il y a d'abord la famille où la santé physique et mentale de la future mère est aussi importante que l'harmonie de l'atmosphère familiale. Par exemple, des études entreprises à Boston[118] indiquent que plus de la moitié des troubles de personnalité chez l'adulte sont liés à un mauvais fonctionnement physiologique non détecté chez l'enfant. La détection à l'âge le plus tendre permet d'en réduire les conséquences néfastes. L'hygiène sociale préventive fait donc partie de la politique familiale de la prévention du crime.

---

[116] Denis Szabo, *Criminologie et politique criminelle* (1978).

[117] Les estimations du ministère de la justice du Mali, publiées dans l'essor du 28 juillet 2004.

[118] Des chercheurs ont entrepris des études à ce sujet à Boston aux États-Unis en 1997 (www.emagister.fr consulté le 15 juin 2013).

Les services sociaux des quartiers, en particulier dans les grands ensembles urbains et dans les milieux scolaires, retiennent l'attention. Bien des quartiers urbains manquent d'un équipement de loisir convenable, livrant une partie de la jeunesse, souvent la partie la plus vulnérable, à l'oisiveté et à l'ennui. Or, l'ennui collectif est bien le mauvais conseiller. Dans certaines écoles, également, le vandalisme et les agressions sont devenues endémiques. À ce sujet on souligne seulement l'importance d'une politique de prévention au niveau des écoles et des aires de voisinage urbain. Le marché du travail pour les jeunes adultes, en particulier, est d'une importance vitale. Bien souvent, l'absence d'emploi stable constitue le coup de pouce qui déclenche une carrière criminelle.

Il y a enfin l'assistance postpénale. Les efforts de la communauté devraient être mobilisés et joints à ceux de l'État pour offrir une deuxième chance aux détenus libérés. Dans les pays socialistes en particulier, comme fut le Mali, on attache la plus grande importance à la réintégration du prisonnier libéré par le travail dans la communauté (par exemple, la réalité du camp pénal de Kénioroba, une localité située à plus de 75 Km de Bamako). Des entreprises passent des accords avec les établissements pénitentiaires ou assurent une priorité à l'embauche aux anciens de la prison. De cet aperçu schématique, il ressort qu'un pays dont la politique sociale est axée sur le respect des droits des personnes et qui fait des efforts pour accomplir les besoins élémentaires de sécurité économique, sociale et sanitaire, procède ainsi à une politique criminelle préventive. Toutes ces protections s'orientent vers la personne physique, composante de la société.

Les limites d'une telle politique apparaissent, néanmoins, évidentes. Les inégalités sociales demeurent ancrées dans les structures et les organisations sociales des pays capitalistes. Leurs effets se reflètent dans l'inégalité des taux de criminalité d'après les classes sociales. Bien qu'il y ait eu amélioration depuis un quart de siècle, la criminalité demeure toujours, dans une large mesure, un problème social, moral ou matériel. Apparemment en dépit de l'état de bien-être, la criminalité demeure rebelle aussi bien à la répression qu'à la prévention.

L'opinion publique dont les pressions orientent le législateur et le gouvernement est soit indifférente, soit hostile à une politique criminelle préventive. Enfin, l'esprit même des lois, basé sur le respect de l'initiative privée et de la responsabilité individuelle, prescrit des limites sévères à l'intervention des pouvoirs publics. Ici, l'exemple le plus ahurissant est la longue et vaine lutte de l'administration américaine en vue d'obtenir le contrôle des armes à feu.

On s'interroge sur l'effet dissuasif de la sentence. C'est pourtant le principe sur lequel repose la prévention générale, objectif principal de la menace pénale. À notre connaissance, aucune étude scientifique suffisamment probante n'a pu confirmer jusqu'à présent la portée réelle de la dissuasion exercée par la menace d'une sentence sur le délinquant potentiel.

Depuis BECCARIA, on pensait que ce n'est pas la cruauté du châtiment qui dissuade, mais bien la certitude de l'arrestation et de la punition. Cette conviction a beaucoup contribué à l'humanisation des procédures judiciaires, à l'abolition de la torture et des méthodes pénitentiaires cruelles. Ce principe laisse, cependant, entier le problème auquel fait face la police en regard des pressions exigeant des « résultats rapides » dans la lutte contre le crime.

Les prisons tiennent une place centrale dans un système de justice criminelle. Face à la persistance et à la montée du grand banditisme, les prisons demeurent des réponses sûres si on tient compte du recul de la peine de mort face au développement des droits de l'homme. Pourtant au Mali, les prisons demeurent des espaces où pendant longtemps il a été porté diverses atteintes à la dignité humaine. On peut citer entre autre les tortures, les traitements inhumains et dégradants, les isolements, les mises au fer, le manque de soins médicaux et la surpopulation carcérale. Ces atteintes sont contraires à l'objectif visé qui consiste à humaniser les conditions de détention et à assurer le respect de la dignité humaine en milieu carcéral[119]. Fort de ces stipulations, le Mali a engagé un processus profond de refonte de son dispositif pénitentiaire. Inspiré par cette approche humaniste, le Mali a fermé en 1999 le bagne de Kidal qui symbolisait les conditions inhumaines de détention et adopte la loi n° 01-003 du 27 février 2001 portant régime pénitentiaire et éducation surveillée[120].

B. L'inadaptation du système carcéral à la personne morale

39. Le point central d'une politique sociale préventive concerne le rôle que joue la prison dans la société contemporaine. Les échecs de toutes les réformes tentées jusqu'à présent illustrent la difficulté et la complexité décourageantes des problèmes auxquels font face les criminologues comme les hommes publics. Les accès de fièvre que les révoltes sanglantes dramatisent, illustrent tragiquement les données du problème.

La révolte dans les prisons est l'exemple d'un échec du système[121]. Pour les uns, c'est la rébellion des damnés de la terre et pour les autres, le cri de désespoir d'une humanité déchue et abandonnée. D'autres encore y voient les symptômes d'une conspiration contre l'ordre social, Comme pour d'autres phénomènes de violence, la contagion électronique a diffusé non seulement les nouvelles, mais également les modèles à l'échelle de la planète. La raison en est bien simple : aux mêmes causes correspondent les mêmes effets.

---

[119] Cf. la charte africaine des droits de l'homme et des peuples et la déclaration de Kampala adoptée le 21 septembre 1996 par 47 pays dont 40 États africains.

[120] Loi n° 01-003 du 27 février 2001 portant régime pénitentiaire et éducation surveillée.

[121] L'illustre voyageur français Alexis de Tocqueville, au début du XIXe siècle, ne tarit pas d'éloges sur les pénitenciers américains qu'il érige en modèle pour la France et les autres pays européens.

40. Certains mettent plus facilement en cause le système, d'autres davantage l'homme et ses penchants. L'incohérence dans les objectifs de la prison qui doit punir ou faire expier, guérir ou réhabiliter et ségréguer ou isoler de la communauté est réelle. Il est évident que les contradictions entre ces trois objectifs neutralisent les effets de chacun en particulier. Si l'on punit, comment justifier des soins ergo, psycho ou socio-thérapeutiques, qui doivent préparer l'individu à son retour dans la société ? Si l'on ségrégue, comment procéder à l'apprentissage de l'usage socialement acceptable de la liberté ? En d'autres termes, comment apprendre aux candidats aviateurs à voler dans un sous-marin ?

Avec l'accroissement du niveau d'instruction des détenus, les contradictions et l'hypocrisie du système qui en résultent provoquent une amertume et un ressentiment croissant.

Dans les prisons, le régime de vie à sécurité maximum n'a pas changé. Le travail de quelques heures consiste en des exercices qui n'ont généralement pas un intérêt par rapport à leur insertion professionnelle souvent exécutés pour une rémunération symbolique. Les déplacements à l'intérieur de l'institution s'effectuent toujours sous surveillance. Toute vie sexuelle normale est supprimée, les communications avec l'extérieur sont censurées.

Due à l'utilisation massive de la probation, à la libération anticipée pour bonne conduite, à la décriminalisation de certaines conduites, la population pénitentiaire résiduaire est devenue plus difficile à traiter. Or, si le régime de vie n'a guère changé, le régime de traitement dispensé par l'administration est aussi d'une stagnation décourageante. La quantité de personnel éducatif, rééducatif, sanitaire, demeure dérisoire. Les expériences, comme la création des communautés thérapeutiques, ont la plupart du temps avorté, faute de soutien convenable de la part des autorités.

La simple taille des institutions les condamne, bien souvent, à un régime quasi concentrationnaire. L'architecture carcérale et le calcul de rentabilité à très courte vue ont dotés d'institutions mammouths (faisant allusion à un animal géant) logeant plusieurs milliers de détenus. N'importe quel régime, mis à l'épreuve dans un tel milieu, ne peut se solder que par des échecs retentissants.

Les injustices sociales fournissent plus que des prétextes à bien des détenus pour trouver inacceptable le système pénitentiaire qu'on leur impose. Une proportion croissante des détenus, comme d'ailleurs de la société, trouve inacceptable la justice qu'on exerce à son encontre : les manifestes des syndicats de la magistrature, de la police, des éducateurs font bien souvent écho des dénonciations qui proviennent des populations carcérales.

La critique grandit et le scepticisme s'accroît à l'égard de ce qu'on appelle le modèle médical où le système est orienté vers le traitement des détenus. Il est bien évident qu'en psychiatrie, la coopération du patient, sa fibre adhésion à un régime de cure, sont indispensables. Il peut difficilement en être ainsi en régime carcéral. Les mesures médicales générales qui relèvent de l'hygiène sociale devront naturellement être accessibles : soins de santé physique, et mentale, apprentissage de métier, etc., sont parfaitement acceptables.

Mais un système de resocialisation qui fut assigné à la prison recèle une contradiction interne. Il ne peut pas être obligatoire. Or, cet espoir de réhabilitation ayant déçu et les taux de récidive demeurant aussi élevés que par le passé, une dénonciation violente de l'intervention psycho-sociale basée non seulement sur son apparente inefficacité mais également sur son incompatibilité avec les droits des détenus à leur intégrité psychologique personnelle.

Dans un souci de recherche des solutions pénales alternatives à l'emprisonnement, le législateur a adopté une loi modificative du code pénal qui institue la peine de travail d'intérêt général[122]. Les détenus condamnés à des peines criminelles ou correctionnelles peuvent être astreints au travail. Toutefois, ils peuvent en être dispensés pour des raisons de santé. Les détenus condamnés peuvent exécuter des travaux de régie ou de concession au profit des collectivités territoriales, des entreprises ou services publiques dans un but d'intérêt général. Ils peuvent aussi être autorisés à exécuter des travaux à l'extérieur des centres de détention sous le contrôle de l'administration pénitentiaire. Les détenus perçoivent une rémunération au moins égale au salaire minimum interprofessionnel garanti (SMIG) composée comme suit : un tiers réservé au payement des amendes, frais de justice et dommages et intérêts accordés à la partie civile ; un tiers est acquis au condamné comme pécule ; enfin un tiers est acquis à l'établissement pénitentiaire. L'administration pénitentiaire a développé, ces dernières années, des prisons bâties autour de l'activité rurale dites pénitenciers agricoles.

On peut finalement penser qu'aucune réforme de l'univers carcéral ne peut être réalisée sans une réforme des autres composantes du système de justice criminelle, les tribunaux et la police par exemple. Si l'injustice et l'inefficacité sont patentes au niveau de la police et de la magistrature, comment espérer la moindre efficacité au niveau des prisons ? Ne sont-elles pas là pour ramasser tous les pots cassés ? En tout cas, seule une réforme de l'ensemble du système peut donner l'espoir.

Le pouvoir judiciaire assure la mise en œuvre de la politique criminelle. Pendant longtemps, la justice est restée inaccessible à l'apport de la criminologie issue, sociologiquement parlant, des milieux les plus traditionnels de la société malienne. La lente pénétration de la criminologie dans les prétoires finira par imprégner les sciences juridiques. L'expérience du juge pénal fait alors recours à cette discipline avec la même aisance que le

---

[122] Cf. La loi n° 05-045 du 18 août 2005 portant modification du code pénal (introduisant un article 14 nouveau dans le code pénal) et son décret n° 06-036/P-RM du 31 janvier 2007 déterminant les modalités d'application de la peine de travail d'intérêt général.

juge civil puise aux autres sciences intéressant les affaires qu'il juge. Le tribunal, la police et le système pénitencier constituent un système unique de justice criminelle. On ne peut édicter la loi sans se soucier des contextes social, psychologique, économique et politique du crime et du criminel. On ne peut rendre justice en se désintéressant de ceux qui amènent l'accusé (la police) et de ceux qui en disposent (les pénitenciers).

L'application des peines en matière pénale, pour ce qui concerne les peines privatives de liberté, relève de l'administration pénitentiaire. Il n'y a pas de contrôle judiciaire dans l'exécution des peines. Or, en matière de réduction des peines indépendamment des mesures de grâce présidentielle, l'intervention d'un juge chargé de l'application des peines est une garantie pour le respect des droits des détenus. C'est pourquoi, il est souhaitable de procéder à la judiciarisation de l'exécution des peines par l'institution d'un juge indépendant chargé de l'application des peines.

Cette interdépendance des composantes du système de justice criminelle est le principe de base de la politique criminelle moderne.

SECTION II. L'ORIENTATION DE LA JUSTICE CRIMINELLE AUX SEULES PERSONNES PHYSIQUES

41. La multiplication des juridictions et des services de police et de gendarmerie répond aussi à une escalade relative du crime. Les différentes mutations auxquelles on assiste depuis une vingtaine d'années, conséquence d'une urbanisation forte avec son cortège d'exode rural et d'aggravation de la pauvreté, se sont accompagnées d'un accroissement de la criminalité.

De nouvelles variétés de crimes et délits font leur apparition à côté des formes classiques de crime de sang. C'est ainsi qu'aux atteintes à l'intégrité des personnes, les infractions d'atteinte à la propriété connaissent un véritable enrichissement.

Conscient de ce danger, le Mali a créé une brigade anti criminalité pour lutter contre le grand banditisme. Il a aussi adhéré à l'organisation internationale de police dite « Interpol » et a ouvert un bureau central d'Interpol au sein de la direction nationale de la police avec pour objectif de lutter contre la production et le trafic de drogue, le terrorisme, le blanchiment d'argent et le crime organisé[123]. Deux autres types de délinquance retiennent particulièrement l'attention en raison des récents développements qu'ils enregistrent. Il s'agit de la délinquance financière et du trafic de drogue. La répression de ces différentes infractions requiert un fonctionnement spécifique de l'appareil judiciaire. Cette spécificité peut également atteindre certaines personnes physiques en raison de leur nature. Il s'agit des femmes et des enfants.

---

[123] V. Infra. p. 44.

Elle peut, combinée à la pratique judiciaire au Mali, contribuer à violer le droit des personnes concernées (Paragraphe I). Celles-ci doivent être protégées des infractions dues à leur vulnérabilité par des actions de lutte contre le crime (Paragraphe II).

Paragraphe I. La pratique judiciaire portant atteinte aux droits humains

42. Les droits humains ne concernent que les seules personnes physiques. Les personnes morales ne peuvent faire l'objet d'atteinte aux droits humains. La combinaison des mesures paraît de nature à dissuader la pratique judiciaire attentatoire aux droits humains. Ces mesures sont relatives, d'une part aux parquets généraux qui exercent un contrôle rigoureux sur la procédure et instruisent aux procureurs de la république de veiller à l'application stricte du code de procédure pénale et, d'autre part, aux juridictions de jugement qui sanctionnent par la nullité du mandat l'inobservation de la formalité par les magistrats du parquet.

Dans le domaine de la lutte contre la criminalité financière et la corruption, la mise en place des pôles économiques est une avancée remarquable. Cependant, le dispositif gagnerait à être complété par l'institution de mesures similaires au niveau du jugement des affaires aussi bien en première instance qu'en appel et au niveau du parquet général et de la chambre d'accusation et par la correctionnalisation légale de toutes les infractions économiques et financières pour atteindre une répression rapide avec, pour objectif, une plus grande chance de récupération des fonds détournés.

Ce faisant, au-delà de l'harmonisation des mécanismes de lutte, c'est l'efficacité des poursuites des cas criminels qui sera consacrée à travers les droits spécifiques reconnus (A) et les droits d'accès à la justice (B).

A. Les droits spécifiques reconnus aux personnes physiques

43. La criminalité des femmes se résume aux atteintes à la propriété (escroquerie, abus de confiance, vol) et à l'intégrité physique (coups et blessures volontaires et infanticides). L'infanticide est perpétré par « les bonnes à tout faire » qui quittent leur village pour venir offrir leur service comme domestique dans les grandes villes en vue de réaliser quelques économies en prévision de leur mariage[124]. De peur d'affronter leurs proches au retour avec un enfant qui peut être cause de rupture de leurs fiançailles, les bonnes préfèrent souvent donner la mort à leurs nouveau-nés dont elles n'ont pas pu se débarrasser avant la naissance.

---

[124] Les estimations du ministère de la justice du Mali, publiées dans l'essor du 28 juillet 2004, op. cit. n°38.

La criminalité en milieu féminin demeure relativement faible au Mali. Elle concerne des matières telles que : l'escroquerie[125], la détention de stupéfiant[126], les coups et blessures volontaires[127], etc. Néanmoins, des actions de prévention sont poursuivies tout en multipliant les centres spécialisés de détention, d'éducation et de réinsertion à l'instar de celui de « Bollé femmes »[128].

La justice coutumière en sa forme actuelle ne peut être encouragée, dans la mesure où elle intervient dans des secteurs où les droits humains, notamment des femmes et des enfants sont souvent violés. En revanche, elle peut être utile sur le terrain des modes alternatifs de règlement des litiges comme la conciliation, la médiation et l'arbitrage, par exemple.

44. Le droit criminel malien n'a pas perdu de vue la nécessité de réprimer le crime, même s'il est l'œuvre d'enfant. La loi portant sur la minorité pénale et l'institution de juridictions pour mineurs fixe la majorité pénale à 18 ans[129]. C'est dans ce contexte que la loi précitée est intervenue. Elle fut complétée par un texte de portée plus large, portant code de protection de l'enfant[130]. Ces lois veillent à domestiquer la convention internationale sur les droits de l'enfant et la convention sur le droit et le bien être de l'enfant africain. Elles tentent de réconcilier les impératifs de lutte contre le crime avec la nécessité de protection et de promotion des droits de l'enfant.

L'article 2 du code de protection de l'enfant définit l'enfant comme « toute personne humaine âgée de moins de 18 ans et qui n'a pas encore atteint l'âge de la majorité par des dispositions spéciales ». Il est important de relever que ce qui est décisif dans le droit pénal applicable à l'enfant, c'est l'intérêt supérieur de ce dernier.

C'est en ce sens que l'article 3 du code de protection de l'enfant dispose que « l'intérêt supérieur de l'enfant doit être la considération primordiale dans toutes les mesures prises à son égard par les tribunaux, les autorités administratives, les institutions publiques et privées de protection sociale. Doivent être pris en considération, avec les besoins affectifs et physiques de

---

[125] Selon les statistiques annuelles de la Direction Générale de la Police judiciaire du Mali en 2008 : sur 199 cas de vol simple 161 hommes étaient auteurs pour une proportion de 37 femmes. Pour 36 cas d'escroquerie, il y avait 29 auteurs hommes pour 3 auteurs femmes. Pour le recel de ces atteintes aux biens, sur 22 cas traités, 25 auteurs ont été identifiés dont 19 femmes pour 6 hommes.

[126] Pour 3 infractions traitées, il y a 5 auteurs hommes pour 1 auteur femme.

[127] Sur 61 cas, il y avait 63 auteurs hommes pour 10 auteurs femmes.

[128] L'Ordonnance n° 99-006/P-RM du 31 mars 1999 portant création du centre spécialisé de détention, de rééducation et de réinsertion pour femmes de Bollé, ratifiée par loi n° 98-016 du 10 juin 1999 et le décret d'application n° 99-197/P-RM du 20 juillet 1999.

[129] Loi n° 01-081 du 24 avril 2001 portant minorité pénale et institution de juridictions pour mineurs.

[130] L'Ordonnance n° 02-062/P-RM du 05 juin 2002 portant Code de protection de l'enfant.

l'enfant, son âge, son état de santé, son milieu familial et les différents aspects relatifs à sa situation ».

Il n'est donc point question d'une répression aveugle mais d'une répression du crime qui permet de sauver le criminel enfant. À cet égard, les lois distinguent un régime d'irresponsabilité pénale que nous exposerons avant d'aborder le dispositif juridictionnel proprement dit.

45. Dans le droit pénal de la minorité, le législateur a posé comme principe que le mineur de moins de 13 ans jouit d'une présomption d'irresponsabilité pénale en raison de son manque de discernement. Le mineur appréhendé pour avoir commis un crime ou un délit alors qu'il n'a pas 13 ans, sera relaxé ou acquitté par la juridiction de jugement, comme ayant agi sans discernement. Dans ce cas, la juridiction ne peut que remettre le mineur à ses parents ou à une institution d'éducation spécialisée publique ou privée pour le temps que le jugement déterminera avant excéder la limite des 18 ans.

Dans tous les cas où le mineur âgé de plus de 13 ans et de moins de 18 ans a commis un crime ou un délit, il appartient à la juridiction de jugement, eu égard aux éléments de la cause de décider qu'il a agi avec discernement ou non. Dans l'hypothèse où la juridiction a décidé que le mineur a agi sans discernement, c'est le régime de l'irresponsabilité pénale déjà examiné qui est appliqué. Au contraire, si la juridiction estime que le mineur a agi avec discernement, sa responsabilité pénale est retenue et il lui est fait application selon les cas, d'une peine, d'une mesure appropriée de protection, d'assistance, de surveillance et d'éducation définies par la loi.

Le cadre légal pour une lutte efficace contre le crime y est et le contexte politique, caractérisé par une démocratie apaisée, une stabilité remarquable et des institutions fonctionnelles s'y prête. Les nouvelles formes de gouvernance de la sécurité et de la justice ainsi que les stratégies de répression des crimes, adoptées à l'issue de processus participatifs, posent les bases d'une compréhension juste des phénomènes de sécurité, de criminalité et de justice criminelle. Leurs approches augurent d'une plus grande implication et d'un engagement des populations susceptibles de conduire à des résultats probants et à une meilleure gouvernance globale du pays.

Même si ces nouvelles politiques et stratégies de lutte contre le crime demeure fortement tributaire de la volonté politique, d'une participation active de toutes les couches de la société, d'un appui conséquent des partenaires au développement et d'un lien avec les cadres stratégiques sécuritaires sous-régionaux, régionaux et internationaux[131], il y a là des expériences novatrices dans les secteurs de la justice et de la sécurité à connaître, à partager et à soutenir.

---

[131] On peut faire allusion à la CEDEAO, l'Union Africaine, l'Union Européenne et l'ONU.

B. La garantie du droit d'accès à la justice aux personnes physiques

46. Le droit malien reconnaît à toute personne suspectée ou poursuivie le droit d'être jugée par un tribunal indépendant et dans un délai raisonnable. Ce droit concerne les personnes physiques. Il peut concerner les personnes morales car le texte ne fait mention d'aucune précision. La personne doit être présentée à un magistrat qui a l'obligation de l'informer des charges retenues contre elle. Elle peut être assistée d'un avocat dès l'enquête préliminaire de la police judiciaire.

Le droit d'accès à la justice pour les personnes, dont la responsabilité pénale est recherchée, comprend également le droit de ne pas porter atteinte à leur liberté que sur décision de l'autorité judiciaire. Et ces atteintes doivent être strictement limitées aux nécessités de l'enquête et proportionnées à la gravité de l'infraction reprochée sans qu'il puisse être porté atteinte à leur dignité. C'est dire que le droit d'accès à la justice est fortement garanti aux personnes poursuivies puisque la constitution du Mali leur reconnaît le droit de se faire assister d'un avocat depuis l'enquête préliminaire[132]. L'accès à la justice pour la personne poursuivie c'est aussi être présenté à un magistrat de l'ordre judiciaire, garant de la liberté individuelle, qui apprécie la validité des charges recueillies, les lui notifie et reçoit ses explications. En plus, en édictant que la garde à vue ne peut dépasser quarante huit heures que par décision motivée d'un magistrat de l'ordre judiciaire, la constitution malienne institue véritablement l'« *habeas corpus* » protecteur du droit des suspects[133]. Mais déjà, avant cette phase, la présence de l'avocat au cours de l'enquête préliminaire permet au suspect de passer par toutes les étapes de la procédure[134]. Il est simplement regrettable, en dehors de la prescription constitutionnelle qu'aucune loi ne soit intervenue pour préciser les conditions d'intervention de l'avocat dès l'enquête préliminaire. En attendant l'avènement de cette loi, les avocats remplissent bien leur rôle auprès des services de police en assistant les suspects et en veillant à ce qu'aucune violation des droits du suspect ne survienne.

Les parties en présence dans le procès pénal ont un égal accès à la procédure devant le juge d'instruction[135]. Elles disposent d'un même droit pour demander telle mesure d'investigation qui leur paraît utile ou relever appel de telle décision du juge d'instruction. L'équilibre n'est pas parfait dans la mesure où certaines prérogatives sont attachées aux fonctions de magistrat de parquet dédié à la défense de l'intérêt général, dont l'inculpé est privé précisément parce qu'il ne représente que son seul intérêt privé.

47. On peut s'interroger sur le point de savoir si les femmes ainsi que les couches vulnérables ou pauvres de la population sont victimes d'une

---

[132] La constitution malienne du 25 février 1992 dans son préambule.

[133] Ibidem.

[134] Cf. à l'article 9 al. 2 de la constitution malienne du 25 février 1992.

[135] Il s'agit d'une part le ministère public et la partie civile et d'autre part l'inculpé.

discrimination par rapport à l'accès à la justice quand elles se retrouvent dans la situation des personnes suspectes ou poursuivies. Les femmes, dans leur immense majorité, se classent parmi les couches pauvres de la population. En outre elles souffrent de l'analphabétisme et de l'oppression des hommes. Elles sont assommées par le poids des taches ménagères et la prise en charge de l'éducation et de l'entretien des enfants[136]. Les femmes sont également victimes et de façon récurrente de certaines infractions spécifiques dont les viols, les excisions, les coups et blessures volontaires, les répudiations, les bigamies etc.

À l'évidence, les femmes sont considérées comme inférieures aux hommes au sein de la société, ce qui les « victimise » nécessairement. Une double question se pose : la femme a-t-elle un égal droit d'accès à la justice que l'homme ? La femme a-t-elle un droit d'accès à la justice tout court ?

Il est aisé de constater que le droit d'accès à la justice est nié aux femmes pour ce qui concerne certaines infractions. En l'occurrence, toute la gamme de violences relatives aux différentes formes d'excisions est entièrement méconnue par le droit. Aucune plainte des femmes n'est recevable contre ce genre de violence devant les juridictions. C'est du reste ce qui a amené les différentes organisations de promotion et de défense des droits de la femme à initier une vaste campagne pour l'incrimination de l'excision encore appelée mutilation génitale féminine. Si une telle campagne a pu aboutir au Sénégal et au Burkina Faso à l'adoption d'une loi réprimant l'excision, au Mali il en va différemment où elle n'est pas encore érigée en délit. Cependant, les personnes qui en sont victimes disposent de certains recours sur le plan pénal (comme les coups et blessures volontaires, les atteintes à l'intégrité physique) et sur le plan civil (comme le préjudice et le dédommagement prévus par l'article 1382 du code civil français). Quels que soient les dommages que cette pratique peut entraîner, les femmes avec l'exercice de leur droit d'accès à la justice sont confrontées à certains obstacles qui trouvent leurs sources dans les pesanteurs de la culture malienne.

C'est ainsi que la situation d'assujettissement qui est son partage quotidien dresse un barrage presque naturel qui l'empêche de vouloir jouir de ses droits. Sur un plan plus général et allant au-delà de l'aspect pénal, certains droits fondamentaux des femmes sont niés sur le plan judiciaire. À titre illustratif, l'égalité des droits entre homme et femme est consacrée par la constitution. Les conventions internationales qui assurent cette égalité et proscrivent toute discrimination à l'endroit des femmes sont ratifiées par le Mali. Pourtant, en matière de droit des successions, les tribunaux continuent à privilégier l'application de la coutume et non pas de la constitution.

Depuis l'avènement de la démocratie en 1992 avec le développement croissant des cliniques juridiques au Mali, la défense des droits de la femme

[136] Rapport sur la situation de la femme malienne, MALI-RECOFEM, décembre 2007.

fut assurée. Ce phénomène de croissant fut encouragé tout en donnant un sens au statut constitutionnel des droits des femmes. L'élargissement du droit d'accès des femmes à la justice passe par une application juste des traités internationaux ratifiés par le Mali interdisant toutes discriminations à l'égard des femmes. La plupart de ces conventions étant *« self executing »*, s'appliquent directement dans l'ordonnancement juridique interne malien. Ainsi, la convention des Nations Unies contre toutes les formes de discrimination à l'égard des femmes, la charte africaine des droits de l'homme et des peuples ainsi que son protocole additionnel de Maputo devraient pouvoir être appliqués directement par les juges maliens. Pour ce faire, un effort d'information et de formation en direction des magistrats et des auxiliaires de justice devrait être initié et soutenu sur toutes les questions touchant aux droits des femmes.

Par ailleurs le programme décennal de développement de la justice (PRODEJ)[137] a prévu l'institution de plusieurs autres centres pour un meilleur accès à la justice et au droit. Ces structures seront des moyens d'accompagnement des citoyens dans leur quête de justice, en termes d'accueil, d'information, d'orientation, voire d'assistance (sans se substituer à l'avocat). Ces centres d'accès au droit, communément appelés « cliniques juridiques » au Mali, procèdent au règlement alternatif des litiges par la conciliation et la médiation dont ils auraient été investis aussi bien en matière civile que pénale. Ils jouent, aussi, un rôle important dans l'accompagnement des femmes, des couches vulnérables et d'une manière générale des pauvres vers la réalisation effective de leur droit d'accès à la justice. Malheureusement, ces centres d'accès au droit ne sont pas assez nombreux à travers le pays.

En effet, la célérité des procédures, les mises en liberté en cours de procédure, les décisions de non lieu sont assez souvent le fruit d'une activité corruptrice à l'endroit du personnel judiciaire. Les concepteurs de cette politique ont prévu des infractions qui peuvent valablement être commises par les personnes morales. Il s'en suit un inégal traitement entre les citoyens face au droit d'accès à la justice du fait de la corruption. L'enjeu de la lutte contre la corruption est véritablement l'accès à la justice et une bonne distribution de la justice.

Paragraphe II. Les actions de lutte contre les crimes commis par les personnes physiques

48. Les crimes peuvent être commis par les personnes physiques et les personnes morales. Mais ici, les actions de lutte contre le crime sont uniquement consacrées aux seules personnes physiques. Spécifiquement, la

[137] Rapport général du forum sur la justice tenu à Bamako du 30 mars au 03 avril 1999.

loi fondamentale considère que « la personne humaine est sacrée »[138]. Elle considère également que la sécurité humaine est une valeur fondamentale et un élément crucial pour la paix sociale, la stabilité politique, la prospérité économique, le développement démocratique et la bonne gouvernance. Cela est confirmé dans les 24 premiers articles du titre premier de la constitution malienne du 25 février 1992 qui énonce que la loi détermine les principes fondamentaux de l'organisation de la défense et de la sécurité et que le gouvernement est chargé de l'élaboration et de l'exécution de la politique nationale de défense et de sécurité. Les institutions de la sécurité fonctionnent conformément au droit.

49. Les services de sécurité obéissent au pouvoir civil démocratiquement mis en place. Leurs budgets respectifs sont planifiés dans le cadre du budget national et soumis d'abord à l'approbation du conseil des ministres puis de l'assemblée nationale qui peut les adopter, les amender ou les rejeter en session publique. Les dépenses ne relèvent d'aucun secret d'État ou d'une quelconque confidentialité. Elles sont accessibles à tous et leur gestion est confiée à des services spécialisés de l'administration publique appelés « Directions Administratives et Financières » (DAF), services financiers rattachés à chaque ministère.

Dans la pratique, la gouvernance de la sécurité relève également de certains modes traditionnels de gestion de la paix et de la sécurité. Dans le milieu rural en particulier, « le mode de gestion étatique qui passe par l'application de règles et lois établies a bien souvent montré ses limites face à des croyances et comportements culturels trop ancrés dans les coutumes et mœurs des communautés... On fait appel à l'intervention des services de l'État en dernier ressort »[139].

Cela ne manque pas de poser, aujourd'hui et à la lumière de la décentralisation, le problème de l'insertion des autorités et institutions traditionnelles (que l'on croyait longtemps reléguées aux oubliettes) dans le processus de gestion locale des affaires publiques. C'est aussi l'un des enjeux de la gouvernance démocratique de la paix et de la sécurité au Mali.

Les autorités politiques maliennes, ce faisant, doivent s'y mettre par un engagement ferme (A) à travers un programme de gouvernance partagée (B).

A. Le renforcement des stratégies de lutte contre le crime par les autorités

50. Depuis une vingtaine d'années, la paix et la sécurité sont au centre des préoccupations du gouvernement malien. Elles s'intéressent principalement aux personnes physiques. On peut déterminer quatre textes

[138] Art. 1er de la constitution malienne du 25 janvier 1992.

[139] Ousmane KORNIO (et consorts), *La prévention et la gestion des conflits communautaires au Mali, étude et manuel de formation*, Bamako, Friedrich Ebert Stiftung, p. 69.

fondamentaux de la politique de sécurité au Mali et de l'engagement du gouvernement à lutter contre la criminalité. Il s'agit de la lettre de cadrage du président de la république, de la déclaration de politique générale du premier ministre, du cadre stratégique de croissance et de réduction de la pauvreté (CSCRP) et de l'étude nationale « Prospective Mali 2025 ». Ces textes fondamentaux visent les seules personnes physiques et aucune perspective n'est prévue pour les personnes morales.

En octobre 2007, le président de la république instruisait dans sa lettre de cadrage au premier ministre que « parce qu'elle participe de l'autorité de l'État et assure la sécurité et la quiétude indispensables à l'épanouissement des citoyens, au développement de leurs activités économiques, commerciales, sociales et culturelles, la recherche d'un environnement de paix, de sécurité et de stabilité sera une priorité transversale ». Dans le contexte sécuritaire mondial caractérisé par de nouvelles formes de menaces à la sécurité et à la paix, le président de la république estimait que les forces armées et de sécurité se devaient de développer une grande capacité d'adaptation et améliorer sans cesse leurs performances : « il faut donc poursuivre nos efforts dans la réorganisation de l'appareil de commandement, le maintien en condition du matériel et la préparation opérationnelle des troupes ; le renforcement qualitatif des effectifs, l'accroissement de la qualité de l'enseignement militaire dans nos centres de formation et écoles, l'amélioration des conditions de vie et de service, ainsi que l'équipement adapté de nos différents corps. L'État veillera au renforcement de la sécurité des personnes et des biens ».

Il demandait, en particulier, au gouvernement de « poursuivre la mise en place d'un dispositif de couverture sécuritaire du territoire plus adapté, d'alerte et d'intervention à même de répondre aux situations d'urgence en matière de sécurité et de faire face aux risques de catastrophe. L'application du plan d'action issu des États généraux de la sécurité sera soutenue par le renforcement des ressources humaines, de la logistique et de la gouvernance de la sécurité »[140]. Dans le contexte national dominé par une montée en flèche de la criminalité de tous ordres, le président de la république annonce la mise en œuvre d'une politique de sécurité et, subséquemment, la prise rapide d'un train de mesures de nature à juguler l'insécurité devenue une des plus graves menaces pour la vie. Cette annonce est adressée au gouvernement pour son exécution.

Ainsi, dans sa déclaration de politique générale faite devant l'assemblée nationale le 14 décembre 2007, ce dernier s'est engagé à restaurer l'autorité de l'État et à assurer la sécurité des citoyens. Il a particulièrement insisté sur le fait que « l'une des vertus d'un État fort est d'assurer la sécurité des personnes et des biens... »

---

[140] Cf. Extrait du rapport du ministère de la justice, le journal Essor du 28 juillet 2004.

Pour renforcer cet engagement en faveur d'un renforcement de la sécurité, les mesures envisagées pour combattre l'insécurité ont été intégrées au cadre stratégique de croissance et de réduction de la pauvreté (CSCRP) qui est l'unique document stratégique de référence du développement économique et social au Mali.

Le CSCRP indique, notamment, que l'objectif de l'État malien est d'instaurer un climat de paix et de sécurité à travers un environnement politique sécurisé (stabilité, démocratie et bonne gouvernance) afin de favoriser les investissements et le développement. Sachant les liens étroits entre la paix, la sécurité et le développement, le CSCRP envisage la prise en compte de cette dimension dans tous les projets, programmes et politiques sectorielles de développement.

Plus spécifiquement, le document indique que la politique nationale de sécurité repose sur sept axes fondamentaux, à savoir : privilégier la prévention, asseoir les bases d'une police de proximité, clarifier et coordonner les responsabilités en matière de sécurité, adopter une utilisation rationnelle des moyens, consolider et renforcer l'ouverture sur l'extérieur, adopter une stratégie de communication appropriée et inclure la dimension genre dans toutes les stratégies de développement de la sécurité.

Ainsi, le gouvernement du Mali affiche clairement son ambition d'en faire un axe prioritaire et de promouvoir une stratégie sécuritaire susceptible d'impulser une véritable dynamique de développement économique et social. Pourtant, ce modèle de développement passe nécessairement par l'émergence des personnes morales telles que les entreprises et les sociétés commerciales. Peut-on affirmer ici que la politique criminelle et sécuritaire fait allusion aux personnes morales ? En réponse, on peut dire qu'il ne s'agit là que d'une ambition non suivie d'effet.

L'étude nationale « Prospective Mali 2025 »[141] est le quatrième déterminant de la politique nationale de sécurité. Première en son genre au Mali, cette étude a été conduite de janvier 1997 à juin 1999 par une équipe pluridisciplinaire. Elle esquisse différents scénarios possibles de l'évolution de la société malienne à l'horizon d'une génération. Mais, hormis la situation au Nord-Mali, la sécurité n'y a pas été considérée comme un élément clé d'analyse[142].

Selon cette étude, la majeure partie de la population sondée estime que pour réussir un futur souhaitable, « il faut que le Mali soit un pays politiquement et socialement apaisé »[143]. Elle indique que les périls

---

[141] « Mali 2025, Rapport général de l'Étude Nationale Prospective », Bamako, Présidence, 2001, 200 pages.

[142] À la décharge des concepteurs de ce document de référence, l'ONU venait juste de mener une enquête sous-régionale sur la prolifération des armes légères en Afrique de l'Ouest. Le gouvernement et les populations étaient focalisés sur la rébellion au Nord et aucune étude approfondie n'avait alors été entreprise sur le secteur de la sécurité qui était encore considérée comme relevant exclusivement des services de sécurité.

[143] « Étude Nationale Prospective Mali 2025 », Bamako, Présidence, 2001, p. 32.

susceptibles de compromettre le développement démocratique, économique et social, sont de plus en plus nombreux et imprévisibles et « c'est l'homme qui est au cœur de ces menaces ». D'où la nécessité de concevoir le schéma classique de sécurité dans la perspective d'une nouvelle architecture (tenant compte de la sécurité humaine) pour faire obstacle aux menaces, à la paix et à la sécurité au Mali.

51. Le Mali vit aujourd'hui sous la menace de diverses formes d'insécurité. Le gouvernement continue d'envisager diverses stratégies de lutte contre ces menaces réelles ou supposées dans les domaines des trafics.

Le trafic des armes légères se développe généralement à partir des pays en conflit vers les pays ayant une stabilité relative. Au Mali, le trafic d'armes est facilité par l'immensité du territoire[144] relativement au nombre insuffisant des forces de sécurité qui ne permet pas de surveiller efficacement l'étendue de la frontière. Il est aggravé par la corruption à grande échelle qui règne dans le pays. Les forces maliennes éprouvent d'énormes difficultés à arrêter les trafiquants et autres bandits en raison de la mobilité de ces derniers entre les frontières. Bien qu'ayant mis en place une Commission nationale de lutte contre la prolifération des armes légères, directement rattachée à la présidence de la république, les autorités sont convaincues que seule une bonne et étroite coordination des actions des forces des pays de la sous-région peut circonscrire le phénomène.

Le trafic de stupéfiants est une activité lucrative qui permet aux bandes de trafiquants d'obtenir des gains faciles et rapides. Une partie substantielle de ces faramineuses sommes d'argent est investie dans la corruption et le trafic d'influence ainsi que dans l'achat d'armes pour soutenir les réseaux du crime organisé.

B. Le programme de gouvernance partagée et la nouvelle vision sécuritaire

52. Le programme de gouvernance partagée de la sécurité et de la paix au Mali a été conçu et mis en place à la suite des « État Généraux de la Sécurité et de la Paix au Mali » organisés en octobre 2005 par le ministère de la sécurité intérieure et de la protection civile. Il est fondé sur le concept de sécurité humaine donc de la personne physique. Le but du programme était de contribuer à la création d'un climat de paix, de sécurité et de stabilité qui favorise le développement durable au Mali. Il s'est assigné trois objectifs globaux. Il s'agit, d'abord, de contribuer à l'élaboration et l'adoption d'une nouvelle politique nationale de sécurité telle que recommandée par les « États Généraux de la Sécurité et de la Paix ». Ensuite, il faut accompagner la mise en œuvre d'un projet de « Gouvernance Partagée de la Sécurité et de

[144] Environ 1.241.238 km2 de vastitude.

la Paix » aux niveaux national et décentralisé. Et enfin, il faut appuyer la construction d'une sécurité et d'une paix durables dans le nord du Mali.

Le programme articule autour d'une vision globale et intégrée de la sécurité à moyen et long terme avec des activités prioritaires d'urgence. Il développe aussi une dimension transversale avec, dans son exécution, l'implication de plusieurs départements ministériels. Il devra à terme contribuer qualitativement à la démocratisation et à la décentralisation de la gestion des questions de sécurité.

Particulièrement axé sur la prévention et sur la responsabilisation de tous les acteurs tant au niveau national que local, ce programme vise à intégrer la dimension sécuritaire dans toutes les actions de développement économique et social.

Le document qui est le cadre de la politique a été élaboré et soumis à l'approbation du gouvernement. Il est soutenu par un plan d'action quinquennal[145]. Avec l'appui du programme des nations unies pour le développement (PNUD), un partenariat stratégique est en cours. Il vise à donner une visibilité accrue à la nouvelle politique nationale de sécurité et de protection civile, notamment au programme de gouvernance partagée de la sécurité qui implique tous les acteurs du développement. Il s'agit des pouvoirs publics, de l'administration générale, des services de sécurité, du secteur privé, de la société civile et société politique, des collectivités locales et des partenaires techniques et financiers. Ce sont là autant d'actions en cours ou en perspective susceptibles de renforcer la lutte contre l'insécurité et le crime. Ces actions sont issues d'une nouvelle forme de gouvernance de la sécurité au Mali appelée la gouvernance démocratique de la sécurité.

53. Au cours des états généraux sur la sécurité et la paix, il a été souligné que la perte de sécurité au Mali est essentiellement liée à un manque de vision et de bonne gouvernance. Les services de sécurité ont trop souvent servi les seuls régimes et partis politiques, voire les chefs d'État plutôt que l'État et les citoyens. Ils sont fréquemment intervenus au-delà de leurs capacités réelles alors même que le personnel est mal formé, sous- équipé, insuffisamment financé, sous-payé et peu motivé. Il est impératif aujourd'hui d'inverser cette situation au regard de l'option démocratique opérée par le peuple malien depuis 1991[146]. Désormais, les questions de sécurité au Mali doivent être considérées non pas comme des préoccupations à part des affaires de la nation, mais plutôt comme des préoccupations à part entière de la nation. Par ailleurs, il a été collectivement admis qu'il n'y a de sécurité que par le peuple et pour le peuple et que de la sécurité du Mali dépend aussi, dans une certaine mesure, la sécurité du monde. En conséquence, les

[145] Il s'agit du plan d'action quinquennal de développement du secteur de la sécurité 2008-2012.

[146] On pense à l'insurrection populaire du 26 mars 1991 qui a vu l'avènement de la démocratie au Mali.

États généraux sur la sécurité et la paix ont décidé que la nouvelle vision de la politique criminelle au Mali doit porter sur la sécurité humaine, en mettant l'homme au cœur de la sécurité avec le souci de lier le développement à la sécurité.

La stratégie mettant en œuvre cette vision doit reposer sur une approche globale et intégrée de la sécurité. Une approche participative, mobilisatrice et solidaire, susceptible de contribuer qualitativement à la création d'un climat de paix, de sécurité et de stabilité attire les investisseurs au bénéfice du développement économique et social du pays. Cette approche, capable d'impulser une nouvelle dynamique au développement, doit également reposer sur une gouvernance démocratique (partagée) de la sécurité. Cela paraît d'autant plus pertinent qu'à l'heure où les États ne se font presque plus la guerre, c'est l'intégrité physique des citoyens qui est souvent atteinte par les conflits internes. Il y a donc une impérieuse nécessité à élargir le cercle des acteurs de la sécurité et à associer les citoyens aux questions de sécurité. Les entreprises privées de surveillance, de gardiennage, de transport de fonds et de protection de personnes se trouvent au cœur de la politique sécuritaire du Mali. L'enchaînement des troubles et l'ampleur de la violence des événements par certaines catégories sociales en mars 1991 au Mali ont surpris les services de sécurité qui ont pourtant assuré la sécurité des citoyens et de leurs biens malgré les manques de moyens adéquats, de leadership interne et de soutien politique. Les sociétés privées et même des structures de l'État, les missions diplomatiques et des citoyens qui en avaient les moyens se sont alors rués vers des services privés. Il a fallu un décret présidentiel[147] et plusieurs arrêtés[148] d'application pour canaliser ces nouveaux acteurs de la sécurité et harmoniser leurs mandats avec les missions régaliennes dévolues par la loi fondamentale aux services de sécurité. Sans parvenir à les définir avec exactitude, en droit, les autorités ont tout de même pu réglementer les activités de ces sociétés privées de surveillance, de gardiennage, de transport de fonds et de protection de personnes. Ainsi, aux termes du décret n° 96-064/P-RM du 29 février 1996, les matériels, documents, uniformes et insignes de ces entreprises sont réglementés et doivent, par conséquent, répondre à des normes précises[149]. Elles ne sont pas pénalement responsables, mais le sont civilement comme

---

[147] Décret n° 96-064/P-RM du 29 février 1996 portant réglementation des activités des entreprises privées de surveillance, de gardiennage, de transport de fonds et de protection de personnes.

[148] Arrêté N° 96-00620/MATS/SG du 19 avril 1996 ; Arrêté n° 96-00621-MATS/SG du 19 avril 1996 ; Arrêté n° 96-0565-MATS/SG du 15 avril 1996.

[149] Décret n° 96-064/P-RM du 29 février 1996 portant « *l'usage de la tenue de campagne dite treillis et des casquettes ou bérets utilisés par les Forces Armées et de Sécurité est formellement interdite. De même est interdit le port de galons, fourragères, écussons, macarons, rangers et ceinturon.* » ; Arrêté n° 96-00620-MATS/ SG du 19 avril 1996 qui fixe les caractéristiques de cette carte professionnelle.

toujours. Seuls les agents et les dirigeants répondront aux infractions qu'ils auraient commises.

Mais, privilégier la sécurité humaine ne signifie point léser la sécurité de l'État. Certes, la sécurité de l'État n'assure pas nécessairement la sécurité de l'individu, mais un pays dont la sécurité n'est pas assurée ne peut que sombrer chaque jour davantage dans la précarité, le délitement, la décrépitude, la violence et la décadence. D'où la nécessité de développer concomitamment ces deux formes de sécurité que sont la sécurité humaine et la sécurité nationale. L'esprit de la nouvelle vision sécuritaire est de lier le développement à la sécurité et intégrer le secteur de la sécurité à la gouvernance développementale et démocratique globale, Il s'agit de faire en sorte que la sécurité ne soit plus un facteur contingent, mais un axe central du développement et une priorité, car il n'y a pas de développement sans sécurité, pas plus que de sécurité sans développement. Sur la base de cette vision, une nouvelle doctrine a été adoptée par les forces de sécurité fondée sur la prévention et la mobilité, de nouvelles stratégies ont été conçues et un plan d'action consacrée à l'amélioration de la gouvernance de la sécurité. Cela s'est avéré d'autant plus nécessaire que les enjeux de la réforme de la sécurité au Mali sont de taille, parmi lesquels l'enjeu du développement.

La citoyenneté suppose l'acquisition de connaissances et de valeurs civiques permettant de développer des habiletés à participer de manière consciente et responsable à la construction nationale[150]. Un citoyen qui vit dans un État de droit est un acteur et, parfois un moteur du développement de par le niveau de participation aux processus de prise de décision et de gestion des affaires publiques. Mais, un citoyen dont la sécurité n'est pas assurée ne peut se mouvoir pour mener sereinement ses activités. Il ne peut donc participer activement à l'essor du pays. À cet égard, la nouvelle gouvernance de la sécurité au Mali devrait être un instrument au service du développement économique, social et culturel. Elle devrait créer un climat propice à la promotion des entreprises, aux investissements internes et externes, au développement durable. Au regard de l'analyse du système de politique criminelle au Mali, on peut remarquer l'absence totale de l'affirmation du principe de la responsabilité pénale des personnes morales. Les points qui y sont développés et qui constituent le socle de cette politique ne se sont prêtés à aucune interprétation possible du principe par le législateur, d'où son rejet par le code pénal qui s'est inspiré de ladite politique criminelle. Dans une politique criminelle qui prône un ordre public de protection, se pose la nécessité de déterminer la personne pénalement responsable. La responsabilité pénale actuellement prévue en droit malien ne cadre pas dans sa généralité avec le nouvel environnement des affaires. S'agissant de la commission des infractions, les auteurs personnes morales

[150] « *Programme national d'éducation à la citoyenneté au Mali* », Bamako, Ministère de l'Administration Territoriale et des Collectivités Locales-Programme des Nations Unies pour le développement (PNUD), février 2005, p. 31 et s.

sont totalement dépersonnalisés et leur responsabilité se confond à celle des personnes physiques. Très généralement, la question de l'existence des personnes morales n'est pas posée. Soit on ne peut connaître les responsables, soit les faits sont à ce point, incertains. S'ils sont connus et désignés, c'est leur responsabilité civile et non pénale qui semblerait engagée. Or, les personnes morales notamment les sociétés commerciales sont aujourd'hui capables de commettre des infractions. Mais quand en est-il de la doctrine et d'autres législations qui rejettent la responsabilité pénale des personnes morales ?

CHAPITRE II

Les raisons liées à la doctrine et à l'influence de législations étrangères

54. Dans les domaines de la justice et de la sécurité, le Mali a engagé une série de réformes institutionnelles basées sur des processus participatifs[151]. Les nouvelles politiques nationales inspirées de ces processus ont permis de mettre en place un encadrement institutionnel ainsi que des dispositifs judiciaires et sécuritaires qui concilient la nécessité d'une lutte rigoureuse contre la criminalité avec l'impératif d'une protection conséquente des droits et libertés de la personne humaine. En arrière-plan, la constitution, les conventions internationales ratifiées et les lois nationales constituent un ensemble formel satisfaisant pour l'avènement de l'État de droit au Mali. Du principe de la légalité des crimes et des peines au principe du respect des droits de la défense, tout au long de la procédure d'enquête, la loi au sens large n'autorise nul écart par rapport à ce qui est aujourd'hui internationalement admis dans la lutte contre la criminalité. Ces réformes qui s'opèrent dans les dispositions répressives en vigueur, n'ont toujours pas prévu le principe de la responsabilité pénale des personnes morales. De véritables débats doctrinaux ont vu le jour. Les arguments favorables au rejet comme à l'admission du principe ont été avancés. Un tel phénomène ne pouvait pas laisser indifférents les spécialistes du droit, qui ont pendant longtemps rivalisé d'adresse, pour faire admettre ou rejeter la responsabilité pénale des groupements. Qu'il s'agisse des opposants ou des défenseurs de la responsabilité pénale des personnes morales, les arguments n'ont pas manqué pour faire triompher leurs idées. Les opposants ont avancé d'énormes arguments à la suite desquels, il était très difficile d'admettre une opinion contraire. Ceci peut avoir une influence notoire sur le droit positif

---

[151] Ces réformes ont été introduites lors du « *Forum sur la justice* » (novembre 1999), de la « *Concertation nationale sur les armes légères et de petit calibre* » (novembre 2000), des « *États généraux de la sécurité et de la paix* » (novembre 2005) et des « *États généraux sur la corruption et la délinquance financière* » (novembre 2008).

applicable dans bon nombre de pays, comme le Mali, qui continue à rejeter le principe général de la responsabilité pénale des personnes morales. Certaines sources du droit comme la doctrine et la loi se sont également prononcées pour le rejet du principe. On peut penser à ce titre que le législateur s'est largement inspiré de cette réalité. Le rejet du principe général en droit malien peut être dû aux arguments apportés par la doctrine des détracteurs qui peuvent influencer la position des rédacteurs du code pénal (Section I) et des législateurs des États qui l'ont expressément ou tacitement rejeté (Section II).

SECTION I. LE REJET TRADITIONNEL DE LA RESPONSABILITÉ PÉNALE DES PERSONNES MORALES

55. La responsabilité pénale des personnes morales était unanimement rejetée par la doctrine. En France, jusqu'au milieu du XIXe siècle, la théorie de la fiction était retenue. En ce sens, le pénaliste belge HAUSS écrivait, « les personnes morales ne peuvent être coupables puisque leur volonté fait défaut »[152]. L'ancien code pénal napoléonien, qui fut élaboré entre 1801 et 1810, était totalement muet à ce sujet et n'avait pas admis une telle responsabilité. C'est la jurisprudence qui a décidé qu'une personne morale ne pouvait encourir de sanction pénale, même pécuniaire[153]. En vertu d'une autre jurisprudence, seul le dirigeant pouvait être poursuivi et condamné mais pas la personne morale[154].

La France avait longuement hésité[155]. Toutefois, une telle irresponsabilité n'avait pas toujours existé[156]. Mais c'est avec la révolution française de 1789 que la suppression des corporations emporta avec elle la responsabilité pénale des groupements.

En droit international, l'expérience de Nuremberg révèle quelques condamnations des organisations comme la gestapo, le corps des chefs du parti nazi, etc. Néanmoins, le législateur du droit international n'a pas adhéré à ce courant doctrinal parce qu'il tranche au regard du statut de Rome de la

---

[152] Voir J.-J. HAUSS, *Principes généraux de droit pénal belge,* 1879 in C. BOUCHARD, op. cit., p. 7.

[153] Cass. crim., 15 mars 1973, énonce que pour le non versement de cotisations de sécurité sociale, « *seul le président de la société peut être condamné mais pas la société elle-même* » au plan pénal.

[154] Cass. crim., 6 février 1975, à propos du délit de dénonciation calomnieuse contre un syndicat où « *seul le dirigeant peut être poursuivi et condamné* ».

[155] Pendant que les États-Unis, le Canada, le Royaume-Uni et les Pays-Bas admettent depuis longtemps la responsabilité pénale des personnes morales.

[156] L'ordonnance royale de 1670 où les *communautés, bourgs et villages* pouvaient mettre en jeu leur responsabilité pénale et les ordonnances des 5 mai, 30 mai et 30 juin 1945 prévoyaient explicitement la responsabilité pénale des personnes morales en matière d'entreprises de presse coupables de collaboration avec l'ennemi et en matière économique et de réglementation des changes.

Cour Pénale Internationale (CPI) que « la Cour est compétente à l'égard des personnes physiques en vertu du présent statut ».

Comme il s'avère impossible de placer une personne morale en garde-à-vue ou en détention, plusieurs arguments avaient été avancés pour étayer une telle prise de position contre la reconnaissance de la responsabilité pénale des personnes morales[157]. Ces arguments seront exposés (Paragraphe I) avant d'évoquer la doctrine sur la fameuse question prioritaire de constitutionnalité qui visait le rejet de la responsabilité pénale des personnes morales (Paragraphe II).

Paragraphe I. Les arguments favorables à l'irresponsabilité pénale des personnes morales

56. Les personnes morales n'encouraient que la responsabilité civile et, dans certains cas, disciplinaire ou administrative. Mais elles ne pouvaient pas être pénalement déclarées responsables d'une infraction. Comme la Cour de cassation le rappelait avec constance par cette formule, « l'amende est une peine et toute peine est personnelle, sauf les exceptions prévues par la loi ; elle ne peut donc être prononcée contre un être moral, lequel ne peut encourir qu'une responsabilité civile »[158]. L'irresponsabilité pénale des personnes morales exprimée par la maxime « *societas delinquere non potest* »[159] était, donc, une réalité.

À partir de 1980, la responsabilité pénale des personnes morales était de plus en plus discutée. Deux recommandations de 1981 et 1988 du comité des ministres du Conseil de l'Europe incitaient les États, en matière de criminalité d'affaires, à appliquer « la responsabilité et les sanctions pénales qui s'appliquent aux entreprises lorsque la nature de l'infraction, la gravité de la faute de l'entreprise, les conséquences pour la société et la nécessité de prévenir d'autres infractions l'exigent ».

En France, la nécessité d'envisager la responsabilité pénale des personnes morales se fait jour dans le projet de code pénal déposé en 1986. De surcroît, la décision qui est à l'origine de l'infraction est prise par les organes sociaux eux-mêmes. L'idée était, donc, qu'il y a lieu de mettre en cause la responsabilité pénale des personnes morales dans des cas déterminés et par des peines pécuniaires ou privatives de droits appropriées.

Il apparaît qu'un certain nombre d'arguments étaient traditionnellement avancés par la doctrine pour justifier cette irresponsabilité. Pour la plupart, seules les personnes physiques sont aptes à commettre des infractions et

---

[157] Parmi ces arguments, on a entre autres l'absence de texte qui suppose que toute infraction est une faute or la personne morale ne peut commettre de faute et l'inapplicabilité de la plupart des peines prévues par le Code pénal à une personne morale, comme par exemple l'emprisonnement.

[158] Cf. Crim. 8 mars 1883, D.P.1884, 1, p. 428 ; 27 fév.1968, Bull. n° 69.

[159] Cette expression latine signifie « *la société n'a pas le pouvoir de commettre de délit* ».

susceptibles d'être condamnées à cet effet. Il s'agit des conditions indispensables à la responsabilité pénale où le groupement est une fiction juridique incapable d'avoir une volonté propre. La personne morale était civilement responsable et les dirigeants qui agissaient en son nom étaient les seules pénalement responsables. C'est la reconnaissance juridique des groupements qui suppose l'existence d'un objet social et qui ne peut en aucun cas constituer la commission de l'infraction. L'irresponsabilité pénale peut porter atteinte au principe de la personnalité des peines en ce qu'elle a pour effet de punir indistinctement tous les membres du groupement y compris ceux qui n'ont pas voulu la commission de l'infraction.

Le contenu des arguments avancés (A) peut être la source du rejet par les législations qui n'ont pas prévu la responsabilité pénale des personnes morales (B).

A. Le contenu des arguments rejetant la responsabilité pénale des personnes morales

57. Les arguments ont été avancés en faveur du rejet de la responsabilité pénale des personnes morales peuvent se résumer en trois catégories. On peut noter principalement la théorie de la fiction où la personne morale ne saurait être une réalité, le principe de la spécialité où les infractions concernant la personne morale sont prévues par un texte et l'impossibilité d'appliquer une peine à une personne morale.

Les partisans de la thèse de la fiction de la personnalité morale[160] ont expliqué que le code pénal napoléonien de 1810 n'a pas retenu la responsabilité pénale des êtres moraux. Le législateur est resté muet sur la question parce que les textes prenaient en compte seuls les délinquants, personnes physiques dotées d'intelligence et de volonté. Ils ont estimé que seuls les êtres physiques représentant la personne morale ou agissant en son nom (gérant, PDG, DG, administrateur, représentant des groupes, préposé), pouvaient commettre une infraction et engager ainsi leur responsabilité pénale personnelle. La raison avancée, à ce propos, note que la personne morale est dénuée de toute volonté et de toute emprise sur la matérialité des choses, attributs des seuls individus. Or, ces attributs sont des conditions *sine qua non* pour toute responsabilité pénale.

En France, le prédécesseur du code napoléonien avait supprimé toutes les formes d'associations humaines (corporations, associations dans ces différentes manifestations, congrégations religieuses, etc.) et a interdit leur reconstitution. Au départ, le droit intermédiaire par la loi « le chapelier du 14 juin 1791 » disposait en son article 1er que « l'anéantissement de toutes espèces de corporation des citoyens du même état ou profession étant une des bases fondamentales de la constitution française, il est défendu de les rétablir de fait, sous quelque prétexte ou quelque forme que ce soit ». L'idée

[160] V. Supra. n° 9.

d'une responsabilité pénale des êtres moraux était rejetée car disait-on « *societas delinquere non potest* » c'est-à-dire la société n'a pas le pouvoir de commettre un délit. En conséquence, la loi pénale ne peut atteindre que l'individu auteur de l'infraction et non l'être moral qui ne peut être poursuivi.

Une des raisons avancées par RASSAT[161] pour expliquer le silence de ces textes est qu'ils « n'ont été écrits qu'en considération de délinquants personnes humaines (ils prennent en considération le sexe et l'âge et postulent le libre arbitre) et aucun n'a prévu la responsabilité pénale des personnes morales ». L'auteur poursuit « dans son contexte exact le silence du code pénal peut s'expliquer par le fait que la question ne lui paraissait pas susceptible de se poser »[162]. Le silence des textes et des tribunaux au Mali peuvent être dû à l'influence de la théorie de la fiction car le contenu du code pénal est conforme à l'explication donnée par RASSAT. En pratique, il serait mal reçu de voir toujours dans le silence du Code de 1810 une certaine faveur à l'égard des personnes morales.

Patrick FAIVRE ajoute que « le silence du code pénal ne traduisait (...) pas l'octroi d'un privilège ou d'une indemnité au profit des personnes morales, mais l'application anticipée de la plus énergique des mesures de sûreté, l'interdiction de naître (...) »[163]. C'était sans compter sur l'accroissement du nombre des sociétés qui allait bouleverser la donne. Et l'auteur poursuit que cette interdiction « ne devait pas résister à la pression du développement économique de la fin du 19e siècle »[164].

Cette période et le début du 20e siècle ont vu la naissance et le développement considérable des personnes morales de plus en plus puissantes. Par exemple, le phénomène apparaît en France, surtout sur le plan économique, avec 1925 sociétés anonymes à responsabilité limitée (SARL), 1884 syndicats, 1892 sociétés civiles dotées de la personnalité juridique et les associations depuis la loi de 1901. Une telle croissance pouvait avoir le risque de voir ces personnes morales commettre des infractions contre les biens[165] et, par là, constituer un danger social non négligeable. À ce propos, on a écrit que « (...) ces groupes peuvent représenter par leur puissance financière ou d'impact (sociétés de presse), si elle est mal utilisée, un danger social important »[166].

La chambre criminelle avait posé il y a longtemps le principe de l'irresponsabilité pénale de la personne morale[167]. Celle-ci serait, en effet,

---

[161] M.-L. RASSAT, Droit pénal général, Ellipses, 2e éd. 2006.
[162] Ibidem.
[163] Voir P. FAIVRE, *La responsabilité pénale des personnes morales*, RSC, 1958, p. 224.
[164] Ibidem.
[165] V. Infra. n° 124 et s..
[166] M.- L. RASSAT, op. cit., p. 28.
[167] Crim. 8 mars 1883, DP 1884, I, 428. Principe régulièrement réaffirmé, cf. par ex. Crim. 27 févr. 1968, Bull. crim., n° 61, p. 147, « *...une personne morale ne peut être pénalement*

incapable de commettre une infraction, faute d'avoir une volonté propre[168]. Sa capacité serait limitée par son objet et aucune sanction ne lui serait adaptée. Par conséquent, en application de l'article 14 du code pénal français relatif à « l'action pour autrui », le maire représentant légal de la commune peut voir sa propre responsabilité pénale mise en cause lorsque la commune commet une infraction. Selon toujours le même article, lorsque quelqu'un agit comme représentant légal d'une personne morale, la loi qui justifie la sanction pénale de la personne morale est également applicable au représentant lorsque les éléments constitutifs de l'infraction, bien qu'absents de sa propre personne, sont réalisés chez la personne morale représentée.

58. Bien que les personnes morales ne commettent pas directement les infractions, elles peuvent être sanctionnées à la suite d'une faute commise par leur représentant légal[169]. La responsabilité pénale des personnes morales serait, en ce moment, inutile et dangereuse.

D'abord, inutile parce qu'en matière économique, il a existé des dispositions pénales sanctionnant les dirigeants, d'une part, et des peines complémentaires (affichages de la décision), des amendes fiscales et sanctions administratives qui peuvent concerner les personnes morales, d'autre part. Donc, un partage de responsabilité entre les personnes physique (dirigeant) et morale (entreprise) serait cohérent et proportionné. Cependant, lorsque la superposition des condamnations se trouve au niveau de la personne morale, cela peut conduire à une déresponsabilisation des dirigeants car trop lourde pour elle (personne morale), d'où une atteinte au principe de non-cumul des peines.

Et enfin, la responsabilité pénale des personnes morales est dangereuse en ce sens que les tiers peuvent subir le contrecoup des pénalités atteignant la personne morale, notamment les actionnaires ou associés, les salariés, s'agissant d'entreprises commerciales, par exemple.

59. À cet argument, s'ajoute celui de la spécialité des infractions où le groupement est constitué pour un objet social licite dont le but ne saurait donc être la commission d'infractions. Dès l'instant où la personne morale commet l'infraction, elle sort de cet objet licite et perd du coup la personnalité juridique que ce dernier avait permis de lui conférer. Elle ne peut pas, dès lors, répondre d'une responsabilité pénale puisque celle-ci ne se conçoit que pour des êtres dotés d'une personnalité juridique.

S'agissant de l'impossibilité d'appliquer une peine à une personne morale, les auteurs se sont placés sur le terrain de la répression pour rejeter la responsabilité pénale des personnes morales. Pour eux, les sanctions

---

poursuivie que si la loi le décide expressément ; tel n'est pas le cas en matière d'entraves au fonctionnement d'un comité d'entreprise... ».

[168] V. Supra. n° 9.

[169] V. Infra. n° 311.

comme la peine de mort, les peines privatives et restrictives de liberté ne sont pas applicables aux êtres moraux. Infliger une peine à un groupement conduirait nécessairement à une injustice en faisant supporter le poids de la sanction à tous les individus qui le composent, y compris ceux qui peut-être n'auraient pas approuvé la commission de l'infraction ou auraient vainement tenté de s'y opposer. Il faut préciser que, pour les opposants de la responsabilité pénale des personnes morales, les peines sont inapplicables dans le contexte du groupement. La peine ne peut atteindre que l'individu seul capable de ressentir l'élément psychologique de l'infraction et apte à subir une sanction. En outre, appliquer à une personne morale une sanction pénale serait la détourner de sa fin normale qui est l'amendement du coupable et la faire subir en définitive aux êtres physiques qui la constituent, peut-être demeurés étrangers à l'infraction.

Un tel résultat serait contraire au principe de la personnalité des peines en vertu duquel la sanction ne doit frapper que celui qui a commis l'acte délictueux. Il y a alors une impossibilité juridique de leur imputer une faute qu'elles ne peuvent commettre car elles n'ont ni existence réelle ni volonté propre, soutiennent ces auteurs.

Celui qui s'est affirmé comme l'un des fervents détracteurs de la responsabilité pénale des personnes morales est incontestablement ROUX[170] - et dans une moindre mesure BOCKELMAN[171] - qui se plaisait à dire que « en punissant la personne morale [...], on frappe indistinctement et indifféremment tous les membres, ceux qui ont voulu le délit et ceux qui ne l'ont pas voulu [...] en établissant cette responsabilité, ce n'est pas faire preuve de progrès, mais reculer de plusieurs siècles en arrière »[172].

Comme ces arguments, on peut également remarquer que certaines législations rejettent le principe de la responsabilité pénale des personnes morales.

B. Le bien-fondé des législations rejetant la responsabilité pénale des personnes morales

60. Avec l'influence des arguments de rejet déjà avancés, la responsabilité pénale des personnes morales se trouve absente dans bon nombre de législation. Par contre le nouveau code pénal français entré en vigueur depuis le 1er mars 1994 pose désormais le principe de la responsabilité pénale des personnes morales qui a fait, par la suite, l'objet d'un débat historique[173]. Les personnes morales n'encouraient que la

---

[170] Cf. J.-A. ROUX, *La responsabilité pénale des personnes morales* (Congrès de Bucarest 1929), RID pén. 1956, p. 239.

[171] Cf. J. BOCKELMAN, *L'orientation moderne des notions d'auteur de l'infraction et de participation à l'infraction,* RID pén., 1956, p. 167.

[172] J.-A. ROUX, *op. cit.*, p. 29.

[173] En France, le principe de la responsabilité pénale des personnes morales a été acquis avant la révolution française de 1789 qui l'a remis en cause. Puis le principe est revenu en 1976,

responsabilité civile et, dans certains cas, disciplinaire ou administrative. Les arguments n'ont pas tari entre les défenseurs et les détracteurs de cette responsabilité pénale. Les personnes morales étaient pénalement irresponsables. L'exclusion de leur responsabilité pénale peut être expresse ou tacite et se justifie dans quelques législations qui feront l'objet de notre étude. Par exemple et en règle générale, elle se fonde en Allemagne, en Italie, en Espagne et au Mali.

L'exclusion de la responsabilité pénale des personnes morales se fonde en Allemagne sur le principe de culpabilité (*Schuldprinzip*) qui, d'après la Cour constitutionnelle, est un principe à valeur constitutionnelle[174]. De son côté, la Cour de cassation allemande (*Bundesgerichtshof*) avait déjà décidé que la culpabilité implique qu'un être humain « ait pu se décider librement, suivant sa responsabilité et son autodétermination contre la loi »[175]. Ceci exclut les personnes morales du champ de la responsabilité pénale. Les autres textes, étant édictés conformément à l'esprit de la loi fondamentale, excluent également le principe.

En Italie, l'exclusion de la responsabilité pénale des personnes morales est prévue à l'article 27 de la constitution en vigueur selon lequel « la responsabilité pénale est personnelle ». Ce texte est considéré en Italie comme le symbole de la responsabilité subjective. Cependant, on peut penser comme pour beaucoup d'auteurs que ce texte n'exclut pas forcément la responsabilité pénale des personnes morales. Ces auteurs soutiennent, en effet, que « l'article 27 entend seulement exclure la responsabilité d'un individu pour des actes commis par un autre et que plus précisément celui qui agit en commettant le délit et celui qui est puni doivent être identifiés comme la même personne physique ou morale »[176]. Cependant, l'exclusion « pour des actes commis » peut concerner la personne morale dans ce cas avec la théorie de la faute directe où il peut avoir la responsabilité sans représentant. Il faut rappeler que le code pénal italien de 1930 avait consacré à son article 42 la responsabilité pénale des groupements[177].

En Espagne, la constitution en vigueur reste silencieuse sur ce point. C'est la doctrine qui se base sur une analyse classique du droit pénal selon laquelle « il est certain que la théorie du délit et la théorie du fondement de la peine s'appuient sur cette idée de culpabilité et que les délits sont commis seulement par des personnes (...), une personne morale ne peut délinquer ni être punie »[178]. La Cour constitutionnelle espagnole considère qu'« en droit

lors de la première rédaction de l'avant-projet de Code mais ce n'est qu'en 1992 qu'elle a été prévue.

[174] Cf. Cour constitutionnelle fédérale, 25 octobre 1966, BverfGe 20, 323.

[175] Cf. Cour de cassation allemande, 12 juin 1952, BGHSt (GrS) 2, 194, 200.

[176] Voir C. E. Paliero, étude in *La responsabilidad criminal de las personas juridicas*, Universidad de Alicante et Tirant la Blanch, 2001, p.109 et s., notamment p. 118.

[177] V. *J.-PRADEL, Droit pénal comparé, Dalloz,* 1995, p. 306 et s.

[178] Cf. *Manual de derecho penal, Parte general*, sous la direction de Gonzalo Quintero Olivares, Aranzadi, Pamplona, 1999, p. 637.

pénal, les personnes morales sont dépourvues de responsabilité »[179]. La Cour suprême va dans le même sens en soutenant que « dans le modèle suivi par l'ordonnancement juridique espagnol pour déterminer la responsabilité des délits commis dans le domaine de l'entreprise, présidé par le principe *societas delinquere non potest*, les responsables pénaux sont nécessairement des individus »[180].

Le principe de généralité de la responsabilité pénale des personnes morales est également rejeté en Russie. L'article 25 de la loi du 25 juillet 1998 sur le terrorisme permet au juge pénal de reconnaître une personne morale comme terroriste et d'ordonner sa dissolution. Ici, il s'agit d'une admission exceptionnelle où on peut retrouver le principe de la spécialité portant sur un texte qui prévoit spécifiquement une infraction donnée.

Dans ces différents pays, il se développe un fort mouvement en faveur de la responsabilité pénale des personnes morales. C'est ainsi qu'en Allemagne, une partie de la doctrine est favorable à la pénalisation des personnes morales à travers deux solutions possibles. D'abord, il s'agit de l'infliction de mesures de sûreté aux personnes morales pour éviter l'obstacle relatif à l'impossibilité de reconnaitre une culpabilité des êtres moraux. Et enfin, on peut noter la condamnation pénale directe de la personne morale sur la base de l'idée qu'il faut analyser de façon similaire toutes les personnes et les fautes des dirigeants des groupements imputables directement à ces derniers[181]. Nombreux sont des pays qui rejettent cette forme d'engagement de la personne morale pour certaines raisons : le groupement n'est qu'une fiction et il n'accède à la vie juridique qu'à des fins sociales qui sont par hypothèse étrangère à la commission de délits.

Au Mali, le rejet n'est pas expressément indiqué, comme il en a été dans certains cas étudiés. Ni la constitution, ni un autre texte ne fait allusion au rejet du principe. La jurisprudence reste, également, muette sur la question. Cela peut être dû à l'absence de saisine des tribunaux pour l'interprétation du code pénal quand on sait que les termes utilisés pour désigner l'auteur de l'infraction sont vastes : « quiconque, tout malien, toute personne etc. ». Mais comme la Russie, l'admission est également exceptionnelle au Mali avec le financement du terrorisme et la lutte contre le blanchiment des capitaux par la transposition de la directive communautaire.

L'admission de la responsabilité pénale des personnes morales, quel que soit le principe retenu (spécialité ou généralité) peut faire l'objet de contrôle pour rejet, à travers une procédure relative à une question prioritaire de constitutionnalité. Cette procédure a été introduite en France depuis l'admission de la responsabilité pénale des personnes morales dans le nouveau code pénal français de 1994.

---

[179] STC, 4 juin 2001, RTC 125/2001.
[180] STS, 7 novembre 2001, RJ 9684/2001.
[181] Cf. C. ROXIN, *Strafrecht*, I, 2è éd. 1994, paragraphe 8, n° 54 et s. L'auteur expose ces différentes théories, sans y adhérer lui-même.

Paragraphe II. Le rejet de la responsabilité pénale des personnes morales par la question prioritaire de constitutionnalité

61. La question prioritaire de constitutionnalité peut constituer un facteur de rejet de la responsabilité pénale des personnes morales. Elle intervient après que cette responsabilité ait été admise par le législateur. Il est vrai que le principe général de la responsabilité pénale des personnes morales n'est pas encore admis au Mali, mais on peut évoquer cette autre possibilité de rejet pouvant intervenir au cas où son législateur le consacrerait. Depuis mars 2010, la question prioritaire de constitutionnalité (QPC) permet de soumettre au contrôle du Conseil constitutionnel français des questions de droit relatives aux textes législatifs et réglementaires suivant une procédure appropriée[182]. Il s'agit de la saisine de la Cour de cassation par les autres Cours[183] et tribunaux[184]. La Cour de cassation, à son tour, doit renvoyer cette question au Conseil constitutionnel pour émettre une opinion. La possibilité pour les justiciables de poser à la juridiction de jugement une QPC, représente à la fois une avancée démocratique significative et une lourdeur procédurale nouvelle[185]. Elle intervient donc au cas où les textes législatifs et réglementaires concernés n'ont pas été préalablement soumis au contrôle du Conseil constitutionnel avant leur promulgation.

La création de la QPC a certainement ranimé les espoirs de certains auteurs qui rejettent la responsabilité pénale des personnes morales. Beaucoup de pénalistes[186] ont regretté que le nouveau code pénal français n'ait pas été soumis avant sa promulgation au contrôle du Conseil constitutionnel[187]. Pour ces auteurs, le juge constitutionnel doit apprécier la conformité du principe de la responsabilité pénale des personnes morales avec l'esprit de la constitution.

---

[182] Cf. M. GUILLAUME, Étude, *La procédure suivie devant le conseil constitutionnel pour les questions prioritaires de constitutionnalité*, La semaine juridique, éd. Générale, supplément au n° 41 du 10 Octobre 2011, JCP G 2011, doctr. 5.

[183] C. A de Paris du 17 janv. 2011, transmet une QPC à la C. cass. Cette dernière refusa de la renvoyer au Cons. Const. Cass. Crim du 29 mars 2011, 11.90.007), in J.-H. ROBERT sur les « *Questions prioritaires de constitutionnalité dirigées contre la responsabilité pénale des personnes morales : Des échecs répétés.* », semaine juridique, éd. Générale, supplément n°41, 10 octobre 2011.

[184] Cf. QPC transmise par un jugement du tribunal correctionnel d'Aix-en-Provence du 2 fév. 2011 à la Ch. criminelle de la Cour de cassation qui à son tour, a refusé de renvoyer ladite question au Conseil constitutionnel par un arrêt : Cass. Crim. du 27 avr. 2011, n° 11-90013, Bull. Joly Sociétés, 01 sept. 2011 n° 9, p. 720.

[185] Plusieurs grandes affaires récentes montrent que les avocats débordent d'imagination pour contester non plus les seules charges mais les lois que leurs clients sont censés avoir violées. On l'a vu notamment dans le cadre du procès de l'ancien Président français Jacques Chirac, report de plusieurs mois pour cause de QPC (www.lefigaro.fr/actualité-france/2011/03/06/01016-20110306ARTFIG00275-le-procès-de-jacques-chirac-en-suspens.php), consulté le 11/06/2011.

[186] Selon Jacques-Henri ROBERT, étude, op.cit., p. 68.

[187] Par les quatre lois du 22 juillet 1992, en France.

Les QPC peuvent retarder brutalement le cours des débats dès lors que leur bien-fondé est soumis à l'appréciation contradictoire des parties, d'où un temps incompressible de prise de parole. À ce niveau, elle peut être un nouveau frein pour une justice déjà lente[188]. Toutefois, on ne doit retenir que leur nature dilatoire n'est pas honnête : le tribunal n'est évidemment pas obligé de transmettre à la Cour de cassation, laquelle n'est pas obligée de transmettre au conseil constitutionnel, lequel peut rejeter la demande.

Il n'en reste pas moins, que l'organisation matérielle d'un procès long et sensible peut être démolie par la présence de QPC[189]. Bien que la grande majorité des dossiers ne soit pas concernée, les praticiens du droit sont de plus en plus nombreux à s'interroger sur l'opportunité de créer des audiences préliminaires purement techniques dont le rôle serait de purger toutes les querelles de forme : QPC, recevabilité des pièces, prescription, etc. Une fois ces questions réglées, le procès s'ouvrirait pour de vrai, selon le calendrier élaboré avec tous les protagonistes.

Maintenant, une fois la procédure de contrôle entamée, le bien fondé des questions posées qui y sont soumises sera démontré (A) avant de faire état de la réponse apportée par la Cour de cassation (B) c'est-à-dire voir si elle a soumis ou pas ces questions au contrôle du Conseil constitutionnel.

A. L'exposé des questions soulevées

62. La question prioritaire de constitutionnalité transmise à la chambre criminelle par le tribunal correctionnel d'Aix-en-Provence comportait trois questions, dont deux relatives à l'alinéa 1er de l'article 121-2 du code pénal et une à son alinéa 3. La première question est générale et portait sur la conformité de l'alinéa 1er de l'article 121-2 du code pénal au principe **de** légalité criminelle. Il est vrai que ce principe, tout comme ses corollaires, est constitutionnellement protégé et il importait à la société demanderesse de faire reconnaître par la Cour de cassation que l'alinéa 1er de l'article 121-2, de par son soi-disant manque de lucidité et de précision, y était possiblement contraire. Également par rapport à l'alinéa 1er, la deuxième question était davantage technique[190]. Prise à la lettre, cette question porte à croire qu'une

---

[188] Le procès en appel à Paris de la Scientologie n'était toujours pas entré dans le vif du sujet. Les faits d'escroquerie en bande organisée pour lesquels 5 prévenus sont renvoyés ne sont toujours pas abordés. En rangs serrés devant une présidente parfois exaspérée mais inflexible, ces derniers s'évertuent depuis le début à faire voler en éclats le procès en tentant de trouver un défaut dans la cuirasse juridique.

[189] Les audiences se résument pour l'heure à un lâcher de grenades judiciaires, en l'occurrence des questions prioritaires de constitutionnalité (QPC). Si elles sont retenues par le tribunal, ces dernières, on le sait, ont pour effet de renvoyer aux calendes grecques le procès, le temps pour le Conseil constitutionnel d'examiner éventuellement divers points de droit.

[190] Il y était soutenu dans la deuxième question qu'en matière d'imprudence, *« le fait que la responsabilité pénale de la personne morale puisse être engagée à raison de la faute commise par un simple salarié, à l'exclusion de toute faute émanant de ses organes ou représentants, implique une responsabilité du fait d'autrui contraire au principe constitutionnel de*

personne morale dont le salarié a commis une infraction qu'on ne peut pas reprocher aux organes ou aux représentants peut effectivement voir sa responsabilité pénale engagée. L'article 121-2, alinéa 1er du code pénal est sur ce point très clair. Pour qu'une personne morale engage sa responsabilité pénale, il faut qu'une infraction soit commise pour son compte par un de ses organes ou représentants. Or, le salarié n'est pas un organe de sa société par principe[191] et n'en devient le représentant que par exception[192], de sorte que le salarié dont la faute s'avère causer un dommage à autrui engage en principe sa responsabilité pénale, sans pouvoir se réfugier derrière celle de sa société. Peut-il alors s'abriter derrière celle de son dirigeant ? La réponse cette fois-ci est positive, et ce, en vertu du régime juridique pour le moins original, qui est attaché à la responsabilité pénale du chef d'entreprise[193]. Il est considéré que de la faute du salarié révèle celle du dirigeant qui, se rattachant au dommage en substitution de la première[194], doit engager la responsabilité pénale du second. La faute dommageable du salarié fait donc *commettre le* dirigeant une infraction qui engagera sa responsabilité pénale. Il n'en sera autrement que si le dirigeant prouve soit qu'il a préalablement délégué ses pouvoirs à une personne dotée de l'autorité, de la compétence et des moyens nécessaires à leur exercice, soit qu'il a commis l'infraction uniquement[195] pour le compte de la personne morale. Selon cette hypothèse, le dirigeant ne sera plus auteur de l'infraction mais seulement le représentant de la personne morale qu'il dirige et dont, par l'effet d'un mécanisme expressément prévu par l'article 121-2, al.1er, du nouveau code pénal français, il permettra d'engager la responsabilité pénale de cette dernière. On voit donc toute l'originalité du régime juridique en question qui permet *in fine* d'engager la responsabilité pénale d'une personne morale pour une faute commise à l'origine par son salarié qui n'en est ni l'organe, ni le représentant. C'était peut-être là le véritable sens de la question transmise en l'espèce. N'est-il pas contraire au principe de responsabilité personnelle

---

responsabilité personnelle reconnu par les articles 8 et 9 de la Déclaration de 1789 selon lequel "nul ne peut être punissable que de son propre fait" ».

[191] Lorsqu'il est bénéficiaire d'une délégation de pouvoirs (Cass. crim., 26 juin 2001, n° 00-83466 : Bull. crim. 2001, n° 161 ; D. 2002, p. 1802, obs. G. ROUJOU DE BOUBEE, RSC 2002, p. 99, obs. B. BOULOC).

[192] En matière d'hygiène et de sécurité, notamment, le préposé ne pouvant, faute de qualité requise, commettre l'infraction.

[193] Cass. crim., Bull. crim. n° 11-90007, 29 mars 2011.

[194] Cf. J.-C. SAINT-PAU, *La responsabilité pénale des personnes morales : réalité et fiction* in *Le risque pénal dans l'entreprise,* Litec., 2003, p. 71, spéc. p. 81.

[195] Cf. J.-C. SAINT-PAU, note sous Cass. crim., 29 avr. 2003, n°02-85353 : D. 2004, p. 167 (récemment, du même auteur, comm. sous Cass. crim., 22 févr. 2011, n° 10-87676 : Gaz. Pal. 31 mars 2011, p. 8) ; v. J.-Y. MARECHAL, « *Plaidoyer pour une responsabilité directe des personnes morales* » : JCP G 2009, 249. Qui la contestent. B. DE LAMY et M. SEGONDS, « *Notions fondamentales* » : J-CL. Pénal des Affaires, fasc. n°7, spéc. n°44 ; Cf. L. SAENKO, *De l'imputation par amputation ou le mode allégé d'engagement de la responsabilité pénale des personnes morales,* Dr. pén, 2009, étude n°14.

qu'une personne morale engage sa responsabilité pénale alors que, réellement, c'est son salarié qui a commis la faute dommageable constitutive de l'infraction ? L'article 121-2 al. 1er du CPF ne permet-il pas ici une responsabilité pénale du fait d'autrui, proscrite par les principes constitutionnellement garantis ? La troisième question[196], probablement la plus difficile, elle portait sur la constitutionnalité de l'alinéa 3 de l'article 121-2 du code pénal français. Cet article précise que la responsabilité pénale des personnes morales n'exclut pas celle des personnes physiques, auteurs ou complices des mêmes faits. C'est le fameux principe du cumul de responsabilités entre personnes morales et personnes physiques[197] qui n'a, *à priori,* rien à voir avec les modalités d'engagement desdites responsabilités. On sait que, depuis la loi n° 2000-647 du 10 juillet 2000, l'article 121-2, alinéa 3 se termine par les mots suivant, « sous réserve des dispositions du quatrième alinéa de l'article 121-3 ». C'est justement cette disposition qui contient le noyau de la réforme de 2000, à savoir la dépénalisation de la faute simple commise par une personne physique ayant indirectement causé le dommage[198]. La portée exacte de l'article 121-2 al.3 combiné avec l'article 121-3 alinéa 4 du code pénal français peut se résumer ainsi : si le dirigeant a indirectement causé le dommage mais que seule une faute d'imprudence simple lui est imputable, sa responsabilité pénale ne pourra pas être engagée, rendant par là-même tout cumul impossible. Il semble donc que c'est la constitutionnalité de l'article 121-3 al.4 du code pénal qui aurait dû être critiquée en l'espèce même si la référence à l'article 121-2 al.3 se comprend aisément par le souci d'établir le lien avec la responsabilité pénale des personnes morales dont il était question ici.

Quoi qu'il en soit et en cas d'imprudence causant indirectement le dommage, la loi du 10 juillet 2000 donne l'impression de soumettre les engagements respectifs de la responsabilité pénale des personnes physiques et des personnes morales à des conditions différentes. Cela constitue-t-il pour autant une atteinte à l'égalité devant la loi comme le soutient la société requérante ? En somme, l'article 121-2 du code pénal est-il inconstitutionnel pour son imprécision, son atteinte aux principes de responsabilité personnelle et d'égalité devant la loi ? Pour mieux en savoir, il faut analyser la réponse apportée par la chambre criminelle de la Cour de cassation.

---

[196] Selon la 3e question, « *en posant une différence au niveau des conditions d'engagement de la responsabilité pénale, entre les personnes physiques en exigeant la commission d'une faute "qualifiée" et les personnes morales qui demeurent responsables pénalement même en cas de faute simple, porte-t-elle atteinte aux droits et libertés et au principe d'égalité devant la loi, reconnu par l'article 6 de la Déclaration des droits de l'homme et du citoyen?*».

[197] Voir Infra. n° 176.

[198] Cass. crim., 11 juin 2010, n° 09-87884 QPC : RSC 2011, p. 177, obs. B. de Lamy ; JCP G 2010,1030, note J.-H. Robert ; ibid., 1031, note H. MATSOPOULOU ; Dr. pén. 2010, comm. n° 111, note M. VERON. Comp. Cons. const, 6 oct. 2010, n° 2010-39 QPC - Cons. const, 14 oct. 2010, n° 2010-52 QPC.

B. La réponse apportée par la Cour de cassation

63. La Cour de cassation, dans sa fonction habituelle de filtre, répond en plusieurs temps. Après avoir constaté que les dispositions contestées en l'espèce étaient applicables à la procédure et n'avaient pas, déjà par le passé, été déclarées conformes à la constitution, dans une décision du conseil constitutionnel, la chambre criminelle se livre à l'analyse des caractères nouveaux et sérieux de la QPC.

Si pour résoudre la première question elle énonce comme d'habitude que « la question posée, ne portant pas sur l'interprétation d'une disposition constitutionnelle dont le Conseil constitutionnel n'aurait pas encore eu l'occasion de faire application, n'est pas nouvelle », la justification avancée sur le second point peut apparaître quelque peu sommaire.

En justifiant du caractère non sérieux de la QPC, la chambre criminelle se contente de considérer que « dès lors que l'article 121-2 du code pénal instituant la responsabilité pénale des personnes morales prévoit de façon précise que cette responsabilité ne peut être engagée que du seul fait d'infractions commises, pour leur compte, par leurs organes ou représentants [...], il ne contrevient pas au principe de la légalité des délits et des peines et ne comporte aucune dérogation injustifiée au principe d'égalité devant la loi »[199].

C'est derrière cette précision apportée par l'article 121-2 du code pénal français que se réfugie la chambre criminelle pour dire que la disposition est conforme au principe de légalité criminelle et au principe d'égalité devant la loi. Que faut-il penser de cette justification qui lui permet de refuser le renvoi de la question prioritaire de constitutionnalité devant le conseil constitutionnel ?

64. Sur la conformité de l'article 121-2 alinéa 1er du CPF au principe de légalité et à ses corollaires, il faut remarquer que la chambre criminelle ne répond pas précisément à l'argument pris de la violation du principe de responsabilité personnelle. Les raisons sont toutes simples. L'obscure rédaction de la QPC sur ce point est peut-être la cause de ce silence, puisque telle que posée, la question n'appelait pas vraiment de réponse. Les vraies questions, celles dont la constitutionnalité peut raisonnablement être ressentie comme douteuse, se trouvent soit plus en amont (le fait d'engager la responsabilité pénale du chef d'entreprise pour une faute qui, *ab initio* (au début), n'est pas la sienne n'est-il pas contraire au principe de responsabilité personnelle ?), soit plus en aval (l'article 121-2, alinéa 1er, du code pénal peut-il, sans mettre à mal la présomption d'innocence, permettre qu'une infraction soit imputée à une personne - morale - qui ne l'a pas commise ?).

---

[199] Cass. Crim. du 27 avr. 2011, n° 11-90013, Bull. Joly Sociétés, 01 sept. 2011 n° 9.

Poser ces questions dans le cadre de la présente QPC était néanmoins délicat[200] mais, surtout, se serait révélé totalement inutile. Dans une décision rendue quelques semaines à peine avant la décision commentée et alors qu'elle était justement interrogée sur la constitutionnalité du mécanisme d'imputation prévu à l'article 121-2, al. 1er du code pénal, la chambre criminelle a laconiquement considéré que ce dernier ne portait aucune atteinte à la présomption d'innocence. Dans ces conditions et dès lors que le mode d'engagement de la responsabilité du chef d'entreprise du fait de son salarié n'y était pas critiqué, il n'est plus surprenant que la chambre criminelle n'ait pas vu dans le mécanisme de l'article 121-2 du code pénal une atteinte à la légalité criminelle ou au principe de responsabilité personnelle. Ce principe de la responsabilité du fait personnel est adapté à la fiction légale qui sous-tend la responsabilité pénale des personnes morales.

On peut faiblement admettre que la chambre criminelle qui justifie son refus de renvoyer la présente QPC au Conseil constitutionnel par la précision d'une disposition légale et par son pouvoir souverain d'interprétation, ne respecte plus les implications. Depuis plusieurs années maintenant, la chambre criminelle ne voit rien à redire au fait qu'une personne morale engage sa responsabilité pénale alors que ses organes ou représentants, auteurs de l'infraction, n'ont pas été préalablement identifiés. À l'argument selon lequel l'article 121-2 du code pénal serait contraire à l'article 8 de la déclaration des droits de l'homme et du citoyen, la chambre criminelle a tout simplement fait valoir que « la question posée, sous le couvert de la prétendue imprécision des dispositions critiquées, tend en réalité à contester l'application qu'en fait la cour de cassation ». Une loi pénale peut-être conforme à la norme suprême pendant que son interprétation faite au mépris de l'interprétation stricte de la loi pénale ne l'est pas et ce, en toute impunité. Tel est le résultat en tout cas, du refus de la chambre criminelle de soumettre au contrôle de constitutionnalité a posteriori l'interprétation qu'elle fait d'un texte dont elle montre à suffisance la clarté et la précision.

La réponse apportée par la chambre criminelle au problème de la conformité de l'article 121-2 alinéa 3 du code pénal et au principe d'égalité devant la loi appelle moins de commentaires même si cette question est complexe. Sur la forme, il est vrai que l'article 121-3 alinéa 4 interprété *à contrario* donne l'impression de soumettre les engagements de la responsabilité pénale des personnes morales et des personnes physiques à des conditions différentes. Combiné avec l'article 121-2 du code pénal, ces engagements prévoient en substance qu'en matière d'imprudence ou de négligence ayant indirectement causé le dommage, une faute qualifiée devra être rapportée contre l'organe ou le représentant personne physique et une faute simple contre une personne morale. Ce régime juridique constitue-t-il

---

[200] Au-delà du fait de constituer un mystère théorique qui permet l'engagement de la responsabilité pénale d'une personne morale dont, effectivement, l'organe n'est pas fautif.

pour autant une rupture d'égalité devant la loi ? La Cour de cassation française répond présentement par la négative en énonçant que « l'article 121-2 du code pénal [...] ne comporte aucune dérogation injustifiée au principe d'égalité devant la loi ». Cette réponse, qu'il convient de soutenir, mérite toutefois quelques précisions. Sur la forme, il faut admettre que la différence de traitement, ainsi établie, a toutes les apparences d'une rupture d'égalité. Comment qualifier autrement le fait que deux personnes voient, pour la même catégorie de faits, l'engagement de leur responsabilité respective soumis à des conditions plus souples pour les unes (les personnes morales) et plus sévères pour les autres (les personnes physiques) ?

En réalité, ces apparences peuvent être trompeuses. On peut, en effet, considérer qu'il n'y a d'inégalité concevable qu'autant que l'égalité soit au préalable érigée en principe. Or, sur le terrain précis de la responsabilité pénale, la loi ne proclame aucunement une égalité entre personnes physiques et personnes morales vu que le législateur de 1992 n'a pas « cousu leurs modes d'engagement avec le même fil ». Il a, au contraire, choisi d'opérer par fiction, en permettant d'engager la responsabilité pénale d'une personne morale qui n'a pas commis l'infraction, mais qui se la verra imputer si son organe l'a commise pour son compte.

Le législateur de 2000, inventeur de l'alinéa 4 de l'article 121-3 du code pénal, semble ne pas avoir raisonné autrement. Celui-ci n'a pas décidé qu'en matière d'imprudence, source indirecte du dommage, une faute qualifiée de l'organe serait nécessaire à l'engagement de la responsabilité de celui-ci alors qu'une faute simple de la personne morale serait suffisante à engager la responsabilité de celle-ci. Si tel avait été le cas, il est vrai, l'on aurait pu effectivement parler de rupture d'égalité devant la loi. Or, il n'en est rien : ce qu'a décidé le législateur c'est que dans cette hypothèse, la faute simple de l'organe personne physique ne permet plus l'engagement de sa responsabilité[201], mais qu'elle est en revanche suffisante, si elle est commise pour le compte d'une personne morale, à engager la responsabilité de cette dernière[202].

Parler, donc ici, d'égalité et a posteriori d'inégalité n'a pas de sens dans la mesure où la loi ne soumet pas l'engagement de la responsabilité pénale des personnes morales et physiques à des conditions différentes. Pour qu'il en fût ainsi, il eût fallu au préalable que ces responsabilités soient fondées sur des modes d'engagement identiques. Ce qui ne paraît pas être le cas puisque la responsabilité pénale des personnes physiques dépend de leur qualité d'auteur, alors que celle des personnes morales ressort du mécanisme de l'imputation visé à l'article 121-2, alinéa 1er du code pénal.

En réalité, cette apparence d'inégalité n'est rien d'autre que le fruit d'une pathétique dépénalisation faite discrétionnairement au profit des personnes

---

[201] L'article 121-3 al. 4 *in limine.*

[202] L'article 121-2, al. 1er.

physiques, mais dont on a jugé essentiel qu'elle ne neutralise pas l'efficacité du mécanisme de l'imputation, toujours en vigueur selon les termes du droit non modifié par la loi de 2000.

65. En somme, l'article 121-2 du code pénal n'est pas contraire à la constitution française. La cour de cassation a refusé de transmettre ou de renvoyer la présente QPC au conseil constitutionnel au motif qu'elle remettait en cause non pas le texte de l'article 121-2 du code pénal, mais son application jurisprudentielle[203]. Toutefois, il faut avoir à l'esprit que la Cour de cassation a depuis évolué puisqu'elle ne distingue plus selon que la question porte sur le texte ou sur son interprétation. Quant au Conseil constitutionnel, il accepte d'exercer son contrôle sur ladite interprétation[204]. Reste alors à espérer que les juges du tribunal correctionnel d'Aix-en-Provence qui ont sursis à statuer en attendant cette réponse n'omettront pas d'appliquer strictement ce texte.

Il convient de noter que la QPC est loin d'être la voie probable du rejet du principe au Mali car elle intervient, après son admission par les textes, pour un éventuel contrôle de légalité. Or, au Mali, aucun texte d'origine nationale n'a expressément prévu le principe de responsabilité pénale des personnes morales.

Les justifications ont par la suite rendu notoire l'admission de la responsabilité pénale des personnes morales et la doctrine moderne se prononce désormais en faveur de son principe. En effet, d'autres auteurs ont cherché à démontrer combien les arguments des détracteurs de la responsabilité pénale des êtres moraux (qui sont loin de faire l'unanimité) sont dépassés, voire difficiles à admettre.

Cependant, face aux menaces que pouvaient représenter les groupements, il a commencé à germer chez certains auteurs l'idée d'admettre ou de restaurer la responsabilité pénale des personnes morales, marquant la limite aux arguments du rejet.

SECTION II. LA LIMITE DU REJET DE LA RESPONSABILITÉ PÉNALE DES PERSONNES MORALES

66. La question de la limite du rejet s'est posée dans la seconde moitié du XXe siècle. La responsabilité pénale des personnes morales a été, récemment, admise depuis la réforme du code pénal français en 1994. Si auparavant elle n'était pas admise c'est parce qu'il semblait que le principe de la responsabilité pénale du fait personnel se concilierait mal avec la notion de personne morale. Le code pénal de 1810 n'avait pas prévu cette

---

[203] Cf. Crim. 11 juin 2010, n° 09-87.884, D. 2010. 1712, 2732, obs. G. de BOUBEE, et 2011. 1859, obs. C. MASCALA ; RSC 2011. 177, obs. B. DE LAMY.

[204] Cf. P. DEUMIER, obs. ss. Cons. Const., 6 oct. 2010, n° 2010-39 QPC, et 14 oct. 2010, n° 2010-52 QPC, RTD civ. 2011. 90.

question parce qu'à cette époque, le rôle des personnes morales était bien moindre dans la société qu'il ne l'est devenu par la suite. Les premières entreprises étaient plutôt des entreprises individuelles, donc des personnes physiques et non des personnes morales.

67. L'un des auteurs qui s'est prononcé le plus en faveur de la responsabilité pénale des groupements est sans doute Achille MESTRE[205]. Pour lui, il n'y a aucun doute que « ces personnes collectives, comme les individus, peuvent commettre des délits et être punies pour des infractions à la loi pénale », ce qui sous entend que la personne morale a une volonté propre distincte de celle de ses membres. Elle peut agir et commettre des fautes. Des fautes qu'elle ne peut commettre que par l'intermédiaire « d'un substratum humain » selon l'expression de Donnedieu DE VABRES[206]. À travers celui-ci, c'est toute la volonté de l'être moral qui s'exprime. La personne morale est donc dotée d'une volonté capable de tendre vers une faute tout autant qu'une volonté individuelle. Sans doute, elle est incapable d'accomplir par elle-même l'activité physique qui matérialise une volonté délictueuse[207]. Il importe alors « de déterminer pratiquement quels organes expriment la volonté de la personne morale et quelle est la situation respective de la personne morale et de ses dirigeants à propos d'une infraction donnée »[208].

Le droit intermédiaire[209], par une loi du 10 vendémiaire an IV, titre IV[210], rétablissait la responsabilité pénale des personnes morales en condamnant les communes à payer une amende à la république dans les cas où les habitants auraient pris part à des crimes commis sur leur territoire par des attroupements ou des rassemblements. À cette responsabilité pénale des communes, les articles 106 et 107 de la loi française du 5 avril 1884, modifiés par la loi du 16 avril 1914 ont substitué une simple responsabilité civile sanctionnée par des dommages et intérêts dont le paiement est réparti entre tous les habitants domiciliés dans la commune.

La responsabilité pénale des personnes morales a été, par la suite, affirmée par des arguments favorables. Cette affirmation résulte des réponses apportées aux arguments défavorables (paragraphe I) et à d'autres nouveaux arguments avancés (paragraphe II).

---

[205] Cf. A. MESTRE, *La question de la responsabilité pénale des personnes morales,* th. Paris, 1899, v. aussi M. K. EL SAYED, *Le problème de la responsabilité pénale des personnes morales,* th. Paris, 1989, op. cit, n° 23.

[206] Cf. Donnedieu DE VABRES, *Les limites de la responsabilité pénale des personnes morales, RIDpén.,* 1950, p. 342.

[207] Mais, elle peut commettre certaines infractions ne nécessitant pas une activité physique tels que l'escroquerie, l'abus de confiance.

[208] Cf. M. PUECH, *Droit pénal général,* Litec., 1988, p. 424.

[209] Ce droit revient à rétablir la responsabilité pénale des personnes morales.

[210] Abrogée par la loi municipale du 5 avril 1884 en son article 168.

Paragraphe I. Les arguments doctrinaux en faveur de la responsabilité pénale des personnes morales

68. La doctrine a, aussi, développé des arguments en faveur de la responsabilité pénale des personnes morales à travers d'autres auteurs. Il s'agit là des réponses apportées aux arguments défavorables relatifs au rejet traditionnel de cette responsabilité. Pour des raisons pédagogiques, les arguments des détracteurs de la responsabilité pénale des personnes ont été, un à un, battu en brèche. Cela a nécessité l'opposition des arguments à ceux qui sont déjà développés en faveur de son rejet.

L'admission de la responsabilité pénale des personnes morales, pourtant encore loin d'être universelle, a été soutenue par les arguments de ses défenseurs. Ces auteurs sont allés à contre-courant des arguments développés par les détracteurs de la responsabilité pénale des personnes morales pour justifier leur position et l'impérieuse nécessité d'admettre la responsabilité pénale de celles-ci. Ils soutiennent que les personnes morales comme les personnes physiques peuvent commettre des infractions. Les personnes morales ont une volonté propre exprimée par leurs représentants ou leurs organes différente de la volonté individuelle de leurs membres. Pour MERLE et VITU, « la personne morale est parfaitement capable de volonté…»[211].

On peut noter que Jean PRADEL, aussi, a écrit dans le même sens : seul « le groupement peut réaliser l'élément matériel de certaines infractions. Sans doute ne peut-il pas commettre des infractions contre les personnes ou les mœurs. Mais, il est sûr qu'il peut accomplir des faux, des escroqueries, des abus de confiance, des délits fiscaux et plus généralement toutes les infractions ne supposant pas une activité corporelle directe [...]. Le groupement a une volonté propre. Il suppose même cette volonté, puisqu'il naît de la rencontre de plusieurs volontés individuelles. L'élément psychologique de l'infraction n'est donc pas absent »[212].

L'importance des multinationales n'échappe de nos jours à personne. Disposant des moyens financiers largement au dessus des budgets de bon nombre d'États particulièrement dans le tiers monde, ces multinationales peuvent être commanditaires des crimes crapuleux à travers le globe soit par le financement des matériels : de la logistique, de l'armement visant à la matérialisation des violations graves des droits et libertés fondamentaux de l'homme.

Ces arguments sont d'autant plus solides qu'ils ont occupé une place de choix dans la reconnaissance de la responsabilité pénale des personnes morales. Il fallait faire disparaitre les arguments de rejet existants par d'autres arguments avant de mettre en exergue de nouveaux arguments.

---

[211] Cf. R. MERLE et A. VITU, *Traité de droit criminel. Problèmes généraux de la science criminelle. Droit pénal général,* 6e éd., Cujas, 1988, p. 778.
[212] J. PRADEL, *Droit pénal,* tome I, 4e éd., Cujas, 1984, p. 466 et 467.

Ainsi, on notera des réponses données aux arguments de base qui ont longtemps ténu la position des détracteurs (A). Des réponses ont, également, été données à d'autres arguments tenus à cet effet (B).

A. Les réponses relatives aux arguments de base des détracteurs

69. Les arguments majeurs des détracteurs se résumaient essentiellement à ceux avancés sur la théorie de la fiction, du principe de la spécialité.

À l'argument de la fiction avancé par les détracteurs[213] de la responsabilité pénale des personnes morales, les défenseurs[214] de celle-ci répondent que la fiction est une théorie démodée, qu'on ne démontre plus aujourd'hui que les personnes morales constituent une réalité juridique. En ce sens, la jurisprudence a consacré la théorie de la réalité « la personnalité morale n'est pas une création de la loi, elle appartient à tout groupement pourvu d'une possibilité d'expression collective pour la défense d'intérêts licites, dignes par suite d'être juridiquement défendus et protégés »[215].

70. À l'argument tiré du principe de la spécialité, on peut répondre que, bien que les statuts aient défini l'objet social de la personne morale, on peut avancer que la personne morale ait une activité différente de celle prévue par les membres qui l'avaient créée. Mais toujours en 1994, le législateur du nouveau code pénal français avait opté pour le principe de spécialité où les personnes morales n'étaient responsables que « dans les cas prévus par la loi ou le règlement ».

La quasi-totalité des êtres moraux sont désormais pénalement responsables et ceci pour deux raisons[216]. D'abord, les personnes morales bénéficiaient de l'immunité. Et enfin, elles étaient, en même temps, à l'origine d'atteintes graves à la santé publique, à l'environnement, à l'ordre économique ou à la législation sociale[217]. Cette dernière raison était plus choquante à cause de leur poids financier et des moyens dont elles disposent. L'exemple le plus souvent donné est celui d'une entreprise qui est créée pour fabriquer du papier et entraîne la pollution des cours d'eau voisins. Dans ce cas, on a pu affirmer que « il n'y a [...] aucune raison de ne pas retenir la

---

[213] J.-A. ROUX, op. cit., J. BOCKELMAN, op. cit., p. 30.

[214] A. MESTRE in MERLE et VITU, op. cit., p. 6.

[215] Cass. civ., 2e, 28 janvier 1954, D., 1954, op. cit., p.6.

[216] Voir Robert BADINTER, dans sa présentation du nouveau Code a insisté sur ces raisons in Colloque 7 avr. 1993, organisé par l'Université de Paris I, V. M. DELMAS-MARTY, Y. GUYON et alii, in Rev. Sociétés 1993, p. 229-388 ; F. Desportes, JCP E 1993, I, 219 ; bibliographie sélective in Rev. Sociétés 1993, p. 484 ; N. RONTCHEVSKY, Rapport français aux journées H. Capitant, 1999. Voir Gnangui ADON, *Introduction au droit de l'environnement en Afrique : Le cas de la Côte d'Ivoire*, L'Harmattan 2009, p. 177 ; V. courrier hebdomadaire n°2071, 2010 CRSP, *L'exportation de déchets dangereux vers l'Afrique : Le cas du Probo Koala* (Compagnie Trafigura).

[217] Les personnes morales parviennent par l'intermédiaire de leurs organes à commettre certaines escroqueries ou certains abus de confiance de grande ampleur.

responsabilité de cette entreprise »[218]. De même, « un groupement peut fort bien exercer une activité différente de celle pour laquelle ses membres l'avaient créé. Il n'y a alors aucune raison de ne pas retenir sa responsabilité dès lors qu'il a émis une volonté délictueuse »[219]. Cette idée semble être partagée par une partie de la doctrine pour qui la personne morale peut commettre des infractions et être détournée de son objet social[220].

71. Selon un autre argument tiré de la notion de « peine », les détracteurs de la responsabilité pénale des personnes morales déclarent qu'il y a incompatibilité entre la peine de la personne physique et celle du groupement. En ce qui concerne cet argument, les défenseurs de la responsabilité pénale reconnaissent que les peines afflictives ou infamantes sont inconcevables ou inadaptées pour les personnes morales mais soutiennent que rien ne s'oppose à ce qu'on leur applique d'autres peines comme l'amende, la confiscation, la fermeture d'établissement, l'interdiction d'exercer telle activité ou la dissolution (qui peut équivaloir à la peine de mort). Selon la doctrine « si l'on ne peut emprisonner une personne morale, il est du moins possible, puisqu'elle a un patrimoine, de lui infliger une sanction pécuniaire (amende ou confiscation) et même de la condamner à une peine comme la dissolution qui mettra fin à son existence juridique ou l'incapacité d'exercer son activité »[221].

Les détracteurs avaient avancé d'autres arguments en réplique aux réponses apportées contre les premiers.

B. Les réponses apportées aux autres arguments avancés

72. De ce débat houleux suivra une évolution jurisprudentielle et législative très timide, reconnaissant ou niant la responsabilité pénale des personnes morales. Il a toujours été passionné, notamment, devant le sénat en 1989 et continue de l'être sur le plan du droit pénal spécial en matière d'escroquerie de la personne morale, depuis septembre 2009 en France.

L'Église de scientologie était menacée de dissolution en France dans un procès pour escroquerie[222]. Mais la suppression de la peine de dissolution d'une personne morale en matière d'escroquerie a été votée le 12 mai 2009

---

[218] Cf. J. PRADEL, *Droit pénal général, 9e* édit., Cujas, 1994, p. 551.

[219] Ibid.

[220] Cf. M. PUECH, op. cit., p. 41.

[221] Cf. G. STÉFANI, G. LEVASSEUR, B. BOULOC, *Droit pénal général, 1*8e éd., Dalloz, 2003, p. 265-266.

[222] Face donc à l'impossibilité de prononcer la dissolution de la branche française de l'Eglise de Scientologie pour « *escroquerie en bande organisée* », le jugement rendu le 27 octobre par le tribunal correctionnel de Paris qui avait déclaré la Scientologie francilienne coupable et frappée de 600.000 Euros d'amende a fait l'objet d'appel par l'Eglise de Scientologie. Ce n'est qu'en février 2012 que la Cour d'appel de Paris a condamné la secte à 30 000 Euros d'amende (www.playmendroit.fr : Consulté le 30 mars 2012).

dans le cadre d'une loi de simplification du droit, juste avant le procès. Cette réforme permet, aussi, de protéger les sociétés privées qui se livreraient à des malversations financières alors que leur responsabilité était souvent engagée depuis l'entrée en vigueur du nouveau code pénal de 1994.

Face aux hésitations du législateur français et de la doctrine[223] pour admettre la responsabilité pénale des groupements, la jurisprudence s'est parfois prononcée sur la question. Sa position est plus catégorique. Elle affirme clairement que les personnes morales ne sauraient encourir de sanctions pénales même pécuniaires à l'exception de celles résultant des lois spéciales. Pour la jurisprudence, « l'amende est une peine et toute peine est personnelle sauf les exceptions spécialement prévues par la loi ; elle ne peut donc être prononcée contre un être moral, lequel ne peut encourir qu'une responsabilité civile »[224].

Il ressort, ainsi, de cet arrêt comme dans plusieurs autres que les poursuites sont dirigées seulement contre les personnes physiques ayant participé à la commission de l'infraction non pas « *ès qualités* », mais en leur nom personnel (il s'agira des représentants de la personne morale). Les peines sont donc prononcées contre les personnes physiques sans pour autant que le groupement soit garant de leur exécution.

Cependant, cette position de la jurisprudence allait fléchir à la fin des XIXe et au début XXe siècles. La jurisprudence, ainsi, se montrait de plus en plus favorable à une certaine reconnaissance de la responsabilité pénale des personnes morales. Des groupements, en effet, se voient déclarer responsables pénalement d'infractions purement matérielles commises par leurs représentants légaux[225].

En outre, la responsabilité pénale des personnes morales fut retenue pour certaines fautes passibles de mesure de sûreté[226] ou présentant une nature hybride, comme les amendes fiscales qui sont mi-civiles et mi-pénales[227].

Enfin, la responsabilité des groupements fut retenue quand la loi s'attachait à une qualité juridique commune aux personnes morales et aux personnes physiques, par exemple celle de propriétaire, ou d'employeur, ou de chef d'entreprise[228].

De ce mouvement jurisprudentiel allaient suivre des textes particuliers qui vont consacrer la responsabilité pénale des personnes morales dont les

---

[223] Faute pour la doctrine de parvenir à une reconnaissance de la responsabilité pénale des groupements.

[224] Cass. crim., 8 mars 1883 ; S., 1885, I, 470 ; 16 mai 1930, S., 1932, I, 37 ; 26 novembre 1963, Gaz. pal, 1964,1, 189 ; 6 février 1975, Bull. crim., n° 43 ; add. Trib. pol. Quimper, 17 juin 1970 : JCP G, 1971, II, 16 730, note GUYON.

[225] Cass. crim., 24 décembre 1864 : S, 1866,1, 454 ; Cass. crim., 18 février 1927 : S., 1928, 1,291.

[226] Cass. crim., 7 mars 1918 : D., 1921,1, 217, note NAST.

[227] Cass. crim., 14 octobre 1953 : D, 1954, 47.

[228] Cass-crim., 15 juillet 1943 : Bull. crim., n° 68 ; Cass. crim., 6 mars 1958 : D., 1958, p. 465.

plus importants sont les trois ordonnances précitées. Il s'agit des ordonnances du 5 mai[229], 30 mai[230] et 30 juin 1945[231].

73. Il a été soutenu dans les arguments défavorables que le principe de la personnalité des peines ne peut pas être respecté lorsque la condamnation de la personne morale constitue un risque pour les tiers actionnaires ou salariés relativement au principe de la personnalité des peines. Cela est un fait incontestable. Cependant, eu égard à la définition de la société[232], ceux qu'y ont adhéré sont tenus d'accepter les risques liés à l'activité de l'entreprise. Le risque a toujours été commercial, désormais il sera aussi pénal. Mieux, le risque juridique est une réalité pour les entreprises comme le démontrent les différents arguments avancés et l'existence de l'article 121-2 du CPF du 1er mars 1994.

S'agissant des salariés, des mesures peuvent exister dans le but de protéger leurs intérêts sans remettre en cause la reconnaissance du principe de la responsabilité pénale. La condamnation d'une personne physique peut aussi constituer un risque pour sa famille dont les membres sont à sa charge.

Un autre argument, qui n'a pas convaincu, serait la déresponsabilisation du dirigeant, personne physique en retenant la responsabilité pénale des personnes morales. En effet, la responsabilité pénale des dirigeants serait toujours retenue au même titre que les personnes morales qu'ils représentent.

---

[229] L'ordonnance du 5 mai 1945 en France, relative aux entreprises de presse, disposait en son article 1er que « *est pénalement responsable dans les conditions déterminées par la présente ordonnance et sera punie des peines prévues à l'article 9 ci-dessous toute entreprise de publication de journaux ou d'écrits périodiques, toute agence d'information, de publicité, ou de reportages photographiques, constituée en société ou association, et, d'une manière générale, toute agence de presse, d'édition, d'information ou de publicité, qui, par ses organes de direction ou d'administration ou l'un d'entre d'eux, agissant en son nom et pour son compte, a en temps de guerre enfreint les lois pénales en vigueur, lorsque les faits reprochés révèlent l'intention de favoriser les entreprises de toute nature de l'ennemi [...]* ».

[230] L'ordonnance du 30 mai 1945, relative aux délits en matière de réglementation de changes, disposait en son article 12 que « *si ces infractions sont commises par les administrateurs gérants ou directeurs, d'une personne morale, ou par l'un d'entre eux agissant au nom et pour le compte de la personne morale, indépendamment des poursuites intentées contre ceux-ci, la personne morale elle-même pourra être poursuivie et frappée des peines pécuniaires prévues à la présente ordonnance* ».

[231] L'ordonnance n° 45-1484 du 30 juin 1945 relative à la répression des infractions économiques, rappelait en son article 49, al. 2 que « *si l'infraction a été commise pour le compte d'une personne morale de droit privé, l'interdiction peut être également prononcée contre cette personne morale quant à l'exercice de la profession à l'occasion de laquelle l'infraction a été commise* ».

[232] La société est un « *acte juridique par lequel deux ou plusieurs personnes (exceptionnellement la création d'une société peut être le fait d'une seule personne : société unipersonnelle) décident de mettre en commun des biens ou leur industrie (activité, compétence...) les bénéfices, les économies ou les pertes qui pourront en résulter* », Lexique des termes juridiques, 12e édition, Dalloz, p. 487.

74. Par rapport au poids de la responsabilité pénale de la personne morale, il faudrait faire la relation avec l'ampleur des dommages causés. À cet égard, l'office du juge[233] sera déterminant. Il consiste à lui faire confiance car il pèsera les intérêts des parties en présence et prononcera une peine proportionnée. Un tel objectif est difficile à atteindre, voire impossible, quand la loi ne prévoit pas un éventail de peines suffisamment diversifié.

Il est à noter que certains textes suggèrent une responsabilité pénale des personnes morales. La loi du 2 janvier 1970 relative aux agents immobiliers définit comme personnes physiques ou morales en termes généraux « toute personne » qui aura commis l'une des infractions visées à l'article 18. De même, l'article 1780 du code général des impôts en France dispose que « les propriétaires des marchandises seront responsables du fait de leurs facteurs, agents, ou domestiques, en ce qui concerne les droits, confiscations, amendes et dépens ». Comme on le voit, le texte ne distingue pas entre les personnes physiques et les personnes morales.

D'autres textes affirmaient une véritable responsabilité pénale des personnes morales. Il s'agit notamment de l'article 428 du CPF qui, jusqu'à la loi du 11 mars 1957, frappait d'amende et de confiscation non seulement tout directeur, tout entrepreneur de spectacles, mais encore toute association d'artiste qui aura fait représenter dans son théâtre des ouvrages dramatiques au mépris des lois et règlements relatifs à la propriété des auteurs.

75. En dehors de ces textes qui suggèrent ou affirment une responsabilité pénale des êtres moraux, il y en a d'autres qui consacrent une responsabilité pénale indirecte du groupement. Celui-ci est non pas poursuivi mais condamné à payer une amende infligée à un individu[234], ce qui semble être logique parce que la personne morale est plus solvable financièrement que son représentant ou son organe.

Le projet MATTER de révision du code pénal français de 1934 prévoyait, respectivement dans ses articles 89 et 116, des mesures de sûreté et des peines à l'encontre des personnes morales. On signalera également que l'avant-projet du code pénal français de 1978 en ses articles 37 et 38 proposait d'instituer la responsabilité pénale des groupements dont l'activité est de nature commerciale, industrielle ou financière en raison des infractions commises en leur nom et dans l'intérêt collectif par la volonté délibérée de leurs agences. L'avant-projet du code pénal français de 1983 étendait la responsabilité pénale à toutes les catégories de personne morale.

---

[233] V. Infra. n° 305.

[234] Cf. art. L. 263-2-1 C. trav. et art. L. 21, al. 3, C. déb. boiss.

Paragraphe II. La reconnaissance de la responsabilité pénale des personnes morales

76. La doctrine est majoritairement favorable à la reconnaissance de la responsabilité pénale des personnes morales. En France, il faut le rappeler aussi, les différents projets de réforme du code pénal[235] ont toujours préconisé l'admission et même ont souvent admis la responsabilité pénale des groupements, particulièrement les sociétés. Ces dernières ont engendré une certaine forme de criminalité financière très organisée. Le législateur français de 1992 a voulu se démarquer de ses prédécesseurs de 1791 et 1810 en consacrant la responsabilité pénale des personnes morales[236].

Dans le même ordre d'idée, d'aucuns ont vu[237] dans l'admission de la responsabilité pénale des personnes morales une chance inespérée pour les dirigeants ou chefs d'entreprises d'échapper à leur propre responsabilité. D'autres ont vu[238] dans cette nouvelle responsabilité pénale des personnes morales un écran permettant aux dirigeants de société de se soustraire à leur responsabilité pénale. C'était sans compter sur la clairvoyance du législateur[239]. En effet, ce dernier a prévu dans l'article 121-2 al. 3 du CPF un cumul de responsabilité des personnes morales et physiques en ce sens que « la responsabilité pénale des personnes morales n'exclut pas celle des personnes physiques auteurs ou complices des mêmes faits, sous réserve des dispositions du quatrième alinéa de l'article 121-3 ».

Ainsi, le législateur a entendu éviter que la responsabilité pénale de la personne morale « n'exonère de leur propre responsabilité les auteurs de l'infraction commise pour le compte de celle-ci, en masquant le caractère

---

[235] Le projet de 1976 visait *« tout groupement à objet commercial, industriel ou financier »*. Le projet de 1978 disposait en son article 38, al. 1e, que « *[...] tout groupement est pénalement responsable du délit qui a été commis par la volonté collective de ses organes ou représentants, en son nom et dans l'intérêt collectif* » ; V. Notamment VENANDET, *La responsabilité pénale des personnes morales dans l'avant-projet de Code pénal,* In RTDcom, 1978, p, 731 ; v. M. DELMAS-MARTY, *La responsabilité pénale des groupements dans l'avant projet de Code pénal,* RID pén., 1980, p. 38.

[236] V. J. PRADEL, *La responsabilité pénale des personnes morales en droit français, quelques questions,* Rev. pén., 1998, p. 153. Cette responsabilité est considérée par certains auteurs comme une innovation principale du nouveau Code pénal. Cf. F. DESPORTES, F. LEGUNEHEC, *Droit pénal général,* 8e éd. Économica, 2001, p. 509 ; v. F. DESPORTES, *Le nouveau régime de la responsabilité pénale des personne morales,* Études & chron., JCPE, 1993, n° 6 p. 70 ; v. C. LATRY-BONNART, *Les personnes morales et la délinquance des nouvelles technologies : quelles responsabilités pénales des dirigeants d'entreprises et quelles délégations pénales ?* Gaz. pal., 1996, p. 92.

[237] Cf. M.VERON, note sous Crim. 9 novembre 1999 et Crim. 14 décembre 1999, Droit pénal, mai 2000, n° 56.

[238] Voir par exemple, R. SAVATIER, *L'écran de la représentation devant l'autonomie de la volonté de la personne,* Dalloz 1959, chron., p. 47.

[239] V. A. OUTIN-ADAM, *La responsabilité pénale de la personne morale et le cumul avec la responsabilité individuelle*, Gaz. pal., 1999, p. 364 ; V. G. COUTURIER, *Répartition des responsabilités entre personnes morales et personnes physiques*, Rev. sociétés, 1993, p. 307.

délictueux de leurs agissements personnels »[240]. Le législateur lève, par la même occasion, l'inquiétude qu'avait suscitée chez certains auteurs sur la consécration de la responsabilité pénale des personnes morales.

Cette responsabilité est considérée comme pouvant faire disparaître la présomption de responsabilité qui pèse sur les dirigeants à propos d'infractions dont ils ignorent parfois l'existence[241]. Mais en aucun cas, elle ne sera considérée comme une exonération de la responsabilité pénale encourue par la personne physique auteur ou complice des mêmes faits[242]. Ces quelques réponses sont appuyées par de nouveaux arguments qui sont également efficaces.

La responsabilité pénale des personnes morales obéit à une préoccupation de justice. En ce sens, les infractions ne resteront pas impunies. Il sera évident de rendre justice en sanctionnant la personne morale responsable, surtout quand on sait que l'ampleur ou l'effet des infractions qu'elle peut commettre est source de grande catastrophe (A). Cette responsabilité pénale n'est pas nouvelle. Elle a été, plusieurs fois, prévue dans les différents projets de code pénal en France. Elle est techniquement possible car les obstacles relatifs à la nature de la personne morale de subir certaines peines ne sont pas infranchissables (B).

A. La responsabilité pénale des personnes morales : une préoccupation de justice

77. La reconnaissance devient une préoccupation de justice qui découle de la prise en compte de nouveaux arguments favorables à la responsabilité pénale des personnes morales. Elle est juste en ce sens que les infractions impliquant les personnes morales sont souvent sources de véritables catastrophes comme la contamination de la population, la pollution maritime ou fluviale, les accidents aériens ou ferroviaires, l'explosion d'un établissement industriel entraînant la destruction d'habitats…

Le 12 décembre 1999, l'Erika faisait naufrage au large des côtes bretonnes, provoquant ainsi l'une des plus grandes désastres marées noires. Le navire appartenait à une société indépendante, mais il avait été affrété, c'est-à-dire loué, par le groupe pétrolier « Total Fina Elf » pour le transport de fioul lourd. Le groupe tenta de s'exonérer de sa responsabilité en invoquant les dispositions particulières du droit maritime et le fait qu'il n'était pas propriétaire de l'Erika. Ces arguments n'ont pas pu faire obstacle aux poursuites pénales. Malgré la mise en examen de nombreuses personnes

---

[240] Rapport MARCHAND, doc. AN 1989-1990, n° 896, p. 123. La circulaire du 14 mai 1993 rappelle en ce sens « *qu'il convient d'éviter que la responsabilité pénale des groupements ne constitue un écran utilisé pour masquer des responsabilités personnelles* ».

[241] Cf. F. DESPORTES, *Le nouveau régime de la responsabilité pénale des personne morales,* Études & chron., JCPE, 1993,op. cit., p. 82.

[242] Cf. C. LATRY-BONNART, op. cit., p. 93.

physiques telles que le capitaine, l'armateur et gestionnaire du bateau pour négligence, c'est surtout la mise en cause du groupe pétrolier qui était attendue. Ce fut donc chose faite le 7 novembre 2001 quand le juge d'instruction lui signifia sa mise en examen pour pollution maritime et complicité de mise en danger de la vie d'autrui, sur la base du rapport d'expertise qui dénonçait les négligences et l'accumulation des facteurs aggravants.

De même, l'usine chimique « Azote Fertilisants » (AZF) de Toulouse est détruite le 21 septembre 2001 par l'explosion d'un stock de nitrate d'ammonium entraînant la mort de 31 personnes faisant 2500 blessées et de lourds dégâts matériels. Le 24 septembre 2012, la Cour d'appel de Toulouse prononce la condamnation de la grande paroisse, propriétaire AZF à une amende de six mille Euros et de son ancien directeur à un an de prison ferme, onze ans après l'explosion pour homicide involontaire. Ils se sont pourvus en cassation. Total et son ex-Président Directeur Général, pour leur part, sont relaxés et la thèse de l'accident retenue.

En pareil cas, il est trop dangereux de se contenter d'une responsabilité individuelle de dirigeants ou autres agents qui pourraient être de faux coupables. La jurisprudence avait décidé que la personne morale ne pouvait encourir des sanctions pénales et même pécuniaires. Ainsi, un arrêt de la Cour de cassation française du 15 mars 1973 énonce que pour le non versement de la cotisation de sécurité sociale « seul le président de la société peut être condamné, mais non la société elle-même ». Selon un autre arrêt de cassation du 6 févier 1975 relatif au délit de dénonciation calomnieuse contre un syndicat, « seul le dirigeant peut être poursuivi et condamné ». La personne morale, qui est civilement responsable, pourrait l'être aussi pénalement et les victimes seraient indemnisées plus rapidement par la voie judiciaire répressive.

78. Aujourd'hui, la tendance est à l'admission de la responsabilité pénale des êtres moraux, même s'il y a encore des pays réticents[243]. En ce sens, on peut citer deux décisions ou textes d'origine européenne : la recommandation R (88) -18 du comité des ministres du Conseil de l'Europe en date du 20 octobre 1988 qui énumère des sanctions applicables aux personnes morales (avertissement, cautionnement, confiscation des biens utilisés ou des gains retirés de l'activité délictueuse, fermeture de l'entreprise…) et un arrêt de la cour de justice des communautés européennes du 2 octobre 1991 qui, en décidant que « ni l'article 5 du Traité CEE, ni l'article 17 paragraphe1 du règlement n° 3820 - 85 n'obligent un État membre à introduire dans son droit national [...] la responsabilité pénale des personnes morales », semble admettre à contrario qu'un État pourrait

---

[243] Comme par exemple, l'Italie.

admettre cette responsabilité[244]. On peut subsidiairement citer les efforts de la doctrine, loin d'être unanime, en faveur d'une telle responsabilité.

Devant cette tendance, le législateur français ne pouvait pas se sentir indifférent face à ce phénomène croissant de reconnaissance de la responsabilité pénale des personnes morales et il se devait, comme ses homologues hollandais ou canadiens, de consacrer cette responsabilité.

B. La responsabilité pénale des personnes morales : une préoccupation ancienne et techniquement possible

79. Cette responsabilité ne serait pas une nouveauté avec l'ordonnance criminelle de 1670[245]. Elle prévoyait, également, des condamnations de réparation civile, des dommages et intérêts envers la patrie avec des peines d'amende et de confiscation. L'article 4 de la même ordonnance avait prévu des peines de « privation de leurs privilèges et (…) quelque autre punition qui marque publiquement la peine qu'elles auront encourue par leur crime ». Ces peines sont essentiellement pécuniaires : compositions, rançons diverses. Mais d'autres peines étaient prévues, considérées tantôt comme physiques (des sanctions-représailles telles que la démolition des murailles et des enceintes à l'encontre des villes, l'arasement des forteresses, lieux ou édifices), tantôt comme privatives de droits (perte de privilèges ou d'exemptions)[246]. Aussi, visent l'employeur certains textes de droit social qui ne semblaient pas hostiles à comprendre sous ce vocable la personne morale.

Au surplus des arguments favorables, certains organismes en France tels que le Conseil de la concurrence, le Conseil supérieur de l'audiovisuel, la Commission des opérations de bourse etc. étaient habilités à prononcer des sanctions administratives à l'encontre des personnes morales pendant qu'un pouvoir analogue était refusé aux institutions judiciaires[247].

80. Sur un plan technique, une personne morale peut commettre matériellement et psychologiquement une infraction. Il est vrai qu'elle agit par l'intermédiaire de ses organes ou représentants où des personnes physiques seront le relais indispensable mais l'expression de la volonté sera celle des organes représentatifs. La personne morale sera donc une réalité[248] par référence à la théorie de la réalité où sa responsabilité pénale peut être engagée.

---

[244] Voir CJCE, affaire Vandevenne, C-7/90, arrêt du 2 octobre 1991.

[245] Historiquement, l'ordonnance criminelle de 1670 en France, en son titre XXI article I avait déjà prévu la RPPM en ces termes « *le procès sera fait aux communautés des villes, bourgs et villages, corps et compagnie qui auront commis quelques rébellion, violence ou autre crime, pourront être attraits devant les juridictions répressives* ».

[246] Cf. M.- L. RASSAT, *Droit pénal, Droit fondamental*, 2e éd. 1999, PUF, p. 260.

[247] Cf. J. RIFFAULT-TRECA, la répression administrative, Rev. Sc. Crim. 1996, p. 261.

[248] L'arrêt de la Cour de cassation de 1954.

En ce qui concerne les peines, la doctrine a soutenu que la plupart des peines prévues par le code pénal français y compris la peine de mort (dissolution) sont susceptibles de s'appliquer à la personne morale.

Certaines lois particulières avaient institué quelques hypothèses de responsabilité pénale. Une ordonnance de 1945 prise au lendemain de la guerre a prévu la dissolution et la confiscation des biens des sociétés qui avaient collaboré avec l'ennemi. L'article 3 de la loi n° 82-660 du 30 juillet 1982[249] a prévu une amende de 20 à 50 francs français par dividende illégalement versé aux actionnaires, amende prononcée contre la société.

81. Suivant l'interprétation par analogie, les personnes morales peuvent être pénalement responsables puisque la plupart des codes pénaux posent le principe sans pour autant préciser s'il s'agit ou non des personnes morales. Ceci est plus visible au niveau du droit pénal spécial où les différentes définitions des infractions ne font pas allusion aux personnes concernées (physiques ou morales). Par exemple, les huit pays[250], disposant d'un statut[251]du repenti, parlent de « personnes » sans apporter de précision (physiques ou morales) qui, ayant participé à des activités criminelles, acceptent de coopérer avec les autorités judiciaires ou policières et obtiennent différents avantages en échange de leur collaboration.

En s'intéressant aux expériences étrangères, on remarque que la responsabilité pénale des personnes morales a été consacrée dans plusieurs pays par la jurisprudence en l'absence de textes appropriés. Il s'agit notamment des Pays-Bas, du Canada[252] et des États-Unis (aussi bien au niveau fédéral que dans les différents États fédérés). Au Mali, le principe général de la responsabilité pénale des groupements n'est pas consacré et les Cours et Tribunaux n'ont jamais fait l'objet de saisine. En Angleterre, c'est un arrêt de 1840 qui avait fait jurisprudence et a été à l'origine de la reconnaissance de la responsabilité pénale des personnes morales qui sera consacrée plus tard par l'*Interprétation Act* de 1889. Cette responsabilité pénale des groupements est reconnue également dans les pays d'Amérique latine, par exemple en Argentine et au Chili.

---

[249] Cf. Loi n° 82-660 du 30 juillet 1982 sur les prix et les revenus : JORF du 31 juillet 1982, p. 2463.

[250] Les huit pays qui disposent d'un statut du repenti ou qui envisagent son introduction sont **l'Allemagne, l'Angleterre, le Pays de Galles, l'Autriche, la Belgique, l'Espagne, l'Italie, les Pays-Bas et les États-Unis.**

[251] En Allemagne, la loi sur les repentis, adoptée en 1989 dans le cadre de la lutte contre le terrorisme et étendue en 1994 pour faciliter le démantèlement des associations de malfaiteurs, a été abandonnée en 1999 mais il subsiste plusieurs dispositions isolées sur les repentis, notamment dans le Code pénal, En Autriche la RPPM fut adopté en 1998 pour faciliter la lutte contre la criminalité organisée. La proposition de la loi belge « *instaurant un régime pour les collaborateurs de justice* » a déposé à la Chambre des représentants en février 2002, etc.

[252] L'article 2 du Code criminel rappelle que les mots « *quiconque* », « *individu* », « *personne* » et « *propriétaire* » incluent « *les personnes morales, sociétés, compagnies... paroisses, municipalités...* ».

Malgré les raisons probables de rejet avancées ça et là, l'inexistence du principe de la responsabilité pénale des personnes morales semble ne pas être absolue au Mali. Par le jeu de l'applicabilité des normes communautaires et internationales, on peut noter une admission exceptionnelle de quelques cas.

TITRE II

L'admission exceptionnelle de la responsabilité pénale des personnes morales pour quelques infractions spécifiques

82. Longtemps exclue du droit positif en général pour son incompatibilité avec le principe de la personnalité des peines, la responsabilité pénale des personnes morales est aujourd'hui consacrée par ce dernier[253]. Malgré la révolution juridique annoncée à l'occasion de sa reconnaissance, la responsabilité pénale des personnes morales fait plutôt figure d'évolution juridique résultant d'une acceptation progressive par les juristes et dont l'application n'a pas pour l'heure radicalement modifié la donne en matière de responsabilité pénale[254]. Cette responsabilité était ressentie comme une nécessité[255]. Ainsi, on voit la personne morale comme un être capable de commettre des infractions.

Mais on peut remarquer que cette admission ne concerne pas toutes les infractions. Certains États continuent à rejeter expressément ou tacitement le principe par leurs dispositions pénales internes qui ne sont pas les seules sources pénales. Par le jeu de la technique normative communautaire, d'autres dispositions pénales peuvent s'insérer dans l'ordonnancement juridique des États-parties. Lorsque le principe de la responsabilité pénale

---

[253] V. le nouveau Code pénal français de 1994, du Burkina Faso de 1996, du Togo... ; Textes spéciaux nationaux (Décret n° 2008-825/PRES 23 décembre 2008 promulguant la loi n° 058-2008/AN du 20 novembre 2008 portant réglementation bancaire au Burkina Faso, JO n° 2 du 08 Janvier 2009), communautaires (Directive 2002 de l'UEMOA relative à la coopération internationale en matière de lutte contre le blanchiment d'argent ; Loi uniforme 2004-09 du 6 février 2004 relative aux sanctions contre les personnes physiques et morales coupables de blanchiment de capitaux) et internationaux (Les conventions de Vienne du 20 décembre 1988 contre le trafic illicite de stupéfiants et substances psychotropes, et de Palerme contre le crime transnational du 15 nov. 2000).

[254] Et vice versa, cette évolution est une révolution considérable qui a eu ses adeptes et qui a suscité des réserves.

[255] Avant-projet de reforme de 1976, 1978 et 1983, et celui de la commission Paul MATTER in Jacques LEROY : Droit Pénal Général, LGDJ, p. 280.

des personnes morales est admis par ces textes, l'application devient effective dans chaque État concerné. Le texte devient une composante de l'arsenal juridique pénal dudit État.

En l'absence d'un principe général de la responsabilité pénale des personnes morales au Mali, on constate une admission exceptionnelle de quelques infractions spécifiques par la transposition des directives communautaires (chapitre I). Le caractère exceptionnel est dû à la particularité des incriminations prévues par les instruments juridiques adoptés. L'admission exceptionnelle peut être observée dans le droit pénal régional où certains États vont au-delà pour adopter le principe général (chapitre II).

CHAPITRE I

L'admission exceptionnelle en droit pénal malien

83. Le code pénal malien traite laconiquement la question de la responsabilité pénale sans faire expressément allusion aux personnes morales[256]. Son livre II fait état « *des personnes punissables, excusables ou responsables pour crimes et délits* »[257]. Par une interprétation extensive, ces « personnes » peuvent désigner aussi bien les personnes physiques que les personnes morales. Mais ces dernières semblent exclues par l'esprit du texte.

Par la transposition des directives communautaires de l'UEMOA accompagnées de projets de loi uniforme, les États membres ont inscrit des incriminations dans leur législation nationale[258]. Ainsi les directives **n° 07/2002/CM/UEMOA** relative à la lutte contre le blanchiment des capitaux et n° 04/*2007*/CM/*UEMOA* relative à la lutte contre le financement du terrorisme ont été respectivement transposées dans le droit national du Mali par les lois uniformes n° 06-066 du 29 décembre 2006 relative à la lutte contre le blanchiment des capitaux et n° 10-062 du 30 décembre 2010 relative à la lutte contre le financement du terrorisme. Par ces incriminations, les personnes morales peuvent être pénalement responsables et l'article 42 de la loi uniforme n° 06-066 du 29 décembre 2006 sur le blanchiment des capitaux prévoit des sanctions pécuniaires contre les personnes morales.

---

[256] Cf. La loi n° 05-040 du 18 août 2005 portant modification de la loi n° 01-079/AN-RM du 20 août 2001 relative au code pénal au Mali, journal officiel de la république du Mali n° 30 du 31 oct. 2005.

[257] Cf. Les articles 24 à 28 du code pénal malien, op. cit, p. 85.

[258] La directive **est un acte juridique** pris par le Conseil des ministres de l'UEMOA. Elle lie les États membres qui sont les destinataires de la directive quant à l'objectif à atteindre, mais leur laisse le choix des moyens et de la forme pour atteindre cet objectif dans les délais fixés par elle. **Les États membres doivent donc transposer la directive dans leur droit national.** Il s'agit de rédiger ou de modifier des textes du droit national afin de permettre la réalisation de l'objectif fixé par la directive et d'abroger les textes qui pourraient être en contradiction avec cet objectif. La non-transposition d'une directive peut faire l'objet d'une procédure de manquement devant la Cour de justice de l'Union. Dictionnaire français Larousse, Vie publique, Editions Persée, **Paris, 2012, p. 267.**

L'admission de la responsabilité pénale des personnes morales dans le droit malien s'apprécie par rapport aux critères de détermination des personnes pouvant être mises en cause (section I). Cette appréciation détermine le contenu du dispositif juridique de la responsabilité exceptionnellement admise au Mali (section II).

SECTION I. LA DÉTERMINATION DES PERSONNES MORALES PÉNALEMENT RESPONSABLES

84. La question de la détermination de la personne morale pénalement responsable peut être abordée à plusieurs égards. Les lois uniformes n° 06-066 du 29 décembre 2006 relative à la lutte contre le blanchiment des capitaux et n° 10-062 du 30 décembre 2010 relative à la lutte contre le financement du terrorisme posent spécifiquement le principe au Mali. Elles font allusion à toutes les personnes morales qui se seront rendues pénalement responsables des dites infractions. Il faut noter que l'État et les collectivités locales pour les services non délégables ne pourront aucunement être concernés. Le code pénal malien parle de « personnes » tout court en ses articles 28 et suivants sans préciser s'il s'agit de personnes physiques et de personnes morales à la fois[259]. La pratique a toujours montré que ce code pénal s'applique aux seules personnes physiques conformément à l'esprit du législateur. On se rappelle que le législateur malien ne reconnaissait pas la responsabilité pénale des personnes morales eu égard à l'orientation de la politique criminelle. Par interprétation, il peut également s'agir des personnes morales de droit public comme de droit privé.

Mais la législation française pose le principe général et l'expression « personne morale » est comprise au sens strict où on évoque expressément sa responsabilité pénale[260]. La législation française ne fait pas de distinction entre personnes morales de droit public et personnes morales de droit privé. Elle laisse supposer que tous les groupements dotés de personnalité juridique peuvent être appelés à répondre des infractions commises pour leur compte par leurs organes ou leurs représentants. Par la suite, cette disposition permet de comprendre qu'un groupement de fait ne saurait être pénalement condamné.

Toutefois tel n'est pas le cas en Belgique, au Pays-Bas, en Angleterre[261]. On peut comprendre ici qu'il s'agit d'une condition nécessaire, mais pas suffisante pour engager leur responsabilité pénale.

Il convient dès lors d'analyser les critères relatifs aux personnes morales pénalement responsables (paragraphe I) et celles qui en sont exclues

[259] Cf. La loi n° 01-079/AN-RM du 20 août 2001 portant sur le code pénal au Mali.
[260] L'art. 121-2 du CPF dispose que toutes les personnes morales sauf l'État sont pénalement responsables.
[261] V. Infra. n° 85.

(paragraphe II). Ces deux situations s'appliquent aux personnes morales de droit privé comme de droit public.

Paragraphe I. Les personnes morales concernées ou visées

85. De prime abord, une question s'impose : de quelle (s) personne (s) morale (s) s'agira-t- il ? La première réponse qui vient à l'esprit est qu'il s'agit de toutes les personnes morales aussi bien de droit public que de droit privé. Au Mali, l'obligation de prévention des infractions du blanchiment des capitaux et du financement du terrorisme s'impose « à toute personne physique ou morale qui, dans le cadre de sa profession, réalise, contrôle ou conseille des opérations entraînant des dépôts, des échanges, des placements, des conversions ou tous autres mouvements de capitaux ou de tous autres biens »[262].

En plus, cette disposition prévoit la liste contenant d'autres assujettis que sont les organismes financiers, la BCEAO, les trésors publics nationaux, etc. Ces derniers doivent procéder à *l'identification des clients par la surveillance des opérations atypiques*[263]*, la conservation aux fins de preuve des pièces et documents* relatifs à l'identité des clients et à leurs opérations pendant une durée de dix ans, l'*élaboration des programmes internes de prévention* du blanchiment de capitaux et du financement du terrorisme, *l'assurance d'une surveillance particulière des virements électroniques nationaux et internationaux, des personnes politiquement exposées, etc.*

Il faut noter, cependant, l'exemption de responsabilité des assujettis du fait de la déclaration de soupçon faite de bonne foi ainsi que la responsabilité *in fine* de l'État. Il en est de même pour l'article 121-2, al. 1 du nouveau code pénal français selon lequel « les personnes morales, à l'exclusion de l'État, sont responsables pénalement, selon les distinctions des articles 121-4 à 121-7, des infractions commises pour leur compte, par leurs organes ou représentants ». Il ajoute que « toutefois, les collectivités territoriales et leurs groupements ne sont responsables pénalement que des infractions commises dans l'exercice d'activités susceptibles de faire l'objet de conventions de délégation de service public ».

Dans ces différentes dispositions, on peut remarquer la non distinction des deux catégories de personnes morales. Il s'agit des personnes morales de droit privé (A) et celles de droit public (B).

A. Les personnes morales de droit privé visées

86. La responsabilité pénale des personnes morales a été instituée principalement pour les personnes morales de droit privé qui étaient,

---

[262] *Cf. les* articles 5 de la loi uniforme sur la lutte contre le blanchiment des capitaux et 3 de la loi uniforme sur la lutte contre le financement du terrorisme.
[263] *Cf. l'article 7 de l'Instruction.*

d'ailleurs, les seules visées dans les avant-projets de code pénal de 1978 et 1983 en France. Les sociétés commerciales étant les premières concernées, il est bon d'avoir clairement présent à l'esprit les règles les concernant[264]. Et aujourd'hui toutes les personnes morales de droit privé, qu'elles soient à but lucratif ou non lucratif, sont aptes à être pénalement responsables[265].

87. Au Mali, des obligations spécifiques de déclaration et de traçabilité pèsent sur les *services de transmission de fonds ou de valeurs, les transports physiques transfrontaliers d'espèces (passeurs de fonds) et les organismes à but non lucratif.* En cas de doute sur la licéité de l'origine ou de la destination des fonds objet d'une relation d'affaires ou d'une *activité surveillée* (passeurs de fonds, services de transmission de fonds ou de valeurs, etc.), les assujettis sont tenus de procéder à la **déclaration de soupçon** auprès de la CENTIF qui est l'organe principal chargé de la détection du blanchiment des capitaux et du financement du terrorisme au sein de l'UEMOA. Mais en France, la liste est ouverte à propos des personnes morales à but lucratif et on a les différentes sociétés qu'elles soient civiles ou commerciales. Ce sont les sociétés anonymes (SA), les sociétés à responsabilité limitée (SARL), les sociétés en nom collectif (SNC), les sociétés en commandite simple (SCS), les sociétés unipersonnelles à responsabilité limitée (SUARL) ou entreprise unipersonnelle à responsabilité limitée (EUARL) prévue dans le cas français.

Dans les États membres de l'Union Économique et Monétaire Ouest Africaine (UEMOA), les établissements de crédit sont pénalement responsables dans les conditions prévues par l'article 42 de la loi n° 026-2006/AN-RM du 28 novembre 2006 relative à la lutte contre le blanchiment de capitaux. Ces établissements de crédit[266] sont des personnes morales (sociétés commerciales) qui effectuent, à titre de profession habituelle, des opérations de banque[267]. Ils sont agréés en qualité de banque ou d'établissement financier à caractère bancaire[268]. Cependant, il faut noter que les entreprises d'assurance, de réassurance et les organismes de retraite, d'une part, les notaires et les officiers ministériels dans le cadre de leurs

---

[264] V. sur ce point : Y. GUYON, *Droit des Affaires*, tome1, 9e éd., Economica, 1996, p. 367.

[265] V. Y. GUYON, *Quelles sont les personnes morales de droit privé susceptibles d'encourir une responsabilité pénale ?* (droit interne), Rev. sociétés, 1993, p. 235.

[266] L'Article 2 de la loi n° 058-2008/AN du 20 novembre 2008 portant réglementation bancaire au Burkina Faso, JO n° 2 du 08 janvier 2009.

[267] Au sens de la précédente loi, les opérations de banque sont la réception de fonds public, les opérations de crédit ainsi que la mise à disposition de la clientèle et la gestion de moyens de paiement.

[268] L'article 2, al. 2 de la directive relative à la lutte contre le blanchiment de capitaux dans l'espace UEMOA.

fonctions, d'autre part, ne sont pas considérés comme établissements de crédit[269].

En droit des sociétés, il apparaît que la responsabilité de la société mère et de son dirigeant est encore plus difficile à démontrer. Il faudrait que la filiale soit fictive, c'est-à-dire dépourvue d'autonomie réelle et que son dirigeant soit en fait une sorte de « marionnette ». Il semble, ainsi, que la recevabilité de la citation directe concernant la société mère soit dépendante du fond lui-même.

Pour les personnes morales à but non lucratif, on peut citer les fondations, les partis politiques ou les groupements politiques, les syndicats, les associations dotées ou non de reconnaissance d'utilité publique (type d'association de la loi française 1901 qui a une réplique en droit malien par la loi de 2005), les syndicats professionnels, les institutions représentatives du personnel, les centres d'activités auxquels le droit confère une personnalité morale susceptible de responsabilité pénale, les sectes. Le caractère très général de l'article 121-2 du CPF conduit aussi à admettre la responsabilité pénale des *groupements privés d'origine légale* c'est-à-dire les institutions représentatives du personnel salarié, notamment les comités d'entreprise, les syndicats de copropriétaires, les masses d'obligataires etc.

Bien que la question ait été discutée au cours des travaux préparatoires, il est normalement indifférent que ces personnes morales de droit privé aient ou non un caractère lucratif et en exercent une activité économique. Également, il importe peu qu'elles procèdent de *l'affectio societatis,* c'est-à-dire l'intention de s'associer (sociétés, associations) ou que leur création réponde à la volonté du législateur (comités d'entreprises, syndicats de copropriétaires).

88. La responsabilité pénale est aussi encourue par tous les *groupements volontaires* à qui la loi attribue la personnalité juridique. On peut relever les sociétés régies par le droit commun ou ayant adopté le statut coopératif[270], les groupements pré coopératifs, les associations dès lors qu'elles ont été déclarées à la préfecture car elles jouissent alors d'une personnalité morale qui, pour être parfois qualifiée de petite n'en est pas moins une véritable personnalité morale, les organisations non gouvernementales (ONG), les sociétés civiles (immobilières, agricoles ou professionnelles), les groupements d'intérêt économique (GIE)[271]. Il faut assimiler à ceux-ci les groupements européens d'intérêt économique puisque le législateur français, profitant de l'option que lui ouvrait l'article 1-3 du règlement

---

[269] L'Article 12 de la loi n° 026-2006/AN-RM du 28 novembre 2006 relative à la lutte contre le blanchiment de capitaux dans l'espace UEMOA (directive que chaque Etat est tenu de transposer en loi).

[270] V. Loi n° 01-076 du 18 juillet 2001régissant les sociétés coopératives au Mali.

[271] Cf. L'acte uniforme de l'OHADA relatif au droit des sociétés commerciales et des groupements d'intérêt économique.

communautaire du 25 juillet 1985, leur a expressément reconnu la personnalité morale[272]. Ce sont les fondations[273], les ordres professionnels, etc. Mais pour les assujettir à la responsabilité pénale, lesdites personnes morales doivent jouir effectivement de la personnalité juridique.

Contrairement au sens attribué à l'expression « personne morale » au Mali et en France, la Belgique entend largement le groupement. En effet, après avoir parlé de personnes morales, l'article 5 al. 3 du code pénal belge ajoute que « sont assimilées à des personnes morales divers groupements comme les associations momentanées et les associations en participation » et même « les sociétés commerciales en formation ». Dans le même sens, l'article 51, paragraphe 3, du code pénal néerlandais décide que sont sur le même pied la personne morale et « la société qui n'a pas la personnalité juridique ». Également en droit anglais, l' *« interpretation act »* de 1889 décide que le mot groupement désigne non seulement les personnes morales, mais aussi tout « *unincorporated association* »[274].

L'article 48-a du code pénal norvégien retient la responsabilité des entreprises et définit l'entreprise comme « toute compagnie, société ou autre association, entreprise unipersonnelle, fondation, ensemble immobilier ou entité publique », ce qui semble exclure l'État. En pratique, certaines entreprises publiques revêtent la forme de droit privé[275] avec en général la qualité de commerçant[276]. Il y a en outre les entreprises, les sociétés d'économie mixte qui sont proches mais distinctes des personnes morales de droit public. Cette catégorie intermédiaire de personnes morales de droit mixte emprunte au droit public et au droit privé. C'est le cas de certains établissements publics comme les entreprises nationalisées, les services industriels et commerciaux qui voient leur activité régit par le droit privé. À l'inverse, des personnes morales organiquement de droit privé sont investies de prérogatives de puissance publique comme les ordres professionnels et certaines associations. Ici encore, l'assimilation aux personnes physiques a été jugée prépondérante. Tous ceux qui participent à un titre quelconque à la vie en société doivent être soumis à la loi pénale. La solution a, également,

---

272 V. Loi française du 13 juin 1989, art. 1.

273 Les fondations classiques et les fondations d'entreprises : L. 4 juillet 1990.

274 Ceci signifie tout groupement dépourvu de personnalité morale.

275 Certaines entreprises publiques revêtent en général la forme de société d'économie mixte : Banque nationale de développement du Burkina (BND-B), Société de recherche et d'exploitation minières du Burkina (SOREMIB), Société Faso Fani (industrie textile), Office national des barrages et des aménagements hydro agricoles (ONBAH), la Société burkinabè des ciments et matériaux (CIMAT), l'Office national des puits et forages (ONPF); in F. M. SAWADOGO, *Droit des entreprises en difficulté*, Bruxelles, Bruylant, 2002, coll. Droit Uniforme Africain, 444 p

276 Ce cas s'est davantage renforcé pendant les programmes d'ajustement structurel qui ont conduit à la privatisation du capital ou de la gestion des entreprises publiques et à la transformation des EPIC (établissements publics à caractère industriel et commercial) en sociétés d'État.

l'avantage d'éviter au juge d'avoir à déterminer ce qu'est une activité économique, question toujours difficile[277].

89. S'agissant des sociétés nulles, une hypothèse plus embarrassante s'impose. Une juridiction répressive pourrait-elle admettre l'existence d'une personne morale lorsque la loi n'a ni reconnu ni dénié celle-ci ? On voit resurgir la controverse séculaire entre la théorie de la réalité et la théorie de la fiction de la personnalité morale[278]. Il y a une vingtaine d'années, on avait pensé que la théorie de la réalité ne correspondait plus au droit positif car la loi subordonnait la jouissance de la personnalité morale à une formalité de publicité, c'est-à-dire soit une immatriculation au registre du commerce, dont le domaine s'était généralisé, soit une déclaration à la préfecture[279]. La théorie de la réalité emporte des droits et des obligations pour le nouveau sujet de droit qu'est la personne morale ou l'entité personnifiée. Avec l'extension de leur responsabilité à la dimension pénale[280], leur incrimination mérite de surmonter un certain nombre de difficultés concrètes. Comme ce fut le cas de l'imputabilité[281], une fois que leur incrimination est rendue possible avec des conditions légalement posées, il restera à aménager les questions de sanctions[282].

Mais, la Cour de cassation allait très vite revenir à la théorie de la réalité[283]. Notamment dans l'arrêt Bendix[284], elle reconnaît qu'un comité de groupe a la personnalité morale. Pour ce faire, elle reprend presque mot pour mot les motifs d'un arrêt de la chambre civile de 1954, considéré comme consacrant la théorie de la réalité « attendu que la personnalité morale n'est pas une création de la loi ; qu'elle appartient en principe à tout groupement pourvu d'une possibilité d'expression collective pour la défense d'intérêts licites, dignes par suite d'être juridiquement protégés »[285].

---

[277] V. par exemple, Com. 18 juin 1985, *Rev. sociétés,* 1986, p. 281, note Y. GUYON.

[278] V. Y. GUYON, *Droit des affaires,* t I, 7e éd., n° 128, V. aussi introduction.

[279] V. G. LAGARDE, *Propos de commercialiste sur la personnalité morale, réalité ou réalisme* : *Mélanges Jauffret,* p. 429, Aix 1974.

[280] V. *La responsabilité pénale des personnes morales,* actes du colloque de Sienne des 25 et 26 mai 1996, Petites Affiches n° 149 (n° spécial) du 11 décembre 1996. Voir aussi C. DUCOULOUX-FAVARD, Demain les personnes morales responsable, Petites Affiches n° 42 du 7 avril 1993, p. 7 ; Trib. gr. inst. Strasbourg, 9 février 1993, note T. DALMASSO, Petites Affiches, n° 38 du 27 mars 1996, p. 19.

[281] Cf. Infra. n° 177.

[282] Cf. Infra. n° 299 et. 301.

[283] Cf. C. FREYRIA, La personnalité morale à la dérive : *Mélanges Breton-Derrida,* p. 121, Paris 1991.

[284] Soc. 23 janv. 1990 : *JCP,* 1990.II.21529, note Nevot ; *Rev. sociétés,* 1990.444, note R. VATINET ; *Droit social* 1990.322, note J. SAVATIER.

[285] Cf. Civ. 2e, 28 janv. 1954 ; *JCP,* 1954.II.7958 concl. LEMOINE ; D. 1954.217, note Levasseur, op. cit n° 20.

La même Cour confirme cette jurisprudence à propos des comités d'hygiène et de sécurité[286]. Précédemment, dans un arrêt moins remarqué, elle avait également jugé qu'une Cour d'appel avait légalement justifié sa décision de condamnation d'un syndicat à des dommages-intérêts, en constatant que celui-ci avait clairement manifesté son existence de fait et ne pouvait donc, pour se soustraire à ses obligations, se prévaloir de l'inobservation des formalités qui lui incombaient[287].

En effet, il convient de voir si cette jurisprudence peut se transposer en matière pénale, c'est-à-dire si elle permet de condamner des personnes morales de fait. On peut hésiter. D'un côté, il parait inéquitable que des groupements jouissent de l'impunité, au seul motif qu'ils n'ont qu'une existence de fait. De l'autre côté, la loi pénale est d'interprétation stricte. Or, on ne sait où s'arrêtera la répression si l'on permet la condamnation de groupements auxquels la loi n'a pas expressément attribué la jouissance de la personnalité morale. De plus, cette répression sera largement inefficace en raison du peu de consistance de ces groupements qui s'apparentent plus à des fantômes qu'à de véritables personnes. Elle aboutirait, également, à une injustice car elle se limiterait aux groupements de fait à but non lucratif. Les autres groupements n'ayant pas de personnalité juridique, comme les sociétés créées de fait bénéficieraient des dispositions législatives qui leur dénient expressément la personnalité morale. Il sera donc facile pour le groupement dissout de se reconstituer autrement et à quoi servira de lui interdire d'émettre des chèques, de faire appel public à l'épargne ou de conclure des marchés publics puisque ces activités lui étaient déjà impossibles.

Selon la jurisprudence civile ou commerciale[288], la personnalité morale de fait est liée à la défense d'intérêts licites. L'autonomie du droit pénal ne conduira-t-elle pas à admettre la responsabilité de groupements de fait qui poursuivent des buts illicites, notamment dans le domaine du terrorisme, du proxénétisme ou du trafic de stupéfiants[289] ? On remarquera, en effet, que ces groupements ont parfois une personnalité morale ou une quasi personnalité morale à l'étranger dont la reconnaissance en France entraînera des difficultés d'importance théorique et pratique.

En premier lieu, il s'agit de voir si la reconnaissance de la personnalité morale doit être relative aux règles de droit français ou à celles applicables dans le pays dont la personne morale détient la nationalité. Une partie de la doctrine pense que cette interrogation extra - pénale doit trouver sa réponse dans le droit national de la personne morale. Cependant, il semble plus

[286] Cf. Soc. 17 avr. 1991 ; *Rev. sociétés,* 1992.53 ; *JCP,* 1991, éd. E.II. 229 note H. BLAISE.
[287] Cf. Soc. 21 juil. 1986, *Rev. sociétés,* 1987, p.43.
[288] Cf. Civ. 2e, 28 janv. 1954 ; *JCP,* 1954.II.7958 concl. LEMOINE ; D. 1954.217, note LEVASSEUR ; Soc. 17 avr. 1991 ; *Rev. sociétés,* 1992.53 ; *JCP,* 1991, éd. E.II. 229 note H. BLAISE ; Soc. 21 juil. 1986, *Rev. sociétés,* 1987, p. 43, op. cit., p. 6.
[289] V. Infra. n° 108.

évident de comprendre en France qu'un groupement étranger est considéré comme sujet de droit pénal dès lors qu'il est reconnu comme sujet de droit civil (avec une capacité d'agir en justice, de passer des contrats et d'engager sa propre responsabilité civile).

En deuxième lieu, on peut se demander si les limites ou les exclusions concernant les personnes de droit public sont applicables aux personnes étrangères dans la mesure où elles n'ont été édictées que pour le respect du principe de la séparation des autorités administratives et judiciaires ou pour protéger la souveraineté de l'État français. Dans ces différentes analyses, on pourrait admettre qu'un État étranger soit condamné en France par une juridiction répressive pour crime contre l'humanité pour terrorisme. Mais, cette solution n'est pas acceptée par les principes généraux du droit international public. En outre et dans un autre ordre d'idée, un délit peut être commis à l'étranger par une personne morale étrangère ou française. Cette situation doit faire nécessairement allusion à la condition de réciprocité d'incrimination prévue par l'article 113-6 du CPF. Il appartient donc à la jurisprudence d'apporter une réponse à cette question. Si elle est affirmative, elle pourra assimiler à la responsabilité pénale des personnes morales la responsabilité administrative de nature « para-pénale » reconnue par l'Allemagne.

En troisième lieu, il est évident que la personne morale étrangère peut se heurter, en pratique, à la difficulté d'exécution des peines à son encontre, surtout lorsqu'elle ne dispose pas d'établissement en France. Cette difficulté peut être atténuée par la signature de conventions internationales, notamment celle relative à l'exécution des condamnations pénales par l'amende des personnes morales étrangères. Cette convention est conclue entre neuf États membres des communautés européennes dont la France (convention qui a été ouverte à la signature depuis le 13 novembre 1991).

90. Tout comme entre les personnes morales de droit public et de droit privé, l'article 121-2 du CPF ne distingue pas, non plus, les personnes morales de nationalités française et étrangère concernant la responsabilité pénale. Il faudrait que les agissements qu'elles commettent tombent d'abord sous le coup de la loi pénale française (la première limite est dite celle de droit) et enfin qu'il y ait, entre la France et l'État où les sociétés étrangères ont leur siège, une convention d'entraide répressive. Cette convention facilitera l'exécution de la condamnation prononcée (la seconde limite est dite de fait). Or, il faut rappeler qu'en la matière, il n'existe guère une telle convention concernant les personnes morales. On remarque alors qu'il n'est pas douteux que les personnes morales étrangères sont pénalement responsables à travers plusieurs dispositions de procédure qui y font expressément référence. Ainsi, les articles 113-1 et suivants relatifs à l'application de la loi pénale dans l'espace pourront mettre en cause leur responsabilité devant les juridictions françaises lorsque l'infraction est commise en France ou à l'étranger dans les cas et conditions prévus par les articles sus indiqués. À priori, la nationalité des personnes morales doit être déterminée par l'application des règles du droit civil et du droit commercial. Encore faudrait-il que le droit pénal puisse manifester, dans ce cas, son autonomie pour prévenir et sanctionner les cas de fraude. Également le lieu du siège social et subsidiairement le lieu de direction effective ou la nationalité des personnes qui contrôlent la société doivent être, en principe, déterminants.

B. Les personnes morales de droit public visées

91. En France, la loi Perben II prévoit que les personnes morales de droit public autres que l'État ou les collectivités territoriales pour les activités non délégables sont pénalement responsables des infractions commises pour leur compte par leurs organes ou représentants[290]. En dehors de ces exclusions, toutes les autres personnes morales de droit public peuvent répondre pénalement de leurs agissements[291]. Mais cette responsabilité est toutefois indirectement atténuée dans la mesure où certaines peines ne leur sont pas applicables en vertu du dernier alinéa de l'article 131-39 du code pénal français de 1994. Ainsi, des sanctions comme la dissolution et le placement sous surveillance judiciaire ne peuvent être prononcés, pour des raisons constitutionnelles, à l'encontre des personnes morales de droit public.

L'exclusion de l'État du champ de la responsabilité pénale peut se heurter à certains arguments théoriques et pratiques. Ainsi que l'a montré l'étude du Conseil d'État français de 1996, il ne semble pas que le principe de séparation des autorités administratives et judiciaires interdise de mettre en cause devant le juge répressif la responsabilité pénale de l'État. Comme pour les autres personnes publiques, l'État est susceptible d'être condamné à des dommages-intérêts par les juridictions administratives et civiles. Ses agents peuvent faire l'objet de condamnations pénales même en cas de faute de service. Sous cet angle, la responsabilité pénale de l'État n'apparaît pas différente de celle des autres personnes publiques. L'argument tiré de la souveraineté de l'État n'apparaît pas non plus décisif dès lors que la responsabilité civile de l'État est déjà susceptible d'être mise en cause.

92. En revanche, en droit international pénal, l'action des instruments internationaux a reconnu la responsabilité internationale pénale des personnes morales publiques et des États. Ce concept de responsabilité a été progressivement élaboré. L'État est le sujet par excellence de l'ordre

---

[290] L'article 54 de la loi n° 2004-204 du 9 mars 2004 dite loi PERBEN II dispose que « *les personnes morales, à l'exclusion de l'État, sont responsables pénalement, selon les distinctions des articles 121-4 à 121-7, des infractions commises, pour leur compte par leurs organes ou représentants* ».

[291] V. J. JORDA, *La responsabilité pénale des personnes morales de droit public à la lumière de la jurisprudence,* Gaz. pal., 2001, p. 182, spéc. p. 190.

juridique international. C'est probablement pour cette raison et à cause du principe de l'égalité souveraine que la question de sa responsabilité pénale est devenue complexe. Est-il donc possible de criminaliser un État ?

La réponse à cette question est fondamentale pour la recherche de solutions aux questions juridiques qui naissent d'une vision d'ensemble systématique et synthétique de la responsabilité internationale pénale[292]. Le problème, qui soulève un large débat en doctrine, doit être analysé en même temps que le sujet, plus général, de la responsabilité des États, dont la distinction entre la responsabilité ordinaire et criminelle représente un sous-ensemble[293]. En effet, les règles de droit international qui affirment de façon satisfaisante la responsabilité pénale des États de « *iure condito* »[294] n'existent pas. Par contre, les règles de « *iure condendo* »[295] nous donnent des indications controversées.

93. Dans son évolution historique, le droit international a vu naître la distinction entre une responsabilité plus ou moins grave du sujet Étatique[296]. L'idée d'une responsabilité majeure a pris corps à partir du XVIIe siècle en cas de guerre d'agression. Elle est entendue, *stricto sensu*, comme l'emploi de la force armée car celle-ci constitue, naturellement, la conduite la plus dangereuse pour l'intégrité de l'ordre international de la paix, étant contraire au principe même de souveraineté. Au cours du XXe siècle, quelques auteurs essayent de concevoir la responsabilité pénale majeure des États[297].

94. Au plan normatif, certaines conduites des États sont qualifiées de criminelles. Tel est le cas de la violation de la paix par le biais de l'agression qualifiée de crime par la résolution 3314 de l'assemblée générale des nations unies du 14 décembre 1974. L'article 19 du projet de résolution de la commission du droit international (C.D.I) sur la responsabilité des États déjà formulé en 1976 et adopté dans le cadre de la première lecture complète du projet de résolution en 1996 affirme la distinction entre les crimes et les délits internationaux commis par les États. L'article 40 du projet adopté en 2001 en deuxième lecture se base sur la distinction entre normes

---

[292] Voir S. GLASER, *L'Etat en tant que personne morale est-il pénalement responsable ?*, in RDPC., 1948-1949, février, n° 5, p. 425 et s.

[293] Pour un aperçu de l'importance de la question, voir J. BARBOZA, *International Criminal Law* ; D.D. CARON, State crimes in the I.L.C. Draft Articles on State Responsibility : Insights from Municipal Experience with Corporate Crimes, in Proc. A.S.I.L., 1998, p. 307 ; D.W. BOWETT, *Crimes of state and the 1996 Report of the I.L.C. on State Responsibility*, in E.J.I.L., 1998, vol. 9, n° 1, p. 163 et s.

[294] Expression latine utilisée dans la loi. Dans le premier cas elle se réfère au droit existant, créé, codifié et dans le second cas, la loi qui doit être fondée n'existe pas encore.

[295] Expression latine utilisée normalement quant il s'agit de politique législative. Dans la pratique elle est généralement utilisée en référence à des considérations sur les perspectives de changements législatifs et des essais contenus dans la doctrine ou de la thèse.

[296] Voir G. ABI-SAAB, *The Uses of Article 19*, p. 339 et suivants.

[297] Cf. J. BARBOZA, D.W. BOWETT in G. ABI-SAAB op. cit., p. 227.

internationales et normes ordinaires. Dans un tel cadre normatif, la question de la responsabilité criminelle des États ne se présente pas comme une question aisée.

On peut constater qu'il n'existe pas de normes qui reconnaissent, de façon complète, le principe de la responsabilité pénale des États. Néanmoins, quelques textes récents (qu'il s'agisse de conventions ou de résolutions) adoptent le terme crime par rapport à la responsabilité étatique. Suite à l'évolution de la doctrine au cours du XXe siècle, on ne peut plus soutenir la thèse selon laquelle le régime de la responsabilité Étatique serait unique, indistinct et, donc, plutôt de nature civile que pénale, si on tient à faire un rapprochement avec les catégories du droit interne.

Il faut, par contre, reconnaître la responsabilité majeure, engendrée par les conduites les plus graves, qui lèsent les intérêts fondamentaux de la communauté internationale dans son ensemble et la responsabilité mineure, produite par les conduites moins graves. Cette distinction est consacrée par la dernière version du projet d'articles sur la responsabilité des États, adopté par la CDI en 2001 et soumis à l'attention de l'assemblée générale des nations unies, qui identifie les infractions majeures avec les violations du *jus cogens*[298]. L'affirmation de l'existence d'un double régime de la responsabilité ne signifie pas, tout de même, que la responsabilité majeure a une connotation pénale et que la responsabilité ordinaire a une connotation civile.

Dans la même ligne de réflexion, les conventions de Genève de 1949 affirment que l'État est responsable pour des actes commis par ses organes. En effet, le principe général est que tous les actes commis par les organes d'un État lui sont imputables ainsi que les actes des organes tiers commis sous le contrôle de l'État.

Sans doute l'affirmation la plus claire de la reconnaissance de la responsabilité criminelle Étatique est contenue dans l'article 19 du projet de résolution sur la responsabilité des États adopté par la CDI en 1996.

95. Malgré cette reconnaissance expresse, il n'est pas sûr que la responsabilité criminelle de l'État, en droit international, puisse être conçue comme la responsabilité pénale des ordres juridiques internes. Néanmoins il serait trop simple de qualifier de politique l'emploi du terme crime dans le texte de l'article 19 ainsi que dans d'autres textes de droit international, comme s'il n'avait pas de valeur juridique réelle[299].

---

[298] Selon l'art. 53 de la convention de Vienne sur le droit des Traités du 23 mai 1969, il constitue une norme impérative du droit international général à laquelle aucune dérogation n'est permise et ne peut être modifiée que par une nouvelle norme du droit international général ayant le même caractère ; voir aussi dans le Lexique des termes juridiques, 17e éd., 2010, p. 421.

[299] Selon A. PELLET. *Can a State Commit a crime? Definitely Yes,* p.433, un État peut être tenu pour responsable du point de vue pénal (tel serait le cas de l'Allemagne nazie ou l'Iraq de Saddam Hussein). Toutefois, l'absence actuelle d'une juridiction internationale pénale

96. En ce qui concerne les collectivités territoriales et leurs groupements, l'article 121-2 alinéa 2 du CPF prévoit que les collectivités territoriales et leurs groupements ne sont responsables pénalement que pour les infractions commises dans l'exercice d'activités susceptibles de faire l'objet de convention de délégation de service public. Le législateur n'ayant donné aucune définition de cette notion, c'est à la doctrine et au juge administratif qu'il faut se référer pour trouver une définition. Il ressort que, pour eux, cette expression recouvre l'ensemble des contrats ou conventions « conclus entre une personne publique titulaire d'une compétence et une autre personne chargée par ce contrat ou cette convention de gérer tout ou partie du service public correspondant à cette compétence »[300], ou « par lesquels une collectivité territoriale, ou un groupement de collectivités territoriales, confie l'exécution d'une activité de service public à une autre personne physique ou morale »[301]. Il s'agit des activités susceptibles d'être exercées par des personnes privées. Ainsi, le statut de la personne bénéficiaire de la délégation importe peu comme l'affirme MONDOU. Pour lui, « cette personne doit se voir confier l'exécution même du service public et non simplement fournir à la collectivité territoriale les moyens nécessaires à l'accomplissement du service »[302].

La notion d'activités susceptibles de faire l'objet de conventions de délégation de service public n'est pas toujours interprétée de la même façon par les juges administratif et répressif, ce dernier ayant tendance à la concevoir de façon plus extensive que le premier. Elle a été également définie par la Cour de cassation comme « l'activité ayant pour objet la gestion d'un service public et pouvant être confiée à un délégataire public ou privé rémunéré pour une part substantielle en fonction des résultats de l'exploitation »[303]. Plus récemment, la Cour de cassation a pu juger que l'organisation des transports scolaires n'était pas une activité susceptible de délégation contrairement à l'exploitation du service de transport[304].

En revanche, entrent sous l'appellation de délégation de service les activités relatives aux domaines suivants : la distribution d'énergie, d'eau, de gaz, et d'électricité, d'assainissement, le chauffage urbain, les abattoirs, les pompes funèbres, la collecte et le traitement des résidus urbains, les

---

pour les États, sur le modèle de juridictions internes, empêcherait la conception d'une responsabilité pénale au sens propre du terme. D'après J. VERHOEVEN, (*Vers un ordre répressif universel ? Quelques observations,* p. 5), malgré les difficultés liées au fait qu'un État est une personne morale, il serait possible de le sanctionner du point de vue pénal.

[300] Cf. J. C. DOUENCE, *La dévolution contractuelle du service public local,* Encycl. BENOIT des collectivités locales, 1998, fasc. 6152, p. 3.

[301] Cf. P. ARPAILLANGE, JO déb. AN, 18 mai 1990, p. 1497.

[302] Cf. C. MONDOU, *Responsabilité pénale des collectivités territoriales,* doctr. (Chronique de législation), AJDA, 1993, p. 539, plus spéc. p. 541.

[303] Cf. Crim. 3 avril 2002, à propos de l'exploitation d'un théâtre, pouvant faire l'objet d'une délégation au sens de l'article 121-2.

[304] Cf. Crim. 6 avril 2004, Bull. crim, 2004, n° 84.

remontées mécaniques, les espaces verts, les transports de voyageurs, le stationnement payant sur voirie ou en parc, la piscine, la régie thermale, les ports, foires et marchés, les théâtres et orchestres sous certaines conditions d'intérêt général, les activités assurées en régie, par concession, affermages, marchés d'entreprise ou gérance. Cette liste n'est pas exhaustive du fait de nombreux transferts effectués par les lois de décentralisation au niveau local.

97. Les collectivités territoriales ne sont, donc, pas responsables dans l'exercice des prérogatives de puissance publique. Il s'agit des activités accomplies au nom et pour le compte de l'État, comme l'établissement de l'état civil, les élections, le recensement militaire, la pédagogie et la surveillance des élèves de l'enseignement public, ou des activités relevant d'une prérogative de puissance publique, à l'exemple du pouvoir de police[305], de l'édiction de mesures réglementaires, ou du droit de préemption. Cela ne signifie pas que le maire doit exercer personnellement l'ensemble des pouvoirs de police qui lui sont dévolus, il peut les déléguer à un adjoint. Cette exclusion n'est pas toujours comprise par les maires, qui voient dans ce pouvoir de police la source principale des risques de mise en cause de leur responsabilité pénale.

L'insertion de ces termes au deuxième alinéa de l'article 121-2 du CPF a été inspirée par le souci d'éviter une rupture d'égalité entre les activités des personnes privées et les activités analogues exercées par les collectivités locales. Les seules activités pour lesquelles les personnes publiques sont susceptibles d'être déclarées pénalement responsables sont celles qui pourraient être exercées par délégation par d'autres personnes que la collectivité locale elle-même concernée.

98. Par ailleurs, d'autres personnes morales de droit public ont été oubliées par le législateur. Il s'agit de la responsabilité pénale d'une université, d'un centre communal d'action sociale ou d'un établissement public hospitalier. Leur responsabilité morale est distincte de celle de l'État et également de celle des collectivités territoriales et de leurs groupements. Ceci peut concerner aussi les établissements publics, les groupements d'intérêt économique et les sociétés d'économie qui ont tous une existence autonome.

La difficulté de régler leur sort tient de la mauvaise rédaction de l'article 121-2, al. 2 du code pénal français qui pose le principe de la responsabilité pénale des personnes morales[306]. Ce texte ne devrait pas exclure de son

---

[305] V. CE, 4 janv. 1995, *Epoux Metras*, Rec. CE p. 682. ; v. CE, Ass., 17 juin 1932, *Ville de Castelnaudary*, Rec. 595 ; - CE, 10 déc. 1962, *Association de pêche et de pisciculture d'Orléans*, Rec. 675 ; - CE, 1er avril 1994, *Commune de Menton et autres et société Sceatauparc exploitation*, Rec. 175 ; DA 1994, n°. 356 et concl. S. Lasvignes, chron. 10/11 ; RDP 1994.1852, obs. Auby.

[306] Voir E. DREYER, *Droit pénal général*, Litec., 2010, p. 672.

champ d'application l'État, les collectivités locales et leurs groupements dans l'exécution de leur mission de service public. Il est difficile d'affirmer avec certitude qu'en dehors des exclusions qui ont été expressément formulées les personnes morales de droit public engagent toujours leur responsabilité pénale. La logique du second alinéa de l'article 121-2 du code pénal français voudrait que les établissements publics administratifs échappent à toute responsabilité pénale[307]. À l'inverse les établissements publics industriels et commerciaux, qui sont entièrement soumis aux règles de droit privé, devraient engager sans restriction leur responsabilité pénale. Une telle solution aurait beaucoup plus mérité d'être autrement appréciée.

L'idéal aurait été qu'il soit formulé, en principe, que les personnes morales de droit public engagent leur responsabilité pénale dès lors qu'elles se comportent comme des personnes morales de droit privé en laissant au juge le soin d'apprécier la nature de leur intervention[308].

Paragraphe II. Les personnes morales exclues

99. Le dispositif de lutte contre le blanchiment d'argent et le financement du terrorisme au Mali s'applique à toutes les personnes morales reconnues pénalement responsables. Cette application s'avère efficace car des progrès ont été accomplis. Mais des recommandations ont été mises en œuvre pour combler les principales lacunes[309].

Les personnes morales concernées par la commission de ces infractions peuvent commencer leur forfait ailleurs pour finir au Mali et vice-versa. C'est pourquoi il doit instituer la plateforme de coopération judiciaire en matière de criminalité transnationale qu'il organise avec la Mauritanie et le Niger. La mise en œuvre du programme national intégré de lutte contre la drogue et les trafics illicites nécessite la formation des magistrats des pôles économiques, des cadres de la CENTIF[310] et les cadres des services de sécurité à travers l'opérationnalisation des comités interministériels de lutte contre la drogue et la mise en place de l'office central des stupéfiants. La signature en cours des accords de coopération avec la Russie, l'Afrique du Sud et la Macédoine renforcera davantage cette plateforme.

---

307 Voir P. DELVOLVE, *Répression, droit pénal et droit administratif, in Les enjeux de la pénalisation de la vie économique*, D. 1997, p. 41.

308 Cf. Cass. crim. 6 avr. 2004, op. cit., p. 63.

309 Le Mali s'est toujours volontairement soumis à l'exercice d'évaluation mutuelle des experts de la banque mondiale et du fond monétaire international et des rapports ont été produits. Le premier rapport de suivi a été examiné lors de la 12e session plénière du groupe intergouvernemental d'action contre le blanchiment d'argent en Afrique de l'ouest (GIABA) à Freetown (en Sierra Léone) en novembre 2009. Le deuxième rapport fut examiné en plénière tenue à Abuja (au Nigéria) en décembre 2010, le troisième rapport lors de la plénière tenue à Dakar (Sénégal) en novembre 2011 et le 4e rapport de suivi en novembre 2012.

310 La CENTIF a été admise au sein du Groupe Egmont. L'adhésion au groupe EGMONT est sollicitée sous le double parrainage de TRACFIN en France et de la CENTIF du Sénégal.

100. Les plus hautes autorités ont exprimé à plusieurs occasions la volonté politique et l'engagement du Mali à assumer sa part de responsabilité dans la lutte contre les infractions exceptionnellement admises, rejoignant ainsi la détermination de la communauté internationale. Convaincu que seule une coopération internationale peut venir à bout de la criminalité transnationale, le Mali reste ouvert à toutes propositions d'amélioration de son dispositif de lutte contre les dites infractions.

Le champ d'application de la responsabilité pénale des personnes morales visées est très vaste puisque sont concernées toutes les personnes morales. Cependant, en plus de l'exclusion de l'État et des collectivités locales dans une certaine mesure, bien d'autres personnes morales de droit public (A) et de droit privé (B) sont également exclues.

A. L'exclusion de l'état et des collectivités territoriales pour les services non délégables

101. Les personnes morales de droit public qui sont exclues du champ de la responsabilité pénale se résument à l'État et dans une certaine mesure aux collectivités locales ou territoriales et leurs groupements pour les activités non délégables. Malgré leurs divergences, les droits belge, néerlandais, suisse et français s'unissent pour exclure l'État et les collectivités territoriales[311] du champ de la responsabilité pénale des personnes morales.

L'État demeure entièrement exclu du champ d'application de la responsabilité pénale des personnes morales quand bien même des arguments s'opposent à cette réalité. Les collectivités locales ou territoriales sont à leur tour exclues de ce champ par suite d'activités non délégables. La notion de la responsabilité pénale de l'État est absurde au regard de certaines interrogations récurrentes. Devant qui l'État répondrait-il de ses fautes ? Comment pourrait-il se punir soi-même ? La responsabilité pénale de l'État est exclue pour diverses raisons.

En premier lieu, le principal obstacle à la responsabilité pénale de l'État est justifié par le rôle confié à celui-ci dans l'exercice de la répression pénale. Le législateur a tenu à faire une exception en excluant l'État du champ d'application de la responsabilité pénale des personnes morales de droit public. L'État représente la société toute entière. Lorsque cette dernière commet une infraction par des agissements contraires à la loi pénale, l'État pourrait difficilement se voir poursuivi par un parquet qui exerce l'action publique en son nom. Il serait à la fois auteur du dommage, victime et juge.

---

[311] L'article 121-2 al. 2 du CPF. Aux Pays-Bas, la jurisprudence va plus loin, en condamnant une administration publique qui a commis un délit à l'occasion d'un acte qu'elle doit exécuter elle-même comme la délivrance d'un passeport (arrêt du 6 janvier 1998) in J. Pradel, *Droit pénal comparé,* Dalloz, 3e éd., 2008, p. 178.

Détenteur du monopole du pouvoir de contraindre (punir), il ne pourrait aller jusqu'à s'infliger des peines[312].

En second lieu, certains craignent que l'existence d'une responsabilité pénale de l'État ait pour conséquence de placer l'ensemble de l'activité administrative sous le contrôle du juge pénal. À terme, ceci conduit à remettre en cause le principe de séparation des autorités administratives et judiciaires. Cette dernière justification semble la plus convaincante.

102. Les parlementaires français ont justifié l'exclusion de l'État en affirmant qu'il était inconcevable d'appliquer cette responsabilité sur des « actes relevant par nature de sa puissance souveraine »[313]. Dans le même ordre d'idée, un auteur explique que « sur le plan interne [...] notre esprit [...] se rebelle à admettre qu'une collectivité publique, notamment l'État, réputée agir en toutes circonstances dans l'intérêt public, protégée dans cette action par la loi pénale elle-même, premier auxiliaire par ailleurs des autorités judiciaires pour l'exécution des peines et, dans certains cas non négligeables, le déclenchement des poursuites, puisse se rendre coupable d'un acte aussi gravement antisocial qu'une infraction pénale »[314]. C'est oublier qu'il y a bien une responsabilité de l'État qui se condamne soi-même tous les jours, à travers ses propres juridictions (les juridictions administratives) et qui consiste à indemniser des administrés.

Les excellents arguments opposés à la responsabilité pénale de l'État ont paru pouvoir s'effacer derrière un souci d'égalité entre agents de l'État et des autres collectivités publiques.

103. Il est à noter que l'exclusion de l'État du champ de la responsabilité pénale des personnes morales est loin d'être compréhensible et de faire l'unanimité au sein de la doctrine. Certains auteurs ont critiqué cette exception. Les arguments qui semblent justifier l'exclusion de l'État sont insatisfaisants. Ce sont des arguments selon lesquels l'État est le garant des intérêts généraux, du respect et de l'application de la loi. Il détient aussi le monopole de la sanction et par conséquent il ne pourrait s'auto sanctionner[315].

Le principe de souveraineté de l'État qui a été mis en avant et celui de la séparation des autorités administratives et judiciaires sont assez peu convaincants car ils n'ont jamais fait obstacle à la reconnaissance de la

---

[312] V. Infra. n° 311 et s.

[313] Cf. P. MARCHAND, *Rapport sur la réforme du Code pénal,* Doc. AN n° 896, le session ordinaire 1989-1990, p. 121.

[314] Cf. B. FERRIER, *Une grave lacune de notre démocratie : l'irresponsabilité pénale des personnes administratives,* RSC, 1983, p. 394.

[315] Cf. J. VIREX, *La responsabilité de l'administration et de ses agents à l'épreuve du droit pénal contemporain,* AJDA, 1995, p. 763, spéc. p. 773 ; Cf. A. LÉVY, S. BLOCH, J.-D. BLOCH, *La responsabilité pénale des collectivités territoriales, de leurs élus, de leurs agents,* Litec., 1995.

responsabilité civile de l'État[316] et à la mise en cause de ses agents devant les juridictions pénales même en cas de faute de service[317].

À la lecture de l'article 121-2, alinéa 2, les collectivités territoriales et leurs groupements « ne sont responsables pénalement que des infractions commises dans l'exercice d'activités susceptibles de faire l'objet de conventions de délégation de service public ». Lorsque ces collectivités et leurs groupements commettent des infractions dans le cadre de l'exercice de leur mission de service public, elles ne seront pas pénalement responsables. Il s'agit des activités non délégables comme l'établissement des listes électorales, la gestion du plan d'occupation des sols, le maintien de service de police municipale. Par exemple, lorsqu'un policier municipal commet une infraction liée à ces prérogatives de police comme la sécurité et la salubrité au nom et pour le compte de la collectivité[318], cette dernière ne sera pas pénalement responsable. En revanche, les communes exercent des activités d'intérêt collectif qu'elles pourraient déléguer et leur responsabilité pénale peut alors être engagée pour les infractions commises dans l'exercice de ces activités[319]. Plusieurs communes ont fait l'objet de condamnation en France pour les activités pouvant faire l'objet d'une délégation de service public. La mise en œuvre de l'incrimination et la sanction des collectivités s'avèrent relativement complexes au regard de l'absence de définition de la notion de délégation de service public. Mais, la loi française du 11 décembre 2001 prévoit la définition de la notion de délégation sans pour autant résoudre les problèmes que peuvent rencontrer sa mise en œuvre.

104. Malgré les limites et les tempéraments prévus par le législateur, la reconnaissance de la responsabilité pénale des personnes morales de droit public soulève d'importantes difficultés théoriques et pratiques qui laissent perplexe une partie de la doctrine. Dès lors que le postulat est posé pour leur reconnaissance, il aurait été plus logique de soumettre l'ensemble de ces personnes à un régime unique en généralisant le critère de la délégation de service public.

Cela aurait permis, d'une part, d'engager la responsabilité pénale de l'État pour les activités ne relevant pas de ses prérogatives de puissance publique (pourquoi une collectivité est-elle responsable pénalement de sa cantine et non un ministère ?) et, d'autre part, de limiter la responsabilité pénale des personnes morales de droit public autres que les collectivités

---

[316] Responsabilité qui peut être établie, dans certains cas, par des tribunaux de l'ordre judiciaire.

[317] La qualité d'agent public étant d'ailleurs fréquemment une cause d'aggravation de la répression.

[318] Activités dont les collectivités sont dans l'impossibilité de déléguer à des concessionnaires.

[319] Il s'agit notamment des activités dans le domaine des transports scolaires (une commune qui exploite en régie un service de transport en commun), de l'organisation de la distribution d'eau, du service des ordures (ramassage d'ordures ménagères), de cantine scolaire etc.

territoriales dès lors qu'elles exercent des prérogatives de puissance publique (par exemple, un ordre professionnel).

On peut se demander si l'exclusion de la responsabilité pénale de l'État et des collectivités territoriales à l'occasion d'activités non délégables est réellement justifiée au regard de l'équité et indépendamment du principe de la séparation des pouvoirs. De même, on peut s'interroger sur l'exclusion de certaines personnes morales de droit privé en l'absence de toute personnalité juridique.

B. L'exclusion des groupements dépourvus de personnalité juridique

105. L'article 121-2 du CPF vise les personnes morales exclues du champ d'application de la responsabilité pénale des personnes morales. Ce sont des entreprises ou des groupements dépourvus de personnalité morale[320] tels que les sociétés créées de fait, les sociétés en participation au sens des articles 1871 et 1873 du code civil ne sauraient être pénalement responsables sur la base du nouveau code pénal. Il résulte de ces articles du code civil que, lorsque plusieurs sociétés s'associent pour former une société en participation et désigner un représentant commun pour assurer la sécurité d'un même chantier, la faute commise par ce représentant engage la responsabilité pénale de l'ensemble des sociétés et non celle de la société en participation[321].

Également, les groupes de sociétés sont juridiquement des entités qui ne peuvent pas répondre pénalement de leurs actes parce qu'ils n'ont pas la personnalité juridique. Chaque société conserve son autonomie juridique et financière dans le groupe. Ce qui signifie que les groupes de sociétés ne sont pas considérés, dans le langage juridique, comme des personnes morales capables d'ester en justice[322]. Ils ne peuvent, en tant que tels, être condamnés. Cependant, par le jeu de la coaction et de la complicité, il sera possible de sanctionner pénalement les différentes sociétés appartenant à un même groupe à la suite d'une infraction commise par l'une d'entre elles à titre principal.

106. S'agissant des sociétés en formation, la loi belge prévoit que « sont assimilées à des personnes morales (…) les sociétés commerciales en formation »[323]. Mais en France comme au Mali, les sociétés commerciales n'acquièrent une existence juridique qu'à l'issue de leur constitution par l'immatriculation au registre du commerce tenu auprès du greffe du tribunal. La constitution de la plupart des personnes morales est parfois réglementée

---

[320] Néanmoins, il faut rappeler que, dans certains pays comme la Belgique, les Pays-Bas, l'Angleterre où les groupements ou sociétés qui sont dépourvus de personnalité juridique ne sont pas exclus du champ de la responsabilité pénale des personnes morales.
[321] Crim. 14 décembre 1999, Bull. crim., 1999, n° 254.
[322] Voir R. MERLE, A. VITU, *Traité de droit criminel,* édit, Cujas, 1997, p. 812.
[323] Cf. Article 5 al. 3 du Code pénal belge.

par la loi (il s'agit des sociétés civiles ou commerciales et les groupements d'intérêt économique) ou après l'accomplissement de certaines formalités (comme la déclaration en préfecture pour une association ou l'obtention du récépissé au ministère de l'intérieur : cas du Mali). Les infractions commises dans l'accomplissement des actes pendant la période de formation des sociétés commerciales engagent la responsabilité pénale des seuls fondateurs (personnes physiques) auteurs des dites infractions. On ne pourra pas prendre en considération, au nom de l'autonomie du droit pénal, la personne morale virtuelle (en cours de formation avant l'acquisition de la personnalité morale) qui ne verra peut-être jamais le jour pour la suite. Les infractions commises pendant cette période de formation ne pourront pas engager la responsabilité pénale de la personne morale née postérieurement à sa commission. La responsabilité pénale d'une personne morale suppose l'existence préalable de cette personne bien avant la commission de l'infraction qui l'engage. Le droit pénal se réfère aux règles du droit civil, du droit commercial ou du droit international privé pour déterminer les groupements dotés de la personnalité morale.

L'infraction ne peut, en principe, être imputée à la personne morale postérieurement née. Cependant, la responsabilité pénale de la personne morale pourra être engagée par la reprise, par elle, des actes passés par ses fondateurs. Plusieurs cas de figure sont possibles.

En premier lieu, lorsqu'une infraction est commise dans l'accomplissement des actes par les fondateurs avant l'immatriculation de la société commerciale par exemple, la reprise de ces actes par cette dernière est susceptible de constituer le délit de recel[324]. Ce serait le cas où les représentants reprennent pour le compte de la personne morale des biens provenant d'un vol ou d'une escroquerie commise par les fondateurs.

En deuxième lieu, la reprise par la société commerciale déjà constituées des actes passés par ses fondateurs peut constituer en soi la réitération de l'infraction[325] commise par ces derniers[326].

En troisième et dernier lieu, on peut observer que pour les infractions complexes, la commission de l'un de ses éléments constitutifs après la constitution de la personne morale suffit pour engager la responsabilité pénale de celle-ci même si les autres éléments constitutifs avaient été commis pendant la période de formation. On peut mieux l'illustrer en matière d'escroquerie que la remise de l'objet a lieu après la constitution de la société et les manœuvres frauduleuses réalisées pendant la période de formation par les fondateurs.

---

[324] Défini par l'article 321-1 du CPF comme le fait, en connaissance de cause, de bénéficier par tout moyen du produit d'un crime ou d'un délit.

[325] V. Infra, n° 339 et s.

[326] L'article 223-13 CPF prévoit l'infraction de l'emploi des travailleurs dans les conditions contraires à la dignité de la personne.

À ce niveau, il peut y avoir une crainte de voir les personnes morales recourir à la période de formation pour commettre des infractions afin d'échapper à leur responsabilité pénale. Ou bien, on peut considérer ici que le législateur leur offre une nouvelle possibilité de commettre impunément des infractions. L'exigence de la personnalité morale pour retenir la responsabilité pénale des groupements paraît tout à fait justifiée pour des raisons d'efficacité dans la sanction et de sécurité dans la désignation de l'auteur. Pour les besoins de la répression, le droit pénal semble ne pas manifester son autonomie en reconnaissant la personnalité morale à un groupement.

107. Pour que la personne morale soit responsable, il faut encore qu'il y ait une infraction commise par le représentant ou l'organe de la personne morale. On peut se demander, aussi, comment la personne physique peut être à l'origine de cette infraction. La doctrine utilise deux systèmes. Le système le plus fréquent retient que les organes et les représentants légaux sont juridiquement qualifiés pour agir au nom de l'entreprise. L'article 121-2 du CPF fait état des « organes et représentants »[327] de la personne morale. De même, en Angleterre (avec les *controlling officers),* la capacité d'engager la personne morale est rattachée aux postes les plus élevés, pas aux autres. En effet, la théorie de l'identification[328] implique que seul un dirigeant s'incarne à l'être moral[329]. L'inconvénient de ce système est que la personne morale pourra s'organiser pour que les décisions soient prises par des organes de second rang, ce qui sauvera de toute poursuite à la fois les dirigeants et la personne morale[330]. À l'opposé, un autre système prend en considération toute personne ayant la qualité d'agir au nom ou en faveur de l'entreprise[331]. Dès lors, on descend très bas dans l'organigramme de la personne morale. L'inconvénient d'un tel système est d'atteindre le « lampiste »[332]. Son avantage est d'éviter les discussions portant sur la qualité des personnes qui peuvent être organes ou représentants.

Malgré tout, la mise en cause de la responsabilité pénale des personnes morales reste encore à préciser aussi bien pour les grandes entreprises confrontées à des législations différentes que pour les petites et moyennes

---

[327] V. Infra. n° 219 et s.

[328] V. Infra. n° 229.

[329] En ce sens House of Lords, affaire *Tesco Supermarkets v. Nattrass* [1972] AC 153, le dirigeant d'une des nombreuses succursales d'un grand magasin n'engage pas la responsabilité de l'entreprise.

[330] Cf. S. GEEROMS, *La responsabilité pénale des personnes morales : une étude comparative*, RID comp. 1996, p. 547.

[331] L'article 51 du Code pénal néerlandais se rattache sans doute à ce système car il vise non seulement « *ceux qui ont donné l'ordre* », mais aussi *« ceux qui ont effectivement dirigé le comportement illicite* ».

[332] Employé subalterne à qui on fait injustement endosser la faute, d'où l'expression « *s'en prendre au lampiste* », Larousse 2005, 100e éd., p. 620.

entreprises confrontées à des prises de décisions plus simples mais intégrées dans des chaines de risque souvent incontrôlées.

Au Mali, les organes et les représentants légaux sont qualifiés pour agir au nom de l'entreprise. Comme le principe général de la responsabilité pénale des personnes morales n'est pas reconnu en droit malien, le législateur a prévu un dispositif juridique applicable à quelques infractions susceptibles d'être commises par les personnes morales, d'où une admission exceptionnelle.

SECTION II. LE DISPOSITIF JURIDIQUE D'ADMISSION EXCEPTIONNELLE

108. La définition expresse de l'incrimination par un texte fait allusion au principe de la spécialité. Si ce principe a été abandonné par la loi du 9 mars 2004 en France, il prévalait jusqu'alors que la responsabilité pénale des personnes morales ne pouvait être retenue que si elle était spécialement prévue par un texte (une loi ou un règlement selon le cas) qui définit l'incrimination. En l'absence de ce texte, la personne morale n'était pas responsable pénalement[333] et sa responsabilité pénale ne pouvait être mise en cause. Telle était d'ailleurs la position de la Cour de cassation à propos d'un délit de publicité mensongère[334]. Les textes pouvaient être une loi si l'infraction consistait en la commission d'un crime ou d'un délit et un règlement si l'infraction consistait en la commission d'une contravention. Aussi si avait voulu le législateur que l'infraction soit prévue et réprimée par un texte, c'était pour éviter que toute infraction imputable à une personne physique ne puisse l'être pour une personne morale[335].

Cette responsabilité pénale des personnes morales a été étendue à d'autres infractions notamment en matière d'homicide et de violences volontaires[336]. Ainsi, l'être moral pouvait commettre un meurtre ou un assassinat[337] par le truchement de ses organes ou de ses représentants. Tel est le cas lorsque le directeur d'une société commerciale recrutait un tueur à gage en vue de tuer le gérant d'une entreprise concurrente. Le représentant de l'être moral étant l'instigateur du meurtre, la responsabilité pénale de la

---

[333] Cf. O. SAUTEL. *La mise en œuvre de la responsabilité pénale des personnes morales : entre litanie ou liturgie,* D., 2002, p. 1147.

[334] Cf. Cass. crim., 30 oct. 1995, Bull. crim., n° 336. Il faut bien préciser que la publicité mensongère est imputable aux personnes morales depuis la loi du 12 juin 2001.

[335] Cf. P. CONTE, P. MAISTRE DU CHAMBON, *Droit pénal général,* 2e éd., Masson & Armand Colin, 1996, p. 198-199

[336] Cf. loi n° 2001-54 du 12 juin 2001 tendant à renforcer la prévention et la répression des mouvements sectaires portant atteinte aux droits de l'homme et aux libertés fondamentales (JO, 13 juin 2001, JCP G, 2001, p. 1341).

[337] Cf. art. 221-5-1 C. pén.

société se trouvait engagée par le seul fait que l'infraction était commise pour son compte[338].

En principe et à l'origine, ce dispositif n'existe pas au Mali. Mais par la technique normative d'adoption des textes (paragraphe I), l'admission exceptionnelle portant sur des infractions spécifiques (paragraphe II) peut être constatée.

Paragraphe I. La transposition des directives communautaires dans la législation nationale

109. Les textes communautaires s'appliquent dans un État-partie à travers la technique normative. Lorsque ces textes admettent le principe de la responsabilité pénale des personnes morales, il en sera de même pour l'État la transposition.

Ainsi, aux termes de l'article 34 du traité de l'union économique et monétaire ouest-africaine (UEMOA) « [...] les Gouvernements des États membres [...] conviennent d'adopter une réglementation uniforme dont les dispositions sont arrêtées par le Conseil des Ministres [de l'UEMOA], en vue de permettre la pleine application des principes d'union monétaire [...]. Cette réglementation uniforme concerne notamment [la répression du blanchiment de capitaux et du financement du terrorisme] ».

Le traité permet au Conseil des ministres de l'UEMOA de prendre des règlements, directives et lois uniformes. Ces instruments juridiques constituent le socle de l'approche régionale qui caractérise l'élaboration de la législation dans les domaines spécifiques communs à l'espace UEMOA. L'UEMOA a adopté en septembre 2002 à Cotonou (Bénin) une directive relative à la lutte contre le blanchiment de capitaux dans ses États membres. Cette directive prescrit aux États membres d'adopter les textes uniformes relatifs à la lutte contre le blanchiment de capitaux. Les textes uniformes, c'est-à-dire les textes dont les règles de fond sont identiques pour tous les États membres, ont l'avantage d'harmoniser les législations des États membres et d'éviter ainsi les écarts de traitement qui pourraient être exploités par les auteurs de blanchiment. L'adoption du projet de loi accompagnant la directive vise à transposer au Mali cette directive de l'UEMOA relative à la lutte contre le blanchiment de capitaux. La loi constitue le cadre juridique permettant de prévenir et de lutter contre l'utilisation des circuits économiques à des fins de recyclage de capitaux d'origine illégale.

À cet effet, la Banque Centrale des États de l'Afrique de l'Ouest (BCEAO) a eu recours dans un premier temps, aux instruments juridiques

[338] On suppose qu'une association peut recourir à un assassinat pour libérer un de ses membres emprisonné ou commettre un meurtre. On peut penser aux organisations clandestines basques ou corses qui ont recours souvent à de tels procédés ou de toute autre nature, association de malfaiteurs telles que les mafias italiennes ou japonaises.

prévus par le traité de l'UEMOA et dans un second temps, eu égard aux sanctions pénales prévues par les dispositifs communautaires, la BCEAO a, conformément à l'article 34 du traité de l'UEMOA, fait adopter des lois uniformes par le Conseil des ministres de l'UEMOA, servant d'instruments de transposition des directives communautaires dans les ordres juridiques internes des États. Ces lois sont, par la suite, soumises à leurs parlements nationaux, pour adoption conformément à leurs règles constitutionnelles.

Les dispositifs portant sur la responsabilité pénale des personnes morales, dont il s'agit, sont entre autre la lutte contre le blanchiment des capitaux[339] et le financement du terrorisme d'une part, la loi uniforme[340] relative à la répression des infractions en matière de chèque de carte bancaire et d'autres instruments de procédés électroniques de paiement et la loi uniforme portant règlement bancaire[341], d'autre part.

Les premières incriminations concernent des textes entiers consacrés aux infractions spécifiques relatives aux personnes physiques et morales. Les secondes sont, également, spécifiques et consacrées aux personnes morales, mais seulement par quelques dispositions qui y sont prévues.

Les différents textes en vigueur dans l'UEMOA sont uniformes et comportent les mêmes dispositions dans chacun des huit États membres[342]. Pour mieux comprendre le caractère uniforme des dispositions juridiques concernées, il convient de déterminer la nature des infractions (A) avant d'examiner leurs contenus (B).

A. La nature des infractions prévues dans le dispositif

110. Par la transposition des directives **n° 07/2002/CM/UEMOA** et n° 04/*2007*/CM/*UEMOA* portant respectivement blanchiment des capitaux et financement du terrorisme, le Mali a adopté les lois uniformes n° 06-066 du 29 décembre 2006 et n° 10-062 du 30 décembre 2010 portant respectivement aux mêmes infractions. La loi n° 06-066 du 29 décembre 2006 définit le blanchiment comme l'action qui consiste à interdire des capitaux d'origine illégale dans les circuits financiers et bancaires réguliers ayant pour but d'en effacer l'origine illicite. Elle prévoit notamment l'obligation pour les organismes financiers de s'assurer de l'identité et de l'adresse de leurs

[339] Cette loi dispose en son article 42 que « *les personnes morales autres que l'État, pour le compte et le bénéfice desquelles une infraction de blanchiment de capitaux ou l'une des infractions prévues par la présente loi a été commise par l'un de ses organes ou représentants, sont punies d'amende d'un taux égal au quintuple de celles encourues par les personnes physiques, sans préjudice de la condamnation de ces dernières comme auteurs ou complices des mêmes faits* ».

[340] Loi uniforme n° 2008-48 du 3 Septembre 2008.

[341] Loi n° 08-043 RBM/40 du 1er Décembre 2008 portant réglementation bancaire au Burkina Faso, JO n° 2 du 08 janvier 2009.

[342] Il s'agit du Benin, du Burkina Faso, de la Côte d'Ivoire, de la Guinée Bissau, du Mali, du Niger, du Sénégal et du Togo.

clients, de procéder à une surveillance particulière de certaines opérations. Il est fait obligation pour les agréés au change manuel et les gérants de casinos et établissements de jeux de procéder à des contrôles dans certains cas. Les textes portant sur la responsabilité pénale des personnes morales sont divers et variés. Cette responsabilité est exceptionnellement admise pour quelques cas dans la législation pénale au Mali. La corruption et la délinquance financière (atteintes aux biens publics, trafic d'influence, concussion, etc.) sont devenues les crimes les plus préoccupants ces dernières années et elles éprouvent lourdement l'économie nationale. C'est ainsi que le code pénal malien de 2001 a prévu de nouvelles infractions[343]. Il s'agit de la prise illégale d'intérêt prévue et réprimée par les articles 110 et 111, du délit de favoritisme réprimé par les articles 112 et suivants sous diverses formes d'infractions à la législation des marchés publics, du blanchiment des capitaux[344] réprimé par les articles 298 et 299 et du délit d'initié réprimé par les articles 301, 302 et 303.

À cela s'ajoute plusieurs auteurs infractions économiques et financières énumérées par le code de procédure pénale français en son article 109. Ces infractions constituent des violations du code du commerce, du code des impôts, du code des douanes, du code des marchés publics, de la loi de finances et de la comptabilité et se justifient par leur renvoi devant le procureur anti-corruption.

111. Le nouveau code de procédure pénale du Mali[345] a institué de nouvelles mesures pour assurer une répression efficace de ces infractions spécifiques. C'est ainsi qu'ont été institués des parquets spécialisés auprès de trois juridictions dans le ressort de chacune des trois Cours d'Appel du pays[346]. Dans chacune de ces juridictions sont nommés des juges d'instruction spécialisés en matière de délinquance financière. Une brigade économique et financière de gendarmerie est instituée auprès de chacun des trois parquets spécialisés du pays. Ces brigades sont directement rattachées au procureur nonobstant tout lien avec leur hiérarchie classique.

Ce dispositif répressif prévoit en outre des assistants spécialisés nommés dans ces juridictions pour aider les magistrats à une meilleure

---

[343] Ces infractions sont regroupées sous une section sept intitulée « de l'ingérence des personnes physiques dépositaires de l'autorité publique ou chargées d'une mission de service public ou investies d'un mandat électif dans les affaires du commerce incompatible avec leur qualité ».

[344] Les articles 16 et suivants de la Directive 07/2002/CM/UEMOA du 19 septembre 2002 relative à la lutte contre le blanchiment des capitaux dans les États membres de l'UEMOA, le Mali a institué sa « *Cellule Nationale de Traitement des Informations Financières* » (CENTIF), service administratif doté de l'autonomie financière et d'un pouvoir de décision autonome dans les matières de sa compétence qui consiste à recueillir et à traiter le renseignement financier sur les circuits de blanchiment d'argent.

[345] Loi 2001- 080 du 20 août 2001 portant code de procédure pénale du Mali.

[346] Il existe trois Cours d'appel au Mali : Bamako, Mopti, Kayes.

compréhension des dossiers. Ceux-ci sont des inspecteurs des services économiques, des inspecteurs des finances et des inspecteurs des douanes ou des impôts. Ces structures spécialisées des juridictions ont reçu le nom de pôle économique.

112. On peut retrouver à l'origine de la lutte contre le blanchiment de capitaux[347] et de la lutte contre le financement du terrorisme[348] des instruments juridiques comme la Directive[349] accompagnée de projet de loi uniforme instituant l'incrimination des infractions au sein de chaque État-partie de la communauté[350]. Ainsi, la loi uniforme portant blanchiment de capitaux dispose en son article 2 certaines infractions. Il s'agit de celles relatives aux actes de conservation, de transfert, de manipulation de biens d'origine criminelle, de dissimulation, de déguisement de la nature de biens d'origine criminelle et d'acquisition ou de détention de tels biens dès lors que leur auteur « sait qu'ils proviennent d'un crime ou d'un délit ou d'une participation à ce crime ou délit ». L'entente, l'association autour de ces actes et la tentative de complicité sont également punies au même titre que le blanchiment lui-même.

Le blanchiment de capitaux est une infraction de conséquence, c'est-à-dire qu'il y a toujours une infraction sous-jacente à la première comme par exemple le trafic de drogue, la contrebande, le détournement de fonds. Les étapes de la commission de cette infraction sont multiples et variées. Il s'agit d'abord du placement pour la conversion qui est une opération visant à éloigner les fonds en espèce de leur source illégale par l'achat de devises, l'ouverture de compte, l'achat de biens précieux, etc. Ensuite, l'empilage par la dissimulation vise à brouiller les pistes notamment à l'aide de montages financiers multiples, complexes ou opaques comme le cas de la société écran. Enfin, l'intégration par l'absorption vise à donner une sensation de légalité aux fonds d'origine illicite par le paiement par chèques.

En matière de lutte contre le financement du terrorisme, il existait avant 2007 un dispositif embryonnaire. Il s'agit du règlement[351] relatif au gel des fonds et autres ressources financières provenant de l'acte incriminé et qui constitue la base juridique permettant de rendre exécutoires, sur le territoire

---

347 La loi n° 06-066/ AN-RM du 29 décembre 2006 portant loi uniforme relative au blanchiment des capitaux.

348 La loi n° 10-062/ AN-RM du 30 décembre 2010 portant loi uniforme relative au financement du terrorisme.

349 Cf. La directive n° 07/2002/CM/UEMOA relative à la lutte contre le blanchiment de capitaux, adoptée par le Conseil des Ministres de l'UEMOA lors de sa session du 19 septembre 2002.

350 Cf. Loi uniforme relative à la lutte contre le blanchiment de capitaux approuvée par le Conseil des Ministres de l'Union le 20 mars 2003.

351 Le Règlement n° 14/2002/CM/UEMOA contre la lutte contre le financement du terrorisme dans les Etats membres de l'UEMOA, adopté par le Conseil des Ministres de l'UEMOA le 19 septembre 2002.

communautaire, les décisions de gel de fonds prises par le comité des sanctions du conseil de sécurité de l'ONU en vertu des résolutions 1267 et 1373. Également, il y avait une décision[352] relative à la liste des personnes, entités ou organismes visés par le gel des fonds et autres ressources financières générées par l'activité incriminées et les décisions, subséquentes modifiant cette liste, prises pour la mise en œuvre du Règlement[353].

La loi uniforme relative au financement du terrorisme est constituée par le fait (par quelque moyen que ce soit directement ou indirectement délibérément) de fournir, réunir ou gérer ou de tenter de fournir réunir ou gérer des fonds, biens, services financiers ou autres, dans l'intention de les voir utilisés ou en sachant qu'ils seront utilisés, en tout ou en partie, en vue de commettre certaines infractions[354]. Il s'agit de tout autre acte destiné à tuer ou blesser grièvement un civil ou toute personne ne participant pas directement aux hostilités dans une situation de conflit armé, en vue d'intimider une population ou de contraindre un gouvernement ou une organisation internationale à accomplir ou à s'abstenir d'accomplir un acte quelconque[355].

Le financement du terrorisme est également une infraction sous-jacente au blanchiment de capitaux. L'entente, l'association et la tentative de complicité en vue de la perpétration de ces actes sont également punies. Les fonds destinés à cette infraction peuvent avoir une origine licite (les cotisations des associations, par exemple) ou illicite (le produit du trafic de drogue).

Il n'y a pas, comme pour le blanchiment de capitaux, une description des étapes du financement du terrorisme. Néanmoins, on constate le recours aux moyens privilégiés comme les associations caritatives ou les ONG (abus de leur statut caritatif), les systèmes alternatifs de transfert de fonds (formalisme réduit, anonymat) et les passeurs de fonds (déplacement rapide et aisé des fonds).

C'est à partir de 2007 qu'il a été adopté 'un dispositif d'ensemble à travers une directive[356] et une loi uniforme[357] comme un instrument de transposition de la directive dans l'ordre juridique interne des États membres de l'UEMOA[358].

---

[352] Cf. Décision n° 06/2003 du 26 juin 2003.

[353] Règlement n° 14/2002/CM/UEMOA, précité.

[354] Ces infractions sont **énumérées dans 9 traités internationaux** annexés à la Loi uniforme sur le financement du terrorisme.

[355] L'article 4 de la loi sur le financement du terrorisme.

[356] Directive n° 04/2007/CM/UEMOA relative à la lutte contre le financement du terrorisme dans les États membres de l'UEMOA adoptée par le Conseil des Ministres de l'UEMOA, lors de sa session du 4 juillet 2007.

[357] Loi uniforme relative à la lutte contre le financement du terrorisme, approuvée par le Conseil des Ministres de l'Union, le 28 mars 2008.

[358] Déjà adoptée au Sénégal, Togo, Côte d'Ivoire, Burkina Faso et Niger, mais en cours de transposition dans les autres Etats de l'union.

113. La loi portant règlement bancaire[359] prévoit, dans son article 68, la responsabilité pénale des établissements de crédit dans les conditions prévues par les dispositions de l'article 42 de la loi uniforme relative à la lutte contre le blanchiment de capitaux dans les États membres de l'UEMOA. On voit là, une détermination spécifique de la personne morale concernée[360].

De même, l'article 11 de la loi uniforme n° 2008-48 du 3 septembre 2008 relative à la répression des infractions en matière de chèque, de carte bancaire et d'autres instruments de procédés électroniques de paiement prévoit la responsabilité pénale du tiré. Dans l'opération bancaire, le tiré indique toujours la banque qui est une personne morale. Il est passible d'une amende de trois millions de francs CFA lorsqu'il indique une provision inférieure à celle existante et disponible, rejette un chèque pour insuffisance et indisponibilité sans motif d'émission au mépris d'une injonction adressée conformément à l'article 115 du règlement ou en violation d'une interdiction prononcée d'après l'article 6 aliéna 1er de ladite loi[361]. Le tiré peut ne pas déclarer[362] les incidents de paiement et les infractions[363] et contrevient à certaines dispositions[364].

Ces différentes infractions prévoyant la responsabilité pénale des personnes morales doivent être analysées du point de vue de leur contenu.

B. Le contenu des infractions prévues dans le dispositif

114. La loi malienne n° 10-062 du 30 décembre 2010 qui exige la déclaration d'un montant de 5000 000 FCFA définit le fonds (englobant les biens de toute nature, à la fois mobiliers et immobiliers) conformément à la convention sur le financement du terrorisme. Elle incrimine la tentative de financement du terrorisme afin d'être en cohérence avec la loi n° 06-066 du 29 décembre 2006 portant sur la lutte contre le blanchiment des capitaux. Conformément à ses objectifs, elle a prévu les définitions des termes « organisation terroriste » et « terroriste » et une mention expresse couvrant la possibilité d'engager des procédures parallèles, qu'elles soient pénales, civiles ou administratives pour les personnes morales indépendamment de leur responsabilité pénale en matière de financement du terrorisme. Elle

---

[359] Cf. Loi n° 08-043 RBM/40 du 1er décembre 2008 portant règlement bancaire au Burkina Faso, JO n° 2 du 08 janvier 2009.

[360] Toutefois, les sanctions prévues aux points 3, 4, 5, 6 et 7 de l'alinéa 2 dudit article 42 ne sont pas applicables aux établissements de crédit.

[361] L'article 6 aliéna 1er « la juridiction compétente peut ordonner, aux frais du condamné, la publication de l'extrait de la décision portant interdiction dans les journaux qu'elle désigne et selon les modalités qu'elle fixe ».

[362] Les conditions de déclaration sont prévues à l'article 127 du règlement n° 15/2002/CM/UEMOA.

[363] Les articles 2 (a) à (g), 3 et 7 de la présente loi.

[364] Les articles 43, 45, 113, 115, 123 du règlement n° 15/2002/CM/UEMOA et l'article 6 aliéna 2 de ladite loi.

dispose expressément que l'élément intentionnel de l'infraction de financement de terrorisme peut être déduit de circonstances factuelles objectives.

115. La cellule nationale de traitement des informations financières (CENTIF) est un élément essentiel du dispositif de lutte contre le blanchiment des capitaux et le financement du terrorisme. Créée par décret dans chaque État membre de l'UEMOA[365], sa compétence est étendue à la lutte contre le financement du terrorisme[366].

Ainsi, une cellule nationale de traitement des informations financières (CENTIF) fut créée au Mali depuis le décret n° 0291/PRM du 10 août 2007 fixant son organisation et son financement avec son règlement intérieur en vigueur depuis le 30 octobre 2008 et son code de déontologie élaboré le 22 janvier 2009. Elle est opérationnelle et est chargée de recueillir et de traiter les renseignements financiers sur les circuits de blanchiment de capitaux. Des mesures coercitives comprenant notamment les saisies et confiscations, les peines d'emprisonnement, l'interdiction d'exercer une profession ou la fermeture d'un établissement sont prises à l'encontre des contrevenants. Les membres de la CENTIF ont été nommés par le décret n° 279/P-RM du 16 mai 2008 et ont prêté serment le 10 juillet 2008. Elle est composée de six membres fonctionnaires issus des ministères chargés des Finances, de la Justice, de l'Intérieur et de la BCEAO. En particulier, elle peut également recourir à des « correspondants » au sein des services de la police, de la gendarmerie, des douanes et des services judiciaires de l'État. Pour assurer une meilleure protection des informations confidentielles transmises à la CENTIF, un arrêté n° 2608/MF-SG du 17 septembre 2008 fixe le modèle de déclaration d'opérations suspectes. L'accès aux locaux est strictement règlementé. Les bureaux sont sous surveillance permanente des forces de sécurité et les locaux font l'objet de surveillance vidéo.

La CENTIF est en outre chargée de recevoir, d'analyser et de traiter les renseignements à l'origine des transactions faisant l'objet de Déclarations de Soupçons. La déclaration de soupçon est définie comme un moyen par lequel le renseignement financier est obligatoirement et peut être fourni à la CENTIF par tout assujetti. Elle doit être adressée par tout moyen laissant trace écrite à la CENTIF qui en accuse réception et procède à son traitement. Elle repose sur l'appréciation que l'assujetti porte sur les opérations dont il a connaissance en fonction de leur nature et des circonstances de leur réalisation. À l'issue de son traitement, si l'opération en cause met en évidence des faits susceptibles de constituer l'infraction de blanchiment de capitaux ou de financement du terrorisme, la CENTIF transmet un rapport au procureur de la république qui saisit immédiatement le juge d'instruction.

---

[365] Cf. l'article 16, Loi uniforme sur la lutte contre blanchiment des capitaux.

[366] Cf. l'article 10 de la loi uniforme **la** lutte contre le financement du terrorisme.

Cette étape marque le début de la phase répressive qui s'appuie sur la coopération internationale.

116. Le dispositif de répression et de coopération internationale est semblable en matière de lutte contre le blanchiment des capitaux et de lutte contre le financement du terrorisme sauf quelques exceptions près, notamment, en ce qui concerne le quantum des peines et le régime de gel des avoirs en matière de lutte contre le financement du terrorisme.

Les sanctions administratives et disciplinaires sont applicables à rencontre d'un assujetti qui, par suite d'un grave défaut de vigilance ou d'une carence dans l'organisation de ses procédures internes de contrôle, a méconnu les obligations de prévention du blanchiment des capitaux ou du financement du terrorisme et de la déclaration de soupçon à la CENTIF. Ces sanctions sont prononcées par l'autorité de contrôle ayant pouvoir disciplinaire à l'égard de l'assujetti. Les mesures conservatoires existent en matière de lutte contre le blanchiment de capitaux comme en matière de lutte contre le financement du terrorisme. Par exemple, en matière de lutte contre le financement du terrorisme, il y a deux régimes concernant le gel. Il s'agit du gel administratif et du gel judiciaire.

S'agissant du gel administratif, on peut noter la résolution 1267 relative à la liste des talibans et la résolution 1373 faisant allusion aux personnes, entités terroristes ou soupçonnées de financement du terrorisme. Le gel judiciaire, à son tour, est prononcé par le juge d'instruction pour les besoins d'enquête.

117. Lorsqu'elles sont coupables de blanchiment de capitaux ou de financement du terrorisme les personnes morales font l'objet de paiement d'amendes et/ou d'interdictions diverses. Le dispositif juridique relatif à ces infractions retient le « principe de la compétence internationale » pour la recherche des preuves et des investigations. Il y est également prévu que « les juridictions nationales sont compétentes pour connaître des infractions commises par toute personne physique ou morale, quelle que soit sa nationalité ou la localisation de son siège même en dehors du territoire national dès lors que le lieu de commission est situé dans l'un des États membres de l'UEMOA. Elles peuvent également connaître des mêmes infractions commises dans un État tiers dès lors qu'une convention internationale leur donne compétence ».

Pour l'exécution des mesures de contraintes, la coopération internationale pour la répression du blanchiment de capitaux et du financement du terrorisme vise essentiellement l'extradition par une procédure simplifiée et la facilitation de la confiscation de profit illicites.

118. En ce qui concerne les banques et établissements financiers, l'article 69 de la loi du 1er décembre 2008 portant règlement bancaire permet à la commission bancaire de l'UEMOA de saisir le procureur de la république de poursuites engagées contre un établissement de crédit, en vue de prononcer des sanctions appropriées[367]. Les autorités judiciaires, saisies de poursuites relatives aux infractions, peuvent demander à la commission bancaire et à la banque centrale tous avis et informations utiles[368].

Les établissements de crédit[369] peuvent être punis d'une amende de dix millions à cent millions de francs CFA, lorsqu'ils auraient contrevenu à certaines des dispositions[370]. Pour l'application de ses dispositions, la banque centrale peut se constituer partie civile.

La constitution malienne du 25 février 1992 semble trouver la solution en son article 116 qui stipule que « les traités ou accords régulièrement ratifiés ou approuvés ont, dès leur publication, une autorité supérieure à celle des lois, sous réserve pour chaque traité ou accord de son application par l'autre partie ». Le traité de l'UEMOA, qui prévoit les instruments juridiques, a été approuvé et ratifié par le Mali. On peut interpréter que lorsque la directive n'a pas été transposée en loi uniforme, elle peut être considérée comme applicable au Mali au regard de cette disposition constitutionnelle.

Les infractions exceptionnellement admises dans le droit pénal malien répondent au principe de la spécialité.

Paragraphe II. La notion du principe de spécialité

119. Le principe de spécialité concerne une catégorie restreinte d'infractions pouvant être commises par certaines personnes morales et toutes définies et sanctionnées expressément par un texte. Au Mali, cette admission exceptionnelle fait allusion aux infractions relatives au blanchiment des capitaux et à la lutte contre le financement du terrorisme. En France, le principe de la spécialité concerne les infractions commises jusqu'au 30 décembre 2005. C'est ainsi que le législateur du nouveau code pénal de 1994 n'avait pas prévu de donner une large portée au principe de la responsabilité pénale des personnes morales. C'est pourquoi la signification du principe de la spécialité a fait l'objet de plusieurs mutations.

Le législateur français avait adopté à la fois les principes de généralité pour les personnes morales et de spécialité pour les infractions. Les personnes morales ne pouvaient engager leur responsabilité que pour des infractions définies et sanctionnées expressément par un texte. Avant la loi

---

[367] Ces sanctions sont prévues à l'article 28 de l'Annexe à la convention régissant la commission bancaire de l'UEMOA.

[368] Ces infractions sont prévues au présent chapitre, ainsi que celles prévues aux dispositions de l'article 53 de la loi uniforme relative à la lutte contre le blanchiment de capitaux dans les États membres de l'UEMOA.

[369] L'article 72 de la loi sur les banques et établissements financiers.

[370] Il s'agit de l'une des articles 29, 37, 40, 51, 52 et 53 ou des dispositions prévues aux articles 56 et 57, sans préjudice des sanctions prévues aux chapitres I et III du présent titre.

française du 9 mars 2004, la responsabilité pénale des personnes morales pouvait être mise en cause pour un certain nombre d'infractions contenues dans le code pénal. Ainsi, lors de la refonte du code pénal français, le législateur s'était fixé pour objectif de réunir l'ensemble des incriminations existantes, en intégrant les textes non encore codifiés au livre V intitulé « des autres crimes et délits ». Mais compte tenu de l'impossibilité de dénombrer avec exactitude les textes pénaux en vigueur, cet objectif n'a pu être atteint. On avance, ainsi, parfois le chiffre de onze mille infractions existantes[371]. Par conséquent, le législateur n'a pas pu examiner chaque texte afin de trancher la question de son applicabilité aux personnes morales. D'après certains auteurs[372], le législateur est dans l'incapacité d'actualiser tout le droit pénal.

Pour les nouveaux textes, le législateur français se posait systématiquement la question de l'introduction de la responsabilité pénale des personnes morales. Pourtant, il existait des incohérences comme le souligne Jean-Claude PLANQUE[373] avec un exemple caractéristique. Ainsi, le décret du 1er octobre 1997 qui protège les animaux au moment de leur abattage, ne prévoit pas la responsabilité pénale des personnes morales pour les délits qu'il édicte. Or, leur commission par une personne morale est possible car la loi incrimine le fait de mettre « à disposition des locaux, terrains, installations, matériels ou équipements en vue d'effectuer ou de faire effectuer un abattage rituel en dehors d'un abattoir ». On imagine alors parfaitement une association à vocation religieuse commettre de tels faits.

120. Mais, de nombreuses infractions ont été créées en dehors du code pénal afin d'assurer le respect de la réglementation du travail, de la santé publique, des affaires, de l'environnement, etc. Le législateur français n'a pas pu déterminer pour chacune des infractions s'il convenait de prévoir la responsabilité pénale des personnes morales. Il a donc procédé au coup par coup. Cela explique que lors de l'entrée en vigueur du code pénal le 1er mars 1994, la responsabilité pénale des personnes morales n'était prévue, en dehors du code pénal, que pour un très petit nombre d'infractions ne formant pas un ensemble cohérent. Mais, des lois et règlements ont étendu cette responsabilité qui était prévue pour certaines infractions[374]. Bien que la responsabilité pénale des personnes morales ait été prévue par nombreuses

---

[371] J.-C. PLANQUE, *La détermination de la personne morale pénalement responsable*, L'Harmattan, 2003, p. 69.

[372] Cf. G. ROUJOU DE BOUBEE, *La responsabilité pénale des personnes morales*, RJC novembre 2001, p. 11.

[373] J.-C. PLANQUE, op. cit., p. 167.

[374] Ces infractions sont prévues dans les Codes des assurances, général des collectivités territoriales, de commerce, de la consommation, de l'environnement, rural, etc. À ceux-là s'ajoutent des dizaines de lois et décrets (exemple : aide à l'entrée et au séjour irrégulier, infractions aux dispositions sur l'emploi de la langue française, etc.).

infractions, la circulaire du 26 janvier 1998 montre que les poursuites se concentraient essentiellement sur un nombre assez limité d'infractions.

En réalité, l'augmentation significative (A) par le législateur des cas prévus par la loi ou le règlement ne constitue pas une simple extension de responsabilité et peut en outre remettre en cause le principe de spécialité (B).

A. Un accroissement significatif des infractions prévues

121. Les procédures applicables[375] par les organismes d'assurances dans les États membres de la CIMA[376] impose l'obligation aux compagnies d'assurances de définir la procédure d'embauche des employés à l'absence de dispositif sectoriel en dehors du système bancaire et à l'absence de mise en œuvre effective des obligations de contrôle interne en matière de lutte contre le blanchiment. Le règlement ne vise pas une infraction de plus, mais plutôt un élargissement du contenu de celle déjà prévue comme le blanchiment des capitaux.

Il faut noter que l'infraction relative au blanchiment des capitaux dans le monde aurait, selon les statistiques de l'année 1996[377], représenté 590 à 1.500 milliards de dollars américains. Aucun pays n'échappe à ce phénomène qui a un caractère transnational. Cette infraction a des conséquences désastreuses sur les économies et les sociétés des pays concernés. Elle compromet l'intégrité et la stabilité des institutions bancaires et financières en contribuant à la poursuite et à l'enracinement de pratiques criminelles comme la corruption, les vols, le trafic de stupéfiants, la fraude, la contrebande.

La responsabilité pénale des personnes morales était spéciale car limitée à certaines infractions. À cette époque d'avant la loi du 1er mars 1994, la règle générale restait l'irresponsabilité des personnes morales[378]. L'augmentation des cas prévus par la loi a eu tendance à élargir le champ d'application de la responsabilité pénale des personnes morales et donc à étendre leur responsabilité pénale. La France est le seul pays de la communauté européenne à avoir posé un principe de spécialité[379]. Dans les autres pays, les personnes morales sont soit totalement irresponsables, soit leur responsabilité est générale. Cela ne voudrait pas dire que la responsabilité pénale des personnes morales est sans limite dans les pays qui l'ont reconnu. Le droit anglais exclut de la responsabilité pénale des personnes morales, par

---

375 Selon le règlement n° 004/CIMA/PCMA/PCE/SG/08.
376 Le Mali est membre du code Intermarché des assurances en Afrique.
377 Bamako PANA, junho, www.malijet, (consulté le 23 mars 2013).
378 Cf. P. FAIVRE, *La responsabilité pénale des personnes morales*, RSC 1958, p. 547.
379 Cf. S. GEEROMS, op. cit., p. 565.

exemple, les infractions sanctionnées par des peines inapplicables aux personnes morales telles que le meurtre et la trahison[380].

La Cour de cassation française applique le principe de la spécialité et censure les décisions condamnant les personnes morales au même titre que la loi qui ne prévoyait pas leur responsabilité. Par exemple, en matière de droit de la consommation, l'arrêt en date du 30 octobre 1995[381] approuve n'avoir pas retenu la responsabilité pénale des personnes morales en l'absence de disposition spéciale. Elle s'est prononcée dans le même sens en matière d'urbanisme[382] et de presse[383]. La Cour de cassation n'hésite pas à soulever d'office la violation du principe de spécialité lorsqu'une personne morale est condamnée alors que l'infraction ne prévoit pas cette responsabilité[384]. Il faut noter que le principe de non-rétroactivité s'applique à la responsabilité pénale des personnes morales[385] et les personnes morales ne sont pas responsables pour les faits antérieurs au 1er mars 1994[386].

Selon le principe de spécialité la loi prévoit expressément la responsabilité pénale des personnes morales. Mais une formule vague telle que « toute personne » ne saurait viser les personnes morales[387]. Avant le nouveau code pénal français de 1994, la jurisprudence avait déjà énoncé le principe de spécialité. Dès 1883[388] la Cour de cassation affirme que « sauf les exceptions spécialement prévues par la loi » une personne morale ne peut être pénalement responsable[389].

122. Selon l'article 121-2, alinéa 1 du code pénal français, les personnes morales sont responsables pénalement des infractions commises seulement, « dans les cas prévus par la loi ou le règlement ». De cet article, il ressort l'idée de détermination des infractions dont peuvent répondre les personnes morales et la responsabilité pénale des personnes morales qui n'est spécialement retenue que par un texte qui définit l'incrimination.

---

[380] Cf. J-H. ROBERT, *Droit pénal général*, Thémis, 4è éd., 1999, p. 366. Et « *La responsabilité pénale des personnes morales » in « Risque pénal dans l'entreprise : où passe les frontières de l'illégalité ?* », *Droit pénal,* hors série décembre 2000, p. 20.

[381] Cf. Arrêt du 30 octobre 1996, Bull. Jolly, 1997, n° 120, p. 300.

[382] Cf. Crim. 28 avril 1997, inédit titré pourvoi n°96-84343, disponible sur www.legifrance-gouv.fr.

[383] Cf. Crim. 19 juin 2001, inédit titré pourvoi n°00-86667, disponible sur www.legifrance-gouv.fr.

[384] Cf. Crim. 9 mai 2001 (diffamation non publique), inédit titré pourvoi n° 00-85662, disponible sur www.legifrancegouv. fr.

[385] Voir F. DESPORTES, *Les conditions d'imputation d'une infraction à une personne morale*, Cahier juridique, Electr., novembre 2000, p. 426.

[386] Cf. Crim. 9 janvier 1996, inédit pourvoi n° 95-80146, disponible sur www.legifrance-gouv.fr. Crim. 18 mai 1999, Bull. crim. 1999, n°99.

[387] Crim. 18 avril 2000, Bull. crim. 2000, n°153.

[388] Crim. 8 mars 1883, D.1884, 1è partie, p. 428, confirmé par Crim. 7 mars 1918, D.1921, 1e partie, p. 217, not. M. NAST, Crim. 6 mars 1958, D.1958, p. 465.

[389] Crim. 27 février 1968, Bull. crim. n° 61. Crim. 6 février 1975, Bull. crim. n° 43.

S'agissant de la détermination des infractions dont peut répondre une personne morale, les législateurs n'agissent pas tous de la même manière. Deux systèmes se rencontrent à cet effet.

Le premier, le plus ancien, est celui de la clause générale. Le législateur français pose le principe de la responsabilité pénale des personnes morales sans indiquer les infractions auxquelles il s'applique et même sans fournir de critère au juge. C'est ainsi que procèdent les législateurs néerlandais, belge, norvégien, finlandais, roumain et anglais. En droit anglais, les infractions concernées sont assez nombreuses. Il s'agit à la fois des infractions de responsabilité stricte (*strict liability*)[390] et des infractions comme l'homicide par imprudence commises par autrui ou en fait par un organe de la personne morale (*vicarious liability*). Ce système de la clause générale est, en réalité, un système ouvert qui peut englober toutes les infractions à deux exceptions près : d'abord, lorsque la nature des choses l'impose[391] et ensuite, lorsque la loi prévoit une peine inapplicable comme l'emprisonnement à une personne morale.

Le second système est celui de l'énumération. Il est retenu par le code pénal français de 1994 dans sa version primitive[392], le droit estonien et bien d'autres droits. La personne morale peut être pénalement responsable lorsque cette incrimination est prévue par le texte. Le malheur est que le législateur français n'est pas exempt de contradictions. La loi retient l'abus de confiance et non l'abus de biens sociaux qui lui est si proche.

123. Le code pénal français de 1992, qui crée la responsabilité pénale des personnes morales, a initialement prévu de nombreux cas de responsabilité, mais très variés[393]. La constitution française de 1958[394] et le code pénal français de 1994[395] prévoient qu'il faut une loi pour régir les crimes ou les délits et un règlement pour les contraventions. Des textes extérieurs au code pénal français prévoient, aussi, des infractions pouvant engager la

---

[390] Les infractions pour lesquelles la responsabilité pénale est objective, sans *mens rea* ne sont pas très nombreuses en *common law* (détention de drogue, d'arme à feu…). Admettre la responsabilité de la personne morale pour ces infractions évite bien des différends (intention ou imprudence de la personne morale, détermination de l'auteur physique…). C'est pourquoi le système de la *strict liability* se trouve aux États-Unis, au Canada, en Australie, notamment les pays pratiquant volontiers le pragmatisme pénal. v. K. Tiedemann, rapport général du XIVe congrès international de droit comparé, Athènes, 1994*, sur la Criminalisation du comportement collectif* - criminal liability of Corporation, Kluwer International Law - Martinus Nijhoff Publishers, 1995.

[391] Par exemple quand on est d'avis que le viol ne peut être commis par une personne morale.

[392] Cependant, la loi du 9 mars 2004 (art. 121-2 al. 1CP) a rallié le camp de la clause générale.

[393] Des cas existaient déjà avant 1992, on peut citer l'ancien article 428 du Code pénal qui sanctionnait « *les associations d'artistes* » pour les infractions aux droits d'auteurs, l'ordonnance du 5 mai 1945 qui sanctionnait les personnes morales entreprises de presse qui avaient collaboré avec l'ennemi.

[394] Les articles 34 et 37.

[395] L'article 111-2.

responsabilité pénale des personnes morales dans les domaines de l'environnement, de l'administration, du commerce[396].

Certains crimes et délits contre les personnes et les biens peuvent entraîner la responsabilité pénale des personnes morales depuis le 1er mars 1994. La catégorie des crimes et des délits contre les personnes est bien représentée[397]. Beaucoup d'autres infractions sont concernées[398]. Mais, ces infractions se sont développées avec le renforcement de la prévention et de la répression des mouvements sectaires qui constitue un « délit de manipulation mentale »[399]. Le législateur français a contribué à anéantir ce critère de faisabilité par la même loi sur la prévention et la répression des mouvements sectaires en étendant la responsabilité pénale à certaines infractions longtemps considérées comme insusceptibles d'êtres reprochées à une personne morale. Il s'agit des atteintes volontaires à la vie, des violences, des agressions sexuelles, etc.

Des infractions sont également concernées en matière de crimes et délits contre les biens[400]. La loi prévoit d'autres infractions concernant la délinquance financière qui se pratique fréquemment sous le couvert des personnes morales. Mais dans d'autres domaines, des infractions de crimes et de délits contre la nation, l'État, la paix ou la tranquillité publique sont prévues par le nouveau code pénal français[401] en même temps que d'autres infractions très graves[402].

---

[396] L'article L 442-3 du Code de commerce français prohibe certaines pratiques restrictives de concurrence dont les personnes morales peuvent en être déclarées pénalement responsables.

[397] Il s'agit des crimes contre l'humanité (art. 213-3 du CPF), de l'homicide involontaire (art. 221-7 du CPF), du risque causé à autrui (art. 223-2 du CPF).

[398] Ce sont des délits d'atteinte à la vie privée, d'atteinte à la représentation de la personne (art. 226-7du CPF), de dénonciation calomnieuse (art. 226-12. CPF), de discrimination (art. 225-4. CPF), d'atteinte involontaire à l'intégrité de la personne causant une incapacité totale de travail (art. 222-21. CPF), le travail contraire à la dignité de la personne, le manquement délibéré à une obligation de sécurité (art. 222-21 et 223-2 CPF.), le montage de la parole ou d'image (art. 226-7 et 226-9 CPF.), le proxénétisme (art. 225-12.CPF), et la recherche biologique illégale (art. 223-9 CPF).

[399] Cf. Loi n° 2001-504 du 12 juin 2001 tendant à renforcer la prévention et la répression des mouvements sectaires portant atteinte aux droits de l'homme et aux libertés fondamentales (J.O. du 13 juin 2001).

[400] Ce sont des délits de vol (art. 311-16 du CPF), d'abus de confiance (art.314-12 du CPF), de chantage et d'extorsion (art.312-15 du CPF), da destruction ou de dégradation (art. 322-17 du CPF), de détournement de gage ou d'objet saisi et d'insolvabilité frauduleuse (art. 314-13 du CPF) encore appelée l'organisation frauduleuse de l'insolvabilité, d'escroquerie (art. 313-9 du CPF) objet d'un débat au Sénat français (Sénat, TA n° 134, 23 sept 2009), de fraude informatique (art. 323-6 du CPF) ou d'atteintes aux systèmes informatiques, de recel et les infractions aux règles régissant le registre des objets mobiliers (art. 321-12 du CPF).

[401] Le CPF prévoit en ses articles 414-7, l'atteinte à la défense nationale, aux intérêts fondamentaux de la nation, l'espionnage, la trahison et 431-21, la constitution de groupe de combat et de mouvements dissous.

[402] On peut citer : le trafic de stupéfiant (art. 222-42 du CPF), le terrorisme (art. 422-5 du CPF), l'existence d'un groupe de combat, le délit de faux (art. 441-12 du CPF), de fausse monnaie (art. 442-14 du CPF) et le délit de contrefaçon (art. 444-9 du CPF), l'usage irrégulier

Au-delà des crimes et délits, l'infraction peut s'étendre aussi aux contraventions de l'inobservation des formalités auxquelles sont tenus les commerces de brocante ou d'antiquaire. Le brocanteur commercialise des objets mobiliers usagés d'occasion sans valeur objective autre que la fonction d'usage pour laquelle ils ont été conçus et sans obligation d'authenticité ni garantie d'époque[403]. L'antiquaire, à la différence du brocanteur, identifie les objets et formule un diagnostic sur leur authenticité[404]. Chacun possède, en termes de formalité, d'un carnet d'adresses enrichi, au fil des rencontres, des noms des commissaires priseurs[405] à qui, on fera appel pour écouler rapidement les collections.

124. La plupart des auteurs considèrent que la limitation des cas prévus est due au principe de légalité. Le principe de spécialité découle du principe de légalité. L'adage « *nullum crimen, nulla poena sine lege* » commande que les crimes et délits soient définis par la loi et les contraventions par les règlements[406]. Or, les personnes morales ont longtemps bénéficié d'une immunité pénale. Donc, le principe de légalité indique que les personnes morales ne peuvent être pénalement responsables que par des infractions prévues par la loi. En réalité, le principe de légalité aurait été tout autant respecté si le législateur avait décidé de créer un principe général de responsabilité pénale des personnes morales puisque la loi l'aurait prévu par la commission de toutes les infractions.

En revanche, le principe de spécialité permet d'éviter, pour certains auteurs, des aberrations telles que de prévoir la responsabilité pénale des personnes morales pour des agressions sexuelles[407]. D'autres auteurs affirment que le principe de spécialité est contraire au principe d'égalité devant la loi[408]. Il existe une différence de traitement entre les personnes morales et les personnes physiques. La question se pose alors de savoir si cette différence de traitement peut être invoquée devant la justice. Dans les faits, cela semble peut probable puisque les personnes morales n'y ont pas intérêt et que les personnes physiques ne peuvent pas prouver leur grief (leur

---

de qualité et l'usurpation de fonctions ou de titres, l'opposition à l'exécution de travaux publics, la corruption active et le trafic d'influence (art. 433-25 du CPF), les atteintes à la justice (art. 434-47 du CPF).

[403] Il peut s'agir de vente, d'échange ou d'acquisition.

[404] www.AfricaAwards.com. (consulté le 06 août 2011).

[405] Le commissaire-priseur dirige la vente publique aux enchères de biens meubles, la prisée étant l'estimation d'une chose destinée à la vente. La vente aux enchères publiques permet l'établissement du juste prix par la confrontation transparente entre l'offre et la demande, www. wikipédia.com (consulté le 17 août 2011).

[406] S. GEEROMS, op. cit., p. 73.

[407] Cf. J.-C. PLANQUE, « Plaidoyer pour une suppression réfléchie de la spécialité de la responsabilité pénale des personnes morales », Petites affiches, 7 janvier 2004, p. 3.

[408] S. GEEROMS op. cit., p. 73.

intérêt à agir) parce que la responsabilité pénale des personnes morales n'allège pas leur responsabilité[409].

L'explication par le principe de légalité n'est pas très convaincante, une autre explication est possible. Il s'agit de celle relative au principe de spécialité qui peut rassurer les détracteurs de la responsabilité pénale des personnes morales.

125. À l'origine, le principe de spécialité visait à rassurer les personnes qui s'inquiétaient de la responsabilité pénale des associations, des syndicats, des partis politiques et y voyaient une loi liberticide. La responsabilité pénale des personnes morales a difficilement été acceptée lors des travaux parlementaires. Elle a été l'une des causes de la lenteur de l'adoption du projet établissant le nouveau code pénal. Les deux assemblées parlementaires ne se sont mises d'accord sur la question qu'en commission mixte paritaire. Le projet de loi présenté pour la première fois à la commission du sénat limitait la responsabilité pénale des personnes morales au « domaine des activités commerciales, industrielles et financières » parce que, d'après ARPAILLANGE alors garde des sceaux, ces activités sont le plus souvent à l'origine des infractions[410].

Cependant, cette limitation de la responsabilité pénale des personnes morales n'apparaissait plus dans le texte voté en première lecture par le parlement sans qu'aucune raison n'ait été donnée à la commission des travaux parlementaires de l'assemblée nationale française[411]. Le sénat était hostile à cette responsabilité des personnes morales. Le rapporteur RUDOLOFF a proposé le 10 avril 1990 un texte différent de celui de l'assemblée nationale. Le texte qu'il proposait comportait la mention que l'on connaît aujourd'hui. Il s'agit de la mention selon laquelle les personnes morales sont pénalement responsables « dans les cas prévus par la loi ou le règlement »[412]. Le rapporteur explique cette disposition par deux raisons. La première raison nous enseigne qu'une responsabilité générale inquiéterait les opposants à la responsabilité pénale des personnes morales. La seconde raison est que « cette disposition ne saurait être d'ordre général et avoir sa place dans les principes généraux du droit pénal »[413]. Pour le rapporteur, il s'agit d'une responsabilité du fait d'autrui qui ne peut être générale. Telle est l'explication du choix d'une responsabilité spéciale. Aujourd'hui encore, certes la responsabilité pénale des personnes morales édictée par l'article

---

[409] Cf. V. TONDEAU DE MARSAC, « *le principe de responsabilité pénale des personnes morales a-t-il amélioré la situation des dirigeants face au risque de mise en cause de leur responsabilité pénale ?* », Gaz. Pal. 2000, doctrine, p. 1652.
[410] JO, Débats parlementaires. Sénat. Mercredi 10 mai 1989, p. 554.
[411] JO, Débats parlementaires. Assemblée nationale. Mercredi 11 octobre 1989, p. 554.
[412] Cf. JO, Débats parlementaires. Sénat. Mercredi 11 avril 1990, p. 192.
[413] Cf. JO, Débats parlementaires. Sénat. Mercredi 11 avril 1990, p. 168.

121-2 du CPF est une responsabilité par représentation[414] mais il semble, malgré tout, que le législateur ait à l'esprit qu'il s'agisse d'une responsabilité indirecte, revêtant un caractère artificiel[415], une responsabilité qui ne peut être générale.

126. En France après 1992, de nouveaux cas de responsabilité pénale des personnes morales sont apparus de deux manières. D'abord, les lois qui créent de nouvelles infractions prévoient la responsabilité pénale des personnes morales pour ces mêmes infractions. Des lois ont, depuis le nouveau code pénal, créé de nouvelles infractions telles que le bizutage[416], le blanchiment d'argent[417], l'atteinte à l'environnement[418], le délit de fraude à l'obligation scolaire[419], etc. Ces cas d'incrimination des personnes morales montrent la volonté du législateur de généraliser la responsabilité pénale des personnes morales. Ensuite, des lois prévoient cette responsabilité pour des infractions existantes. Depuis 1992, des lois sont intervenues pour incriminer les personnes morales qui commettent des infractions. Mais le nouveau code pénal de 1994 n'avait pas rendu les personnes morales pénalement responsables des infractions contenues dans la loi de 1992. Le nombre de dispositions élargissant la responsabilité pénale des personnes morales a considérablement augmenté. Certains auteurs[420] parlent d'« extension anarchique »[421] de la responsabilité pénale des personnes morales. Entre 1992[422] et 1994[423] des lois se sont succédé[424].

---

[414] Cf. F.DESPORTES, « *Responsabilité des personnes morales* » (rapport), *JCP* 1998 - 10023. Crim 29 avril 2003, D.2004, p. 167, note J-C. SAINT-PAU, « *la faute diffuse de la personne morale* ». Crim 18 janvier 2000, D. 2000, p. 636, note du même auteur « *la responsabilité pénale des personnes morales est-elle une responsabilité par ricochet ?* ».

[415] Cf. P. CONTE, P. MAISTRE DU CHAMBON, *Droit pénal général*, *Armand Colin*, 6è édition, 2002.

[416] Un ensemble de pratiques, épreuves, traitements ritualisés et imposés, destiné à symboliser l'intégration d'une personne au sein d'un groupe social particulier : étudiants, militaires, professionnels, etc. Ce genre de pratiques a souvent fait l'objet de l'attention des médias, suite à des incidents, ou plus simplement de par la nature dégradante et humiliante de nombreux bizutages. La loi n°98-468 du 17 juin 1998 crée l'infraction de bizutage et prévoit la RPPM à l'article 225-16-3 du CPF.

[417] La loi n° 96-132 du 13 mai 1996 et prévoit la RPPM à l'article 324-9 du CPF.

[418] L'article 81 de la loi « Barnier » n° 95-101, du 2 février 1995, prévoit la RPPM aux articles L 437-23 et L 218-80 du Code de l'environnement.

[419] La loi n° 98-1165 du 18 décembre 1998 prévoit à l'article 227-17-2 du CPF.

[420] Voir J. PRADEL, *Droit pénal général,* Cujas, 14e édition, 2002/2003, n° 533. Sont notamment cités : les atteintes au droit d'auteur et la banqueroute.

[421] J.-C. PLANQUE, op. cit., p. 75.

[422] La loi n° 92-1336 du 16 décembre 1992 prévoyant les nouveaux cas de responsabilité pénale.

[423] La date d'entrée en vigueur du nouveau Code pénal de 1994.

[424] Il s'agit de la loi du 29 janvier 1993 qui prévoit la responsabilité pénale des personnes morales pour certaines infractions en matière de prix, la loi du 20 décembre 1993 pour des infractions concernant le travail illégal et la loi du 4 janvier 1994 pour les infractions commises par les entreprises d'assurance.

Après cette vague ou « mouvement de pénalisation »[425] où quelques lois[426] ont élargi le champ d'application de la responsabilité pénale des personnes morales, une autre vague de pénalisation a commencé avec la loi n° 2001-504 du 12 juin 2001[427]. D'abord, cette loi prévoit la responsabilité pénale des personnes morales pour certaines incriminations qui viennent combler des lacunes et des oublis[428]. D'autres incriminations renvoient à l'extension de la responsabilité des personnes morales qui, correspond à un durcissement de la répression avec des crimes et des délits sanctionnés par des peines élevées[429]. Pour d'autres[430] encore, la même loi a fait douter certains auteurs[431] de la pertinence du principe de spécialité puisqu'elle incrimine les personnes morales pour des infractions qu'elles ne sont pas sensées pouvoir commettre. Ensuite, une autre loi n° 2001-1062 du 15 novembre 2001[432] étend, à nouveau, les cas de responsabilité pénale des personnes morales[433]. Enfin, interviennent la loi n° 2001-1168 du 11 décembre 2001qui maintient l'effort de répression en matière financière[434] puis la loi n° 2002-303 du 4 mars 2002 qui étend toujours la responsabilité à d'autres infractions[435]. De plus, la loi n° 2002-305 du 4 mars 2002 prévoit la responsabilité pénale des personnes morales pour la prostitution des mineurs[436].

La généralisation de la responsabilité pénale des personnes morales a affaibli le principe de spécialité et les nouveaux cas de responsabilité pénale se sont multipliés à tel point que la répression des personnes morales aussi s'est considérablement accrue avec des causes multiples.

---

[425] Voir O. SAUTEL, « *La mise en œuvre de la responsabilité pénale des personnes morales : entre litanie et liturgie* », D. 2002, p. 1147.

[426] Comme par exemple, La loi du 17 juin 1998 est venue incriminer les personnes morales pour les délits d'association de malfaiteurs (art. 450-4 du CPF) et de mise en péril des mineurs (art. 227-28-1du CPF).

[427] Renforçant la prévention et la répression des mouvements sectaires portant atteinte aux droits de l'homme et aux libertés fondamentales.

[428] Il s'agit de la falsification et la tromperie (art. L213-6 du Code de la consommation en France), les menaces (art. 222-18-1 du CPF), la provocation au suicide (art. 223-15-1 CPF) et la publicité trompeuse ou mensongère (art. L 121-6 du Code de la consommation en France).

[429] Ce sont les actes de barbarie et la torture (art. 222-6-1 du CPF), le meurtre, l'assassinat et l'empoisonnement (art. 221-5-1 du CPF), l'administration de substances nuisibles, les appels téléphoniques malveillants, les violences (art. 222-16-1 du CPF).

[430] Ce sont les harcèlements, les agressions et les exhibitions sexuels et le viol (art. 222-33-1 du CPF), l'abandon de famille (art. 227-4-1 du CPF), l'omission d'empêcher un crime ou délit, l'omission de porter secours et l'entrave aux mesures d'assistance (art. 223-7-1 du CPF), la violation de sépulture (art. 225-18-1 du CPF).

[431] O. SAUTEL, op. cit., p. 80.

[432] Relative à la sécurité quotidienne, in O.SAUTEL, op. cit., p. 92 .

[433] En ce sens, l'exercice illégal de la pharmacie (art. L 4223-1du Code de la santé), en matière financière (art. L163-10-1du Code monétaire et financière).

[434] O. SAUTEL, op. cit., p. 80.

[435] Notamment, la législation sur l'hébergement des données de santé à caractère personnel, sur la chirurgie esthétique et pour les infractions de défaut d'assurance.

[436] L'Article 225-12-4 du CPF.

127. Les causes d'apparition des nouveaux cas peuvent résulter du comportement criminogène des entreprises ou avoir une fonction de dissuasion.

D'abord, l'apparition de nouveaux cas est en partie due au comportement criminogène des entreprises. La violation de la loi par l'entreprise permet souvent à cette dernière de faire des bénéfices au détriment de ses concurrents. Beaucoup d'infractions avaient été oubliées par le nouveau code pénal alors qu'elles correspondaient à des infractions souvent commises au sein des entreprises. De plus, le comportement criminogène, qui crée souvent une distorsion de la concurrence se répercutant sur le consommateur, permet à l'État de prélever des amendes élevées. Ces amendes peuvent permettre, en théorie, au gouvernement de compenser les effets néfastes de l'infraction. Et la répression des personnes physiques ne suffit pas parce qu'elle n'a pas d'emprise sur l'ensemble de la structure et n'est pas assez dissuasive.

Ensuite, elle est due à une dissuasion efficace par l'action sur les résultats de l'entreprise. Le droit pénal a traditionnellement une fonction dissuasive pour le délinquant[437]. En ce qui concerne la personne morale, le raisonnement est différent. Lorsqu'elle est condamnée, les individus composant l'entreprise (actionnaires, dirigeants, salariés) n'en subissent pas directement les effets, mais ils en subissent indirectement. Ainsi, la condamnation a un effet sur les résultats de l'entreprise. On considère dans le monde des affaires qu'une entreprise qui veut avoir de l'avenir doit attirer des investisseurs. Or, pour cela, il faut faire des bénéfices. Les actionnaires ont des exigences élevées qui doivent être respectées sous peine de voir des investisseurs partir et pour l'entreprise d'entrer dans une période de crise.

Donc, une condamnation pénale pourrait avoir des conséquences sur les résultats de l'entreprise, les dividendes des actionnaires et sur l'avenir des salariés. Les dirigeants, s'ils ne veulent pas être révoqués ou s'ils ne veulent pas perdre de l'argent (ils ont une participation dans la société), vont avoir une politique de gestion du risque pénal pour éviter la commission d'infractions. De même, les employés qui ont des responsabilités vont chercher à éviter de mettre en danger la situation financière de la société, de peur que la société soit obligée de licencier pour cause de difficultés économiques ou pour faute.

Si le principe de spécialité est justifié dans un contexte difficile de responsabilité pénale des personnes morales à travers une vision artificielle de la personne morale (où le principe n'a pas fait l'objet de contestation par l'extension de son domaine), aujourd'hui ce principe n'a plus non seulement de justification, mais il a des effets néfastes vivement critiqués.

---

[437] Voir P. PICARD, *Eléments de microéconomie*, Montchrestien, Tome 1 et 2, 6e éd., 2002.

B. La remise en cause du principe de spécialité

128. L'appréciation faite de ce principe s'avère être sa remise en cause, ce qui n'est pas le cas encore au Mali. En effet, le principe de spécialité est plus fondé sur le principe d'une responsabilité personnelle que sur le principe de légalité. L'idée sous-jacente est que les personnes morales sont responsables du fait de leurs agents. Il semblerait donc que si le principe de spécialité est fondé sur l'article 42 de la loi n° 026-2006/AN-RM du 28 novembre 2006 relative à la lutte contre le blanchiment de capitaux, il n'est, en revanche, fondé sur aucun principe du droit pénal général. En plus d'une remise en cause théorique, le principe de spécialité est très affaibli par l'existence de nombreuses dispositions prévoyant la responsabilité pénale des personnes morales. Le principe subit, aujourd'hui, de nombreuses critiques dont les plus importantes portent sur la désuétude du principe et sur l'insécurité juridique qu'il provoque.

129. D'abord, le principe de spécialité est inapproprié parce que certaines matières sont exclues sans raison apparente. Cette exclusion, des matières concernées, constitue l'oubli de pans entiers du droit pénal. Les choix du législateur français étant parfois incohérents[438], certaines matières sont exclues du champ d'application de la responsabilité pénale des personnes morales alors que ces dernières sont susceptibles de commettre des infractions dans ces domaines.

La responsabilité pénale des personnes morales n'étant pas générale avant le 31 décembre 2005, certains domaines étaient totalement ignorés notamment, le droit du travail, le droit des sociétés, l'hygiène et la sécurité, le droit de la consommation, le droit de l'environnement, le droit de l'urbanisme, etc. Or, il s'agit de champs d'activités privilégiés des personnes morales. Par exemple, on considère qu'un être moral ne peut pas commettre des abus de biens sociaux alors que beaucoup de sociétés sont administratrices ou dirigeantes d'une autre société et qu'elles sont susceptibles, par le biais de leurs représentants, de détourner les fonds des sociétés contrôlées. La violation de règles particulières de sécurité ne peut entraîner la responsabilité pénale des personnes morales que dans le cas où cette violation a causé un dommage[439]. L'aspect préventif du droit pénal ne semble pas atteindre les personnes morales[440]. Sont aussi exclues de la responsabilité pénale des personnes morales les infractions prévues par le droit fiscal et douanier[441]. Pour les infractions économiques, particulièrement, susceptibles d'être commises par les personnes morales

---

[438] Cf. J.-C. PLANQUE, op. cit., p. 116.

[439] Cf. F. FRANCHI, *A quoi peut bien servir la responsabilité pénale des personnes morales ?*, RSC, 1996, p. 261.

[440] Cf. J.-C.PLANQUE, op. cit., p. 116.

[441] Cf. F. FRANCHI in J. LEROY op. cit., n° 443. J. PRADEL op. cit., p. 80, n° 533.

telles que les pratiques anticoncurrentielles[442] et les infractions du droit boursier, la loi ne prévoit pas la responsabilité pénale des personnes morales[443]. Néanmoins, cette absence de responsabilité pénale peut s'expliquer par l'existence d'une répression administrative. Le Conseil de la concurrence et l'autorité des marchés financiers sanctionnent les personnes morales qui commettent des pratiques anticoncurrentielles ou des manquements aux règlements par une sanction administrative répressive[444].

Ces nombreuses exclusions, sans raison apparente, montrent les limites du principe de spécialité, le législateur n'ayant pas les moyens d'opérer des choix. Le principe de spécialité est irréaliste, le législateur est surchargé. La preuve en est qu'il est constamment en retard pour transposer les directives européennes. Ce principe a, alors, pour conséquence l'existence de zones d'impunité. Dès lors, il apparaît comme un frein injustifié à la répression des personnes morales.

Cependant, il existe des entorses au principe. L'article 121-2 du nouveau code pénal français prévoit que la responsabilité pénale des personnes morales ne peut être recherchée que « dans les cas prévus par la loi ou le règlement ». C'est donc le principe de spécialité qui a, tout d'abord, entraîné un alourdissement du droit pénal par de nombreux textes[445] mais peu cohérents. Or, cet alourdissement du droit pénal peut constituer un risque d'oubli ou de confusion, notamment pour le législateur. Ainsi, d'après certains auteurs, la Cour de cassation[446] aurait étendu la responsabilité pénale des personnes morales à un cas non prévu par la loi. La Cour de cassation casse, donc, l'arrêt de la Cour d'appel au motif qu'« encourt la censure l'arrêt qui, pour relaxer une société poursuivie en qualité d'intéressée à un délit douanier commis par l'un de ses employés, se borne à énoncer que la responsabilité pénale des personnes morales n'existe pas en droit douanier ». S'il est vrai que la Cour d'appel a mal motivé sa décision, il est faux de dire que la responsabilité pénale des personnes morales n'existe pas en droit douanier. La question est de savoir si un texte prévoit cette responsabilité en droit douanier. Or, la Cour de cassation avait considéré, alors qu'aucun texte ne prévoyait expressément la responsabilité de la personne morale, que l'article 399 du code français des douanes était applicable aux personnes

---

[442] Responsabilité pénale prévue par la loi d'adaptation du 16 décembre 1992 mais abrogé par la loi du 1er février 1994. v. J.-P. ANTONA, P. COLIN, F. LENGLART, *La responsabilité pénale des cadres et dirigeants dans le monde des affaires,* Colin 1996, p. 67.

[443] Cf. F. FRANCHI in J. PRADEL, op. cit., p. 80.

[444] Cf. L. VICHNIEVSKY, *Bilan sommaire de la mise en œuvre de la répression à l'encontre des personnes morale*, RSC 1996, p. 288.

[445] Lors de l'entrée en vigueur du Code pénal, sa partie législative contenait 188 infractions imputables aux personnes morales, ce qui représentait 28 articles renvoyant à ces différentes infractions.

[446] Cf. Bull. crim. 2003 n° 24 du 5 février 2003, D. 2003 p. 2855, note J.-C. PLANQUE. RSC 2003, p. 554, note B. BOULOC, « *d'élargissement jurisprudentiel du domaine d'application de la responsabilité pénale des personnes morales* ».

morales[447]. Ce texte visait « toute personne », mais on ne peut considérer que cette expression vise les personnes morales car ce serait contraire à l'article 121-2 du CPF. Cette solution a, particulièrement, fait l'objet d'une critique[448] selon laquelle elle pourrait entraîner l'existence de plusieurs régimes de responsabilité pénale des personnes morales. Le régime applicable aux infractions prévues par la loi et commises pour leur compte par un organe ou un représentant[449] coexisterait avec les cas jurisprudentiels d'un régime différent.

La responsabilité pénale est encourue pour la commission d'une infraction. Or, n'est pas une responsabilité pénale l'obligation par la loi de payer une amende pour le fait d'une autre personne sans qu'une faute ne puisse lui être reprochée. Il s'agit d'un « *report de la sanction* »[450] qui est une responsabilité du fait d'autrui mais non pénale et d'une atteinte au principe de la personnalité des peines[451]. Un texte peut, par exemple, prévoir de condamner l'intéressé pour fraude et à être condamné solidairement avec le responsable pénal au paiement de l'amende[452]. Or, il y a des matières où l'amende, notamment l'amende fiscale, apparaît autant comme une réparation que comme une peine[453]. Dans ce cas, la nature de la sanction n'étant pas pénale et la personne condamnée solidairement n'étant pas considérée comme responsable pénalement, on ne peut parler de responsabilité pénale. C'est pourquoi la cour de cassation a toujours considéré que, dans ce genre de situation, les personnes morales peuvent être sanctionnées.

Dès 1883, la doctrine[454] considérait que si les personnes morales sont responsables pénalement des amendes de contributions indirectes, c'est parce qu'il s'agit d'une responsabilité civile ou d'un cautionnement légal. L'arrêt du 27 juin 1977[455] a une motivation particulièrement explicite et l'arrêt du 14 décembre 2000[456] confirme qu'il ne s'agit pas d'une

---

[447] La responsabilité prévue à l'article 399 du Code des douanes en France est une responsabilité pécuniaire. La personne condamnée est une sorte de caution. Il ne s'agit pas d'une responsabilité pénale.

[448] Cf. J-C.PLANQUE, op. cit., p. 116.

[449] L'application de l'article 121-2 du Code pénal français.

[450] Cf. P.CONTE, P.MAISTRE DU CHAMBON op. cit., p. 79.

[451] Cf. R. MERLE et A. VITU, *Traité de droit criminel*, Cujas, Tome 1, 7e éd., 1997, n° 526.

[452] Cf. J.-H. ROBERT précité, p. 372.

[453] Cf. P. FAIVRE, op. cit.,p. 73.

[454] Cf. M. NAST, note sous crim. 7 mars, 1918, D. 1921, 1e partie, p. 217.

[455] Cf. Crim. 27 juin 1977, Bull. crim. 1997 n°241, « *la solidarité prévue par l'article 407 du Code des douanes pour le paiement des pénalités pécuniaires […] est non seulement des réparations civiles mais aussi des sanctions fiscales, […] l'action que l'administration des douanes tient de l'article 343-2 de ce code pour l'application des sanctions fiscales ne peut être assimilée à l'action civile et, d'autre part, en matière fiscale, la responsabilité civile et la responsabilité pénale se confondent comme ayant la même cause et le même objet* ».

[456] Inédit pourvoi n° 99-85002. Disponible sur www.legifrance-gouv.fr. Confirmé par Crim. 30 janvier 2002, inédit titré pourvoi n° 01-81536.

responsabilité pénale puisque la cour de cassation énonce « *la condamnation d'une société à payer des pénalités douanières, solidairement avec son représentant légal, sur le fondement de l'article 407 du code des douanes, n'implique pas que cette société soit pénalement responsable* ».

Ce raisonnement s'applique aussi à l'article 399 du code français des douanes qui vise à condamner les personnes intéressées au délit prévu par les articles 464 et 465 du même code selon l'arrêt du 26 septembre 2001[457]. Dès lors, les arrêts des 8 janvier 2003[458]et 5 février 2003 qui cassent respectivement au visa des articles 407 et 399 du code des douanes et les arrêts des Cours d'appel ayant refusé de condamner solidairement les personnes morales au paiement de la pénalité ne sont pas des cas d'extension jurisprudentielle de la responsabilité pénale des personnes morales puisse qu'il ne s'agit pas de responsabilité pénale. Le droit fiscal comprend, tout comme le droit douanier, des textes répressifs non pénaux qui peuvent être reprochés à des personnes morales même si la loi ne le prévoit pas. Les personnes morales peuvent être condamnées solidairement au paiement de la pénalité en droit fiscal. En effet, l'article 1799-1 du code général des impôts en France prévoit que toute personne, convaincue d'avoir facilité la fraude ou procuré sciemment les moyens de la commettre peut être condamné de la même peine pécuniaire que l'auteur de l'infraction. La Cour de cassation a confirmé la possibilité de condamner les personnes morales sur le fondement de cet article dans un arrêt en date du 20 septembre 2000[459]. En effet, elle confirme qu'il ne s'agit pas d'une responsabilité pénale car la responsabilité pénale des personnes morales n'est pas « encourue pour les infractions prévues par le code général des impôts »[460].

130. Encore une fois, il ne s'agit pas d'un cas d'extension de la responsabilité pénale des personnes morales car ces textes n'appartiennent pas au droit pénal tel que défini par le droit français. Il ne s'agit donc pas d'une véritable entorse au principe de spécialité, qui a vocation à s'appliquer en droit pénal mais, il s'agit néanmoins d'une extension de la responsabilité pénale des personnes morales. Une entorse au principe de spécialité avait été créée par la jurisprudence au 19e siècle. Lorsqu'une infraction avait été commise par une personne physique et que la loi prévoyait des conséquences pénales pour des personnes qui n'avait pas été mises en causes, la Cour de cassation justifiait ces sanctions par le fait que ces personnes étaient responsables pénalement pour avoir commis une « infraction purement

---

[457] Bull. crim. 2001 n° 191.

[458] Inédit titré pourvoi n° 01-85938. Disponible sur www.legifrance-gouv.fr.

[459] Inédit titré pourvoi n° 01-85938. Disponible sur www.legifrance-gouv.fr. Confirmé par Crim. 24 octobre 2001, inédit pourvoi n° 00-86834.

[460] Crim. 7 novembre 2001, Inédit titré pourvoi n° 99-84536. Disponible sur www.legifrance-gouv.fr.

matérielle »[461]. Ces sanctions sont généralement la confiscation des biens et la fermeture d'établissement. Il s'agissait pour la Cour d'une exception au principe de l'irresponsabilité pénale des personnes morales.

Pourtant, dès le début du 20e siècle, les auteurs ont critiqué le bien-fondé de la solution[462]. Il ne s'agit pas d'une entorse à l'irresponsabilité pénale des personnes morales parce que ces sanctions ne sont pas des peines. Il s'agit plutôt des mesures de sécurité publique qui ne nécessitent pas la responsabilité pénale des personnes morales. La loi ne sanctionne pas une personne mais vise des choses dangereuses (les actes portant atteinte aux règles de sécurité). Il faut alors distinguer la confiscation et la fermeture d'établissement en tant que peines[463] et en tant que mesures de sûreté prévues par une loi spéciale. Dans le premier cas, il s'agit d'une peine qui, pour être prononcée, nécessite la responsabilité pénale de la personne morale prévue par un texte. Dans le second cas, il s'agit d'une mesure de sûreté qui ne peut être prononcée par le juge que quand elle est nécessaire sans qu'aucun texte ne prévoie l'incrimination contenue de ces mesures de sûreté. La principale critique à ce principe de spécialité est qu'il porte atteinte à un droit fondamental. Le principe de spécialité peut créer une insécurité juridique du fait du recensement difficile des cas expressément prévus par les textes.

131. La difficulté de recenser les cas déjà prévus peut amener l'inégalité des personnes morales face à la menace pénale. Ainsi, la technicité croissante des textes pénaux pousse à s'interroger sur la pertinence du postulat selon lequel « nul n'est censé ignorer la loi ». Ce sont souvent les personnes morales qui sont les destinataires de ces textes techniques. Les cas de responsabilité pénale des personnes morales se sont multipliés, leurs dirigeants sont obligés de rechercher activement dans les codes et textes particuliers les dispositions qui prévoient cette responsabilité[464]. Le dirigeant doit donc avoir une connaissance de la loi qui s'étend à trois niveaux. Il doit, d'abord, avoir connaissance de l'obligation ou de l'interdiction d'ordre technique introduite par la loi nouvelle. Ensuite, le non-respect de cette règle technique entraîne une sanction. Et enfin, la personne morale peut ou non être déclarée responsable de l'infraction. Or, toutes les personnes morales ne sont pas égales devant une telle obligation compte tenu notamment de leurs natures, de leurs tailles ou de leurs domaines d'activité. La cour de cassation a, d'ailleurs, implicitement admis l'existence de cette inégalité en décidant que le dirigeant d'une société de grande taille ne peut se prévaloir d'une erreur sur le droit au motif qu'une telle société était nécessairement dotée de

[461] Crim. 7 mars 1918, D. 1921, 1e partie, p. 217, note M. NAST.
[462] Note de M. NAST précitée.
[463] Cf. aux articles 131-21 et 131-39 du nouveau code pénal français.
[464] Cf. O. SAUTEL, op. cit. p. 80.

« juristes qualifiés pour l'éclairer »[465]. La suppression du principe de spécialité ne fait pas disparaître ce problème mais permet cependant de supprimer l'un des niveaux de connaissance de la loi exigés des dirigeants.

132. Le principe de spécialité n'est plus qu'« une exception législative »[466]. Ainsi, dresser une liste des infractions qui entrent dans le champ d'application de la responsabilité pénale des personnes morales est compliqué[467]. De fait, l'exigence de prévisibilité du droit pénal n'est pas respectée et les personnes morales ne peuvent pas avoir une politique de gestion du risque pénal claire, ce qui nuit à la sécurité juridique[468]. Il est trompeur de prétendre que la responsabilité pénale des personnes morales est spéciale. Les divers groupements doivent être attentifs et observer le journal officiel pour ne pas être surpris. Certes « nul n'est censé ignorer la loi », mais le but avoué du législateur est de rendre accessible le droit. Or, en multipliant les dispositions qui prévoient la responsabilité pénale des personnes morales pour une ou deux infractions, en ayant une extension de la responsabilité pénale sans logique apparente, le législateur ne permet pas aux personnes morales de connaître le droit. Seules les personnes morales avec un service juridique conséquent peuvent suivre l'évolution de la loi, mais les petites et moyennes entreprises ainsi que les associations n'ont pas les mêmes moyens. Du coup, ces petites structures ont tendance à gérer le risque pénal comme si toutes les infractions étaient susceptibles d'entraîner la responsabilité pénale des personnes morales. Si les personnes morales font comme si toutes les infractions peuvent leur être reprochées, alors le principe de spécialité est inutile, voire gênant, pour l'adéquation du droit aux faits.

133. Le principe de spécialité peut aussi créer une insécurité juridique du fait de la tendance des juges à disqualifier les faits pour sanctionner les personnes morales. Par les opérations de qualification, la personne morale ne peut être poursuivie que si le texte d'incrimination prévoyait cette possibilité. Les juges sont parfois tentés de jouer sur la qualification des faits pour retenir une qualification moins adéquate mais permettant de poursuivre l'être moral.

Ainsi, en droit des affaires pour lequel la responsabilité pénale des personnes morales était totalement absente beaucoup d'infractions font référence à des titres juridiques pouvant faire l'objet de faux en écriture et d'infraction générale imputable aux personnes morales. Ainsi, la présentation ou la publication de comptes annuels dans lesquels les immobilisations ont été majorées (qui constitue l'infraction de présentation ou publication de comptes inexacts non imputable aux personnes morales)

---

465 Cf. Cass. crim. 19 mars 1997.

466 Cf. J. LEROY, Droit pénal général, LGDJ, 2e éd. 2007, n° 443.

467 J.-C. PLANQUE, op. cit., p. 3.

468 O. SAUTEL, op. cit. p. 80.

pouvait être qualifiée de faux et usage de faux. Mais un tel système était fortement critiqué puisqu'il était source de qualifications fragiles. En effet, la qualification retenue n'étant pas la plus adéquate, on risquait d'assister à des requalifications par les juridictions successivement saisies. De plus, en cherchant à mettre en œuvre la responsabilité pénale d'une personne morale et en jouant sur les qualifications, on malmenait le principe selon lequel une qualification spéciale s'appliquerait devant une qualification générale. Certes, seule la qualification générale pouvait recevoir application, mais c'est oublier un peu vite qu'il y a souvent une personne physique poursuivie concomitamment. Or, il semble logique d'adopter la même qualification pour la personne morale et pour la personne physique puisque cette dernière est le « substratum humain » qui réalise les faits matériels de l'infraction.

Dans un souci d'efficacité du droit pénal, les magistrats peuvent choisir de disqualifier des faits qui sont incriminés par une infraction spéciale ne prévoyant pas la responsabilité des personnes morales et de les qualifier en une infraction qui la prévoit[469]. Le principe de spécialité aura ainsi des effets pervers. Cette tendance est contraire au principe de légalité qui commande de choisir la qualification la plus proche des faits (c'est-à-dire l'infraction spéciale). Par exemple, l'abus de biens sociaux peut être sanctionné par le biais de l'abus de confiance car ces infractions sont très proches[470]. L'abus de biens sociaux constitue un abus de confiance mais spécial parce qu'il réalisé au sein d'une société par un dirigeant. Cette attitude s'explique par le fait qu'il est aberrant qu'une personne morale soit poursuivie pour un abus de confiance et non pour un abus de biens sociaux. Le recel est une infraction qui peut être reprochée aux personnes morales. Si une autre infraction ne prévoit pas cette responsabilité, alors la personne morale peut, malgré tout, être poursuivie[471]. Certes, le phénomène de disqualification se comprend parce que le juge veut préserver l'efficacité du droit pénal en réduisant les zones d'impunité profitant injustement aux personnes morales, mais cette tendance nuit à la sécurité juridique des personnes morales qui croient être irresponsables pénalement pour certaines infractions et pour lesquelles elles sont pourtant poursuivies. Les inconvénients notoires d'un tel principe ont rapidement été décelés par l'accroissement des critiques qui ont conduit le législateur français à supprimer le principe de spécialité au profit du principe de généralité. L'adoption du principe dans les textes spécifiques, quelque soit leur origine, conduit toujours à préserver le principe de spécialité. Or, ce principe n'est plus favorable à l'émergence du principe de la responsabilité pénale des personnes morales, en raison des inconvénients qui viennent d'être démontrés. Le législateur malien doit

---

[469] J. LEROY, op. cit., p. 87, J. PRADEL, op. cit., p. 80, v. M.-L. RASSAT, *Droit pénal général*, PUF éd. 2000, n° 355.
[470] J. LEROY, op. cit., p. 87.
[471] J.-C. PLANQUE, op. cit., p. 116.

adopter, dans le code pénal, la responsabilité pénale des personnes morales en répondant au principe de généralité d'infractions.

L'admission de la question de la responsabilité pénale des personnes morales demeure exceptionnelle au Mali et dans le droit pénal régional même si certains États ont connu leur épilogue en adoptant le principe général.

CHAPITRE II

L'admission exceptionnelle de la responsabilité pénale des personnes morales dans le droit pénal régional

134. Au Mali, aucune disposition relative à l'environnement ne prévoit la responsabilité pénale des personnes morales. Cependant au plan régional, les juges francophones s'engagent dans la mise en œuvre effective des instruments juridiques internationaux et nationaux de protection de l'environnement dans la perspective du développement durable à impulser aux différents États membres[472]. Les profondes mutations, qui s'opèrent aujourd'hui dans le monde au plan climatique et de la préservation du cadre de vie, projettent les défis majeurs auxquels les États membres doivent faire face. Il s'agit entre autre de l'impact destructeur de la dégradation de l'environnement par les personnes morales dans le monde et singulièrement en Afrique avec les difficultés rencontrées par les magistrats des pays membres de l'AHJUCAF à interpréter certaines règles du droit de l'environnement. Ces obstacles doivent être remédiés par l'impérieuse nécessité d'une coopération plus étroite entre les différentes Cours suprêmes des États francophones d'Afrique dans les domaines d'intérêt commun avec le besoin d'encourager l'interprétation et la mise en œuvre de législations environnementales nationales et internationales. Après avoir relevé les raisons qui créent des obstacles à la répression des personnes morales par la justice dans le domaine de l'environnement, on peut noter l'existence des règles sur la capacité et l'intérêt à agir avec leurs interprétations par les juridictions. Les atteintes dirigées contre l'environnement dans la plupart des cas sont commises par les personnes morales. Les États africains, membres de l'association sus indiquée, n'ont pas unanimement prévu la responsabilité pénale des personnes morales dans leur droit pénal respectif. Mais, ils procèdent spécifiquement par les implications des sources du droit (les

[472] L'Association des hautes juridictions de cassation des pays ayant en partage l'usage du français (AHJUCAF) regroupe plusieurs États africains et européens au nombre de 48 pays avec la CEMAC, la Cour internationale, la Cour de règlement et d'arbitrage et l'OHADA.

conventions et coutumes internationales) à la fois en termes d'application directe des normes et d'interprétation supplétive des textes internes par une procédure favorable à leur mise en œuvre. Ces conditions peuvent souvent être réalisées par des infléchissements jurisprudentiels. De façon spécifique, le droit pénal de l'environnement permet de montrer l'admission exceptionnelle du principe à travers la répression des infractions liées à l'environnement (Section I). Toujours en Afrique et à travers le droit de l'organisation pour l'harmonisation en Afrique du droit des affaires (OHADA), le régime de l'incrimination pénale est indiqué pour chaque État-partie (Section II).

SECTION I. LA RÉPRESSION DES PERSONNES MORALES CONTRE LES INFRACTIONS LIÉES À L'ENVIRONNEMENT

135. Les infractions dirigées contre la protection de l'environnement peuvent engager la responsabilité pénale des personnes morales. Pour bien l'engager, l'infraction doit avoir représenté un danger social élevé et une menace sérieuse des intérêts de la société dans le domaine de protection de l'environnement, de l'utilisation durable des ressources naturelles ou menacer la vie ou la santé des populations et la qualité de l'environnement.

Les infractions concernant l'environnement peuvent se définir comme des actes dangereux portant atteinte à sa protection qui est fonction de la défense de ses éléments naturels et anthropiques. Ces atteintes sont la conséquence des préjudices portés par les personnes physiques et morales qui détiennent des éléments environnementaux dans leur propriété ou les administrent par la création des dangers liés à la santé des populations, des animaux et des plantes ou à la commission des dommages relatifs à l'économie nationale. La spécificité des valeurs qui doivent être protégées et promues réclame la nécessité de l'élaboration des notions et des règles juridiques pénales adéquates et efficaces. L'importance exceptionnelle des valeurs protégées et le péril significatif pour l'existence des conditions de vie imposent un système des sanctions spécifiques par des procédures de constatation et de jugement qui doivent présenter certaines particularités. Ainsi sous l'aspect de la responsabilité pénale des personnes morales, doit s'imposer l'appréhension d'une nouvelle réglementation dans le contenu du code pénal.

Toutes ces infractions sont spécifiques au droit de l'environnement. L'application de leur sanction est une conséquence de la violation par les personnes physiques et morales de certaines obligations telles que la prévention de la pollution et la protection de l'environnement. Il s'agit ainsi d'un objectif d'intérêt public majeur par des faits (représentant un danger social) prévus et sanctionnés par la loi.

En l'absence d'une législation incriminant les personnes morales, la recension des sources du droit pénal de l'environnement s'impose et elle permettra d'analyser les principales caractéristiques de l'infraction d'origine et de nature écologique (Paragraphe I) avant l'étude des modalités de la poursuite et de la répression des atteintes à l'environnement par les personnes morales (Paragraphe II).

Paragraphe I. L'identification des infractions par les sources du droit pénal de l'environnement

136. La particularité du droit pénal de l'environnement admet la responsabilité pénale des personnes morales. Si on considère l'environnement comme un ensemble d'éléments (physiques, chimiques et biologiques naturels ou artificiels) et de facteurs (économiques, sociaux, politiques et culturels) ayant plus ou moins un effet sur le processus de maintien de la vie, de la transformation et du développement des ressources naturelles et des activités humaines, il va de soi qu'il subisse fréquemment des actes de dégradation de la part des entreprises et des multinationales.

La directive communautaire de 2004 sur la responsabilité environnementale constitue un premier pas d'internationalisation. La généralisation des mécanismes, plus ou moins informels de reconnaissance d'une responsabilité sociale des entreprises (RSE) incluant les responsabilités vis à vis de l'environnement, contribue à généraliser des reflexes et des procédures pour une prise en compte, certes encore modestement, de l'environnement dans la gestion des entreprises et dans la fabrication des produits (écoproduits).

Les normes qui encadrent ce domaine proviennent des sources traditionnelles du droit (A) et répriment les infractions spécifiques perpétrées contre l'environnement par les personnes morales (B).

A. La détermination des règles applicables aux personnes morales par les sources du droit penal de l'environnement

137. Le droit pénal de l'environnement est constitué de sources internationales, communautaires et constitutionnelles. Ces règles sont l'œuvre de la loi, des actes réglementaires et des décisions administratives, de la jurisprudence en la matière et des principes généraux du droit.

L'intérêt pour la protection de la nature et de ses ressources n'a pas manqué de gagner les sphères des relations internationales[473]. Parmi les instruments dont il s'agit, il y en a ceux qui sont généralement inspiré des

---

[473] Cf. A. MAIDOKA lors de son intervention à l'ERSUMA en décembre 2006 sur le droit de l'environnement dans l'espace AA-HJF au cours des années, il « *a été produit plus de 300 conventions multilatérales consacrées entièrement ou partiellement à la protection de l'environnement et environ 900 traités bilatéraux ayant un objet similaire et de nombreux textes de caractère déclaratoire ou programmatoire* ».

incriminations pénales[474]. Cette inclinaison des organisations internationales ou communautaires à promouvoir dans les États membres la répression pénale dans certains domaines considérés comme sensibles a déjà été confirmée par plusieurs parlements nationaux[475].

Pour une série de délits, les gouvernements devront appliquer des sanctions pénales effectives, proportionnées et dissuasives. Ils doivent, aussi, adapter leur droit si ces délits n'étaient jusqu'ici passibles que de simples sanctions civiles. Parmi ces délits, figurent les actes de pollution, l'élimination des déchets pouvant nuire à l'environnement ainsi que la production, le stockage et le transport de matières nucléaires simplement susceptibles de causer la mort ou des blessures sérieuses à des personnes ou de causer des atteintes à la qualité de l'air, du sol ou de l'eau. La production, l'importation ou la vente de produits nocifs à la couche d'ozone ainsi que le commerce ou la destruction d'espèces protégées sont aussi susceptibles de répressions pénales.

Pour aller plus loin, il faudrait interpréter les types et les niveaux des sanctions. Mais, ceci était du ressort des États membres, conformément au monopole de la sanction qui leurs appartient en raison du principe de la souveraineté. Le choix du type et de la durée des sanctions pénales restent donc de la compétence des États membres.

À présent, on peut observer le droit pénal relatif à la sanction des personnes morales dans l'espace régional africain. Des actions d'une coopération accrue, menées entre deux ou plusieurs États, des associations ou diverses organisations de la société civile reposent sur des conventions multilatérales ou bilatérales conclues et assorties de protocoles, résolutions et directives dans le domaine de la protection de l'environnement.

Ces sources ont la vocation d'aider les parties à améliorer la mise en œuvre des programmes d'action nationaux de lutte contre les perturbations environnementales et identifier les mesures concrètes à prendre pour freiner résolument la détérioration irréversible de la nature et de la santé de l'homme[476].

---

474 La Convention internationale de Londres du 02 novembre 1973 sur la prévention de la pollution par les navires, modifiée par le Protocole du 17 février 1978 en ses règles 9 et 11 de l'annexe 1 concernant la prévention de la pollution par les hydrocarbures (Convention MARPOL 73/78) ; la Convention sur le commerce international des espèces de faune et flore sauvages menacées d'extinction (International Trade in Endangered Speces of Wild Fauna and Flora : Convention CITES), signée le 3 mars 1973 à Washington ; la Convention de Bâle du 22 mars 1989 sur le contrôle des mouvements transfrontaliers de déchets dangereux et de leur élimination ; la Convention de Bamako sur l'interdiction d'importer des déchets dangereux et le contrôle de leurs mouvements transfrontières en Afrique ; la Convention de Stockholm sur les polluants organiques persistants (P-O.P.), adoptée le 21 mai 2001.

475 À ce propos, le commissaire à la Justice Jacques Barrot a, lors de l'examen du texte en plénière, soutenu que *« seule l'épée tranchante du droit pénal peut avoir un véritable effet dissuasif »*.

476 On peut citer le protocole de Montréal, relatif aux substances qui appauvrissent la couche d'ozone, adopté le 16 septembre 1987 ; la convention de Bâle, sur le contrôle des

Par rapport aux sources communautaires de la protection de l'environnement par le droit pénal, il sera très important de prévoir que chaque État peut conformément à son droit interne accorder à un groupe, une fondation ou une association ayant un statut protecteur de l'environnement le droit de participer aux procédures pénales concernant les infractions environnementales[477].

138. Les États de l'espace pour la plupart prévoient les règles applicables aux atteintes à l'environnement dans les textes généraux et les codes relatifs à la matière pénale (code pénal et code de procédure pénale). Mais ces règles concernent les seules personnes physiques. Sans être spécifiques au droit de l'environnement, certaines infractions prévues par le code pénal servent de fondement aux poursuites pour atteinte à l'environnement. Il existe également des dispositions générales prévues par le code de l'environnement, la loi cadre de l'environnement et la charte de l'environnement. Des énonciations sont organisées dans des textes spécifiques comme la répression de certaines infractions portant sur des aspects particuliers de l'environnement. Ces dispositions concernent les personnes physiques et peuvent être interprétées pour les personnes morales.

La protection de la qualité de l'environnement de notre planète est un principe d'ordre constitutionnel[478] prévu par la constitution du Mali[479]. À la suite des constituants, les législateurs nationaux accordent aux citoyens des garanties à un environnement sain dans les conditions définies par les conventions internationales. En règle générale, la protection de la nature et de ses ressources est organisée autour de législations sectorielles sur les installations classées, la pollution (dans toutes ses manifestations), les déchets, les nuisances (notamment le bruit), les substances chimiques.

Il n'est pas rare de trouver ces domaines spécifiques dans des codes spéciaux qui complètent le droit de l'environnement[480].

Par ailleurs, force est de constater que l'une des caractéristiques principales du droit pénal de l'environnement est sa dépendance administrative. En effet, l'administration locale est appelée à élaborer des mesures d'application ou d'exécution lorsqu'une loi est votée et promulguée. Ainsi, on la retrouve quasiment dans tous les pays disposant d'un pouvoir

---

mouvements transfrontaliers de déchets dangereux ; la convention internationale de Londres du 02 novembre 1973, sur la prévention de la pollution par les navires, etc.

[477] À l'instar de la convention adoptée à Strasbourg le 04 octobre 1998 dans le cadre régional européen.

[478] Dans un tel contexte, il n'est pas difficile de comprendre l'article 24 de la charte africaine des droits de l'homme et des peuples qui dispose « *tous les peuples ont droit à un environnement satisfaisant et global* ». De nos jours, la reconnaissance du droit à un environnement sain est une des formules secrètes de la valeur renforcée des lois nationales.

[479] La constitution du 25 février 1992 dans son préambule, paragraphe 6.

[480] Il s'agit là des différents codes : forestier, de l'eau, de la chasse et de la protection de la faune, minier, de la pêche maritime, de l'hygiène, etc.

autonome qui lui permet de jouer un rôle central au niveau national dans l'application ou la mise en œuvre effective des lois environnementales et des conventions internationales.

Soumis au principe de légalité, le juge est conduit à pourvoir à l'ordonnancement juridique en s'efforçant de prendre la mesure du mieux être des citoyens et de le garantir dans le respect de la loi environnementale.

Le principe général de droit a un caractère jurisprudentiel. Or, la jurisprudence - ainsi qu'on l'a déjà souligné - est techniquement carencée. Il faut donc convenir que cette insuffisance qualitative atténue fortement l'autorité de cette source du droit pénal de l'environnement.

B. Les caractères des infractions commises par les personnes morales

139. Le droit pénal général pose le principe de la légalité des incriminations et des peines. Les sources du droit pénal de l'environnement apparaissent comme de grandes pourvoyeuses de délits et de contraventions ainsi que les sanctions qui leur sont applicables par la loi et le règlement.

Avec les particularités de leurs éléments constitutifs, les infractions écologiques peuvent se classifier sur les plans subjectif et objectif. Du point de vue subjectif, les infractions commises par les agents doivent avoir violé une certaine qualité concernant la protection de l'environnement et certaines obligations écologiques à accomplir. Ces agents peuvent être les représentants des personnes morales au profit desquelles ils commettent ces actes. Toujours sous l'aspect subjectif, les infractions écologiques peuvent être commises intentionnellement ou qualifiées de faute. L'intention peut être spéciale en visant la destruction ou l'altération des éléments de l'environnement ou de l'environnement dans son ensemble. Du point de vue objective et dans la plupart des cas, les actions qui polluent ou qui détruisent les écosystèmes sont à l'origine des infractions écologiques. Or, ces actions peuvent être l'œuvre des personnes morales.

140. Deux catégories d'infractions sont à distinguer dans les textes répressifs constitutifs du droit pénal spécial de l'environnement : les infractions de commission et les infractions d'omission. En ce qui concerne l'infraction de commission, l'auteur commet un fait prohibé et sanctionné, suffisamment caractérisé dans un texte répressif déjà publié. En revanche, l'infraction d'omission est relative à une initiative inspirée par une convenance personnelle et qui s'y épuise sans prendre en compte le régime juridique de la liberté présupposée.

Presque systématiquement, le droit pénal de l'environnement impose de se servir de la nature avec conscience et loyauté vis-à-vis des générations présentes et futures. Mais, ici, il ne s'agit pas d'apprécier personnellement le comportement à adopter car les fondements de la mise en œuvre de la protection de l'environnement constituent un terrain d'application de l'interventionnisme public.

La législation environnementale a confié à l'administration publique une mission de régulation de l'équilibre de l'écosystème liée à une réflexion approfondie sur la nature de la problématique environnementale. Cette problématique est ondoyante et diverse compte tenu, d'une part, de la dynamique politique différenciée des questions de pollution ou d'exploitation des ressources naturelles nationales ou mondiales et, d'autre part, de l'implication des acteurs, des enjeux et des solutions différents.

On comprend, dès lors, que le rôle de l'administration spécialisée en matière d'environnement consiste à établir des règles pour l'ensemble des citoyens et à les faire respecter. Ainsi, l'administration a une situation exceptionnelle dans la mise en œuvre des politiques de protection de l'environnement. Elle a une fonction d'autorisation qui s'exerce en direction des citoyens. Elle a une autorité quasiment sans limite car le droit pénal de l'environnement soumet le droit d'exercer une activité, d'adopter un comportement, d'exploiter ou d'user des produits d'une formation naturelle, voire de les transporter à la réalisation préalable de conditions de déclaration, d'autorisation administrative, de garantie ou de paiement de redevances ou de droits d'adjudication. Or, c'est l'administration qui définit le contenu des normes de l'incrimination, délivre une autorisation, détermine les prescriptions générales, octroie ou refuse d'octroyer un permis et parfois assortit son assentiment dans la réalisation d'autres conditions. Elle peut adapter ces incriminations et sanctions aux personnes morales qui sont aussi pénalement responsables.

Au-delà de ce constat général, l'indépendance des sanctions pénale et administrative met aussi en lumière les pouvoirs de l'administration en matière environnementale. Le juge pénal et le juge administratif étaient à la fois saisis d'un contentieux portant sur une exploitation sans autorisation[481]. Le juge administratif a déclaré n'être pas lié par le jugement de relaxe prononcé par le juge pénal. Il appartient au juge administratif d'apprécier les mêmes faits s'ils sont suffisamment établis et s'ils peuvent donner lieu, le cas échéant, à des sanctions administratives.

L'indulgence de la jurisprudence dans le monde sur la tentative dans le domaine de l'environnement témoigne de la difficulté d'application de la définition de cette infraction qui ne prend réellement corps que si un commencement d'exécution est établi et non l'acte préparatoire qui n'est pas punissable.

Une fois le délit commis, il importe peu du point de vue de la caractérisation de l'infraction que l'autorisation administrative inexistante au moment de la réalisation volontaire de l'atteinte à l'environnement soit obtenue par la suite. La loi pénale étant d'interprétation stricte, l'infraction n'en aurait pas moins été consommée.

---

[481] Vente sous C. adm.app. Douai 25 janvier 2007 : établissements Despeghel – Lamarque, n° 06 DA 00 511 – H 0618.

Les textes qui répriment les atteintes à l'environnement incriminent bien évidemment les auteurs principaux mais aussi leurs complices, voire les receleurs. Ils pourront, notamment, être poursuivis comme complices tous ceux qui, sans participer aux actes constitutifs du délit, ont sciemment aidé les auteurs du délit à le préparer ou à le consommer. Les auteurs, les complices et les receleurs peuvent être des personnes morales à qui la sanction doit s'appliquer.

Paragraphe II. Les dommages causés à l'environnement par les personnes morales

141. Parallèlement et sous l'effet de l'aggravation de la détérioration de la biodiversité et des écosystèmes naturels, les personnes physiques et les personnes morales doivent être capables d'une part, à comprendre leurs droits et leurs devoirs et, d'autre part, à donner des solutions pour une meilleure protection de l'environnement.

Mais le droit de tous à un environnement sain et équilibré n'a de sens que s'il est assorti de politiques spécifiques susceptibles de développer des logiques potentielles de défense lorsque l'environnement est menacé de perturbations destructives. Or, parmi ces logiques, le droit pénal est au demeurant le plus efficace.

Lorsqu'on s'intéresse au droit pénal de l'environnement, on se rend très rapidement compte que les règles qui encadrent ce domaine sont nombreuses et que bon nombre d'entre elles sont spécifiques tant pour les modalités de procédure et de poursuite que pour les sanctions applicables.

Les dommages causés à l'environnement interpellent les autorités de poursuite et le juge répressif (A). La réaction appropriée de l'État et des usagers de l'environnement est entretenue et renforcée par un cadre juridique déterminant les modes de réparation les plus adéquats (B).

A. La poursuite des personnes morales pénalement responsables pour la commission des infractions liées à l'environnement

142. Les autorités de poursuites sont désignées dans la législation de chaque État membre. Les poursuites se faisaient traditionnellement contre les seules personnes physiques dont la responsabilité pénale est prévue. Diverses autorités peuvent intervenir selon les pays. On peut noter les officiers et agents de police judiciaire, les agents assermentés des services de l'hygiène et de l'assainissement, de l'agriculture et de l'élevage, de l'inspection du travail et le ministère public près la juridiction compétente (Article 65 du code de l'environnement du Burkina Faso). En matière des eaux et forêts, les poursuites sont directement exercées par le directeur général. En réalité, les cas de saisine des juridictions sont rarissimes et les quelques cas connus sont les homicides commis par des braconniers ou par des agents. Les poursuites appartiennent aussi aux autorités des collectivités territoriales (au Sénégal). Travaillant tous sous la supervision du procureur de la république, ils ont à cet égard d'importants pouvoirs spéciaux d'investigation et de visite domiciliaire. À cela s'ajoute le droit d'arrêter les personnes surprises en flagrant délit pour les conduire suivant la procédure définie par la loi devant le procureur de la république. Ces différentes poursuites concernent les personnes physiques. Elles peuvent également concernées les personnes morales qui seront représentées à cette fin.

143. Au Mali, le code de procédure pénale[482] et les lois spécifiques attribuent des pouvoirs de police judiciaire à certaines personnes qui n'appartiennent ni à la gendarmerie, ni à la police. Ainsi, aux termes de l'article 39 du code de procédure pénale « les fonctionnaires et agents des administrations et services publics auxquels des lois spéciales attribuent certains pouvoirs de police judiciaire exercent ces pouvoirs dans les conditions et dans les limites fixées par ces lois ». L'article 41 du même texte ajoute que « les ingénieurs et agents assermentés des eaux et forêts recherchent et constatent par procès-verbaux les infractions à la réglementation des eaux et forêts, la chasse et la pêche » tandis que l'article 46 stipule « qu'ils remettent les procès-verbaux visés aux articles 41et 42 à leurs chefs hiérarchiques qui les transmettent au procureur de la république ou au juge de paix à compétence étendue ». L'article 63 de la loi n° 94-04 du 18 janvier 1995 fixant les conditions de gestion des ressources naturelles énonce dans le même ordre d'idée que « les agents forestiers et les officiers de police judiciaire recherchent et constatent par procès verbal les infractions à la législation forestière dans leur domaine ». En outre l'article 52 de la loi fixant les conditions de gestion de la faune sauvage et de son habitat stipule que « le directeur du service chargé des pêches et de la pisciculture ou le représentant des collectivités décentralisées peuvent concurremment avec le ministère public interjeter appel et se pourvoir en cassation »[483]. L'article 53 dudit texte prévoit la procédure de citation directe en ces termes « les agents assermentés du service chargé des pêches et de la pisciculture de l'État et des collectivités territoriales décentralisées peuvent citer directement, pour l'audience la plus proche, toutes les affaires relatives à la police de la pêche ».

Outre le code pénal, il existe une impressionnante législation spéciale qui comporte d'importantes dispositions répressives. Les recherches montrent que ce dispositif répressif est mal connu et par conséquent mal appliqué au Mali. Les règles procédurales en matière de répression des infractions relatives aux atteintes à l'environnement traduisent, en général, une volonté de favoriser l'intervention des autorités administratives et judiciaires dans ce

[482] Loi 1962-066 portant sur le Code Procédure Pénale au Mali.
[483] Cf. Loi n° 95.031/AN-RM du 20 mars 1995.

domaine. Ceci s'avère aussi bien en ce qui concerne la constatation des infractions que pour ce qui est de l'exercice des poursuites.

144. L'action publique est mise en mouvement par le procureur de la république qui a l'opportunité de déclencher les poursuites. Ainsi, elle est exercée par le ministère public, soit d'office, soit sur la plainte des usagers de l'environnement. La survenance des événements constitutifs, dans le code de procédure pénale, de cause d'extinction de l'action publique, notamment la prescription de l'infraction, le décès du délinquant, la transaction, produisent les mêmes effets sur les terrains d'application du droit pénal de l'environnement.

En droit pénal de l'environnement, les normes relatives aux autorités en charge de la poursuite figurent parmi celles qui marquent quelques particularités par rapport à celles prescrites par les textes de procédure pénale applicables généralement en d'autres matières dans les pays de l'espace. La recherche est en principe mise en œuvre par les officiers et agents de police judiciaire. Mais, elle est aussi exercée par des personnes disposant d'une certaine maîtrise ou d'informations jugées appropriées et suffisantes de la chose environnementale. Des textes spéciaux confèrent aux intéressés des pouvoirs de police judiciaire pour constater les infractions et établir les procès verbaux qui, dans bien des cas, font foi « jusqu'à inscription en faux » ou « jusqu'à preuve du contraire ».

Les magistrats des parquets près les tribunaux d'instance n'ont pas toujours, eux aussi, le monopole de la mise en mouvement de l'action publique dans les procédures répressives en rapport avec des préjudices environnementaux. Ces prérogatives sont en général exercées concurremment avec d'autres personnes habilitées par des lois sectorielles spécifiques. Ces personnes étrangères à la magistrature ont même parfois le pouvoir de siéger à la suite des représentants du parquet. La prescription de l'action publique commence à courir le jour où les éléments constitutifs de l'infraction sont consommés. L'infraction peut être commise autant de fois que les contrevenants sont désignés, à des dates différentes, dans un procès verbal prévu par le texte légal. Chacun de ces procès-verbaux constitue une infraction se prescrivant séparément. À l'égard des complices, la prescription court du jour où le délit a été réalisé et non du jour où l'acte de complicité a été réalisé.

Ces pouvoirs peuvent s'appliquer aussi aux personnes morales qui se rendront pénalement responsables des infractions liées à l'environnement. Mais toute la difficulté d'application vient du rejet du principe général de la responsabilité pénale des personnes morales par la plupart des pays membres de l'association. Avec l'admission exceptionnelle, lorsque le domaine de l'environnement n'est pas expressément concerné, l'association prévoit pour les hautes juridictions de cassation une interprétation des textes pour les appliquer aux personnes morales pénalement responsables.

La Cour de cassation française a constamment décidé que si en principe une personne morale ne peut encourir aucune responsabilité pénale, il en est autrement lorsqu'il est fait exception à cette règle par une loi spéciale[484]. Dans un État, lorsque la loi prévoit cette solution, il appartiendra aux juges répressifs d'organiser le régime de cette responsabilité à l'apparence mosaïquée.

B. Les sanctions prévues pour les atteintes à l'environnement

145. À propos de la répression des infractions perpétrées contre l'environnement, Mireille DELMAS-MARTY explique que « l'existence de sanctions pénales destinées à assurer la protection de l'environnement n'est pas nouvelle. Au contraire et profondément enracinés dans l'histoire, un certain nombre d'interdits que nous nommerions aujourd'hui "interdits écologiques" ont été dès le moyen-âge assortis de peines d'amende. Mais il s'agissait alors de dispositions à faible coloration pénale et nul ne songeait à considérer les atteintes à l'environnement comme une véritable délinquance »[485].

Il y a lieu de marquer une réelle volonté de considérer certaines atteintes à l'environnement comme une véritable délinquance au même titre que d'autres infractions plus traditionnelles. On peut estimer qu'en tant que valeur fondamentale, comme la vie ou la propriété privée et publique, l'environnement doit être protégé au même titre par le droit pénal. À côté des infractions classiques (meurtre ou du vol), chaque code pénal doit comprendre une ou plusieurs incriminations de pollution, de nuisance, de destruction, de dégradation ou autres atteintes à la nature. Cette résolution s'inscrit parmi les initiatives les plus déterminantes en faveur de l'attention spéciale accordée au droit pénal de l'environnement tant dans les conventions internationales intégrées dans l'ordonnancement juridique des États que dans les législations d'inspiration nationale.

Les dispositions qu'aménagent les conventions internationales en vue de la répression des atteintes à l'environnement portent surtout sur des confiscations, des destructions ou la mise en jeu de la responsabilité civile. L'organisation des sanctions pénales est plutôt recommandée aux États membres[486].

---

484 Cf. Cass. 27 avr. 1955, Bull. Crim. n° 210, 13 avr. 1956, Bull. Crim. n° 294.

485 Dans sa préface de l'ouvrage « *Droit Pénal de l'Environnement* » de Robert et Gouilloud, édition Masson, octobre 1983.

486 Il est dit par exemple au point 3 de l'article 9 de la convention de Bâle sur les mouvements des déchets dangereux que « *lorsqu'un mouvement transfrontière de déchets dangereux ou d'autres déchets est considéré comme trafic illicite par suite du comportement de l'importateur ou de l'éliminateur, l'Etat d'importation veille à ce que les déchets dangereux en question soient éliminés d'une manière écologiquement rationnelle par l'importateur ou, s'il y a lieu, par lui-même...* ». Le point 5 du même article prescrit que « *chaque Partie adopte les lois voulues pour interdire et réprimer sévèrement le trafic illicite...* ».

Pour la protection de l'environnement dans les pays membres, il est prévu des dispositions répressives en plus de la mise en œuvre de recommandations similaires. La plupart des textes sectoriels, tout comme la réglementation générale procédant de la loi-cadre sur l'environnement, définissent des incriminations auxquelles sont associées les sanctions pénales applicables.

Les sanctions pénales à appliquer pour réprimer une infraction contre l'environnement sont parfois des règles spécifiques qui procèdent aux renvois à des normes du code de procédure pénale et du code pénal. Les textes généraux à savoir le code de l'environnement prévoit de nombreuses mesures de préservation de l'environnement prises dans toutes ces composantes. En vue d'assurer le respect de ces mesures, ces textes contiennent diverses dispositions pénales qui peuvent aussi s'appliquer aux personnes morales.

146. Les infractions liées à l'environnement sont passibles de sanctions administratives et de sanctions pénales. Les deux ordres de sanctions peuvent être cumulées ou disjoints. En ce qui concerne plus spécifiquement les sanctions pénales, la plupart des textes sectoriels définissent des incriminations auxquelles sont associées les sanctions pénales applicables. Les incriminations des atteintes au droit de l'environnement sont contraventionnelles, délictuelles ou criminelles[487]. Les crimes contre l'environnement ne sont pas retenus dans la législation de certains pays de l'espace concerné tel que le Mali.

Les contraventions et les délits liés à l'environnement sont punis de peines principales et de peines accessoires ou complémentaires. Les peines principales sont l'emprisonnement qui ne concerne que les personnes physiques et l'amende. Les peines complémentaires et accessoires sont la confiscation de l'accroissement patrimonial, la saisie lorsque la confiscation est prévue, l'interdiction temporaire d'exercer une activité, l'interdiction de séjour. En principe, la récidive aggrave la peine applicable ou neutralise les circonstances atténuantes.

Les infractions en matière d'environnement font, en général, l'objet de transactions (cas de la transaction pénale administrative) avant ou pendant le jugement. Pour ce qui est des peines encourues par les délinquants personnes physiques ou personnes morales, elles sont parfois référées aux dispositions

---

[487] Les sanctions pénales en droit positif ivoirien découlent de nombreux textes, notamment, les articles 2, 4 et 6 de la Loi n° 88.551 du 07 juillet 1988 portant protection de la santé publique et de l'environnement contre les effets des déchets industriels toxiques et nucléaires et des substances nocives, des articles 88 à 110 du Code de l'Environnement, les articles 115 à 127 et 131 du Code de l'eau, des articles 20 à 22 (TITRE V), le Décret n° 97.678 du 03 décembre 1997 portant protection de l'environnement marin et lagunaire contre la pollution, les articles 30 et 31 du Décret n° 98.43 du 28 janvier 1998 relatif aux installations classées pour la protection de l'environnement.

du code pénal national ou à celles de la loi-cadre sur l'environnement (cas du Bénin).

De nombreuses législations de l'espace font obstacle à l'application des circonstances atténuantes et du sursis dans le traitement répressif de certaines infractions au droit de l'environnement. Mais, elles n'ôtent pas au juge la possibilité d'accorder au coupable des circonstances atténuantes. Le juge jouit d'une liberté d'appréciation très étendue qui lui permet de réduire considérablement la peine privative de liberté indiquée par le législateur et peut même prononcer l'une de ces deux peines seulement. C'est le cas de China National Pretrolium Corporation (CNPC) qui explore les bassins pétrolifères au Tchad. Au cours de son activité, cette compagnie porta atteinte à l'environnement. Elle fut donc condamnée à payer une amende de 8 millions d'Euro[488]. Ainsi, le Tchad répond à l'objectif de l'association pour les hautes juridictions de cassation qui consiste à interpréter les textes en les appliquant aux personnes morales pénalement responsables.

Les sources du droit pénal de l'environnement aménagent des circonstances aggravantes qui prévoient parfois le doublement des peines. Elles sont fondées entre autres sur la récidive, la circonstance de nuit et l'emploi d'engins dangereux.

Outre les peines de privation de liberté et les amendes organisées pour réprimer les comportements déviants à l'égard de l'environnement dans leur quasi unanimité, les législations des pays de l'espace prévoient des peines accessoires (ou complémentaires)[489]. Ces sanctions, qui peuvent s'imposer dans une perspective entre autres pédagogique, couvrent un large éventail de mesures portant sur des interdictions, des confiscations[490], des déchéances ou des fermetures d'établissements.

Les peines correctionnelles correspondant aux infractions qualifiées de délits constituent la part la plus importante en nombre des peines prévues en matière environnementale et sont en corrélation avec le nombre de faits répréhensibles constitutifs de délits en ce domaine[491].

---

[488] WWW.RFI.Com, journal, (consulté le 6 janvier 2014).

[489] Cf. l'article 95 du code minier et l'article 86 du code de la pêche maritime du Sénégal.

[490] Par exemple, les articles L 15, L 16 et L 17 du code de chasse du Sénégal.

[491] Le code de l'environnement ivoirien prévoit respectivement en ses articles 89, 93 et 97 que « *est puni d'un emprisonnement de deux mois à deux ans et d'une amende de 5.000.000 F CFA, quiconque procède ou fait procéder à l'abattage d'arbres ou d'animaux dans les forêts classées, les aires protégées et les parcs nationaux. les complices sont punis des mêmes peines* », « *quiconque poursuit l'exploitation d'une installation classée sans se conformer à la mise en demeure d'avoir à respecter les prescriptions techniques déterminées est puni d'un emprisonnement d'un mois à un an et d'une amende de 200.000 francs à 2.000.000 de francs* » et enfin « *est puni d'une amende de 2.000.000 de francs à 50.000.000 de francs et d'un emprisonnement de deux mois à deux ans ou de l'une de ces deux peines seulement toute personne ayant pollué les eaux continentales par des déversements, écoulements, rejets et dépôts de substances de toute nature susceptible de provoquer ou d'accroître la pollution des eaux continentales et / ou des eaux maritimes dans les limites territoriales. En cas de récidive, la peine est portée au double. Le coupable peut être condamné à curer les lieux pollués.*

À côté des peines principales (emprisonnement ou fermeture d'établissements) et complémentaires (amende), il est prévu des mesures de sûretés dans le code pénal ivoirien dont certaines s'appliquent à la personne concernée et d'autres aux biens de celle-ci. Elles visent d'une manière générale à fournir à la société les moyens de contrôler l'activité et les déplacements d'une personne morale connue pour sa tendance à la délinquance. Les mesures de sûreté retenues dans le droit pénal ivoirien de l'environnement sont la surveillance, l'assistance, la fermeture d'établissement[492] et la confiscation des objets ayant servi à commettre l'infraction[493].

147. Ces acquis sur les traits essentiels du droit pénal de l'environnement en Afrique ont essayé de mettre en relief ses particularités concernant l'appréhension des infractions punissables en la matière. Ces acquis mettent également en relief les procédures qui s'observent en général en vue de l'application des peines pour réprimer les atteintes perpétrées, du fait de l'homme et des multinationales, contre la nature et ses éléments.

En raison de ses particularités, ce droit n'est pas encore très pratiqué devant nos tribunaux. Les procédures administratives de règlement des litiges qui s'y rapportent et les transactions ont, en général, pris le pas sur leur dénouement par les tribunaux. Sur ce point, on remarquera que les juridictions africaines sont moins performantes que leurs semblables européennes, notamment, les juridictions françaises qui sont plus fréquemment saisies. Ces dernières forgent déjà, en effet, des jurisprudences hardies par exemple sur le préjudice moral, le préjudice collectif ou sur la reconnaissance de l'action des associations de défense de l'environnement.

On peut retenir que le droit pénal de l'environnement est un droit spécial. L'objectif recherché par l'AHJUCAF est de faire encourir les personnes morales, généralement auteurs de l'infraction commise, à des sanctions pécuniaires. En définitive on observe, après analyse des dispositions des principaux textes législatifs et réglementaires précités de certains États africains, que le droit pénal représente une avancée importante dans la prise en compte des préoccupations exprimées çà et là par la communauté internationale en vue de la réalisation par tous d'un développement durable. Il a gagné en exhaustivité, en précision et en sévérité pour plus de sécurité et une meilleure protection tant de l'environnement physique que de la qualité de vie de toutes les espèces vivantes. Ce n'est pas un dispositif juridique commun mais un objectif d'interprétation général des différentes dispositions quasi complet de la plupart des États qui peut notamment

---

L'autorité nationale compétente peut, en cas de négligence, refus ou résistance, y procéder ou y faire procéder aux frais et dépens de l'intéressé ».

[492] Cf. l'art. 85 du code pénal, articles 88, 91 et 92 du code de l'environnement.

[493] Cf. l'art. 115 du code de l'eau, 88 et 101 du code de l'environnement.

permettre à ceux-ci de faire face promptement, sans avoir à déplorer un vide juridique, aux différentes situations liées à l'environnement[494].

SECTION II. LE PRINCIPE DE LA RESPONSABILITÉ PÉNALE DES PERSONNES MORALES EN DROIT OHADA

148. La mise en harmonie des droits en Europe a servi de base pour la consécration de la responsabilité pénale des personnes morales dans les États membres, notamment en France. La communautarisation des droits débouche sur une harmonisation quelque fois conflictuelle, car ce processus se réalise toujours sur les fondements des droits nationaux des États. Or, il faut concilier deux impératifs difficilement conciliables. Il s'agit de l'impératif d'harmonisation des législations pénales et le respect de la souveraineté des États[495]. À cette fin, la matière pénale semble poser beaucoup de difficulté au législateur communautaire de l'OHADA qui se nourrit de l'ambition d'aboutir à une unification efficace des droits. La difficulté d'harmonisation du droit pénal est en partie liée à l'existence de différentes politiques criminelles et à la détention par les États des pouvoirs de police et du droit de punir comme l'expression de leur souveraineté.

Le droit OHADA s'inscrit dans cette logique harmonisation-unification des droits. Dans cette perspective, le traité de l'OHADA prévoit en son article 5 al.2 que les actes uniformes peuvent inclure des dispositions d'incriminations pénales dont les sanctions seront appliquées par les États-parties. Cette incrimination annoncée par le législateur n'est, cependant, pas complète. En effet, la politique criminelle dans l'espace OHADA devrait s'accoutumer avec l'évolution actuelle du droit pénal notamment dans la détermination des acteurs et des sujets. Plusieurs lacunes ont été constatées çà et là par les auteurs dans le choix de la responsabilisation des sujets du droit pénal. Tout comme la personne physique, la personne morale par ses agissements peut être à l'origine d'une infraction pénale. La personne morale n'en demeure pas moins pénalement responsable des agissements visés par le législateur communautaire. Il est aisément perceptible que le législateur a

---

[494] C'est le cas de la situation née du déversement à Abidjan dans la nuit du 18 au 19 août 2006 des déchets toxiques d'origine européenne par une personne morale. Après autorisation des autorités portuaires, 528 m3 de produits toxiques ont été déversés par le navire Probo Koala dans différents endroits de la ville d'Abidjan (14 communes en tout sont concernées par cette affaire), en violation des conventions de Bâle. Les conséquences socio-sanitaires sont immédiates : 16 morts, environ 247 personnes intoxiquées, des milliers de personnes souffrants de malaises divers consécutifs aux irritations causées par la pollution. Au plan économique et financier, la société Trafigura a versé à l'État ivoirien 152,5 millions d'euros soit 100 milliards de francs CFA en échange de l'abandon de poursuites judiciaires et à la libération de ses dirigeants.

[495] Voy. Ndiaw DIOUF, *Actes uniformes et droit pénal des États signataires du Traité de l'OHADA : la difficile émergence d'un droit pénal communautaire dans l'espace OHADA*, Ohadata D-05-4,1Revue burkinabé de droit, n° 39-40, n° spécial, p. 63.

reconduit la vieille maxime « *societas delinquere non potest* ». Mais la réalité incontestable des personnes morales favorise constamment la commission d'infractions dont elles peuvent se rendre pénalement responsables. L'OHADA a eu pour ambition d'améliorer l'environnement juridique des entreprises en donnant la possibilité de mettre fin à l'insécurité juridique et judiciaire des acteurs et des affaires[496].

Sans être contraire aux objectifs qui sous-tendent la communautarisation du droit en Afrique, le législateur OHADA n'a pas prévu la responsabilité pénale expresse de l'être moral (paragraphe I). Pourtant, certains États membres tels que le Togo et le Burkina Faso ont consacré, dans leurs deux codes pénaux, la responsabilité pénale des personnes morales qui obéit au principe de généralité (paragraphe II).

Paragraphe I. Les objectifs de la communautarisation du droit en Afrique

149. Les signataires du traité portant création d'un espace juridique sécurisé en Afrique étaient animés de l'ambition de faire de cet espace un lieu d'échange sur le plan économique et juridique. La sécurité juridique était au centre des préoccupations des États parties qui manifestaient le besoin d'une réglementation globale, rigoureuse et attirante qui créerait un ordre public communautaire de protection.

Il apparait que l'absence de reconnaissance expresse de la responsabilité pénale des personnes morales en droit OHADA ne peut se justifier dans la mesure où cette responsabilité ne déroge pas aux grands principes qui gouvernent le droit pénal commun. Ces principes sont inspirés des traditions de l'espace juridique et judiciaire commun de l'union européenne. Outre les objectifs qui sous-tendent tout regroupement communautaire, notamment la mise en harmonie des règles communes, les mécanismes de commission des infractions peuvent suivre le même sort dans l'espace OHADA. Les pays membres de l'OHADA reçoivent un nombre de plus en plus croissant des entreprises multinationales de droit étranger dont leur installation ne peut se faire sans atteindre les intérêts des populations par la violation de la réglementation en vigueur[497]. Au plan intérieur, l'ouverture des frontières entre certains États parties au traité OHADA favoriserait sûrement l'implantation d'antennes des entreprises nationales et le développement de la criminalité à grande échelle. Il est impérieux de prendre les dispositions nécessaires pour la création d'un espace juridiquement protégé qui permettra un bon épanouissement des affaires. Mais on peut noter que l'OHADA n'interdit pas la mise en jeu de la responsabilité pénale des personnes

---

[496] Traité de création de l'OHADA à Port-Louis à Maurice, le 17 octobre 1993.

[497] À l'image de l'affaire Trafigura, op. cit. Paragraphe n° 147, note de bas de page n° 495.

morales suivant une maxime du droit selon laquelle, ce que la loi n'interdit pas, elle le permet.

L'option de création d'un espace juridique par le législateur OHADA consiste à prévenir le développement d'une nouvelle forme de délinquance et à garantir la protection des intérêts divergents des acteurs de la vie des affaires (A). Cependant, certains États parties ont emboîté le pas par une reconnaissance du principe (B).

A. La prévention de nouvelles formes de délinquances et la protection des intérêts des acteurs

150. Le principe de la liberté de commerce et d'industrie posé en France par le décret d'Allarde[498] a favorisé la naissance de l'initiative privée et par, conséquent, la création de plusieurs formes de groupements dans le monde des affaires. L'irruption de ces acteurs dans le domaine des affaires n'est pas sans conséquence sur la politique criminelle des États africains. Jadis, le droit de ces États considérait la seule personne physique responsable des infractions commises en reléguant la personne morale au seul rang des justiciables en matière civile. L'immensité du nombre de groupements créés dans l'espace OHADA appelle, en principe, la mise en œuvre de ce qu'il est convenu de nos jours d'appeler la défense sociale nouvelle. Il s'agit là de la politique criminelle qui permet de faire face aux agissements des acteurs du monde des affaires. Ces agissements en cause peuvent avoir plusieurs variantes liées à la diversité des acteurs et à leur nature. De son caractère traditionnellement connu, l'infraction prendrait une forme inhabituelle dans sa commission et dans ses éléments constitutifs. Le rôle du législateur communautaire doit consister à procéder à une réactualisation des phénomènes dits criminogènes dans la mesure où il a réservé les incriminations au domaine communautaire et les sanctions aux États-parties. Cependant, il est à noter que le législateur a quand même marqué une avancée notable en droit des sociétés notamment en termes d'incrimination. Ainsi, certaines incriminations n'étaient pas prises en charge par les législations nationales de certains pays[499]. D'autres catégories d'infractions ont été prévues par le droit OHADA, allant de la constitution des sociétés jusqu'au fonctionnement et à la dissolution de celles-ci. Si le législateur n'a

---

[498] Le décret d'Allarde des 2 et 17 mars 1791 a permis la suppression des corporations pour les personnes qui voulaient exercer de manière libre leur profession. Il a permis de réorganiser le travail et d'abolir le contrôle parfois illégitime des corporations qui avaient la main mise sur certains corps de métiers et sur la gouvernance de villes entières par leur influence politique et économique. Ce décret a aussi été à l'origine de l'interdiction des syndicats et de la grève, mais pas seulement, en effet, cette loi de 1791 laisse la liberté d'entreprendre et permet la libre concurrence dans le respect d'un certain cadre légal.

[499] C'est en tout cas l'exemple de la législation nigérienne qui n'a consacré le fameux abus des biens sociaux (ABS) qu'après l'entrée en vigueur de l'acte uniforme portant droit des sociétés commerciales et groupement d'intérêt économique.

pas omis les incriminations en droit des sociétés, il a cependant maladroitement ignoré la question d'imputation des infractions qui est le seul indice permettant de remonter aux auteurs, coauteurs ou complices des infractions.

En effet, l'entreprise est une entité hiérarchiquement gérée de la base au sommet. Il en résulte plusieurs modes de commission ou de participation à la commission de l'infraction. Il serait donc raisonnable de déterminer la ou les personnes devant répondre de ces agissements. La question est, en général, tranchée lorsque l'infraction est attribuée à une personne nommément désignée dans la chaine de la hiérarchie. La difficulté vient du fait que certaines infractions peuvent être commises sans laisser la possibilité de déterminer le véritable auteur. En effet, certains agissements sont si frauduleux qu'ils ne laissent aucune possibilité de retrouver « le bras armé » qui a exécuté le forfait. Or, la recherche de la responsabilité pénale nécessite que soit imputée une infraction à une personne. La doctrine s'est efforcée de trouver une théorie à même de résoudre ces difficultés, celle de la faute diffuse à laquelle le droit OHADA aurait pu fonder expressément le principe de la responsabilité pénale des personnes morales. L'application de la théorie de la faute diffuse peut être un gage d'insécurité et d'impunité recherchée par le législateur communautaire. En effet, les mécanismes de fonctionnement de certaines entreprises peuvent constituer de véritables sources d'insécurité en raison des interactions des rôles joués par les acteurs. Il s'ensuit que l'objectif recherché par le législateur communautaire est d'attirer les investisseurs qui en grande partie seraient des entreprises de droit étranger.

Ainsi, une entreprise de droit européen peut s'installer sur un territoire plus accueillant et dénué de toute menace pénale en raison du fait qu'elle peut commettre certaines infractions uniquement relatives aux personnes morales. À l'inverse, l'entreprise étrangère s'invitera à son tour à respecter le droit du territoire d'accueil. Les atteintes à l'environnement semblent être la manifestation la plus concrète. Le droit communautaire européen a déjà prévu des incriminations contre les personnes morales dans le domaine de l'environnement comme la pollution ou le déversement des déchets. D'autres catégories d'infractions sont de plus en plus commises par les personnes morales dans les matières que concerne le droit OHADA. Il en est ainsi des atteintes à l'ordre financier, économique et social, des atteintes à l'environnement, la fraude et la contrefaçon.

Certains événements ayant marqué l'opinion sont, en effet, révélateurs du caractère criminogène des personnes morales[500]. De plus en plus, une

[500] Ainsi, le 12 décembre 1999, Erika faisait naufrage aux larges des cotes bretonnes en provoquant l'une des plus désastreuses marées noires. Le navire qui appartenait à une société privée, a été affrété par le groupe pétrolier total Fina Elf pour le transport de fioul lourd. Le groupe essaya de s'exonérer de sa responsabilité en arguant qu'il n'est pas propriétaire du navire. De nombreuses personnes physiques ont été poursuivies notamment le capitaine,

nouvelle forme de menace plane sur le monde de l'entreprise notamment les velléités terroristes manifestées soit à l'égard de l'entreprise elle-même, soit à l'égard des agents qui l'animent[501]. De tout temps, ces risques interviennent alors que les entreprises concernées ne prennent pas les mesures idoines ou les prennent trop tard. La question de la responsabilité civile dans ces conditions ne nécessite pas de commentaire pour la simple raison que le caractère accidentel de l'événement est palpable. La décision rendue par le tribunal des affaires de sécurité sociale de la Manche, très motivée, retenait que « l'accident n'a été rendu possible que par la faute inexcusable commise par l'employeur qui n'avait pas pris les mesures propres à assurer la sécurité de ses salariés »[502]. La pertinence de la décision a poussé le ministère public à renoncer à l'appel contre ce jugement. Cette option n'est que civile et la pratique actuelle en droit OHADA offre cette éventualité. Il reste à préciser que des événements de ce type appellent à une responsabilité pénale des dirigeants de l'entreprise et de l'entreprise elle-même en tant que personne morale sous la direction de laquelle l'accident est arrivé.

Les législations pénales nationales doivent introduire certaines infractions à l'égard des personnes morales. Ce sont des infractions d'homicides par imprudence, de blessures involontaires, de la mise en danger de la personne etc. Un espace juridique comme l'OHADA qui n'aurait pas prévu une telle responsabilité dans son arsenal juridique végéterait dans l'impunité sous le poids du pouvoir économique des entreprises. Lorsque l'espace OHADA s'engage sur un marché international par son ouverture économique, il s'expose au « chaos mondial » par les menaces criminelles qui pèsent sur lui. Celles-ci se traduisent par un risque juridique devant être pris en considération par le législateur communautaire. La prévention permettra dès lors de protéger les intérêts des acteurs, aussi antagonistes soient-ils.

151. L'organisation de la responsabilité pénale des personnes morales dans l'espace OHADA participe de la protection de plusieurs catégories d'intérêts. Ces intérêts peuvent être aussi bien ceux des tiers en raison de leur vulnérabilité que de la personne morale elle-même.

L'objet du droit doit consister à aplanir les différences, notamment en ce qui concerne les forces qui coexistent dans le monde des affaires. Tel doit être le rôle que le droit OHADA serait amené à jouer face au gigantisme qui caractérise le monde de l'entreprise. En effet, le poids de l'entreprise se

---

l'armateur et le gestionnaire du bateau. La mise en cause de la responsabilité du groupe pétrolier n'a été possible par la suite que grâce à l'introduction de l'article 121-2 du code pénal français qui consacrait la responsabilité pénale des personnes morales.

[501] L'attentat de Karachi sur des ouvriers de la direction des constructions navales expose bien les risques auxquels sont exposés les personnels des entreprises, exposition qui nécessite la prise de précautions particulières.

[502] Tribunal des Affaires de sécurité sociale de la Manche, le 26 mars 1997, Bull. Civ. n° 42, avr. 2001.

remarque, de nos jours, sur l'ensemble des secteurs d'activités. Dans ces conditions, la nécessité d'instituer un système efficace de répression s'impose. Certaines législations étrangères ont tiré les conclusions à partir d'événements successifs qui ont marqué leur opinion publique[503].

152. Dans le contexte africain, on a encore à l'esprit quelques menaces[504]. Au vu de ces menaces, les législations étrangères qui ont consacré la responsabilité pénale des personnes morales n'ont pas omis d'assurer une protection efficace aux tiers. La protection des tiers peut être assurée sur le plan des incriminations et sur le plan procédural.

En termes d'incrimination, le législateur OHADA portera un regard attentif sur certaines catégories d'infractions qui impliqueraient directement les intérêts des tiers. Il s'agit de certaines infractions prévues en droit du travail. Il peut s'agir du travail illégal constitué par le recours aux personnes exerçant un travail dissimulé. D'autres catégories d'infractions portant atteinte aux intérêts des tiers sont prévues dans le code pénal. Elles sont relatives aux homicides involontaires, à la mise en danger de la vie d'autrui ainsi qu'aux atteintes aux biens caractérisées par la traditionnelle trilogie du vol, de l'escroquerie et d'abus de confiance portant directement atteinte à la propriété d'autrui commise aussi bien par les personnes physiques que par les personnes morales.

Au plan de la procédure pénale, la mise en cause des personnes morales, notamment en cas d'atteinte aux intérêts des tiers, permet de mettre en mouvement l'action publique. Le plus souvent, les victimes sont des tiers étrangers à la personne morale[505]. Seule la responsabilité civile est en général invoquée au cas où la procédure venait à être déclenchée. Le plus grand souhait consiste à élaborer une procédure facilitant la saisine du juge pénal par les victimes lorsque l'action publique reste toujours aux mains du procureur de la république. L'action du parquet doit simplement être rendue obligatoire et non facultative sans tenir compte du consentement des victimes.

---

[503] Le 20 janvier 1992, un airbus de la compagnie Air Inter s'écrasait sur le mont *Sainte Odile*, provoquant ainsi un émoi dans l'opinion publique française devant la mise en cause de trois personnes physiques en raison de leur fonction dans la compagnie ; la condamnation du seul conducteur du train suite à un accident ferroviaire survenu à la gare de Lyon sans la mise en cause de la SNCF ne peut passer inaperçu ; l'affaire du sang contaminé, sont autant d'événements ayant interpellé le législateur français à retenir la responsabilité pénale des personnes morales à travers le code pénal de 1992.

[504] La collusion de deux trains de la compagnie CAMRAIL qui s'est soldée par une responsabilité seulement civile de la compagnie. L'affaire la plus récente et non encore soldée est celle de la Probo koala où une société de droit néerlandais a déversé des déchets toxiques aux abords d'Abidjan, entrainant ainsi une pollution environnementale et plusieurs victimes enregistrées.

[505] À titre d'exemple, dans l'espace OHADA, les populations contractent très souvent, des maladies qui ont pour origine le fonctionnement des entreprises.

Le gigantisme qui caractérise la personne morale ne doit néanmoins pas occulter sa relative fragilité face à ses dirigeants. En effet, la personne morale n'existe que par ses représentants, ses « substratums humains ». Dès lors, ses intérêts peuvent être mis en péril. Il peut être de bonne politique criminelle de prévoir une responsabilité cumulative entre la personne morale et ses représentants et de viser tous les intervenants dans l'activité de celle-ci[506]. Dès lors, il s'ensuit une nécessité de se conformer aux grands principes, qui fondent le droit pénal général, contenus dans les codes pénaux des États membres de l'OHADA en considération des modes de participation à la commission des infractions par les personnes morales. Les objectifs de communautarisation ne seraient atteints que quand la règle de droit devient la même pour tous, qu'on soit personne physique ou morale, de droit national ou étranger. Si le législateur OHADA a organisé la traque des dirigeants, celle des personnes morales aussi est souhaitable et peut être comprise dans les dispositions de l'Acte Uniforme portant Droit des Sociétés Commerciales et des GIE.

L'article 888 de l'Acte Uniforme de l'OHADA portant droit de sociétés commerciales (AUSC) sanctionne *l*a négociation d'actions ou de promesses d'actions de délit lorsque les titres faisant partie de l'objet de cette négociation sont irréguliers[507] ou lorsque la loi interdit formellement cette opération[508]. L'AUSC réprime le délit **de distribution des dividendes fictifs en son** article 889[509]**. Cette infraction est relative à l'administration, à la direction des sociétés** et au fonctionnement des sociétés. L'article 892 qualifie de **délit d'empêcher un associé à prendre part à une assemblée générale alors que l**a détention d'une part sociale ou d'une action confère à

---

[506] Le législateur français a bien cerné la difficulté et a consacré un article 121-2 dans le code pénal où il est indiqué que « *les personnes morales, à l'exclusion de l'État, sont responsables pénalement, selon les dispositions des articles 121-4 à 121-7, et dans les cas prévus par la loi ou le règlement, des infractions commises, pour le compte, par les organes ou représentants… ; la responsabilité pénale des personnes morales n'exclut pas celle des personnes physiques auteurs ou complices des mêmes faits* ».

[507] Cf. à l'article 888 de l'AUSC **selon lequel** « *Encourent une sanction pénale, ceux qui auront sciemment négocié : 1) des actions nominatives qui ne sont pas demeurées sous la forme nominative jusqu'à leur entière libération ; 2) des actions d'apport avant l'expiration du délai pendant lequel elles ne sont pas négociables ; 3) des actions de numéraire pour lesquelles le versement du quart du nominal n'a pas été effectué* ».

[508] Voir Gaston LA GARDE, *Droit commercial,* 3e année de licence droit, Faculté de droit et des sciences économiques de Paris, 1968, mis à jour par ROLLAR BRIGETTE, Strasbourg III, 2002, pp. 645-650 où la négociation s'entend par transmettre une propriété à une personne par les voies commerciales. Il s'agit du transfert étant un mode ordinaire de cession des titres nominatifs qui se réalise par l'inscription sur le registre de la société par laquelle l'aliénateur reconnaît avoir transposé la propriété de ses titres à un tiers, de l'endossement qui ne s'applique qu'à des titres à ordre et de la tradition qui constitue une remise du titre de la main à la main possible pour les titres au porteur.

[509] Cf. à l'article 889 selon lequel « *Encourent une sanction pénale, les dirigeants sociaux qui, en l'absence d'inventaire ou au moyen d'inventaire frauduleux, auront, sciemment, opéré entre les actionnaires ou les associés la répartition de dividendes fictifs* ».

son titulaire le droit de participer à toute assemblée ordinaire ou extraordinaire de la société dans les conditions fixées par la loi et les statuts[510].

Au regard de ces infractions, les personnes poursuivies sont les dirigeants sociaux. Or, ces dirigeants peuvent être les représentants des personnes morales. C'est pour ainsi dire qu'une personne morale peut aussi être associée, actionnaire, membre du conseil d'administration ou dirigeant tout court d'une autre personne morale. Dans ce cas, les sanctions prévues par les différentes infractions sus indiquées pourront s'appliquer aux personnes morales pénalement responsables.

Le législateur OHADA, actuellement dans ses chantiers de reforme des actes uniformes, relancera probablement le débat qui inéluctablement conduira à la répression expresse des personnes morales. Mais, l'harmonisation des systèmes répressifs est de plus en plus croissante dans les États parties et quelques uns ont déjà précédé l'organisation de la reconnaissance expresse de cette responsabilité pénale.

B. La reconnaissance expresse du principe général de la responsabilité pénale des personnes morales dans certains États-parties

153. Cette reconnaissance est timide. Seuls certains États-parties ont consacré le principe de la responsabilité pénale des personnes morales dans leurs codes pénaux. Il s'agit notamment du Burkina Faso[511] et du Togo[512]. Selon l'article 64 al. 2 du code pénal burkinabè, « est aussi auteur ou coauteur toute personne morale à objet civil, commercial ou financier au nom et dans l'intérêt de laquelle des faits d'exécution ou d'abstention constitutifs d'une infraction ont été accomplis par la volonté délibérée de ses organes ». La responsabilité retenue ici est loin d'être spécifique même si cette disposition énumère de façon limitative les personnes morales à travers leur objet. L'élément moral (ou psychologique ou intentionnel) de l'infraction dans la détermination de la responsabilité pénale des personnes morales y est expressément consacré. Comme toujours, la volonté délibérée que constitue cet élément moral est essentielle dans la détermination de la responsabilité pénale des personnes morales.

De même, l'article 42 du code pénal togolais prévoit que « toute personne morale peut être déclarée coupable des infractions commises par ses organes à son seul profit dans les limites de leurs attributions ». Ici, on peut remarquer qu'en plus de la généralité des personnes morales et des

[510] Cf. à l'article 892 **selon lequel** *« Encourent une sanction pénale, ceux qui, sciemment, auront empêché un actionnaire ou un associé de participer à une assemblée générale ».*

[511] L'article 64 de la loi n° 43-96 ADP du 13 novembre 1996 portant code pénal du Burkina Faso, JO 39e année, spécial n° 1 du 27 janvier 1997.

[512] Les articles 42 et 43 de la loi du 13 août 1980 portant code pénal togolais révisé en avril 2000, JO 41e année, 6 mars 2002.

infractions, les conditions d'engagement et de mise en jeu de la responsabilité pénale des personnes morales aussi sont évoquées. Les organes agissent ainsi au profit des personnes morales dont ils représentent conformément aux pouvoirs qui leurs sont dévolus. L'article 43 du même code fait allusion aux peines applicables lorsque la responsabilité pénale est retenue. Parmi ces peines, figurent l'amende pouvant aller au quintuple de celle prononcée contre les personnes physiques[513], l'exclusion temporaire ou définitive des marchés publics ou la perte des avantages accordés en application du code des investissements constituant des peines complémentaires facultatives[514], la fermeture temporaire[515] et la dissolution qui se substitue à la réclusion[516]. Toutefois, il est indiqué que les personnes physiques ne sont pas exclues[517].

Les dispositions du code pénal togolais s'apparentent beaucoup plus à celles du code pénal français. Dans les deux cas, on peut retenir après analyse que les éléments constitutifs classiques de l'infraction existent comme toujours[518]. Mais contrairement à ces dispositions, le code pénal burkinabè prévoit expressément l'élément moral de l'infraction. Ceci traduit incontestablement la reconnaissance de la théorie de la réalité pour laquelle l'être moral a une volonté propre différente de celle des personnes physiques qui le composent.

154. Ainsi, les infractions sont constituées des mêmes éléments aussi bien pour les personnes physiques que pour les personnes morales. Classiquement, pour être responsable d'une infraction pénale, trois éléments constitutifs sont nécessaires : l'élément légal, l'élément matériel et l'élément moral. Pour que l'infraction pénale puisse exister et être retenue pour le compte d'une personne physique comme d'une personne morale, il faut observer dans son chef la réunion de ces différents éléments traditionnels en droit pénal. Une action ou une omission devient une infraction quand un texte le prévoit : d'où le principe de légalité des infractions.

S'il est vrai que la personne morale doit accomplir l'élément matériel de l'infraction pour que sa responsabilité soit engagée, il faut qu'elle manifeste aussi une volonté d'enfreindre la loi, c'est-à-dire qu'elle ressente l'élément

---

[513] L'article 43-1 du code pénal togolais, « t*oute autre condamnation que l'amende est publiée au frais de la personne morale condamnée au journal officiel. Le juge peut en outre ordonner la publication de la condamnation dans la presse en application de l'article 41* ».

[514] L'article 43-2 du code pénal togolais.

[515] L'article 43-3 du code pénal togolais « *la fermeture temporaire de l'entreprise ou d'un de ses établissements, qui se substitue à l'emprisonnement* ».

[516] L'article 43-4 du code pénal togolais.

[517] Les administrateurs ou gérants qui ont été commis l'infraction au nom et pour le compte de la société peuvent être déchus pour cinq ans au plus du droit d'administrer ou gérer une société.

[518] Il s'agit des éléments matériel, moral et légal.

psychologique de l'infraction. Cet élément psychologique est indispensable pour déclarer l'être moral responsable de l'agissement répréhensible.

155. Il est évident que pour la commission de l'infraction, la personne physique matérialise les agissements de la personne morale. Ainsi, la personne morale agit à travers ses organes ou de ses représentants (personnes physiques) pour atteindre le résultat infractionnel souhaité[519]. La majorité de la doctrine adhère à cette idée et il semble admis par tous que « la responsabilité pénale d'un être collectif présente ceci de particulier qu'elle ne peut se concevoir sans la responsabilité pénale d'une ou plusieurs personnes physiques agissant en son nom »[520]. RASSAT va à l'encontre de cette idée en affirmant que c'est « une grave erreur qui témoigne d'une méconnaissance complète du problème »[521].

Cette difficulté semble être résolue par le code pénal qui fait état d'organes et de représentants. La personne morale ne peut avoir de prise directe sur les choses et ne peut commettre personnellement l'acte délictueux. Elle a toujours besoin d'un élément extérieur pour matérialiser l'acte délictueux, en l'occurrence, son organe ou son représentant. Ce dernier agit au nom de la personne morale pour l'exécution de la mission que ses règlements intérieurs ou ses statuts lui confèrent. Ainsi, l'infraction doit être intrinsèquement liée ou commise dans l'intérêt de la personne morale qui consiste à la réalisation de son objet. Cet objet peut résulter des statuts de la société ou résulter de l'activité de la société[522]. Ce dernier cas pourrait être beaucoup plus fréquent.

156. Comme l'infraction est intrinsèquement liée à la défense des intérêts de la personne morale, des faits concrets doivent prouver qu'elle est commise au nom et pour le compte de cette personne morale.

En revanche, si aucune de ces circonstances n'est rencontrée, la personne morale ne peut être tenue pour pénalement responsable. L'insistance a été faite dans les travaux préparatoires que la nouvelle loi n'instaurait pas un régime de responsabilité objective[523]. Par exemple, lorsqu'un chauffeur routier profiterait de ses trajets pour transporter dans les roues de son camion

---

[519] Cf. C. MOULOUNGUI, *L'élément moral dans la responsabilité pénale des personnes morales (nouveau Code pénal),* RTD com., 47 (3), juillet-septembre 1994, p. 441.
[520] Cf. R. MERLE, A. VITU, *Traité de droit criminel,* tome l, n° 600. Dans le même sens, cf. J. PRADEL, *Droit pénal général,* op. cit., p. 84.
[521] Cf. M.-L. RASSAT, *Droit pénal,* PUF, 1987, n° 338, p. 494.
[522] Il va sans dire qu'il sera rarissime que les statuts prévoient un objet social illégal.
[523] Document Parlementaire, Sénat, 1998-1999, n° 1-1217/1, p. 5. ibidem, n° 1-1217/6, « *il ne paraît ...pas approprié de rendre la personne morale pénalement responsable de faits commis par des personnes physiques ayant un lien avec elle (employé, administrateur, ...), quand celles-ci n'auraient fait que profiter du cadre juridique ou matériel de la personne morale pour commettre des infractions dans leur propre intérêt ou pour leur compte. Il ne s'agit pas d'instaurer une responsabilité objective de la personne morale pour tout fait quelconque commis en son sein* ».

des substances stupéfiantes, il n'engage pas la responsabilité pénale de son employeur qui pourrait être une personne morale.

À vrai dire, l'élément matériel accompli par la personne morale n'est autre que l'acte posé par son représentant dans la mesure où ce dernier agit en son nom. En ce sens, l'article 121-2 du CPF parle d'organes ou de représentants. Encore, faudrait-il que ceux-ci aient voulu commettre l'infraction ? C'est dire qu'il ne suffit pas de réaliser l'élément matériel de l'infraction pour être pénalement responsable. Il faudrait aussi la présence de l'élément moral de l'infraction.

157. L'élément moral ressenti par la personne morale pose un délicat problème de compréhension. D'abord, il s'agit de savoir si la personne morale possède une volonté propre? Ensuite si tel est le cas, comment pourra-t-elle l'exprimer ?

Pour la doctrine, il n'est pas concevable que « l'intention ou le mobile, élément moral de l'infraction, ait leur siège ailleurs que dans le cerveau d'un homme »[524]. Un auteur ajoute que la personne morale ne peut « ni réaliser les éléments matériels d'une infraction, ni commettre une faute »[525]. Un autre affirme que si les personnes physique sont punies « c'est parce qu'elles sont douées de discernement et de liberté »[526], ce qui n'est pas le cas pour la personne morale.

À l'opposé de cette doctrine, d'autres soutiennent que la personne morale a une volonté distincte de celle de ses membres[527]. Encore faut-il déterminer « la personne physique dont l'action ou l'omission sera constitutive de l'infraction imputée à l'être moral »[528]. En plaidant pour l'instauration de la responsabilité pénale des personnes morales, un auteur soulignait qu' « en ce qui concerne l'élément psychologique, la théorie de la réalité qui est de droit positif interdit de soutenir que la personne morale n'aurait pas de volonté propre »[529].

158. La reconnaissance de la responsabilité pénale des personnes morales se fonde sur l'analyse de deux affirmations. D'abord, les personnes morales ont « une volonté propre »[530] distincte de celle de leurs membres pris individuellement selon Pierre ARPAILLANGE[531]. Et enfin, plusieurs de

---

[524] Cf. H. DONNEDIEU DE VABRES, note sous Paris, 21 décembre 1949, Soc. Baschet, D.1950, p. 438, col. I.

[525] Cf. P. FAIVRE, *La responsabilité pénale des personnes morales,* préc., p. 551.

[526] Cf. J.-H. ROBERT, *Droit pénal général,* 1992, p. 397.

[527] C'est la volonté exprimée généralement à l'occasion d'une délibération.

[528] Cf. M. A. HUSS, *Sanctions pénales et personnes morales,* RJD pén., 1976, p. 684.

[529] Cf. A. COCQ, *Droit pénal général,* Armand Colin, 1971, Coll. U, série dr. Pén. et sc. Crim., p. 256.

[530] Rapport MARCHAND, 1989, JO AN, n° 896, p. 18.

[531] L'audition du garde des Sceaux P. ARPAILLANGE, Rapport MARCHAND, préc., p. 45. R. BADINTER, *Projet de nouveau code pénal,* Dalloz, 1988, p. 16 ; Lettre du 15 février 1989

leurs actes sont répréhensibles. Ainsi, l'exposé des motifs du nouveau code pénal[532] fait allusion aux affirmations du rapporteur du projet de loi[533] et de la doctrine[534].

Comment la personne morale exprime-t-elle cette volonté propre ? Le législateur, en disant que la responsabilité pénale de la personne morale est engagée par ses « organes ou représentants », a sans doute voulu dire que l'élément moral de l'infraction doit être recherché en la personne de ceci qui peut être une personne physique. Il subordonne ainsi la responsabilité de l'être moral à l'identification d'une ou plusieurs personnes « reléguant cette dernière à l'arrière-plan d'un schéma de responsabilité dont elle est censée être le cœur »[535]. Cette référence perpétuelle à la personne physique interdit d'admettre qu'une personne morale pouvait exprimer une volonté criminogène par le truchement de ses organes collectifs[536]. Ici on a oublié qu'une personne morale peut exprimer une volonté propre distincte de celle des personnes physiques qui la composent[537]. Selon Mireille DELMAS-MARTY, « quiconque aura assisté aux conseils d'administration de certaines sociétés commerciales, sait combien le délibéré des choix est une réalité »[538].

---

présentée par M. ROCARD, modifiant la présentation du projet n° 300 (1985-1986), portant réforme du Code pénal, JO Sénat, n° 213, p. 8.

[532] « *La décision qui est à l'origine de l'infraction est prise par les organes sociaux eux-mêmes, qui déterminent la politique industrielle, commerciale ou sociale à suivre de l'entreprise* ».

[533] Cf. Rapport MARCHAND, op .cit, p. 19 qui conclut que l'on évitera désormais de « *faire porter toute la responsabilité de la faute sur les seuls exécutants* ».

[534] Cf. M.-L. RASSAT, *Droit pénal,* préc., n° 337, p. 492 où l'auteur reconnaît aussi que « *les dirigeants ne sont que des organes d'exécution des décisions du conseil d'administration et de l'assemblée générale* ».

[535] Cf.P.-J. DELAGE, *Brèves propositions pour une effectivité de la responsabilité pénale des personnes morales,* Dr. péri., janvier 2005, Études, p.1, spéc. p. 13. Il convient de préciser que c'est la jurisprudence et non le législateur qui relègue la personne morale à l'arrière-plan d'un schéma dont elle est censée être le cœur.

[536] Cf. D. OHL parle de « *culture d'entreprise criminogène* », Francis LEFEBVRE, 2002.

[537] Cf. Cass. crim., 11 mai 1999, RSC, 2000, p. 197, obs. Y. MAYAUD. Une telle conception autonomiste permet d'atteindre ce qu'est la vraie délinquance d'entreprise et de sanctionner la politique défectueuse de telle ou telle personne morale. En ce sens, J.-H. ROBERT affirme que devrait être responsable « *le groupement dont la structure est vicieuse parce que, par exemple, le système de commandement y est trop concentré, ou au contraire trop inefficace [...]. Le groupement est alors une organisation dangereuse qu'il faut corriger par des mesures de sûreté* », *Droit pénal général,* p. 389. On rappelle que le législateur belge a, lui, tenu compte de ce que les êtres moraux sont dotés d'une faculté d'expression collective, pour faire abstraction de la teinte anthropomorphique qui caractérise le système français. En effet, selon l'article 5 du Code pénal belge (issu de la loi du 4 mai 1999), « *toute personne morale est pénalement responsable des infractions qui sont intrinsèquement liées à la réalisation de son objet ou de la défense de ses intérêts ou de celles dont les faits concrets démontrent qu'elles ont été commises pour son compte* ».

[538] Cf. M. DELMAS-MARTY, *Le flou du droit,* rééd., PUF, 2004, p. 82.

159. En règle générale, c'est le dol général qui est exigé dans l'élément moral de l'infraction[539]. Ceci signifie que l'infraction n'est imputable à son auteur que s'il aurait agi sciemment et volontairement, c'est-à-dire en pleine connaissance des éléments de l'acte commis et en voulant ou tout au moins en acceptant leur réalisation.

Toutefois la loi peut s'écarter de ce dol général en deux sens différents. D'abord, elle exige parfois, outre la connaissance de l'acte et la volonté de le commettre, une intention perverse particulière comme dans les desseins de nuire et d'obtenir un bénéfice illicite[540]. Ensuite, elle sévit même contre des faits dus à l'absence d'une énergie assez grande dans le sens du bien comme l'inattention ou l'imprudence qui constitue une faute. Souvent la preuve de cet élément moral peut être présumée à partir de la constatation des éléments matériels. Il ne s'agit là que d'une présomption susceptible d'être renversée. C'est le cas par exemple de l'automobiliste qui brûle le feu rouge, mais qui peut démontrer qu'il n'a pas pu voir le feu parce que celui-ci était caché par des travaux. Les travaux préparatoires de la loi du 4 mai 1999 ont insisté sur le fait que l'élément moral devait être apprécié dans le chef de la personne morale et non des personnes physiques[541].

160. Cependant, l'interrogation majeure demeure toujours au niveau de l'élément moral. Selon l'article 121-1 du CPF, « nul n'est responsable pénalement que de son propre fait ». Ainsi, pour qu'une personne soit pénalement responsable, il faut qu'elle ait personnellement participé à l'infraction en tant qu'auteur, coauteur ou complice. En principe, aucune personne ne peut voir sa responsabilité pénale engagée si elle n'a pas participé de son propre fait à l'infraction. Autrement dit, on n'est pas responsable d'une infraction commise par autrui. Le principe énoncé par l'article 121-1 du CPF sus visé est très souvent rappelé par la Cour de cassation qui a également affirmé dans un arrêt du 3 février 1972 que « nul n'est punissable qu'à raison de son fait personnel ». On peut retenir ici que le droit pénal semble s'opposer au droit civil puisque l'article 1384 du code civil consacre la responsabilité du fait d'autrui[542].

---

[539] En droit pénal, le dol est la volonté d'accomplir un acte défendu par la loi. Cette volonté est tendue vers un certain but : la recherche d'un résultat répréhensible. Quant au dol général, il est synonyme d'une simple volonté consciente de violer la loi pénale.

[540] C'est le cas du dol spécial qui signifie l'intention inscrite dans un but particulier.

[541] Document Parlementaire, Sénat, 1998-1999, n° 1-1217/1, p. 5.

[542] L'exemple-type de la responsabilité civile du fait d'autrui est le fait que les pères et mères, qui exercent l'autorité parentale, sont responsables des dommages causés par leurs enfants mineurs habitant avec eux.

Paragraphe II. L'application du principe de généralité

161. La responsabilité pénale des personnes morales devait être expressément prévue par les textes définissant et réprimant l'infraction considérée. Mais, les incohérences et les lacunes du principe de spécialité se sont vite révélées. Elles font allusion à la difficulté de dégager des critères rationnels permettant de désigner les infractions pour lesquelles la responsabilité pénale doit être prévue et de la contrainte pour le législateur de procéder au cas par cas concernant les personnes morales.

Progressivement, le législateur avait étendu cette responsabilité à plusieurs infractions pour lesquelles le législateur français de 1994 ne l'avait pas envisagée. Par exemple, la loi du 12 juin 2001 relative aux mouvements sectaires l'avait largement étendu en matière de crime et de délit contre les personnes (meurtre, emprisonnement, violences, menaces...)

La loi n° 2004-204 du 9 mars 2004 dite PERBEN II a abandonné le principe de la spécialité au profit du principe de généralité en modifiant le champ d'application de la responsabilité pénale des personnes morales. En France, ce champ pourra s'appliquer à toutes les infractions commises à compter du 31 décembre 2005. Désormais, les personnes morales sont responsables de toutes les infractions puisque les mots « dans les cas prévus par la loi ou le règlement » sont retranchés de l'article 121-2 du CPF. Les articles 124 et 125 de la loi n° 2009-526 du 12 mai 2009 de simplification et de clarification du droit et d'allègement des procédures[543] tirent les conséquences de l'adoption du principe de généralité et suppriment les normes éparses prévoyant un cas particulier de responsabilité pénale des personnes morales.

Ce fut la mise en place d'un véritable principe de généralité après que le législateur ait décidé de supprimer le principe de spécialité (A). La responsabilité pénale des êtres moraux était déjà générale quant aux personnes morales pouvant être poursuivies à l'exception de l'État et des collectivités territoriales dans une certaine mesure[544], mais spéciale quant aux infractions imputables (B).

A. La suppression du principe de spécialité

162. Au Mali, la responsabilité pénale des personnes morales n'existe que par le principe de spécialité. Le supprimer, serait opté pour le rejet de cette responsabilité. Ici, l'objectif visé est l'adoption d'un principe général de responsabilité pénale qui ne passe pas, certainement, par la suppression du principe de spécialité existant. Par contre, en France, le principe de spécialité a été totalement remis en cause et c'est sans surprise que le législateur a

[543] V. Loi n° 2009-526 du 12 mai 2009 de simplification et de clarification du droit et d'allègement des procédures : JORF n° 110 du 13 mai 2009 p. 7920.
[544] V. Supra. n° 105.

décidé d'y mettre fin. La suppression du principe de spécialité est prévue par la loi PERBEN II qui l'a différée au 31 décembre 2005.

La loi du 9 mars 2004[545] portant adaptation de la justice aux évolutions de la criminalité prévoit la suppression du principe de spécialité. Cette loi vise à adapter la justice à la criminalité internationale et à durcir le droit pénal et la procédure pénale. Le législateur en a profité pour durcir la répression des personnes morales en la généralisant. La suppression n'était pas prévue dans le projet de loi initial. C'est le sénateur FAUCHON qui a proposé un amendement aboutissant à celle-ci[546]. Il présente le principe de spécialité comme une précaution prise par le législateur de 1992 parce que la responsabilité pénale des personnes morales était un principe nouveau[547]. Cependant, le nombre d'infractions dont les personnes morales peuvent être responsables a considérablement augmenté si bien qu'« on peut très raisonnablement se demander s'il ne faut pas supprimer cette restriction qui confine à l'absurde ».

De même, FAUCHON remarque que les cas prévus par la loi ne sont pas choisis avec logique et « qu'il est grand temps de poser le principe général de la responsabilité pénale des personnes morales, afin d'éviter cette espèce de patchwork qui ne fait que compliquer, une fois de plus, la vie des praticiens de manière inutile ». Cet amendement a été bien accueilli par la commission des lois du sénat et par le garde des sceaux parce qu'il permet de « clarifier la situation ». Dans le projet de loi, un nouvel article 16 *quater* a donc été ajouté. Cet article disposait que l'expression « et dans les cas prévus par la loi ou le règlement », qui figure à l'article 121-2 du CPF, est supprimée. Lorsque le projet a été étudié en deuxième lecture par l'assemblée nationale, cet amendement a été accepté par la commission des lois sans qu'aucun député n'émette une objection[548]. Dans la rédaction finale, l'article 16 *quater* est devenu l'article 54 de la loi sans que son contenu ne soit modifié. Cependant, la suppression du principe de spécialité n'a pas été immédiate en France. Le législateur a cru bon de devoir laisser un temps d'adaptation aux personnes morales.

En effet, il est prévu que l'article 54 du code pénal s'appliquera à partir du 31 décembre 2005. Il semble que le législateur ait pris en compte les critiques de la doctrine, c'est que nous révèlent les débats[549] précédant l'adoption de l'amendement Fauchon. Si cette disposition a été bien accueillie, il existe néanmoins des difficultés relatives à son application.

Cette suppression peut entraîner des problèmes transitoires. La première question qui se pose est de savoir quel sera le droit applicable pour les

---

[545] Cf. JO n° 59 du 10 mars 2004, p. 4567.
[546] Cf. Amendement n° 275 du 30 septembre 2003, cité par J-C. PLANQUE, op. cit., p. 116.
[547] Cf. JO, Débats parlementaires, Sénat, Mercredi 8 Octobre 2003.
[548] Cf. JO, Débats parlementaires, Assemblée nationale, séance du mercredi 19 novembre 2003.
[549] Cf. JO, Débats parlementaires. Sénat. Mercredi 8 Octobre 2003.

infractions commises avant le 31 décembre 2005, mais qui ne seront jugées qu'après cette date. L'article 54 de la loi du 9 mars 2004, qui étend le domaine de la responsabilité pénale des personnes morales à toutes les infractions, est une loi d'incrimination. Or, les lois d'incrimination constituent du droit pénal de fond auquel s'applique le principe de non-rétroactivité[550] pour les lois plus sévères (ce qui est le cas ici). L'article 54, qui accentue la responsabilité pénale des personnes morales en créant de nouvelles incriminations ne peut s'appliquer qu'aux faits survenus après le 31 décembre 2005. Ainsi, les infractions, pour lesquelles la loi ne prévoit pas la responsabilité pénale des personnes morales, peuvent être encore violées par ces dernières jusqu'au 31 décembre 2005. Une autre difficulté provenait du fait que les infractions reprochées aux personnes morales, à partir du 31 décembre 2005, ne seraient pas sanctionnées.

163. Cependant, le législateur français a prévu l'article 55 qui dispose que l'article 131-38 du code pénal est complété par un alinéa ainsi rédigé « lorsqu'il s'agit d'un crime pour lequel aucune peine d'amende n'est prévue à l'encontre des personnes physiques, l'amende encourue par les personnes morales est de 1 million d'euros ». Pour les infractions qui prévoient une peine d'amende à l'encontre des personnes physiques, c'est l'alinéa 1 de l'article 131-38 du CPF qui s'applique : l'amende ne peut, en principe, être inférieure au quintuple de ce qui est prévu pour les personnes physiques. Toutefois, ce montant peut être dépassé en cas de cumul des sanctions pénales et administratives notamment en matière d'assurance, de concurrence ou de bourse. Pour ce cas et d'après le Conseil constitutionnel[551], le principe *non bis in idem*[552] ne reçoit pas application. Le Conseil ajoute néanmoins que « le principe de proportionnalité implique qu'en tout état de cause le montant global des sanctions éventuellement prononcées ne dépasse pas le montant le plus élevé de l'une des sanctions encourues ». Or, les sanctions administratives qu'encourent les personnes morales peuvent être plus élevées que les sanctions pénales, notamment lorsque la sanction administrative est un pourcentage du chiffre d'affaires. Donc, le montant global de la sanction supportée par la personne morale peut dépasser le quintuple de la peine prévue pour les personnes physiques de l'article 131-38 du CPF. Le fait que le législateur ne prévoit que des sanctions pécuniaires pour les nouvelles incriminations a été très critiqué par certains auteurs[553]. Ce choix de sanctionner les personnes morales uniquement par une peine pécuniaire serait contraire au principe de la

---

[550] E. PIRE, *La responsabilité pénale des personnes morales : difficultés de droit transitoire*, D. 2004 p. 1650.

[551] Cf. Cons. const. 28 juillet 1989, décision 89-260.

[552] Cet adage signifie que nul ne peut être sanctionné deux fois à propos d'un seul et même fait.

[553] Cf. J.-C. PLANQUE, op. cit., p. 116.

personnalisation des peines. Le juge ne pourra pas individualiser la peine en choisissant une peine d'une nature différente telle que l'exclusion des marchés publics, l'affichage de la décision de condamnation qui sont prévus à l'article 131-39 du CPF. Il semble que le législateur n'ait pas été sensible à la critique. Peut-être parce que le montant de la sanction peut varier et que l'on peut parler de personnalisation de la peine même si elle est réduite.

Mais, on peut penser que la loi du 9 mars 2004 n'exclut pas expressément le recours à des peines différentes de l'amende. Le juge peut être tenté d'utiliser tout l'arsenal des peines prévues à l'article 131-39 du CPF, notamment s'il y est encouragé par la doctrine. Il serait, en effet, souhaitable d'adapter la répression à la personne morale. Si celle-ci n'a pas de personnalité psychologique, elle a une organisation et une fonction propre. L'adaptation de la sanction à une personne morale constitue un progrès pour la justice pénale. Une telle solution permettrait de rapprocher les principes de la répression des personnes morales à ceux de la répression des personnes physiques. La différence est d'autant plus criarde que les personnes physiques et les personnes morales peuvent être sanctionnées pour les mêmes faits.

164. La suppression aura pour conséquence l'augmentation des cas de cumul de responsabilité pénale, de la répression des personnes morales et par conséquent des personnes juridiques. Depuis 1992, le principe de spécialité est perçu en France comme une cause de limitation du cumul de responsabilité des personnes physiques et des personnes morales. Ce cumul de responsabilité[554] est prévu par l'article 121-2 alinéa 3 du CPF qui dispose que « la responsabilité pénale des personnes morales n'exclut pas celle des personnes physiques auteurs ou complices des mêmes faits »[555].

La responsabilité pénale des personnes morales n'a pas allégé la responsabilité pénale des personnes physiques[556]. Cette impression d'extension de la répression perçue par la doctrine[557] ne sera que plus importante après le 31 décembre 2005. En étendant le domaine d'application de la responsabilité pénale des personnes morales, la loi étend *de facto* les domaines où le cumul de responsabilité est possible. Le droit positif peut ainsi faire l'objet de critique de la part des partisans de l'allégement de la responsabilité pénale des dirigeants. Cependant, ce cumul de responsabilité permet au droit pénal d'avoir un double effet dissuasif sur les personnes dirigeantes en agissant sur leur vie privée (mesures privatives de liberté ou

[554] Cf. P. CONTE, P. MAISTRE DU CHAMBON, op. cit., p. 79, n° 374. F. DESPORTES et F. LE GUNEHEC, infra., p. 106, J. LEROY, op. cit., p. 87, G. STEFANI, G. LEVASSEUR, B. BOULOC, infra., p. 94

[555] Confirmé par la jurisprudence notamment, Crim. 11 mars 2003, Bull. crim. 2003, n° 65.

[556] V. TANDEAU DE MARSAC, *Le principe de responsabilité pénale des personnes morales a-t-il amélioré la situation des dirigeants face au risque de mise en cause de leur responsabilité pénale ?* Gaz. Pal. 8-10 octobre 2000, p. 1652.

[557] Cf. G. ROUJOU DE BOUBEE, op. cit., p. 75.

paiement d'amendes sur leurs deniers personnels) et sur leur vie professionnelle (la pression des actionnaires pour ne pas payer de fortes amendes qui diminueraient les bénéfices et les dividendes), même s'il est vrai que dans les faits le cumul est rare[558]. Le ministère public choisit bien souvent de poursuivre exclusivement les personnes morales. Il s'agit de décisions d'opportunité et de discrétion. Pourtant si ce cumul de responsabilité pénale peut avoir pour conséquence une meilleure organisation de l'entreprise et la baisse des infractions commises en son sein, il pourra être considéré comme un bon moyen d'incrimination.

Pour autant, en réalité, il n'existe pas beaucoup d'infractions inutiles en matière de responsabilité pénale des personnes morales. Certains auteurs ont avancé des justifications au principe de spécialité retenu dans le code pénal français de 1994 qui sont vite apparues inopérantes. Selon ces justifications, les personnes morales constituent des fictions juridiques[559]. D'autres auteurs ont évoqué un critère de faisabilité en soutenant que toutes les infractions ne peuvent pas être imputées aux êtres moraux. Il s'agit entre autres des agressions sexuelles, du meurtre ou des violences qui sont des infractions irréalisables par des personnes morales. Comme le souligne Bernard BOULOC, il faudrait faire un tri entre les infractions pour rester « dans les limites du vraisemblable »[560].

165. Toutefois, ce critère de faisabilité ne résiste pas à la critique car il découle d'une mauvaise compréhension du mécanisme de la responsabilité pénale des personnes morales. En effet, la responsabilité pénale des êtres moraux n'est pas directe puisqu'elle nécessite la commission d'une infraction par son représentant qui est une personne physique. Cette infraction doit être commise au profit et pour le compte de la personne morale. On peut parfaitement concevoir que le dirigeant d'une organisation politique ou religieuse extrémiste engage la responsabilité pénale de cette organisation en assassinant ou éliminant ses opposants dans le cadre de la mise en œuvre de la doctrine prônée par l'organisation.

Le principe de spécialité pouvait également s'expliquer par la volonté du législateur de se limiter à des matières où elle apparaissait beaucoup plus utile. Or, comme le souligne Jean-Claude PLANQUE, « dès lors qu'il est admis que les buts principaux de cette responsabilité pénale sont d'alléger, celle des personnes physiques est de favoriser l'indemnisation des victimes,

---

[558] Voir C. DUCOULOUX-FAVARD, *Quatre années de sanctions pénales à l'encontre des personnes morales*, Dalloz. 1998, chron. p. 395.
[559] V. Supra. n° 9.
[560] V. B. BOULOC, *Le domaine de la responsabilité pénale des personnes morales, in La responsabilité pénale des personnes morales,* Dalloz, 1993, p. 291.

l'on est forcé de reconnaître que la responsabilité pénale des personnes morales est toujours utile »[561].

De plus, la responsabilité pénale des personnes morales n'a pas été restreinte à un petit nombre d'infractions de nature involontaire ou matérielle, c'est-à-dire là où elle semblait utile. Or, le législateur a prévu d'emblée cette responsabilité pour la très grande majorité des infractions figurant dans le code pénal français. Ainsi, l'argument de l'utilité est inopérant.

En réalité, les personnes morales sont poursuivies pour un nombre limité de délits. Une circulaire du 26 janvier 1998[562] montre que les poursuites se sont concentrées sur un nombre restreint d'infractions[563]. Ce n'est pas pour autant dire que toutes les autres infractions sont inutiles. Sont donc considérées comme inutiles par la doctrine, les infractions que les personnes morales ne peuvent pas commettre. Elles ne peuvent pas être commises dans l'intérêt de la personne morale. Sont très souvent cités les agressions sexuelles, le meurtre[564], etc. Une personne morale ne pourrait se voir imputer également une infraction violemment commise.

166. Cependant, d'autres auteurs[565] pensent que toutes les infractions peuvent être imputables aux personnes morales. Le meurtre et l'empoisonnement par exemple peuvent être commis par l'organe ou le représentant de la personne morale dans l'intérêt de celle-ci. Peu importe que la personne physique tire aussi un profit personnel lorsque l'opération aurait dû procurer un avantage certain à la personne morale.

Les infractions sexuelles ont été introduites par la loi du 12 juin 2001 parce que le gouvernement français de l'époque avait estimé que ces infractions pouvaient être commises par des sectes organisées en société ou en association. L'instance dirigeante d'une secte peut demander à leurs fidèles de commettre des infractions. L'infraction commise peut être imputable à la personne morale puisqu'elle est faite au nom de la secte qu'elle représente. On peut aussi imaginer l'hypothèse d'une boite de nuit qui demande aux femmes de s'exhiber pour attirer de la clientèle. Il s'agit

---

[561] Cf. Jean-Claude PLANQUE, *Plaidoyer pour une suppression réfléchie de la spécialité de la responsabilité pénale des personnes morales*, Petites affiches, 7 janvier 2004, n° 5, p. 3

[562] Cf. Crim. 98-1/F1-26.01.98, cité par F. DESPORTES, « *Les conditions d'imputation d'une infraction à une personne morale* », précité, p. et A. MARON, J.-H. ROBERT, *Cent personnes morales pénalement responsables*, *Droit pénal* 1998, chron. p. 22.

[563] Sur cent (100) condamnations, trente six (36) ont été prononcées en matière de travail clandestin, treize (13) en matière de vente sans facturation ou facturation irrégulière, trois (3) autres pour des infractions économiques. Vingt et sept (27) condamnations ont été recensées pour les homicides et blessures involontaires, treize (13) pour atteinte à l'environnement, six (6) pour la contrefaçon et, enfin, une condamnation pour une manifestation violente et une pour une organisation frauduleuse d'insolvabilité.

[564] Cf. M-L. RASSAT, op. cit., p. 28.

[565] Cf. P. CONTE, P. MAISTRE DU CHAMBON, op. cit.,p. 79, R. MERLE et A. VITU, op. cit., p. 84, J-C. PLANQUE, op. cit. p.75.

également de l'hypothèse d'un chef d'entreprise qui paie un homme pour violer une femme parce que cette dernière sait beaucoup de choses sur les malversations de l'entreprise et qu'il veut l'intimider[566].

En somme, il faut noter que la suppression du principe par la loi PERBEN II entraîne une généralité d'infractions imputables, généralité qu'il convient d'adopter au Mali.

B. Une généralité d'infractions imputables

167. Contrairement au Burkina Faso et au Togo, le code pénal malien ne prévoit pas expressément cette généralité même si le juge pénal peut procéder à une interprétation du principe général. Cependant, le juge pénal français avait une interprétation stricte du principe de spécialité. C'est l'action du législateur qui va affaiblir cette transaction de la responsabilité pénale des personnes morales. Le législateur a progressivement augmenté le domaine d'application de cette responsabilité jusqu'à enlever tout intérêt au principe de spécialité. Il convient toutefois de préciser que la loi n° 2004-204 du 9 mars 2004 dite loi PERBEN II[567] portant sur le principe de généralité a supprimé le principe de la spécialité et en adaptant le droit à l'évolution de la criminalité des personnes morales. Ceci montre l'utilité de cerner la signification donnée au principe de généralité.

168. L'introduction du principe de généralité relatif aux infractions imputables aux personnes morales élargit considérablement la portée de leur responsabilité pénale de celles-ci et facilitera sans nul doute la mise en œuvre des poursuites.

En effet, il ne sera plus nécessaire de vérifier si la loi permet expressément de poursuivre une personne morale sur le fondement d'une infraction particulière. Désormais, la seule existence d'un texte d'incrimination érigeant un comportement en infraction suffit et permettra indistinctement de poursuivre les personnes physiques et les personnes morales. Aucun obstacle légal, relatif à la recevabilité des poursuites et à l'absence d'un texte d'incrimination, ne pourra plus être soulevé. L'ensemble des infractions contenues dans le droit français sont désormais imputables aux personnes morales. Il s'agit bien évidemment du code pénal,

---

[566] Pour d'autres exemples : F. DESPORTES et F. LE GUNEHEC, op. cit., n° 598-3.

[567] Loi n° 2004-204 du 9 mars 2004, portant adaptation de la justice aux évolutions de la criminalité (JO 10 mars 2004, p. 4567, D, 2004, p. 737). V. J.-C. PLANQUE, *Plaidoyer pour une suppression réfléchie de la spécialité de la responsabilité pénale des personnes morales*, LPA, 7 janvier 2004, n° 5, p. 3 ;v. E. PIRE, *Responsabilité pénale des personnes morales : difficultés de droit transitoire*, D., 2004, n° 23, p. 1650 ; v. N. STOLOWY, *La disparition du principe de spécialité dans la mise en cause pénale des personnes morales, loi n° 2004-204 du 9 mars 2004,* dite Perben II, JCP G, 2004, p. 995 ; v. J. AMAR, *Brèves réflexions sur les conséquences de la généralisation de la responsabilité pénale des personnes morales sur les relations de travail,* Dr. pén.., novembre 2005, p. 6.

mais aussi d'une pluralité d'infractions dans d'autres domaines tels que les codes de la route[568], du travail[569], du commerce[570] et la circulaire du 13 février 2006.

Ces différents textes tiennent compte des demandes des juridictions sous l'empire de l'ancien article 121-2 du code pénal et visent aussi le délit de non-respect des règles d'hygiène et de sécurité prévu par l'article L. 263-2 du code du travail français.

169. Le principe de généralité étend la responsabilité pénale, non seulement à ces domaines, mais également à d'autres qui étaient jusque-là ignorés, tel que le droit douanier[571]. Surtout, elle met fin à certaines incohérences législatives. En effet, lors de l'adoption de la loi du 12 juin 2001, le législateur avait prévu la responsabilité pénale des personnes morales en matière d'abus frauduleux de l'état d'ignorance ou de faiblesse[572] alors qu'il ne l'avait pas fait pour l'incrimination visée à l'article L. 122-8 du code de la consommation.

À ce jour, il n'existe aucune infraction non imputable aux personnes morales : les vides de la législation sous l'empire de l'ancien article 121-2 du code pénal français sont totalement comblés. Il convient de souligner que la loi nouvelle instaurant le principe de généralité est une loi pénale de fond plus sévère que la loi ancienne puisqu'elle étend le domaine de la responsabilité pénale des êtres moraux. En application du principe constitutionnel de la non-rétroactivité de la loi pénale nouvelle édicté par l'article 112-1 du code pénal, l'article 121-2 nouveau ne s'applique, donc, qu'aux faits commis après son entrée en vigueur.

Cependant, cette généralité n'est pas absolue comme on peut la comprendre car elle présente une exception. Il apparaît évident que toutes les infractions ne sauraient être imputables à une personne morale. L'exception est prévue en matière de presse écrite ou d'audiovisuelle. Elle permet d'éviter que l'application cumulée des règles sur la responsabilité « en cascade » concernant les directeurs de publication et celle sur la responsabilité pénale des personnes morales n'aboutisse à une répression

---

568 Il s'agit de l'exploitation illicite d'un établissement d'enseignement de conduite prévue à l'article 231-6 du code pénal français.

569 Depuis le 31 décembre 2005, toutes les infractions envisagées par ce présent code ont vocation à réprimer les êtres moraux. Il s'agit notamment, le délit d'entrave, les infractions relatives à la durée du travail et à la rémunération ainsi que le harcèlement moral.

570 Les infractions du code de commerce français sont également désormais imputables aux personnes morales notamment l'abus de biens sociaux ou le délit d'initié.

571 Une jurisprudence avait étendu cette responsabilité au droit douanier alors qu'elle n'était pas prévue expressément par un texte, Cf. Cass. crim., 5 février 2003, Bull. crim., n° 24, RSC, 2003, p. 554, obs. B. BOULOC ; V. J.-C. PLANQUE, *Élargissement jurisprudentiel du domaine d'application de la responsabilité pénale des personnes morales,* Dalloz, 2003, p. 2855.

572 L'art. L. 223-15-5 du CPF.

excessive. Les articles 43-1 de la loi du 29 juillet 1881 et 93-4 de la loi du 29 juillet 1982 relatifs respectivement à la liberté de la presse et à la communication audiovisuelle tout comme l'article 121-2 du code pénal prévoient qu'ils ne sont pas applicables aux infractions pour lesquelles s'appliquent déjà les articles 42 et 43 de la loi sur la presse ou 93-3 de la loi sur l'audiovisuelle. Ces infractions concernent principalement les délits de provocation, de diffamation ou d'injures publiques commis par la voie de la presse écrite ou audiovisuelle et ne pouvant donner lieu à l'engagement de la responsabilité pénale de l'entreprise de presse. L'introduction dans le droit pénal français d'un véritable principe de généralité de la responsabilité pénale des personnes morales peut conduire à s'interroger sur les modalités de la répression[573].

Malgré cette généralisation c'est, sans doute, en matière d'homicide et de blessures involontaires que la responsabilité pénale des personnes morales peut être, le plus souvent, engagée. Ce domaine engendre des risques qui portent atteinte à la vie d'autrui. Des risques peuvent être dus aux produits défectueux fabriqués par la société ou à l'inobservation des règles de sécurité ou de prudence imposées par la loi ou le règlement qui peuvent, à leur tour, occasionner des accidents de travail entraînant la mort de l'employé[574].

Tout d'abord, s'agissant justement de la délégation de pouvoir en matière d'hygiène et de sécurité, un arrêt de la Cour de cassation en date du 26 mai 1994[575] a admis que le président de la société dominante d'un groupe avait la possibilité de déléguer ses pouvoirs en matière d'hygiène et de sécurité du travail à un membre d'une société filiale placée sous son autorité hiérarchique. Par ailleurs, conformément aux conditions dégagées par cette jurisprudence, cette délégation a produit dès lors l'effet exonératoire attendu au profit du dirigeant initialement mis en cause[576]. Et enfin, une décision postérieure de la même juridiction retient également l'attention à propos du dirigeant de l'entreprise filiale d'une société dominante du même groupe. Le président (chef) dudit groupe avait délégué ses pouvoirs en matière d'hygiène et de sécurité à un préposé d'une autre société qui pouvait se prévaloir de cette délégation afin d'obtenir son exonération[577].

Ces décisions ont déclenché de multiples commentaires, notamment sur la question de savoir si elles autorisaient la délégation à des personnes physiques qui n'étaient pas nécessairement les préposés du délégant[578].

La responsabilité pénale des personnes morales est déterminée en fonction de la relation[579] entre les personnes morales concernées et les

---

[573] V. Infra. n° 300.

[574] V. F. DESPORTES, *Le nouveau régime de la responsabilité pénale des personnes morales,* JCPE, 1993, p. 69.

[575] *Cf. Note A. COUEURET, Dr. soc. 1995, p 344.*

[576] *Sur le régime de la délégation pénale dans son ensemble, v. E. FORTIS et A. COEURET, Droit pénal du travail, Manuel Litec., 4è éd., 2008, n° 288 et s.*

[577] Cf. Cass. crim, 7 févr. 1995, RJS 1995, n° 657.

[578] *V. not. Y. Reinhard, D, 1995, p. 110.*

infractions reprochées selon qu'il s'agisse des principes de la spécialité ou de la généralité. Au Mali, le principe de la généralité n'existe pas contrairement à la France où la suppression du principe de spécialité a laissé place à celui de la généralité. Ainsi le législateur malien doit faire autant pour la consécration d'un principe général de la responsabilité pénale des personnes morales.

---

[579] Cf. SOYER J. C. *Droit Pénal et Procédure Pénale*, LGDJ-Montchrestien 18e édition 2004 ; P.127-135.

CONCLUSION DE LA PREMIÈRE PARTIE

170. Le principe général de la responsabilité pénale de l'être moral est pratiquement inexistant en droit malien. Les raisons probables de ce rejet peuvent être multiples. Elles peuvent être dues à la politique criminelle basée sur l'individu (personne physique) et à l'influence de la doctrine et autres législations qui rejettent le principe de la responsabilité pénale des personnes morales.

Cependant, cette inexistence n'est pas absolue au Mali car on peut noter une admission exceptionnelle. Dans le droit pénal national, la transposition des directives communautaires de l'UEMOA porte sur certaines infractions spécifiques telles que la lutte contre le blanchiment des capitaux et le financement du terrorisme. Le droit pénal régional fait allusion à l'AHJUCAF qui regroupe un certain nombre de pays, notamment les pays africains dont le Mali, pour la lutte contre les infractions portant atteinte à l'environnement. Le code pénal français de 1994 prévoyait que la responsabilité pénale des personnes morales n'était applicable que dans les cas où elle avait été expressément prévue pour l'infraction considérée. Il s'agit là des infractions relatives au principe de spécialité. Ces infractions concernent toutes les personnes morales de droit privé, qu'elles soient à but lucratif ou non telles que les associations, les syndicats et les personnes morales de droit public à l'exclusion de l'État. L'État qui détient le monopole du droit de punir, ne saurait se punir soi-même. Toutefois, la responsabilité pénale des collectivités territoriales et leur groupement est limitée aux infractions commises dans l'exercice d'activités susceptibles de délégation de service public. Les personnes morales étrangères dont la responsabilité pénale pourra être mise en cause devant les juridictions françaises conformément aux articles 113-1 et suivants du CPF relatifs à l'application de la loi pénale dans l'espace. La responsabilité pénale des personnes morales n'est pas applicable aux entreprises ou aux groupements qui sont dépourvus de la personnalité morale[580]. Les actes accomplis pendant la période de formation de la personne morale ne pourront entraîner d'autre

---

[580] Exception faite du cas belge où les groupements dépourvus de personnalité morale sont pénalement responsable.

responsabilité pénale que celle des fondateurs. Lorsque l'infraction est commise au cours de la période de liquidation, la personne morale pourra en être jugée pénalement responsable.

Le traité de l'OHADA n'interdit pas l'adoption du principe général de la responsabilité pénale des personnes morales dans les États-parties. Il prévoit en son article 5 al. 2 que les actes uniformes peuvent incriminer de nouvelles infractions. On peut déduire tacitement de l'acte uniforme portant sur le droit des sociétés commerciales et des GIE, notamment en ses articles 888 et suivants, des cas de responsabilité pénale des personnes morales. Au Burkina Faso et au Togo, le code pénal prévoit le principe général de la responsabilité pénale des personnes morales. Au delà des interprétations qu'on peut faire, le droit malien et le traité de l'OHADA doivent expressément consacrer le principe général de la responsabilité pénale des personnes morales.

DEUXIÈME PARTIE

Pour la proclamation d'un principe général de responsabilité pénale des personnes morales en droit malien

171. La nécessité de réforme du droit pénal en matière de responsabilité pénale s'impose au Mali. De manière spécifique, les fondements de cette réforme peuvent être commandés par deux préoccupations majeures.

La première préoccupation fait allusion au pragmatisme où certaines structures administratives, ayant le monopole de certaines sanctions par le biais de la procédure administrative, ne doivent pas aller au-delà de celles fixées par le droit pénal lorsque celui-ci prévoit des sanctions. Mais, certaines autorités douanières (françaises, tunisiennes, etc.) disposent de pleins pouvoirs pour infliger des amendes souvent plus fortes que celles classiquement connues en droit pénal. Il s'agit de la transaction pénale administrative.

La seconde préoccupation est relative à l'équité. À chaque fois qu'une personne physique est condamnée par les tribunaux en sa qualité de dirigeant de la personne morale, on peut avoir le sentiment général qu'une injustice a été commise. L'objectif poursuivi est d'éviter les mises en cause injustifiées des dirigeants. Ce type de poursuite continuerait lorsque la répression ne peut porter sur les personnes morales.

172. Après une admission exceptionnelle dans le droit malien, le législateur doit procéder à l'adoption d'un principe général de responsabilité pénale des personnes morales. Les éléments qui concourent à cette réalité sont bien visibles à travers la commission des infractions dont les personnes morales peuvent se rendre pénalement responsables. La personne physique reste incontournable pour tous les actes que pose la personne morale. Pour que l'acte soit accompli au nom et pour le compte de la personne morale, la personne physique doit être son représentant au moment des faits. Avec la règle du cumul, la responsabilité pénale des personnes morales viendrait seulement s'ajouter à celle des dirigeants.

Pour la proclamation d'un principe général de responsabilité pénale des personnes morales au Mali, des justifications doivent être tirées du droit comparé. Ces justifications permettront au législateur malien de prévoir des dispositions applicables aux personnes morales suivant sa réalité juridique (titre I). Au regard de l'analyse comparative faite sur le principe de la responsabilité pénale des personnes morales, la plupart des craintes qui seront exprimées peuvent davantage trouver leurs solutions dans les adaptations de la mise en œuvre de cette responsabilité (titre II). C'est cette dernière qui donne un véritable sens au principe.

TITRE I

Les justifications tirées du droit comparé

173. Le développement de la responsabilité pénale des personnes morales a permis, depuis longtemps, de nombreux travaux très souvent à orientation comparatiste[581]. Ceci a, sans doute, favorisé le débat avec le phénomène croissant des sociétés commerciales dans toutes leurs formes ou manifestations. Celles-ci devenaient de plus en plus puissantes et dont leurs activités représentaient, à bien des égards, un danger important pour les individus avec notamment la multiplication des accidents de travail et l'apparition - ou le risque d'apparition - de nouvelles formes de délinquance d'affaires. Le législateur français de 1994 a incontestablement voulu faire disparaître la présomption de responsabilité pénale qui pesait sur les dirigeants dans le but de restreindre les cas de mise en œuvre de cette responsabilité sans, pour autant, la remplacer. Cet objectif a été atteint[582]. La détermination de la responsabilité pénale de la personne physique est la condition préalable à la détermination de celle de la personne morale[583]. Celle-ci laisserait supposer que la personne physique est toujours pénalement responsable[584].

---

[581] V. les XVes journées franco-belgo-luxembourgeoises de sciences pénales, *sanctions pénales et personnes morales* tenues à Bruxelles en 1976, RDPC 1975-1976, p. 673 et s ; v. J. PRADEL, *La responsabilité pénale des personnes morales en droit comparé.* Colloque organisé par la faculté de droit de Fribourg-Suisse en novembre, D. 2e éd. 2001 ; v. Ph. KENEL, *La responsabilité pénale des personnes morales en droit anglais*, Genève, Ed. Droz, 1991.

[582] La circulaire du ministère français de la Justice du 26 janvier 1998 montre ainsi que sur cent procédures, seulement trente-huit ont donné lieu à la condamnation de la personne physique en même temps que la personne morale et que dans soixante-et-deux pour cent des cas, seule la personne morale a été condamnée.

[583] La circulaire d'application du ministre français de la justice et garde des sceaux en date du 14 mai 1993.

[584] Cf. B. MERCADAL, *La responsabilité pénale des personnes morales et celle des personnes physiques auteurs ou complices des mêmes faits*, RJDA, 1994, p. 375 ; D. OHL, *Recherche sur un dédoublement de la personnalité en droit pénal*, Mélanges B.

174. Les justifications que nous pouvons tirer du droit comparé permettront sûrement au législateur malien de mieux appréhender le bien fondé du principe et de l'adopter ultérieurement dans toute sa généralité. Ainsi, des arguments seront mis en avant. D'abord, ils se rapporteront à l'implication de la personne physique de la commission de l'infraction par la personne morale (chapitre I). Bien que l'équité recommande de ne pas faire supporter systématiquement la responsabilité pénale par les représentants légaux de la personne morale, ceux-ci restent l'élément indispensable dans la commission de l'infraction reprochée. Et enfin, ils font allusion à la représentation de la personne morale dans le procès pénal (chapitre II).

MERCADAL, Francis LEFEBVRE éd. 2002, p. 371. Sur la question du cumul, cf. J. SIMON, D. aff. 1995, p. 101 ; v. L. FAVOREU, Petites Affiches 8 déc. 1995, p. 15.

CHAPITRE I

Une nécessaire implication de la personne physique dans la commission de l'infraction par la personne morale

175. Ceci fait appel à la question de l'incidence de la responsabilité pénale des personnes morales sur celle des personnes physiques. La responsabilité pénale des personnes morales est une responsabilité spéciale, mais non spécifique. Certaines infractions propres aux personnes physiques et commises par un organe ou un représentant peuvent procurer un profit à la personne morale ou servir ses intérêts[585]. À l'inverse, d'autres infractions toujours propres aux personnes physiques ne procurent aucun intérêt à la personne morale. Dans ce cas, la personne morale ne sera pas pénalement responsable pour ensuite être réprimée[586]. Par exemple, on peut noter l'attentat à la pudeur commis par un dirigeant d'entreprise.

En pratique, c'est après avoir constaté la commission d'une infraction par une personne physique que les tribunaux doivent se demander si elle peut être imputée ou non à la personne morale. Si c'est le cas, on parle en ce moment de la responsabilité pénale de la personne morale par « ricochet » de la faute de son agent. Mais, à la question de savoir si on peut uniquement engager la responsabilité pénale de la personne morale sans engager celle de la personne physique ou s'il faut que son représentant soit sanctionné pour qu'elle le soit à son tour, la réponse est négative. L'interrogation ainsi posée peut ouvrir la voie à d'autres. La responsabilité pénale de la personne morale est-elle exclusive de celle du dirigeant de l'entreprise ? En tout cas et s'agissant des infractions d'omission, l'article 121-3 du nouveau code pénal français dispose qu' «... *il y a délit en cas d'imprudence, de négligence, et de mise en danger délibérée de la personne d'autrui* ». En outre, ledit code

---

585 Voir infra. n° 230.

586 Contrairement à DESPORTES et Le GUNEHEC où l'« *infraction est commise pour le compte de la personne morale quand elle l'a été dans l'exercice d'activités ayant pour objet d'assurer l'organisation, le fonctionnement ou les objectifs du groupement doté de la personnalité morale* », op. cit., p. 106.

dispose, que ces infractions d'imprudence peuvent être imputées aux personnes morales, dans certaines conditions[587]. Ainsi on analysera successivement les situations dans lesquelles le cumul de responsabilités peut être prononcé[588] (section I) et les causes d'irresponsabilité pénale de la personne physique dont peut bénéficier la personne morale (section II).

SECTION I. UN CUMUL DE RESPONSABILITÉ ENVISAGEABLE

176. La distinction des volontés infractionnelles entre personne morale et personne physique justifie le cumul possible de leur responsabilité respective[589]. Il a été observé que la personne morale, même en tant qu'auteur, doit emprunter la matérialité du comportement de la personne physique, organe ou représentant[590]. Or, si elle devait également emprunter l'élément psychologique, il y aura une double condamnation pour les mêmes faits en violation de la règle *non bis in idem*[591]. En revanche, lorsque deux volontés distinctes viennent se greffer à un même fait matériel, on peut noter qu'il y a bien là deux infractions distinctes.

Les personnes physiques auteures de l'infraction ne s'en trouvent pas pour autant disculpées quand se trouve acquise la responsabilité pénale de la personne morale. Il s'agit de la responsabilité pénale cumulative d'une infraction intentionnelle dans tout son sens[592]. Mais, elle perd sa force en ce qui concerne l'infraction non intentionnelle. Ainsi, il faudrait déterminer la mesure selon laquelle on peut reprocher une infraction intentionnelle à une personne morale. On sait bien que selon la théorie de la fiction, la personne morale n'a jamais pu vouloir le crime à la différence de la personne physique instigatrice qui l'incarne à travers ses organes et ses représentants.

Afin d'éviter « que la responsabilité pénale des groupements constitue un écran utilisé pour masquer les responsabilités personnelles »[593] le législateur français a introduit la règle du cumul de la responsabilité pénale des personnes morales et des personnes physiques[594]. Si le cumul est le principe,

---

[587] Ces conditions sont dégagées aux articles 221-7, 220-20 et 223-2 du nouveau Code pénal français.

[588] Voir J. C. SAINT PAU, La responsabilité pénale d'une personne physique agissant en qualité d'organe ou représentant une personne morale, in Mélanges B. BOULOC, op. cit., D. 2007, p. 1011.

[589] Cf. l'article 121-2 al. 3 du nouveau CPF.

[590] Voir J.-C. SOYER, *Droit pénal, et procédure pénal,* LGDJ, 19e éd., 2006.

[591] Formule latine qui exprime le principe selon lequel une personne déjà jugée pour un fait délictueux, ne peut être poursuivie à nouveau pour le même fait ; Lexique des termes juridiques, 12e éd. Dalloz, p. 357.

[592] Cf. l'Article 121-2, al. 4 du nouveau Code Pénal Français.

[593] Selon la commission de révision du Code pénal français.

[594] Le dernier alinéa de l'article 121-2 du Code pénal français précise désormais que *« la responsabilité pénale des personnes morales n'exclut pas celle des personnes physiques*

les tempéraments sont réels. Comme le souligne la chambre criminelle de la Cour de cassation française dans un arrêt du 26 octobre 2004[595], la relaxe définitive de l'une n'interdit pas la condamnation de l'autre. On peut donc dissocier la responsabilité pénale de la personne morale et celle de la personne physique.

Pour comprendre davantage le problème de cumul, il convient d'analyser la notion d'imputation de cette responsabilité (paragraphe I) et ses modalités (paragraphe II).

Paragraphe I. L'imputation de la responsabilité pénale à la personne morale

177. Pour mieux cerner cette notion, un recours à l'étymologie s'impose[596]. L'histoire du verbe « imputer » enseigne qu'il provient du latin *imputare* qui signifie « porter en compte », « mettre en ligne de compte » ou encore « attribuer »[597] et se rapporte au langage de la comptabilité[598]. Son premier emploi dans la langue française est attesté au XIVe siècle, au sens d'« attribuer à quelqu'un une chose digne de blâme ». Puis, passant dans le discours religieux, il perd sa dimension de blâme pour signifier au XVIIe siècle « attribuer quelque chose à quelqu'un ». En ce sens, une personne peut se voir imputer aussi bien des fautes que des mérites. Quant au terme « imputation », dérivé du verbe « imputer », il a suivi la même évolution sémantique et peut se définir comme « l'action » d'imputer. À la lumière de ces enseignements étymologiques, l'imputation apparaît, d'abord, comme un lien, rattachant un objet (une chose ou un fait) à un sujet (une personne). Mais un tel lien n'est pas neutre puisqu'il se rapporte soit à une faute, soit à un mérite.

En outre, cette définition trouve un écho dans le langage philosophique[599]. Dès lors, le sujet de l'imputation ne peut être, pour KANT, qu'une personne dotée de son libre-arbitre[600]. La responsabilité pénale part du mécanisme d'imputation à la personne morale d'une infraction commise par une ou plusieurs personnes physiques. C'est-à-dire toute personne ayant le pouvoir légal, statutaire ou conventionnel d'engager la personne morale,

---

auteurs ou complices des mêmes faits, sous réserve des dispositions du quatrième alinéa de l'article 121-3 ».

[595] www.juripole.u-nancy.fr, (consulté le 15 fév. 2010).

[596] Voir J.-H. ROBERT, *Imputation et complicité* : JCP 1975,1, 2720.

[597] Cf. A. REY (ss dir.), *Dictionnaire historique de la langue française,* Le Robert, 2004.

[598] V. *plus récemment, Paul RI*COEUR, *.Le concept de responsabilité*, Essai d'analyse sémantique, in Revue Esprit novembre 1994, p. 28.

[599] Voir A. PHILONENKQ, *Métaphysique des mœurs-Doctrine du droit*, trad.: Vrin, 5e éd., 1993, p. 102.

[600] A. PHILONENKQ, op. cit., p. 98 ; v. également, S. GOYARD-FAVRE, *Responsabilité morale et responsabilité juridique* selon KANT, in La responsabilité : *Arch. phil. dr. 1977, t.* 22, p. 113.

et notamment le délégataire d'un organe disposant de la compétence, de l'autorité et des moyens nécessaires à l'exercice de sa mission.

L'imputation de la responsabilité pénale aux personnes morales peut se résumer, d'une part, dans les cas d'infraction intentionnelle avec la responsabilité par emprunt de la criminalité (A) et, d'autre part, dans les cas d'infraction non intentionnelle[601] avec la responsabilité pénale par imputation directe (B).

A. La responsabilité pénale par emprunt de criminalité

178. La personne morale est dépourvue de volonté. Elle n'est pas capable de commettre une infraction intentionnelle. L'infraction est nécessairement commise par une personne physique qui en est l'auteure. Ainsi, la responsabilité pénale de la personne morale ne peut donc s'expliquer que par un emprunt de criminalité fait à la personne physique par la personne morale. Cet emprunt n'est pas nouveau car il jouait, seulement, entre personnes physiques qu'elles soient auteurs ou complices emprunteurs[602]. De nos jours, « l'emprunteur » de criminalité peut être une personne morale d'où il faut ajuster et adapter le mécanisme. À cet effet, l'article 121-2 du CPF a prévu deux exigences particulières dans la commission de l'infraction : « …pour leur compte » et « …par leurs organes ou représentants »[603].

Cette conception de la responsabilité pénale des personnes morales, en réservant le privilège de la commission d'une infraction aux seules personnes physiques, impose de recourir à l'imputation participative de l'infraction. Il s'agit là « d'un relais essentiel, puisque tant qu'elle n'a pas joué, ou ne peut jouer, l'infraction reste le simple fait de personnes physiques »[604]. À l'instar du complice, la personne morale emprunte un fait infractionnel à une personne physique[605]. Partant de ce constat, la première personne est nécessairement participante et seule la seconde peut prétendre à être auteur principal de l'infraction[606]. Une pareille indication mérite quelques approfondissements pour en mesurer la pertinence.

179. Par rapport à l'imputation participative, la responsabilité des personnes morales vient se greffer à une infraction principale préexistante,

---

[601] Voir J.C. SOYER, *Droit Pénal et Procédure Pénale,* 18e éd., LGDJ, p. 103.
[602] V. Infra. n° 214.
[603] V. Infra. n° 194 et s.
[604] Y. MAYAUD, *Droit pénal général* : préc., n° 371 ; v. également, R. BERNARDINI, *Droit pénal général :* préc., n° 515.
[605] Voir M.-E. CARTIER, *Nature et fondement de la responsabilité pénale des personnes morales dans le nouveau code pénal français :* LPA 11 déc. 1996, p. 18 ; v. J.-C. SOYER, *Droit pénal et procédure pénale* : LGDJ, 19e éd., 2006, n° 285, qui limite, cependant, cette analyse aux seules infractions intentionnelles.
[606] Voir J.-C. SOYER, *Droit pénal, et procédure pénal,* LGDJ, 19e éd., 2006.

commise par une personne physique. Toutefois, certains auteurs estiment que, au-delà de cet emprunt de l'infraction, la personne morale emprunte l'ensemble des éléments de la responsabilité pénale de la personne physique. En ce sens, les conditions de l'imputation à l'agent, relevées à l'encontre de la personne physique, constitueraient, par contrecoup, les conditions de l'imputation à l'agent, permettant d'engager la responsabilité pénale de la personne morale[607].

À cet égard, la circulaire d'application du code pénal affirme que « la responsabilité pénale d'une personne morale en tant qu'auteur ou complice suppose que soit établie la responsabilité pénale en tant qu'auteur ou complice d'une ou de plusieurs personnes physiques représentant la personne morale »[608]. Dès lors, toute cause d'irresponsabilité pénale dont bénéficie la personne physique doit nécessairement profiter à la personne morale[609] sans faire la distinction entre les causes de non-caractérisation de l'infraction[610] et les causes de non-imputation à l'agent[611]. Cependant, une telle conception de la responsabilité des personnes morales est contestable à deux égards. D'abord, techniquement, l'imputation participative exige certes l'emprunt d'une infraction principale, mais elle n'implique pas pour autant l'emprunt de la responsabilité de l'auteur principal[612]. Et enfin, politiquement, la responsabilité pénale des personnes morales ne serait qu'une « redondance ou un écho » de celle des personnes physiques[613]. La Cour de cassation a, d'ailleurs, affirmé très clairement que la relaxe prononcée en faveur des personnes physiques, organes ou représentants « n'exclut pas nécessairement la responsabilité pénale de la personne morale »[614]. C'est dire que la participation de la personne morale à l'infraction peut se limiter au seul emprunt de l'infraction principale commise par la personne physique. À cet égard, il convient de reprendre l'exemple d'un auteur, selon lequel un dirigeant peut très bien commettre un délit de pollution en état de contrainte du fait de l'inadaptation des équipements de l'usine. Pour autant, cette cause d'irresponsabilité ne devrait

---

607 Voir R. MERLE & A. VTTU, Traité de droit criminel-Droit pénal général.

608 Circulaire du 14 mai 1993, Commentaire des dispositions de la partie législative du nouveau Code pénal et des dispositions de la loi du 16 décembre 1992 relative à son entrée en vigueur, n° 27.

609 Voir R. MERLE & A. VITU, Traité de droit criminel-Droit pénal général ; J.-H. ROBERT, Droit pénal général : préc., p. 382 et 383.

610 Il s'agit de l'erreur de fait, v. infra et s., et de la contrainte physique, v. *infra* n° 58 et s. ; il faudrait y ajouter les faits justificatifs selon la majorité de la doctrine qui *les analyses objectivement, v. infra*.

611 Il s'agit des causes abolissant le discernement - le trouble mental, de l'erreur de droit

612 V. infra, n° 170.

613 Voir J.-H. ROBERT, *Droit pénal général* : préc., p. 375 ; v. également. M.-L. RASSAT, *Droit pénal général* ;op. cit.

614 Cass. crim. 8 sept. 2004 : Dr. pén. 2005, corn. n° 11, obs. M. VERON.

pas profiter à la personne morale, « trop chiche dans ses investissements »[615]. Bien entendu, la pertinence de cet exemple, au regard des développements précédents, suppose de qualifier cette contrainte de morale[616]. Suivant la même analyse, on peut évoquer un arrêt de la Cour d'appel de Paris. En application de l'ordonnance du 5 mai 1945 sur la responsabilité pénale des entreprises de presse collaborant avec l'ennemi, la Cour avait engagé la responsabilité d'un journal et accordé un non-lieu à son directeur au motif que les articles incriminés lui avaient été imposés par l'autorité occupante[617]. De manière un peu différente, un dirigeant mentalement altéré peut commettre une infraction. En tant que personne physique sa responsabilité pénale ne serait pas engagée. Mais en tant qu'organe il pourrait déclencher la responsabilité pénale de la personne morale[618]. Pareillement, l'erreur de droit et l'ensemble des faits justificatifs[619] deviennent des causes de non-imputation à l'agent[620].

On pourrait contourner la difficulté en expliquant que les notions d'imputation à l'agent et à la personne morale sont incompatibles. La première ne serait pas une condition de la responsabilité pénale de la seconde[621]. Cette éventuelle absence de conditions de l'imputation à l'agent n'est pas sans susciter encore quelques interrogations sur le sens de la responsabilité pénale des personnes morales. Toutefois, d'un point de vue purement technique, les causes de non-imputation à l'agent prévues par le code pénal français ne distinguent pas entre les personnes physiques et les personnes morales. Elles s'appliquent donc « à l'ensemble des sujets de droit pénal »[622]. Mais en pareille hypothèse, il se pourrait que l'irresponsabilité

---

615 V. J.-H. ROBERT, *Droit pénal général :* préc., p. 383 ; v. également, J.-C. SAINT-PAU, *La responsabilité des personnes morales : réalité et fiction.* A cet égard, d'autres auteurs estiment que la contrainte à la réalisation d'une infraction pourrait résulter d'une injonction d'une société mère envers l'une de ses filiales, v. M.-E. CARTIER, Nature et fondement de la responsabilité pénale des personnes morales dans le nouveau Code pénal français : préc. ; v. RONTCHEVSKY, *La notion d'entité personnifiée ;* v. J.-C. PLANQUE, *La détermination de la personne morale responsable, qui, pour d'autres raisons, rejette toute irresponsabilité pénale de la personne morale fondée sur une contrainte morale.*

616 Car la contrainte *physique, ou force majeure, peut être* analysée comme une cause de non-*caractérisation de l'infraction,* si bien que sa constatation à l'égard de la personne physique profiterait nécessairement à la personne morale, à défaut d'infraction principale.

617 V. *C* A Paris, 21 déc. 1949 : D. 1950, jurispr. p. 434, note H. DONNEDIEU DE VABRES.

618 V. J.-H. ROBERT, Droit pénal général, préc., p. 383 ; J.-C. SATNT-PAU, La responsabilité des personnes morales : réalité et fiction.

619 J.-C. PLANQUE, op. cit. p. 116.

620 *Pour l'erreur de droit, v.* pour *les faits justificatifs.*

621 E*n ce sens, v. Ph. CONTE & P. MAE*STRE DU CHAMBON, Droit pénal général : préc., n° 350 et 367, qui estiment que la responsabilité des personnes morales repose sur la seule exigence d'une imputation de l'infraction.

622 J.-C. PLANQUE, *La détermination de la personne morale responsable* : préc., n° 609, explique que le propriétaire d'un mur qui s'écroule sur des passants en raison d'un cas de force majeure, tel la foudre, la tempête ou un tremblement de terre, ne pourra être condamné

pénale de la personne morale résulte plus radicalement de l'absence d'infraction. Ceci découle du fait qu'il a été expliqué précédemment que la force majeure ou la contrainte physique constituait une cause de non-caractérisation de l'infraction. À cet égard, la commission d'une infraction par un dirigeant mentalement altéré pourrait constituer un cas de force majeure pour la personne morale. Plus précisément, elle permettrait de démontrer l'absence de volonté infractionnelle de la personne morale. Il s'agit donc de la non-caractérisation de l'élément psychologique de l'infraction. Mais, il faudrait vérifier que la personne morale n'était pas en mesure de savoir la déficience psychique de son organe ou de son représentant. En effet, laissant à sa tête un dirigeant qu'elle sait malade, la personne morale pourrait se voir reprocher une faute à l'origine de la contrainte[623].

En revanche, les conditions intellectuelles c'est-à-dire la conscience infractionnelle de l'imputation à l'agent et au représentant de la personne morale où « il semble raisonnable de dire qu'une personne morale ne peut pas être atteinte de troubles psychiques »[624] ainsi que leur possible interaction ne se confondent pas. La personne morale n'emprunte pas la responsabilité pénale de son dirigeant, mais seulement son infraction. Il conviendrait, sans doute, d'étendre de telles analyses aux faits justificatifs[625] dès lors qu'ils se rattachent à la condition morale de l'imputation à l'agent[626].

Il faudrait ajouter que l'emprunt d'une infraction par un participant, fut-il une personne morale, n'implique pas l'identification de son auteur du moment que le juge puisse acquérir la certitude que l'infraction a été commise par une personne physique organe ou représentant ? En ce sens, la Cour de cassation[627] approuve la condamnation d'une société pour avoir produit, au cours d'une instance prud'homale, une sanction disciplinaire amnistiée et ce, sans égard à l'identité de la personne physique ayant produit le document litigieux dès lors qu'il « avait nécessairement été produit par le représentant de cette société ».

Au regard de la loi, la conscience et le cerveau sont seuls aptes à prendre des décisions, à établir le budget, à déterminer la politique à suivre par exemple, etc. La personne morale ne peut être engagée pénalement que par

---

pour homicide involontaire, et « *la circonstance que le propriétaire soit une personne morale ne change rien* ».

[623] En ce sens, v. J.-H. ROBERT, Droit pénal général : préc., p. 383 ; V. également, Cass. crim. 13 sept. 2000 : Dr. pén. 2001, corn. n° 21, obs. J.-H. ROBERT ; sur cette *notion de faute antérieure*.

[624] J.-C. PLANQUE, op. cit., p. 116.

[625] Sur la possible application des faits justificatifs aux personnes morales, v. J.-C. PLANQUE, préc., n° 658.

[626] Sur ce rattachement, v. supra n° 165, v. J.-C. PLANQUE, la détermination de la personne mo*rale responsable*.

[627] Cass. crim, 21 mars 2000, Dr. Pén. 2000, com. n° 131, obs. J.-H ROBERT ; v. également, Cass. crim. 24 mai 2000 ; Bull. crim. 2000, n° 203.

les êtres physiques qui l'incarnent. Ceux-ci se confondent en elle comme ses représentants pour légitimer l'emprunt de la criminalité. Par l'emprunt de la criminalité, la personne morale n'est pénalement responsable que parce qu'une ou plusieurs personnes physiques le sont. Toute cause dont bénéficie la personne physique bénéficie nécessairement à la personne morale. Par exemple lorsque le représentant légal d'une société souffrait d'un trouble psychique[628] en commettant l'infraction et échappe à la justice pénale, la société ne pourrait pas être chargée par endossement de la responsabilité pénale.

En réalité, il est difficile d'admettre que l'irresponsabilité pénale de la personne morale soit retenue. On voit mal le cas d'irresponsabilité qui viendrait exonérer la personne morale car ni l'intention ni les actions que la loi lui fait endosser ne sont vraiment pas les siennes dès lors que les conditions d'emprunt de criminalité sont réunies. Relativement au mécanisme d'emprunt de la criminalité et pour fonder la responsabilité pénale des personnes morales, le ministère public doit établir certaines preuves. D'abord, il faut qu'il existe une infraction commise intentionnellement. Ensuite, il faut que la loi répressive ou les textes prévoient une telle infraction (spécialité ou généralité) ayant pour auteur une telle personne[629] et commise pour du moins espéré. Enfin, les auteurs de l'infraction doivent constituer l'organe de la personne morale où l'auteur en est le représentant. Pour ce dernier cas précis, l'emprunt de criminalité se base sur l'adage selon lequel le « *fecit cui prodest* »[630]. Il peut relever d'une probabilité où le principal bénéficiaire d'une opération en est parfois le protagoniste. Mais cet adage exprime aussi une règle juridique qui, pour prévenir le crime, permet de punir la simple tentative comme s'il avait été réellement commis.

180. De manière plus originale, certains auteurs distinguent entre les infractions intentionnelles et les infractions non intentionnelles. Pour les infractions intentionnelles, l'impuissance de la personne morale à produire une quelconque intention l'obligerait à l'emprunter à une personne physique[631]. Pour les infractions non intentionnelles, seule la personne morale serait à même de réaliser l'infraction sans l'intervention de la personne physique[632]. La circulaire du 14 mai 1993, relative à l'entrée en

---

[628] V. Infra, n° 297.

[629] En cas de pluralité d'auteurs, la loi désigne comme auteur non pas celui qui commet seulement les faits incriminés, mais celui qui se rend coupable d'une tentative punissable (art. 121-4 CP) et de plus le complice de l'infraction dont il s'agit (art. 121-6 CPF).

[630] Un adage qui veut tout simplement dire que le profiteur du crime en est l'auteur.

[631] Cf. J.-C. PLANQUE, op. cit., p.116.

[632] Cf. J.-C. SOYER, *Droit pénal et procédure pénale* : préc.; v. également, J. PRADEL, *Droit pénal général* : préc., n° 536, qui, à propos du cumul des responsabilités entre personne morale et personne physique, distingue les infractions intentionnelles de celles non

vigueur du code pénal français, suggérait cette distinction[633] qui n'est toutefois pas incontestable. Tout d'abord, elle impose de distinguer là où la loi ne distingue pas puisque l'article 121-2 ne traite pas différemment les infractions intentionnelles et celles non intentionnelles[634]. Et enfin, elle revient à réduire à une peau de chagrin pour ne pas dire nier l'élément psychologique des infractions non intentionnelles. Ainsi, si on ne peut reprocher à une personne d'avoir tendu sa volonté vers la matérialité de l'infraction, on ne peut pas davantage lui reprocher de ne pas l'avoir tendue vers le respect d'une norme de conduite[635]. Cette distinction repose donc sur une conception particulière des infractions non intentionnelles que SOYER prend soin de rappeler pour justifier son imputation directe à la personne morale[636].

B. La responsabilité pénale par imputation directe

181. Le mécanisme d'imputation de l'infraction à la personne morale devient très différent pour un tel cas[637]. Pour les infractions non intentionnelles, l'intention n'est pas requise. L'élément moral est la volonté prise en elle-même indépendamment d'un quelconque but visé. Cette volonté se caractérise par le seul fait qu'il est pratiquement impossible d'invoquer ni une altération mentale, ni un cas de force majeure.

Parmi les infractions non intentionnelles, figurent les contraventions et les délits « matériels ». À l'analyse, elles se réalisent par le seul fait qu'une obligation légale réglementaire n'est pas respectée. Par exemple, il peut s'agit du défaut d'organisation de visites médicales pour les salariés de l'entreprise. De par le texte, la personne morale est tenue à ce respect en l'absence d'intention coupable. On peut, à cet effet, concevoir une imputation directe de responsabilité pénale à cette personne morale. La portée pratique de cette imputation directe rend la tâche beaucoup plus aisée pour le ministère public qui n'aura plus besoin d'établir en premier lieu la responsabilité pénale d'une personne physique. La seule preuve du manquement à l'obligation légale suffit à faire condamner la personne morale[638].

---

intentionnelles de sorte que, pour les premières, la réalisation de l'infraction par une personne physique serait nécessaire et non pour les secondes.

633 La circulaire du 14 mai 1993 observait que « *dans certaines hypothèses, et tout particulièrement s'il s'agit d'infractions d'omission, de négligence ou matérielles, qui sont constituées en l'absence soit d'intention délictueuse soit d'un acte matériel de commission, la responsabilité pénale d'une personne morale pourra être engagée alors même que n'aura pas été établie la responsabilité pénale d'une personne physique* ».

634 Cf. J.-C. PLANQUE, op. cit., p. 75

635 Sur le contenu de l'élément psychologique des infractions non intentionnelles.

636 V. J.-C. SOYER, *Droit pénal et procédure pénale :* préc. n° 291.

637 V. Infra. n° 213.

638 Sous réserve des limites tenant à la présomption d'innocence in J.C. SOYER : *Droit Pénal et Procédure Pénale*, 18e éd., LGDJ ; p. 135.

Le double principe s'applique aux personnes morales comme aux personnes physiques[639]. En conséquence, l'acte infractionnel doit être imputé en propre à la personne morale par l'exercice de l'action publique à son encontre[640]. S'agissant de l'imputation de l'infraction à la personne morale, un arrêt avait cassé la décision de la chambre d'instruction[641]. En effet, le visa de cette décision ne fait pas allusion à l'article 121-2 du CPF et les moyens de cassation ne mentionnent pas les conditions d'application de ce texte[642]. Ce silence ne peut soustraire la personne morale de sa responsabilité pénale quand on sait que l'évolution récente de cette responsabilité, originellement conçue comme une responsabilité par représentation, l'a transformée en une responsabilité sans représentation[643]. Cette transformation se fait en deux temps : d'abord, par une adaptation et enfin, par une éviction de la représentation.

182. Contrairement à l'article 121-2 du CPF, la Cour de cassation procède à une adaptation de cette représentation par un certain nombre d'interprétation relative aux règles de fond et aux règles de preuve[644].

Par rapport aux règles de fond, il fut démontré que la notion d'organe ou de représentant peut désigner un préposé délégataire de pouvoir[645] et récemment des personnes physiques qui n'ont pas cette qualité. Il s'agit d'un salarié occupant un poste élevé au sein de l'entreprise[646]. Cette jurisprudence rapproche le droit français des systèmes juridiques américains et néerlandais qui acceptent qu'un employé de société, un membre de syndicat ou d'association engage par leur acte la responsabilité pénale de la personne morale[647].

Par rapport aux règles de preuve, il fut admis que l'imputation d'une infraction à l'organe ou au représentant est présumée lorsque la faute pénale

---

[639] L'art. 121-1 du CPF « *nul n'est responsable que de son propre fait* » et de l'art. 132-24 du CPF « *la peine est fonction non seulement des circonstances infractionnelles, mais de la personnalité de l'auteur punissable* ».

[640] Cf. J. VERVAELE, *La responsabilité pénale de et au sein de la personne morale aux Pays-Bas. Mariage entre pragmatisme et dogmatisme juridique,* RSC 1997, p. 325 et s., « à la différence de certains droits étrangers, les infractions ne sont pas directement imputables aux personnes morales, quand on sait qu'il n'est pas rare en effet que des sociétés exercent directement leur influence sur leurs administrateurs, leurs gérants ou leurs employés et les amènent à commettre des délits de nature à porter atteinte à la vie ou à l'intégrité humaine ».

[641] Cf. Cass. crim. 22 février 2011, n° 10-87676 où on estime « *…qu'elle avait relevé que des manquements à des obligations réglementaires de sécurité et prudence pouvaient avoir effectivement contribué aux destructions résultant de la propagation de l'incendie, la chambre de l'instruction n'a pas justifié sa décision* »

[642] V. Infra. n° 185 et s.

[643] Voir Jean-Christophe SAINT-PAU, *La responsabilité pénale des personnes morales sans représentation*, Gazette du Palais, 31 mars 2011, n° 90, p. 8.

[644] Cf. Cass. crim. 22 février 2011.

[645] V. Infra. n° 195 et s.

[646] V. Infra. 196 et s.

[647] Cf. Crim. 28 juin 1902, *D.*1903.

se manifeste comme la violation d'une obligation relevant nécessairement de leur compétence ou de leur fonction. Cette présomption d'imputation fut posée en matière d'infraction non intentionnelle[648] puis étendue à celle intentionnelle[649]. C'est, par exemple, le cas d'une publicité de nature à induire en erreur. Cette présomption de fait ne contrevient pas à l'article 121-2 du CPF et au principe de légalité criminelle dès lors qu'il ne s'agit que d'une règle de preuve où il est classique de présumer la culpabilité au vu des circonstances de la commission de l'élément matériel de l'infraction. En outre, elle est conforme à la présomption d'innocence[650]. Dans le même sens, les présomptions irréfragables de culpabilité sont admises par le Conseil constitutionnel français dans le but d'assurer le respect des droits de la défense. De ce point de vue, il est justifié de ne pas transmettre une question prioritaire de constitutionnalité relative à l'interprétation de l'article 121-2 du CPF consistant à admettre le principe d'une présomption de fait et d'imputation de l'infraction à un organe ou à un représentant[651].

Les adaptations de fond ou de preuve semblent erronées par une nouvelle étape consacrant l'éviction de la représentation. D'abord, lorsque la personne morale répond en tant qu'auteur qualifié par le texte d'incrimination, le juge pénal semble contraint d'admettre une responsabilité *es qualité* dès que l'organe ou le représentant n'est pas légalement qualifié pour répondre de l'infraction. C'est le cas où, par exemple, une profession appartient objectivement à la personne morale. Depuis la reforme du code du travail[652] en France, les infractions en matière d'hygiène et de sécurité visent l'employeur en tant qu'auteur. Ceci s'entend de la personne morale à laquelle est imputée directement la violation d'une obligation de sécurité prévue par la loi ou le règlement sans égard à l'imputation préalable à un organe ou un représentant. Et enfin, cette responsabilité directe s'impose généralement lorsque l'imputation de l'infraction repose sur des manquements objectivement constatables manifestant, à eux seuls, une imprudence ou une négligence coupable. Outre qu'elles soient non intentionnelles, ces fautes pénales sont diffuses en ce qu'elles ne peuvent être nécessairement attribuées à une personne. Au plan probatoire, la constatation du manquement établit automatiquement l'imprudence morale. On commet l'imprudence morale par l'imprudence matérielle[653].

---

[648] V. Infra. n° 193.

[649] V. Infra. n° 192.

[650] Cf. Art. 6 §1 de la convention européenne des droits de l'homme.

[651] Cf. QPC transmise le 17 janvier 2011 par un arrêt de la chambre d'instruction, op. cit, supra. n° 54.

[652] Cf. Code du travail en France, art. 4741-1 et s.

[653] Ici par exemple, il est naturel de déclarer directement responsable d'homicide involontaire un centre hospitalier universitaire en constatant une défaillance manifeste du service d'accueil des urgences en infraction au règlement intérieur de l'hôpital qui impose la présence d'un médecin senior dans chaque unité fonctionnelle.

La responsabilité directe de la personne morale pour faute diffuse objective institue une responsabilité du fait personnel autonome de la responsabilité des personnes physiques. Elle résulte de la violation d'obligation de sécurité ou de prudence imposée par la loi ou le règlement et doit être approuvée. Ainsi, elle doit éviter en ce que l'organisation opaque d'une société masquant le processus de la décision ne permette d'assurer l'impunité de manquements à la sécurité et à la prudence. Identique à l'orientation européenne relative à la recommandation (88) 18 sur « la responsabilité des entreprises pour infraction », la jurisprudence[654] fait un rapprochement entre le droit français et le droit des pays qui ont légalement adopté un système de responsabilité directe comme la Belgique, la Roumanie, les Pays-Bas, le Royaume-Uni, etc.

183. L'identification de la personne physique n'est pas absolument nécessaire dès lors que l'organe ou le représentant fautif est identifié. La seule exigence légale tient à l'existence d'une infraction matériellement commise par un organe ou représentant. Si l'organe ayant commis l'infraction est un organe collectif, il ne semble pas qu'il y ait impossibilité à poursuivre la personne morale à condition toutefois que la nature de l'infraction s'y prête. Il s'agit notamment de l'intention[655]. La disparition simple ou la disparition par fusion-absorption de la personne morale met naturellement fin aux poursuites[656]. Le principe de la responsabilité du fait personnel s'oppose à ce que la personne morale absorbante soit pénalement responsable des infractions commises par la société absorbée[657].

Les principes de la responsabilité du fait personnel, de la personnalité et de l'individualité de la peine doivent gouverner toute la matière pénale et s'appliquer aux personnes morales comme ils s'appliquent aux personnes physiques. Cela ne semble pas douteux. Il faut néanmoins constater que son application à propos des personnes morales rencontre une certaine résistance de la part des juridictions administratives[658], des autorités administratives indépendantes et des juridictions judiciaires. Cette résistance, comme on le sait, n'est pas dénuée de fondement dans la mesure où le principe de

---

[654] Cf. Cass. crim. 22 février 2011, n° 10-87676.

[655] Crim. 24 octobre 2000, Bull. crim., n° 308, JCP G, 2001.

[656] Cour de cassation, crim. 20 juin 2000 n° 99-86.742 (n° 4129 PF). *Sommaire de la décision :* Aux termes de l'art. 121-1 c. pénal., nul n'est pénalement responsable que de son propre fait ; Méconnaît ce texte et selon ce principe la Cour d'appel (Cour d'appel de Bastia, ch. corr., 15 septembre 1999) qui, pour déclarer une société, qui avait entre-temps absorbé une autre société, coupable du délit de coups et blessures involontaires, retient que cette dernière, quoique radiée du registre du commerce à la suite d'une fusion-absorption, n'a pas été liquidée et n'a pas disparu, la société absorbante s'étant substituée à elle, avec transmission universelle de ses droits, biens et obligations, alors que l'absorption fait perdre son existence juridique à la société absorbée.

[657] Crim. 14 octobre 2003.

[658] C. E 22 nov. 2000, req. n° 207697, D. 2001, A.J, p. 855, note M. BOIZARD et Somm. p. 1609, obs. A. Reygrobellet ; AJDA 2000, p. 1069.

personnalité conduit à une impunité qu'on peut regretter devant la sanction prévue. En réalité, la seule solution satisfaisante serait l'intervention du législateur qui, en cas de poursuites en cours, suspendrait toutes les opérations ayant pour but ou pouvant avoir pour résultat de faire disparaître la personne morale poursuivie. En somme, ces exemples ne sont pas exhaustifs et la réalité doublée de la pratique feront sûrement preuve d'analyse profonde.

Paragraphe II. Les modalités d'imputation des infractions à la personne morale

184. La personne morale peut se rendre pénalement responsable à travers plusieurs modalités. Elle peut être indirectement responsable lorsque la personne physique a commis une infraction. C'est la thèse ou la théorie du « ricochet ». Elle peut aussi être directement responsable lorsqu'elle est dotée d'une vie propre sur la seule base de ses vices d'organisation ou de fonctionnement même si aucune personne physique n'a préalablement été reconnue responsable ou tout simplement identifiée. C'est la théorie de la faute autonome.

La responsabilité pénale de la personne morale est nécessairement « indirecte » lorsque la personne physique intervient en son nom pour la commission de l'infraction. La personne morale n'a aucune réalité matérielle pour mener ses activités, au regard de la théorie de la fiction[659]. La thèse du ricochet ou du reflet se fonde sur une observation quasi évidente. Pour illustrer, un groupement ne peut « vouloir » ou laisser accomplir une infraction qui ne peut être commise que par un individu (substratum humain)[660]. Mais la thèse de la faute autonome a pour effet l'efficacité.

Le système qui oblige le parquet à désigner une personne physique responsable est voué à l'inefficacité[661]. Cela se justifie dans les grosses entreprises où il est quasiment impossible de faire ressortir le lien de causalité entre le comportement de telle personne physique et l'infraction. Ceci rend souvent difficile les poursuites contre cette personne physique[662].

A. La position du droit positif sur les différentes théories

185. Le droit positif se partage entre la thèse du ricochet et la thèse de la faute autonome. La personne morale peut être pénalement responsable d'une infraction matériellement commise par une personne physique qui la

---

[659] Voir supra n° 158.

[660] Voir H. DONNEDIEU DE VALBRE, *Les limites de la responsabilité pénale des personnes morales,* RID pén., 1950, p. 342.

[661] V. Ch. HENNAU-HUBLET, G. SCHAMPS et H. VERHGAEN, *Indispensable responsabilité de l'entreprise, Inacceptable culpabilité de l'entreprise,* Journal des tribunaux, Bruxelles, 12 septembre 1998, p. 567-568.

[662] Voir J. D'HAENENS, *Sanctions pénales et personnes morales*, RDPC 1975-76, p.731 et s.

représente. La responsabilité pénale des personnes morales est une responsabilité indirecte. Certains auteurs parlent de responsabilité « par ricochet ou par reflet » ou de responsabilité « subséquente » dans la mesure où elle se fonde sur l'action d'un intermédiaire en sa qualité de personne physique[663]. Le législateur malien doit adopter une position au regard des réalités selon lesquelles évoluent les personnes morales qui peuvent commettre des infractions.

La personne morale peut être responsable lorsque le dirigeant a commis dolosivement ou imprudemment un fait délictueux. Cette position est adoptée par la France. À moins de souscrire à « un anthropomorphisme absurde », l'article 121-2 du CPF prévoit que la responsabilité pénale pourra lui être imputée lorsque l'infraction a été commise par une personne physique sous certaines conditions[664]. Comme elle n'est pas capable de réaliser elle-même les éléments constitutifs de l'infraction[665] quelle que soit sa nature, ceux-ci doivent être caractérisés « à l'encontre de la personne physique, organe ou représentant » qui sert d'instrument pour elle[666]. C'est seulement après que l'infraction est imputée[667] à la personne morale. Il s'agit en quelque sorte « d'une responsabilité pénale par reflet » ayant à la base « un substratum humain »[668]. C'est donc à travers la personne physique qu'on doit apprécier l'intention ou la faute. Les juridictions françaises du fond sont certes partagées. Si certaines ont raisonné en terme du ricochet, d'autres consacrent l'idée de la faute autonome de l'être moral. On va jusqu'à parler de société « qui a commis une négligence grave susceptible d'engager sa responsabilité pénale » et « de politique délibérée de l'entreprise ». Cette doctrine a fait l'objet de plusieurs arrêts de la Cour de cassation qui rappellent, assez régulièrement, que l'infraction imputée à la personne morale doit être caractérisée sur la tête d'un de ses organes ou représentants[669]. La Cour de cassation, dans un arrêt très remarqué du 2 décembre 1997, a nettement opté en faveur de la thèse du ricochet[670]. C'est

---

663 Cf. F. DESPORTES & F. LE GUNEHEC, *Le nouveau Droit pénal général*, Economica Paris, tome 1, 2e éd. 1996.
664 Ibid.
665 V. P. FAIVRE, *La responsabilité pénale des personnes morales :* Rev. Sc. crim. 1958, p. 547.
666 V. F. DESPORTES, *Les conditions d'imputation d'une infraction à une personne morale*, CJEG 2000, p. 426.
667 Voir R. BERNARDINI, Droit pénal général, R. MERLE & A. VITU, Traité de droit criminel, Droit pénal général, op. cit., p. 107.
668 Voir A. VITU, L'orientation moderne des notions d'auteur de l'infraction et de participation à l'infraction, in VIIe Congrès international de droit pénal, Cujas, 1957, p. 42.
669 Voir H. DONNEDIEU DE VABRES, *Les limites de la responsabilité pénale des personnes morales* : RID pén.1950, p. 339.
670 Crim. 2 décembre 1997, JCP 1998-11, 10023, rapport Desportes, au motif que pour caractériser l'intention du délit, la condamnation d'une personne morale pour usage de *fausses attestations implique « de rechercher si le directeur général de la société, organe de la*

peu après que les juridictions du fond se sont alignées et aujourd'hui le droit français est favorable à la thèse du ricochet à part quelques rares exceptions qu'il paraît inutile d'analyser ici[671].

La jurisprudence anglaise est identique au droit français[672]. Deux arrêts de la Cour d'appel rendus en 1944[673] et en 1972[674] montrent cet aspect. Ainsi, la théorie de l'identification appelée théorie de *l'alter ego* ou encore de *l'organic theory* était née. Le dirigeant s'identifie à l'être moral et son état d'esprit devient celui de ce dernier. Ceci conduit alors à rechercher les éléments constitutifs de l'infraction dans le chef de certains dirigeants avant d'imputer celle-ci à la personne morale. Cette construction permet à la fois de consacrer la théorie du ricochet et de justifier la responsabilité pénale des groupements que les anglais appellent *corporations*[675].

En Finlande, la réforme de 1995 consacre également cette conception. Selon l'article 2 du chapitre 9 de son code pénal, « une personne morale peut être condamnée à une amende si un individu lui appartenant statutairement ou autre directeur a accompli une infraction ou permis la commission d'une infraction ». La conception est la même dans le nouveau Code pénal estonien et dans le code pénal norvégien. La conséquence normale de la théorie du ricochet est que la personne morale, en principe, ne peut être engagée que si l'individu fautif en son sein a été déterminé. Cette détermination constitue le seul moyen d'apprécier son dol ou sa faute.

186. Par contre l'identification, dont il s'agit, peut s'avérer difficile dans les grandes sociétés. Pour éviter une lacune dans cette sanction, certaines législations admettent qu'elle doit s'appliquer uniquement à la personne morale lorsque l'infraction a été nécessairement commise par une personne physique. Cette position est tenue alors dans plusieurs cas.

La recommandation n° R (88) du 20 octobre 1988 du Conseil de l'Europe demande aux États de retenir la responsabilité pénale des personnes morales « qu'il y ait ou non identification d'une personne physique ayant commis les

---

personne morale avait eu personnellement connaissance de l'inexactitude de faits relatés dans les attestations ».

671 Voir J. PRADEL, *Manuel de droit pénal général. 17e éd.* Cujas, Paris, 2008, n° 534.

672 V. *ICR Haulage* [1944] KB 551, *DPP v. Kent and Sussex Contractors* [1944] KB 146, A.P. Simester et, G.R, Sullivan. *Criminal law theory and doctrine,* 2e éd., 2004. Oxford. Portland Oregon, p. 254 in J. PRADEL, *Droit pénal comparé*, 3e éd. Dalloz 2008, p. 171.

673 Cet arrêt fait allusion à la théorie de l'identification ou l'incarnation.

674 *V. Arrêt Tesco Supermarketts Ltd* où Lord REID *Nattras,* rendu en 1972 par la Chambre des Lords : « *une personne physique - esprit qui est capable de connaissance, de volonté ou de négligence - a les mains pour mettre en œuvre ses intentions. Une personne morale n'a rien de tel ; elle doit agir par l'intermédiaire des personnes physiques... Mais la personne physique qui agit ne le fait pas comme préposé [...] Elle est l'incarnation de la société [...] et sa volonté est la volonté de la société. Si cette volonté est coupable...* ».

675 V. C. Harding, rapport au congrès d'Athènes, p.369 et s ; v. J. Spencer, *La responsabilité dans l'entreprise*, RSC 1997, p. 289 et s. ; A. REED et P. SEAGO, *Criminal law*, 2e éd. 2002, SWEET & MAXWELL, not. n° 4-060 et s.

faits ou omissions constitutifs de l'infraction ». L'article 48 du code pénal norvégien, tout en posant le principe du ricochet, reconnait que la personne morale est encore responsable « si aucune personne physique ne peut être punie pour l'infraction ». Le code pénal australien de 2000, quand à lui, a créé la *corporate culture*[676].

En Angleterre, la *Law Commission* a proposé en 1996 la création d'une nouvelle infraction fondée cette fois-ci sur la théorie du *management failure* (faute dans la gestion). Il s'agit de la *corporate killing* (homicide causé par une personne morale) très proche de la *corporate culture.* C'est la consécration d'une faute organisationnelle que l'on ne conçoit certes que pour des homicides involontaires commis par une entreprise[677]. Cependant, l'intervention de la personne physique dans la responsabilité pénale de la personne morale n'est pas totalement abandonnée puisqu'elle n'est engagée que lorsque ses activités menées par ses dirigeants comportent la violation d'une obligation[678]. Sans énormes modifications, ce projet est devenu une loi en 2007. Le système le plus proche est celui de la Suisse. Pour la plupart des infractions[679], l'article 102 al.1 du nouveau code pénal suisse prévoit le système selon lequel l'entreprise est responsable à titre subsidiaire c'est-à-dire qu'il soit impossible pour l'autorité de poursuite de pouvoir imputer l'infraction à une personne physique déterminée par le comportement délictueux. On voit que l'entreprise fait preuve d'un défaut d'organisation et est coupable de ne pas pouvoir présenter un organigramme permettant d'identifier l'auteur de l'infraction. Ainsi, pour éviter toute lacune dans la répression, on poursuit la personne morale. Mais, si la personne physique est déterminée pénalement responsable, la personne morale n'en sera pas[680]. Ici, on est proche d'une faute diffuse qui, en se manifestant par un défaut de fonctionnement ou d'organisation, ne peut être rattachée à un organe ou à un représentant déterminé[681]. On écarte, donc, la théorie du ricochet qui semble réaliste.

---

676 Voir E. DENOIX, *L'entreprise face à la justice pénale, Étude comparée droit français – droits anglo-saxons*, thèse dactyl. Tours, 2005, not. n°168 et s. D'après son article 12 paragraphe 3, l'infraction est imputée à la personne morale dans le cas où « *il est prouvé que…c) une culture d'entreprise existant au sein de la personne morale a commandé, encouragé, toléré ou conduit à la violation de la réglementation… ; ou d) s'il est prouvé que la personne morale a échoué dans la création ou le maintien d'une culture d'entreprise qui exigeait la mise en conformité avec la réglementation* ».

677 Voir E. DENOIX, *Plaidoyer (français) pour la consécration de l'infraction de corporate killing* en Angleterre, RPDP 2007, p. 131 et s.

678 Cf. L'article 1, paragraphe 3.

679 Sauf l'organisation criminelle, le financement du terrorisme, le blanchiment et la corruption pour lesquelles un autre régime est prévu.

680 Voir L. MORELLON, *La responsabilité hiérarchique et sociale au sein de l'entreprise*, in *La nouvelle partie générale du Code pénal suisse,* Stampfli éd. SA Berne, 2006, p.141 et s., not. p. 151-152.

681 Crim. 20 juin 2006, *Bull. crim.* n° 188, D. 2007, 617, note C. SAINT-PAU, D. Pan., 1624 obs. C. MASCALA : la chute ayant occasionné la mort d'un travailleur qui a emprunté une

187. L'article 121-2 du CPF prévoit l'application des règles de tentative et de complicité aux personnes morales par la transposition. Il s'agit, en vérité, de la conséquence du mécanisme de responsabilité « par ricochet » retenu par le législateur.

Par contre d'autres législations consacrent le principe de la responsabilité directe ou primaire de la personne morale. Parfois ce principe n'est pas reconnu en l'état et l'article 51 du code pénal néerlandais admet un système de responsabilité mixte à la fois directe et indirecte[682]. Parfois le principe de la responsabilité directe est consacré en Belgique par la loi du 4 mai 1999 portant sur le code pénal[683]. Ainsi, la sanction subie par l'entreprise est indépendamment prononcée en dépit de toute identification et de toute reconnaissance de culpabilité de la personne physique. L'exposé des motifs de la loi du 4 mai 1999 est étrange dans ce cas. Il rappelle que l'appréciation de l'élément moral par le juge doit se faire sur le comportement des dirigeants de la personne morale[684]. Un tel propos est surprenant pour un système qui entend consacrer la responsabilité directe. Mais implicitement, il peut prouver que le législateur belge n'avait pas pu renier entièrement la très raisonnable théorie du ricochet.

188. En Suisse l'article 102 al. 2 du code pénal prévoit que pour un nombre limité d'infractions, l'entreprise est directement responsable indépendamment de la responsabilité pénale de la personne physique (mais qui peut être punie si elle est déterminée). Au regard de ce qui précède, la personne morale demeure sans surprise pénalement responsable lorsque l'auteur personne physique décède ou est irresponsable. D'abord, le constat s'adresse à l'entreprise qui a fait preuve « d'une organisation défaillante ou d'un manque de prévisibilité des risques inhérents à son activité »[685]. Et

---

passerelle métallique, a considéré que la condamnation de la personne morale est justifiée « *dès lors que l'infraction d'homicide involontaire n'a pu être commise, pour le compte de la société, que par ses organes ou représentants* ».

[682] V. J. VERVAELE, *La responsabilité pénale de et au sein de la personne morale aux Pays-Bas. Mariage entre pragmatisme et dogmatisme juridique*, RSC 1997, p.325 et s.

[683] Cf. au nouvel article 5 du Code pénal, « *toute personne morale est pénalement responsable des infractions qui sont intrinsèquement liées à la réalisation de son objet ou à la défense de ses intérêts ou de celles dont les faits concrets démontrent qu'elles ont été commises pour son compte* ».

[684] V. J. MESSINNE, *La responsabilité pénale des personnes morales en droit belge au regard de la protection des intérêts financiers des communautés Européennes, In vers un espace judiciaire pénal européen*, édité par G. de KERCHOVE et A. WEYEMBERGH, Institut d'études européennes, Université de Bruxelles, 2000, p. 277, s.

[685] Cf. la loi belge du 4 mai 1999 « *pour apprécier l'élément moral dans le chef de la personne morale, le juge doit se baser sur le comportement des personnes ayant une fonction dirigeante au sein de la personne morale. Ces personnes doivent au moins avoir une connaissance de l'intention de commettre l'infraction et y avoir consenti ou bien avoir incité elles-mêmes à la commission de l'infraction. Dans le cas d'infractions non intentionnelles, elles doivent avoir eu connaissance du risque de réalisation de l'infraction et avoir négligé de prendre les mesures pour éviter celles-ci* ».

enfin, toutefois ce système qualifié de sévère ne s'applique qu'à un nombre limité d'infractions graves comme l'organisation criminelle, le financement du terrorisme, le blanchiment d'argent et la corruption. L'article 19 du code pénal roumain, proche des systèmes belge et suisse, dispose « les personnes morales…sont pénalement responsables des infractions commises en réalisation de leur objet social ou dans l'intérêt ou au nom de la personne morale… ». La personne morale est directement responsable de son propre fait. Le même article ajoute la condition exigée en ces termes que «…si le fait a été commis en présence de l'élément moral exigé par la loi ». Ceci désigne l'élément moral propre au groupement qui est différent de l'élément moral propre à l'auteur physique[686].

189. Au-delà des systèmes de responsabilité directe et indirecte selon les différentes théories, un problème commun demeure poser. C'est celui du sort pénal de la personne physique. Dans le système indirect, la personne morale peut seulement engager sa responsabilité pénale par une infraction commise par une personne physique qui peut aussi être poursuivie si elle a pu être déterminée. Pour la commission de l'infraction la personne physique et la personne morale sont à la fois poursuivies. Dans les systèmes procéduraux opportunistes (la poursuite de la personne physique ou les deux à la fois) la personne physique est surtout poursuivie en cas d'infraction intentionnelle. Dans le système direct, seule la personne morale est responsable indépendamment de tout individu lorsque rien n'interdit de poursuivre ce dernier. D'après l'article 51 du code pénal néerlandais la poursuite vise soit la personne morale soit l'individu soit les deux à la fois. L'article 5 du code pénal belge, à son tour, est complexe et affirme que « lorsque la responsabilité pénale de la personne morale est engagée exclusivement à raison de l'intervention d'une personne physique identifiée, seule la personne qui a commis la faute la plus grave peut être condamnée… ». Ici, le législateur a visé les infractions d'imprudence en les soumettant à l'appréciation du juge de vérifier au cas par cas si toutefois la responsabilité du groupement ou de l'individu est déterminante. Ceci permet d'éviter à ce que la personne morale ou la personne physique puisse évaluer le risque pénal. Le juge peut écarter totalement le dirigeant en considérant que la responsabilité de l'entreprise est déterminante. Ainsi, « le principe retenu est celui de l'exclusion du cumul de responsabilités, sauf dans les cas où il peut être établi que l'infraction peut être imputée personnellement à une personne physique qui aurait agi de manière intentionnelle »[687].

À l'analyse des différentes théories, le législateur malien doit adopter à la fois la théorie de la faute par ricochet (qui semble logique) et de la faute diffuse ou directe (dans les cas où la situation l'exige). Cette adoption serait

---

[686] Voir F. STRETEANU, *La responsabilité pénale des personnes morales en droit roumain*, Rev. Pén. 2007, p. 331 et s.
[687] Document parlementaire, Sénat, cité par J. MESSINNE.

conforme à un idéal de justice qui permet de ne pas laisser impunie une infraction commise dans le cadre de l'activité d'une personne morale.

B. L'imputation liée au mode de commission de l'infraction

190. La perpétration de l'infraction s'apprécie selon que cette dernière soit tentée ou entièrement consommée et que la personne morale soit considérée comme auteur principal ou complice[688]. La tentative est constituée lorsqu'elle est manifestée par un commencement d'exécution et qu'elle n'a été suspendue ou manqué son effet qu'en raison de circonstances indépendantes de la volonté de son auteur[689]. Cette affirmation requiert moins de commentaires en ce sens qu'une personne morale pourra être déclarée pénalement responsable d'une infraction consommée ou tentée[690]. Il en sera ainsi lorsque l'organe ou le représentant de la personne morale aura été interrompu dans la commission de l'infraction au moment du commencement d'exécution alors que l'infraction devrait être réalisée pour le compte de cette dernière. S'il est vrai que la personne morale ne peut pas commettre l'élément matériel d'une infraction requérant le déploiement d'une activité corporelle directe, elle peut très bien accomplir la matérialité d'une investigation[691]. D'ailleurs, le CPF énonce que les personnes morales peuvent être personnellement poursuivies selon les conditions définies dans ses articles 121-4 à 121-7. Il faut rappeler que la responsabilité pénale de la personne morale peut être engagée dans les conditions du droit commun aussi bien pour une infraction consommée que pour une infraction tentée conformément aux articles sus indiqués régissant la complicité[692].

191. Ce faisant et compte tenu de la spécificité des peines applicables aux personnes morales, celles-ci ne peuvent répondre que de leur propre responsabilité pénale[693]. Autrement dit, elles ne peuvent engager leur responsabilité pénale que pour des infractions qu'elles ont commises. Ce principe découle de l'article 121-1 du CPF selon lequel « nul n'est responsable pénalement que de son propre fait ». Il en est ainsi de la fusion-absorption qui n'emporte pas transmission de la responsabilité pénale de la société absorbée à la société absorbante. Cette dernière ne peut répondre que

---

[688] ***Cf.*** l'article 121-3, 2° du Code pénal français « *est auteur de l'infraction la personne qui : (...) tente de commettre un crime ou, dans les cas prévus par la loi, un délit* ».
[689] Cf. l'article 121-5 du CPF.
[690] Crime ou délit dont la tentative est punissable au sens des articles 121-4 et 121-5 du CPF.
[691] En ce sens, voir R. MERLE, A. VITU, *Traité de droit criminel,* édit., Cujas, 1997, n° 649, p. 818 ; Par exemple, le Conseil d'Administration adoptant une délibération par laquelle il donne l'ordre à une personne physique de commettre un meurtre, une fraude.
[692] Les articles 121-4 à 121-7 du CPF.
[693] L'Article 131-39 du CPF.

de sa propre responsabilité[694]. La société absorbée transmet à la société absorbante l'intégralité de son patrimoine (l'actif et le passif) mais pas sa responsabilité pénale. Le principe de responsabilité du seul fait personnel indique que les fautes commises par la société absorbée ne donnent pas lieu à une sanction infligée à la société absorbante[695]. En définitif, on peut noter que la fusion-absorption se caractérise par le maintien de la personnalité morale de la société absorbante et n'emporte pas transmission de la responsabilité pénale de la société absorbée à la société absorbante[696].

192. La personne morale peut être déclarée aussi bien auteur principal que complice d'une infraction[697]. Pour une telle hypothèse, la personne morale sera poursuivie et condamnée chaque fois que ses organes ou représentants[698] se seront eux mêmes rendus complices d'un tiers en lui donnant des instructions pour que celui-ci commette une infraction à leur profit, donc au profit de la personne morale. Deux cas de figure ont été expressément envisagés, durant les débats parlementaires sur le livre III du nouveau code pénal français, pour illustrer une telle possibilité. Il s'agit de l'hypothèse d'un vol de documents industriels commis sur instruction des dirigeants d'une société dans les locaux d'une société concurrente[699]. C'est par le titre de la complicité que la responsabilité pénale de la personne morale sera, le plus souvent, retenu. Il s'agit également de l'hypothèse d'un vol d'électricité réalisé au profit d'une association par un branchement frauduleux sur le réseau de l'énergie de France[700].

Le législateur ne sanctionne pas uniquement les actes de pure commission, mais aussi des abstentions telles que le risque causé à autrui, la

---

[694] Cf. Cass. crim., 20 juin 2000, Bull. crim., n° 237 ; RSC, 2001, p. 152, obs. B. BOULOC ; D. affaires 2001, p. 853, note H. MATSOPOULOU ; Rev. sociétés, 2001, p. 851, obs. J. URBAN-PARLEANI ; D., 2003, p. 1802, obs. G. ROUJOU DE BOUBÉE ; Cass. crim., 14 octobre 2003, Bull. crim., n° 189. V. M. GAMET, *Le principe de personnalité des peines à l'épreuve des fusions et des scissions de sociétés,* JCP G, 2001, I, n°345.

[695] V. Cass. crim., 15 juin 1999, RTD com., 1999, note N. RONTCHEVSKY.

[696] Y. GUYON. *Droit affaires, Droit commercial général et sociétés,* tome1, 12e éd., Économica, 2003, n° 680.

[697] Selon la circulaire générale du garde des sceaux du 14 mai 1993, « *la responsabilité pénale des personnes en tant qu'auteur principal est engagée lorsque ses organes et représentant ont commis pour son compte, en tant qu'auteur principal les éléments matériel, moral d'une infraction...* ».

[698] Tel serait le cas où un gérant qui commet l'escroquerie en vendant des soi-disant « *produits miracles* » fabriqués par sa société, engage la responsabilité pénale de celle-ci comme auteur car le gérant est lui-même auteur de l'infraction. Egalement, le directeur d'une agence de voyage qui exploite l'image d'un mineur ou qui diffuse des messages pornographiques de mineur de moins de 15 ans, pourrait engager la responsabilité pénale de l'agence à titre d'auteur principal.

[699] Par exemple, organes ou représentants des personnes morales de certaines importances qui auront tendances à ne pas salir les mains et faire commettre les infractions par d'autres personnes tiers ou employés de la personne morale elle-même (infraction intentionnelle).

[700] Cf. Circulaire du 14 mai 1993.

non-assistance à personne en péril et toutes les infractions d'omission. Il est à préciser que ces omissions ne peuvent être sanctionnées que si elles sont expressément incriminées par un texte spécifique[701]. Ceci a conduit à la création de plusieurs infractions de nature contraventionnelle en matière d'hygiène et de sécurité dans le travail, de santé publique ou de sécurité routière. Vraisemblablement, les contraventions d'usurpation de signes réservés à l'autorité publique prévues à l'article R.643-1 du CPF peut être commises par les employés d'une personne morale[702]. Pour rappel, les articles 121-7 al. 2 et R. 610-3 du nouveau CPF punissait généralement la complicité sur instruction des contraventions. Rien n'interdit que plusieurs personnes morales soient coauteurs d'une infraction ou qu'une personne morale soit complice d'une autre personne morale ou encore qu'une personne physique soit complice d'une personne morale et inversement. Telle est l'idée qui se dégage de la circulaire du 14 mai. Mais dans tous les cas, les relations de complicité ou de coaction devront normalement préexister entre les personnes physiques, ce qui soulève toujours la question du cumul de responsabilités de la personne morale et de la personne physique.

193. Ainsi, le législateur français sanctionne les infractions de négligence, notamment, les atteintes involontaires à la vie ou à l'intégrité de la personne[703]. Aussi serait-il possible de poursuivre comme auteur principal une société qui déverse ses produits dans une rivière mettant en danger la vie d'autrui ou exposant autrui à un danger immédiat de mort. Cela arrive lorsque le directeur de cette société n'a pas accompli les diligences qui s'imposaient à lui en matière de sécurité en alléguant des problèmes financiers comme l'opération de traitement de ses produits qui lui coûtait très cher. On peut donc se demander si une personne morale peut être poursuivie comme auteur principal lorsque son organe ou son représentant commet un délit non intentionnel. La réponse ne semble souffrir d'aucune exception. En ce sens, la responsabilité pénale de la personne morale en tant qu'auteur principal de l'infraction est engagée chaque fois que son représentant commet lui-même la faute. Toujours en matière de délits de mise en danger, la personne morale peut être condamnée comme auteur principal son lorsque son organe ou son représentant n'aura pas veillé à l'application des mesures de sécurité qui s'imposaient à lui. Il peut s'agir également de l'infraction commis par un acte de maladresse, d'imprudence,

---

[701] L'article 64 al. 2 du Code pénal Burkinabè dispose « *est aussi auteur ou coauteur toute personne morale à objet civil, commercial ou financier au nom et dans l'intérêt de laquelle des faits d'exécution ou d'abstention constitutifs d'une infraction...* », op. cit. p. 156.

[702] Par exemple, une société de gardiennage agissant sur instruction de ses représentants.

[703] Qualifiées par l'ancien Code d'homicides ou de coups et blessures involontaires, elles sont prévues par les articles 221-6 et 222-19 du nouveau Code pénal français qui parlent aussi d'homicide et de blessures involontaires et qui sont imputables aux personnes morales.

d'inattention, de négligence ou de manquement à une obligation et/ou délibérément violé une obligation particulière de sécurité ou de prudence imposée par la loi ou le règlement. D'ailleurs, la Cour de cassation a condamné une personne morale pour faute non intentionnelle[704]. Désormais, la responsabilité pénale directe de la personne morale peut être engagée sans que soit recherchée la responsabilité pénale de son représentant ou de son salarié. Il faudrait, dans ce cas, qu'il y ait un lien indirect entre la faute commise et le dommage réalisé. Cette responsabilité pénale directe peut être seulement engagée pour la commission des infractions de négligence ou d'imprudence.

S'il est vrai que la personne morale peut se voir imputer l'infraction commise par ses organes ou ses représentants et par conséquent être condamnée, elle peut aussi être pénalement irresponsable si toutefois ses représentants bénéficient des causes d'exonération de responsabilité pénale. En dépit des conditions relatives à l'infraction imputable à une personne morale[705], l'effectivité de la condamnation reste liée aux différentes causes d'irresponsabilité ou causes d'exonération de responsabilité pénale.

SECTION II. LES CAUSES D'IRRESPONSABILITÉ PÉNALE DE LA PERSONNE MORALE

194. La personne morale n'agit que par ses organes ou ses représentants qui accomplissent, l'acte délictueux. Le juge peut décider d'exonérer l'agent parce qu'il a commis l'acte infractionnel sous le coup d'une psychose ou par un défaut de liberté. Cet acte peut être ordonné par la loi ou le règlement, commandé par l'autorité légitime et accompli en état de légitime défense. L'exonération de la responsabilité pénale est différente de la situation d'irresponsabilité telle que : la prescription[706], l'amnistie[707] et la grâce[708] dont peut bénéficier l'agent. L'exonération suppose que la responsabilité pénale de l'auteur ne sera pas retenue. La situation d'irresponsabilité empêche la mise en œuvre de l'action publique et l'exécution de la peine après la condamnation définitive selon les cas.

---

[704] Cass. crim., 24 octobre 2000.

[705] L'Article 121-2 du nouveau Code pénal français : l'infraction est commise « pour *leur compte, par leurs organes ou représentants* ».

[706] La prescription suppose qu'un certain délai se soit écoulé sans pour autant que les poursuites aient été mises en mouvement, c'est-à-dire que l'action publique s'éteint si elle n'est pas exercée dans un certain délai.

[707] A noter que l'amnistie ne fait pas disparaître les faits matériels, elle supprime seulement la responsabilité pénale du bénéficiaire.

[708] La grâce est accordée par le Président de la République en faveur d'une personne définitivement condamnée. Elle est le privilège du prince, qui peut décider de gracier un certain nombre de personnes, par exemple, à la suite d'une élection présidentielle.

195. Malgré, les nombreuses particularités des personnes morales par rapport aux personnes physiques, le législateur français de 1994 n'a pas posé beaucoup de règles spécifiques laissant place aux difficultés d'application à la charge des juges[709] et de la doctrine[710]. Il va falloir pallier le manque de texte en se tournant vers le droit pénal applicable aux personnes physiques. Les législateurs français[711] et malien[712] sont restés muets sur leur applicabilité aux personnes morales. Dans le silence de la loi, il n'y a pas à distinguer là où la loi n'opère pas de distinctions[713]. Mais, il ne faudrait pas déduire de ce silence que les personnes morales ne peuvent bénéficier de ces causes d'irresponsabilité car en l'absence de précision, elles s'appliquent à l'ensemble des sujets de droit pénal[714]. Il s'agit de démontrer, seulement, l'applicabilité aux personnes morales des différentes causes prévues par le présent Code[715].

Il semble que la question de leur applicabilité aux personnes morales se pose en des termes assez différents. À priori, les causes de non imputabilité sont liées à des éléments subjectifs (le discernement, la maturité et la liberté) et paraissent ne se concevoir que pour les êtres physiques. Il s'agira de vérifier la pertinence de ces « à priori » en envisageant successivement l'applicabilité des causes objectives d'irresponsabilité pénale (Paragraphe I) et des causes subjectives d'irresponsabilité pénale (Paragraphe II) aux personnes morales.

Paragraphe I. L'applicabilité aux personnes morales des causes objectives d'irresponsabilité pénale

196. Les causes objectives d'irresponsabilité pénale retirent à l'infraction son caractère attentatoire aux intérêts de la société. Qualifiées aussi de « faits justificatifs », ces causes ont pour conséquence de faire disparaître l'infraction et de supprimer la responsabilité pénale de l'agent. Les faits

---

[709] Il appartiendra à la jurisprudence de préciser les causes applicables ou non aux personnes morales. Ainsi cette dernière s'accorde à dire que ces causes d'irresponsabilité pénale, quelles soient objectives ou subjectives, devraient pouvoir bénéficier, en théorie, aux *personnes morales*.

[710] La doctrine opère sur ces causes d'irresponsabilité pénale une distinction (Cette distinction est parfois critiquée, mais elle est usuelle) qui n'apparaît pas dans le CPF.

[711] Ces causes d'irresponsabilité sont prévues dans le nouveau CPF, en ses articles 122-1 à 122-8.

[712] L'article 28 du Code pénal malien dispose que « *il n'y a ni crime ni délit : 1° Lorsque le prévenu était en état de démence au temps de l'action ou de légitime défense de soi-même ou d'autrui ; 2° Lorsqu'il a été, contraint par une force à laquelle il n'a pu résister ; 3° Lorsqu'il a agi en vertu d'un commandement de la loi ou d'un ordre de l'autorité légitime* ».

[713] Cf. l'adage « *ubi lex non distinguit, nec nos distinguere debet, ibi onus* ».

[714] J.C. SOYER, *Droit pénal et procédure pénale*, L.G.D.J, 13e édition, 1997, n° 300.

[715] Les causes comme l'état de nécessité et l'erreur peuvent également être exonératoires, mais ne font pas l'objet de notre étude. Les justifications émanent des éléments existants, mais prévus pour d'autres personnes.

justificatifs opèrent *in rem* et non pas *in personam*. L'infraction disparaît et un acte ordinairement punissable devient conforme au droit parce qu'en l'accomplissant son auteur a servi un intérêt préférable à celui que protège la loi qu'il a transgressée.

Parmi ces faits justificatifs, certains résultent de normes ou d'actes juridiques tels que l'ordre de la loi ou du règlement et le commandement de l'autorité légitime[716]. D'autres découlent des situations engendrées par la nécessité. Il s'agit de l'état de nécessité[717] et de la légitime défense[718]. Ces derniers résultent souvent des situations où une personne se trouve obligée de commettre une infraction pour se défendre ou défendre autrui ou pour faire face à un danger éventuel et imminent qui le menace ou menace autrui ou bien encore pour sauvegarder un bien.

On peut s'interroger si toutefois une personne morale peut être victime d'une agression en accomplissant matériellement l'acte de défense d'elle-même, d'autrui ou d'un bien. Peut-elle bénéficier des faits justificatifs retenus en faveur de son organe ou de son représentant en se prévalant de l'ordre ou de la permission de la loi et du commandement de l'autorité légitime pour justifier ses agissements ? Ou bien encore, peut-elle se prévaloir de la légitime défense des personnes ou des biens ?

Au contraire les faits justificatifs sont liés aux éléments objectifs comme les circonstances, la légitimité d'un ordre ou l'existence d'une norme légale ou réglementaire. Ils semblent étrangers aux personnes morales et ne dépendent que de ces circonstances. Ce qui porte à les considérer comme transposables aux personnes morales.

A. Les causes objectives fondées sur l'ordre et la permission

197. Le fait justificatif est prévu par l'article 28 du CPM selon lequel « il n'y a ni crime ni délit :... lorsqu'il a agi en vertu d'un commandement de la loi ou d'un ordre de l'autorité légitime ». L'article 122-4 al. 1er du CPF affirme, dans le même sens, que la personne qui accomplit un acte « prescrit ou autorisé [...] » ne saurait être considérée comme pénalement responsable.

En effet, l'acte de l'agent dérogeant à une loi se trouve justifié par une autre loi qui lui intime l'ordre ou qui l'autorise à commettre un tel acte. Cet acte ne peut dès lors être tenu pour une infraction. Selon PAULIN, « l'ordre de la loi concerne l'hypothèse où un texte ordonne ou permet d'accomplir ce qu'un texte pénal érige en principe en infraction. Le même acte ne pouvant être à la fois interdit et permis, l'élément légal de l'infraction est neutralisé lorsque l'agent a agi conformément au texte autorisant son acte (article 122-4, alinéa 1er) »[719]. Dès lors, l'agent se trouve justifié en se conformant à

[716] Les articles 122-4 du Code pénal français,
[717] Les articles 122-7.
[718] Les articles 122-5 et 122-6.
[719] Voir C. PAULIN, *Droit pénal général,* 2e éd, Litec., 2000, n° 138, p. 72 et 73.

l'ordre ou à la permission de la loi car « avec un fait justificatif [...], c'est le caractère illicite de l'acte qui est effacé : la loi d'incrimination est paralysée, mise en échec par une loi qui autorise l'agent à accomplir ce que la loi d'incrimination prohibe »[720]. Également, « il y a fait justificatif quand un acte ordinairement punissable devient conforme au droit parce que son auteur a, en l'accomplissant, servi un intérêt préférable à celui que protège la loi qu'il a transgressée »[721].

Il est important de voir la situation pour laquelle la personne morale se conformerait à l'ordre de la loi ou au commandement de l'autorité légitime. Sera-t-elle exonérée de sa responsabilité pénale ? La réponse à cette question passe par l'implication de la personne morale dans la matérialisation d'un acte commandé par une autorité légitime. Le commandement de l'autorité légitime est un fait justificatif qui exonère l'agent de sa responsabilité pénale. Il peut arriver ainsi qu'une autorité ordonne à l'organe ou au représentant d'une personne morale ou directement à cette dernière d'accomplir un acte[722]. En pareil cas, la responsabilité pénale de l'organe ou du représentant en question ne saurait être engagée, de même que celle de la personne morale.

198. La responsabilité pénale de la personne morale ne peut être mise en cause qu'à travers ses organes ou ses représentants qui agissent à son nom et pour son compte[723]. Il arrive que ces derniers (les organes ou les représentants) accomplissent un acte commandé par une autorité (comme l'État) et auquel cas ils pourront se prévaloir de cet ordre pour être exonérés de leur responsabilité pénale. On pourrait prendre l'exemple d'une société dont les organes ou les représentants reçoivent du gouvernement l'ordre de ne pas commercer avec un pays sous embargo. Ces derniers, en déférant à l'ordre reçu, ne sauraient être jugés responsables du refus de vente. Ils n'ont fait qu'obéir à l'ordre de l'autorité publique. Alors, ils se trouvent objectivement justifier puisqu'ils tiennent leur justification de cette autorité. C'est à bon droit qu'ils pourront se prévaloir de l'ordre donné par l'autorité

---

720 Voir J. PRADEL, *Droit pénal général,* 2000/2001, Cujas, n° 307, p. 286.

721 Voir J.-H. ROBERT, Droit pénal général, 4e édit., PUF, 1999, p. 246.

722 Il s'agit d'une autorité publique et non d'une autorité privée qui ne peut jamais exonérer le prévenu de sa responsabilité pénale.

723 Cass. crim, 2 décembre 1997, Bull. crim., n° 408 ; JCP G, 1998, II, 10023, rapp. DESPORTES ; Cass. crim., 7 juillet 1998, Bull. crim., n° 216 ; RSC, 1999, p. 317, obs. B. BOULOC, et p. 316, obs. G. GIUDICELLI-DELAGE ; Cass. crim., 21 mars 2000, Bull. crim., n° 128 ; Dr. pén, 2000, comm., n° 131, obs. J.-H. ROBERT ; RSC, 2000, p. 816, obs. B. BOULOC ; V. F. DESPORTES, *Les conditions d'imputation d'une infraction à une personne morale,* chron., CJEG, n° 570, novembre 2000, p. 426 ; N. RONTCHEVSKY, *Les conditions de mise en jeu de la responsabilité pénale des personnes morales à la lumière de la jurisprudence récente,* Études & chron., RJDA, 3/98, p. 175 ; Y. SEXER, *Les conditions de la responsabilité pénale des personnes 'morales,* Études doctr., Droit & Patrimoine, n° 34, 1996, p. 38 ; M. DELMAS-MARTY, *Les conditions de fonds de mise en jeu de la responsabilité pénale,* Rev. sociétés, 1993, p. 301.

publique (commandement de l'autorité légitime) pour écarter leur responsabilité pénale.

Précisément, on prendrait l'exemple de l'Afrique du Sud, contre qui, le conseil de sécurité de l'ONU avait pris des résolutions interdisant tout échange commercial parce qu'il pratiquait un régime raciste et ségrégationniste à l'époque[724]. En l'espèce, dès 1962 l'assemblée générale recommandait à ses membres d'adopter des mesures draconiennes à l'égard de la république d'Afrique du Sud y compris le boycott des échanges commerciaux avec ce pays[725]. Le 7 août 1963, le conseil de sécurité demandait à tous les États de mettre fin immédiatement à la vente et à l'expédition d'armes, de munitions de tous types et de véhicules militaires à l'Afrique du Sud. Le 18 juin 1964, le conseil de sécurité réitérait son appel. Tandis que le comité spécial créé pour étudier la politique d'apartheid préconisait en 1964 un embargo total (particulièrement sur le pétrole, les produits pétroliers et les minéraux d'Afrique du Sud) avant d'appliquer les sanctions économiques totales en 1965[726]. Ainsi, le directeur d'une société commerciale qui défère à cet ordre, en refusant de vendre ses produits à ce pays, ne peut aucunement être condamné. Il a reçu l'ordre d'une autorité publique l'enjoignant de cesser tout échange commercial avec ledit pays.

199. Il serait possible de voir le gouvernement français prendre une circulaire invitant les organes de ses entreprises à boycotter les produits de tel ou tel pays sans risque pour elles de n'encourir aucune sanction comme ce fut le cas de l'Afrique du Sud[727]. Une telle décision est prise pour le respect de ses engagements internationaux.

Dès lors, la cause d'exonération de responsabilité pénale bénéficiant à l'organe ou au représentant de la personne morale se justifie aisément dans la mesure où il a reçu l'ordre d'une autorité publique, en l'occurrence l'État, l'invitant à boycotter les produits du pays sous embargo ou d'une autorité publique quelconque l'enjoignant d'accomplir un acte. Ainsi, c'est objectivement que l'organe ou le représentant de la personne morale se trouvera justifié, donc exonéré de sa responsabilité pénale à chaque fois qu'il est en présence d'un ordre du commandement de l'autorité publique. Cette

---

[724] Sur le pouvoir de décider des sanctions dévolu au Conseil de Sécurité, V. spéc., D. RUZIÉ, *Organisations internationales et sanctions internationales,* Colin, 1971, Coll. U, p. 75 et s.

[725] A/RES/1761/XVII du 6 novembre 1962. Ces sanctions avaient pour unique but de mettre un terme à la politique d'apartheid.

[726] Ann. fr. dr. int. 1965, p. 580. L'Assemblée générale se décidait à attirer l'attention du Conseil de sécurité sur le fait que la situation en Afrique du Sud constituait une menace à la paix et à la sécurité internationales, que des mesures prévues au chapitre VII de la Charte étaient indispensables pour résoudre le problème de l'apartheid et que les sanctions économiques universelles étaient le seul moyen d'une solution pacifique (A/RES/2054/XX/A du 15 décembre 1965).

[727] Voir M. DANTI-JUAN, *Discrimination* ; J. PRADEL, M. DANTI-JUAN, *Droit pénal spécial,* 3e éd., Cujas, 2004, n° 410.

exonération dont a bénéficié l'organe ou le représentant de l'être moral profitera systématiquement à ce dernier.

200. Lorsque la responsabilité pénale de la personne morale ne peut être mise en jeu qu'à travers par son organe ou son représentant, le fait justificatif bénéficiant à ce dernier doit pouvoir profiter automatiquement à la personne morale[728]. Ceci serait d'ailleurs logique dans la mesure où c'est l'organe ou le représentant qui matérialise les agissements de l'être moral[729]. Tel serait le cas, par exemple, du fait justificatif bénéficiant au gérant d'une société commerciale du fait du commandement de l'autorité légitime. Ce gérant a reçu l'ordre de l'autorité, l'État par exemple, de boycotter les produits provenant de tel ou tel pays à cause de l'embargo qui le frappe. Ce fait justificatif doit, *ipso facto,* profiter à la personne morale, en l'occurrence, la société commerciale.

Toutefois, il appartiendra à la jurisprudence de se prononcer sur la question. Mais, en l'absence d'une telle jurisprudence on peut affirmer que le fait justificatif reconnu en faveur de l'organe ou du représentant d'une personne morale, du fait du commandement de l'autorité légitime, doit profiter automatiquement à cette dernière.

La responsabilité pénale des personnes morales peut directement être mise en jeu en cas d'homicide ou de blessures par imprudence sans que soit établie la responsabilité d'une personne physique (organe ou représentant)[730]. On pourrait alors voir une personne morale se prévaloir directement du

---

[728] Cass. crim., 2 décembre 1997, préc. ; Cass. crirn., 7 juillet 1998, préc. ; Cass. crim., 21 mars 2000, préc.

[729] V. F. DESPORTES, *Les conditions d'imputation d'une infraction à une personne morale,* préc. ; N. RONTCHESVKY, *Les conditions de mise enjeu de la responsabilité pénale des personnes morales à la lumière jurisprudence récente,* préc. ; Y. SEXER, *Les conditions de la responsabilité pénale des personnes morales,* préc. ; M. DELMAS-MARTY, *Les conditions de fonds de mise en jeu de la responsabilité pénale,* préc.

[730] Cette conséquence résulte de la loi du 10 juillet tendant à définir les délits non intentionnels. V. P. SALVAGE, *la loi n° 2000-647 du 10 juillet 2000, vers l'imprudence pénale,* JCP G, 2001, I, 281 ; M.-E. CARTIER, *La nouvelle définition des délits non intentionnels par la loi du 10juillet 2000,RSC,* 2001, p. 725 ; E. FORTIS, *Les conséquences de la loi du 10 juillet 2000 en droit pénal,* RSC, 2001, p. 737 ; A. OUTIN-ADAM, *Le point de vue des chefs d'entreprise,* RSC, 2001, p. 756 ; Y. MAYAUD. *Retour sur la culpabilité non intentionnelle en droit pénal, (à propos de la loi n°2000-647 du 10juillet 2000),* D., 2000, p. 603 ; C. RUET, *La responsabilité pénale pour faute d'imprudence après la loi n° 2000-647 du 10 juillet 2000 tendant à préciser la définition des délits non intentionnels,* Dr. pén., 2001, chron. p. 4 ; J. PRADEL, *De la véritable portée de la loi du 10 juillet 2000 sur la définition des délits non intentionnels,* D., 2000, n° 29, Point de vue ; F. LE GUNEHEC, *Aperçu rapide de la loi n°2000-647 du 10 juillet 2000 tendant à préciser la définition des délits non intentionnels,* JCP G, 2000, Actualité, n° 36 ; F. DESPORTES, *La responsabilité pénale en matière d'infractions non intentionnelles. La loi du 10 juillet 2000 devant la chambre criminelle, in La responsabilité,* Rapport de la cour de cassation, 2002, p. 185. 266 Pour une application jurisprudentielle, V. Cass. crim., 24 octobre 2000, Bull. crim., n°308 ; JCP G, 2001, II, 10535, note M. DAURY-FAUVEAU ; Rev. sociétés, 2001, p. 119, obs. B. BOULOC ; RSC, 2001, p. 162, obs. Y. MAYAUD ; D., 2002, p. 514, note J.-C. PEANQUE.

commandement de l'autorité légitime pour écarter sa responsabilité pénale en cas de mise en cause de celle-ci.

On pense qu'il s'agit ici à la fois d'une personne physique et d'une personne morale qui se trouveraient assujetties à ces ordres dans la mesure où la loi fait état de personne qui accomplit « un acte commandé par une autorité légitime [...] ». Le texte s'adresse indistinctement à l'une ou à l'autre. Toutefois, seul l'assujettissement de la personne morale aux ordres de l'autorité légitime retiendra l'attention.

201. La loi excluant toute responsabilité pénale en cas d'exécution d'un acte commandé par une autorité légitime bénéficierait alors du fait justificatif de la personne morale subordonnée à une autorité légitime et qui obéirait à l'ordre donné par cette dernière. On pourrait, à juste titre, prendre l'exemple de la circulaire prise par le ministère des forces armées invitant les sociétés de fabrication d'armements, en application des résolutions du conseil de sécurité de l'ONU à ne pas vendre des armes à un pays donné, comme ce fut le cas du Libéria ces dernières années. Il est nécessaire de rappeler que ce pays est soumis à un embargo sur les armes depuis le début des années quatre-vingt-dix. Aussi suivra l'exemple de la Côte d'Ivoire contre lequel le conseil de sécurité avait pris une résolution interdisant toute vente d'armes, en vue de faire cesser le conflit que traverse ce pays[731].

Si l'infraction commise par une personne morale peut être justifiée par l'ordre ou le commandement de la loi ou de l'autorité légitime, la loi peut permettre à cette même personne de se défendre légitimement contre d'éventuelles agressions.

B. La légitime défense des personnes morales

202. La loi permet à toute personne de se défendre soi-même, de défendre autrui ou même ses biens contre une quelconque attaque, selon les limites admises[732]. Généralement, tous les États ont consacré d'une manière ou d'une autre la légitime défense. Elle met l'accent sur l'impunité de celui qui

---

[731] Il s'agit de la résolution 1572 du 15 novembre 2004. V. Notamment, C. EESNES, *l'ONU impose à la Côte d'Ivoire les sanctions voulues par la France,* le Monde du 17 novembre 2004. p. 6 ; P. BOEOPION. *Le Conseil de sécurité vote les sanctions,* http://www.rfi.fr/actufr/articles/059/article_31790.asp ; B. S Y, *Sanctions onusiennes contre la Côte d'Ivoire : un cautère sur une jambe de bois.* http://www. lefaso.net/article.php3 article5070 ; (Consulté le 12 septembre 2009).

[732] Les conditions d'admission de la légitime défense aussi bien des personnes et des biens ne seront pas évoquées, car elles ne présentent aucun intérêt pratique pour notre sujet. Nous renvoyons le lecteur aux ouvrages de droit pénal général qui abordent largement la question. V. par exemple J. PRADEL, *Droit pénal général,* 15e éd., Cujas, 2004, v. F. DESPORTES, F. LE GUNEHEC *Droit pénal général,* 11e éd., Économica, 2004.

se défend contre une agression en excluant sa responsabilité[733]. Elle peut concerner aussi les biens[734] comme l'affirme RASSAT[735]. Toute personne a le droit de riposter proportionnellement à une attaque injuste[736]. Ainsi, les articles 122-5 al. 1er du nouveau CPF[737] et 28-1 du CPM[738] confirment également ce droit de riposte. Actuellement, les arguments se justifient[739]. La doctrine est majoritairement favorable à la légitime défense des biens[740] et est unanime « sur l'impunité des infractions commises pour assurer la protection des biens comme celle des personnes »[741]. La légitime défense des biens suppose que la personne concernée dont les biens sont attaqués ou sont sujets à des cambriolages a le droit de les défendre ou de les protéger contre les agresseurs[742]. De la consécration jurisprudentielle, une consécration légale de la légitime défense des biens a suivi[743]. La légitime défense est quasiment reconnue ou applicable à la seule personne physique.

203. Ce droit de défense, naturellement accordé à la personne physique, est transposable aux groupements. D'une part, il suppose que la personne morale, par le biais de ses organes ou de ses représentants, puisse se défendre contre d'éventuelles agressions. Il faut rappeler que la responsabilité pénale de la personne morale est engagée par son organe ou

---

[733] Voir A. LAINGUI, A. LEBIGRE, *Histoire du droit pénal,* tome I, Cujas, 1970, p. 96, v. J.-P. DELMAS SAINT-HILAIRE, *Faits justificatifs. Légitime défense,* Juris-Classeur, 1996 ; R. BERNARDINI, *Légitime défense,* Rép. pén. Dalloz, octobre 1997.

[734] Voir M. SEGONDS, *Droit pénal général,* Ellipes, 2004, p. 139 ; V. aussi P. SAVEY-CASARD, *Réflexions sur l'article 329 Code pénal,* RSC, 1960, p. 29 et s.

[735] V. M.-L. RASSAT, *Droit pénal général,* p. 400.

[736] Voir J. PRADEL, Droit pénal général, Cujas, 2000/2001, n° 323 ; V. Aussi F. DESPORTES, F. LE GUNEHEC, Droit pénal général, 12e éd., Économica, 2005 ; v. J.-H. ROBERT, Droit pénal général, 5e éd., PUF, 2001 ; P. CONTE, P. MAISTRE DU CHAMBON, Droit pénal général, 5e éd., Armand-Colin, 2000 ; G. STÉFANI, G. LEVASSEUR, B. BOULOC, Droit pénal général, 19e éd., 2005.

[737] L'art. 122-5 al. 1er du nouveau CPF : « n'est pas pénalement responsable la personne qui, devant une atteinte injustifiée envers elle-même ou autrui, accomplit, dans le même temps, un acte commandé par la nécessité de la légitime défense d'elle-même ou d'autrui, sauf s'il y a disproportion entre les moyens employés et la gravité de l'atteinte ».

[738] L'art. 28-1 du CPM : « il n'y a ni crime ni délit : lorsque le prévenu était en état.... de légitime défense de soi-même ou d'autrui ».

[739] Voir J.-P. DELMAS SAINT-HILAIRE, *La crise de la légitime défense dans la doctrine contemporaine,* préc., p. 5.

[740] Voir G. STÉFANI, G. LEVASSEUR, *Droit pénal général et procédure pénale,* tome I, 7e éd., Dalloz, 1973, n° 136 ; A. MERLE, R.VITU, *Traité de droit criminel,* préc., p. 313, n° 328 et p. 315, n° 330 ; P. BOUZAT, J. PINATEL, *Traité de droit pénal,* préc., p. 270, n° 285.

[741] Voir J.-P. Delmas Saint-Hilaire, *La crise de la légitime défense, dans la doctrine contemporaine,* Rev. crim. et pol. techn., n° 1, 1975, p. 10.

[742] Cf. Req. 25 mars 1902 de Fraville, S., 1903,1, 5, note LYON-CAEN ; D., 1902, I, 356.

[743] Il s'agit du nouveau CPF. On rappelle que l'art. 122-5, al. 2. CPF est conforme à l'art. 2. para. 2 a. CESDH.

par son représentant[744] personne physique. Ce dernier peut commettre une infraction en riposte à une agression dirigée contre lui-même ou autrui et invoquer la légitime défense de soi-même ou celle d'autrui afin de s'exonérer de sa responsabilité pénale. L'acte est, dans ce cas, réalisé pour le compte de l'être moral[745]. D'autre part, la personne morale peut, elle-même, ordonner à ses organes ou à ses représentants, voire même à ses membres de riposter pour se défendre ou défendre autrui contre des attaques à l'occasion d'une manifestation publique dont ils pourraient faire directement l'objet. Il faut comprendre par là que l'être moral ne peut pas se défendre en tant que tel ni être victime d'agression physique qui l'amènerait à riposter contre ses agresseurs dans la mesure où l'on considère qu'il est dénié de chair et de sang. Malgré la possibilité de mise en œuvre de sa responsabilité pénale, elle demeure ici comme une fiction.

Ce fait justificatif s'analyse à travers les organes, les représentants et les membres ou les salariés de la personne morale qui matérialisent ses agissements[746]. Par exemple c'est le cas d'un parti politique où ses représentants, poursuivis pour violences volontaires[747], peuvent se prévaloir de la légitime défense d'autrui prévue par la loi[748] et la jurisprudence[749]. Tout dépendra de savoir si les violences exercées sur les contre-manifestants sont proportionnelles aux atteintes dont le président ou les membres du parti ont été victimes. Sur cette question, seuls les juges du fond peuvent apprécier la proportionnalité des moyens employés par rapport à la gravité de l'atteinte[750]. La solution aurait été sans doute identique lorsque l'agression

---

[744] Cf. Cass. crim., 2 décembre 1997, Bull. crim., n° 408 ; JCP G, 1998, II, 10023, rapp. DESPORTES ; Cass. crim, 7 juillet 1998, Bull. crim, n° 216 ; RSC, 1999, p. 317, obs. B. BOULOC, et p. 316, obs. G. GIUDICELLI-DELAGE ; V. Y. SEXER, *Les conditions de la responsabilité pénale des personnes morales,* Études doctr. Droit & Patrimoine, n° 34, 1996, p. 38 ; M. DELMAS-MARTY, *Les conditions de fonds de mise enjeu de la responsabilité pénale,* Rev. Sociétés, 1993, p. 301.

[745] Voir J.-C. SAINT-PAU, *La responsabilité pénale des personnes morales : réalité et fiction, In Le risque pénal dans l'entreprise,* Litec., 2003.

[746] Cf. Cass. crim., 2 décembre 1997 ; Cass. crim., 7 juillet 1998, op. cit. ; v. Cass. crim., 21 mars 2000, op. cit. V. F. DESPORTES, *Les conditions d'imputation d'une infraction à une personne morale,* préc.; v. N. RONTCHEVSKY, *Les conditions de mise enjeu de la responsabilité pénale des personnes morales à la lumière de la jurisprudence récente,* préc. ;v. M. DELMAS-MARTY. *Les conditions de fonds de mise en jeu de la responsabilité pénale,* préc.

[747] Il est à rappeler que la Cour de cassation a toujours affirmé que la légitime défense est inconciliable avec le caractère involontaire de l'infraction ; V. Cass. crim., 16 février 1967, Cousinet : Bull. crim., n° 70 ; JCP G, 1967, II, 15034.

[748] L'Art. 122-5, **al.** 1er, du CPF.

[749] Trib. corr. Lyon 16 octobre 1973, JCP G, 1974, II, 17812, note P. BOUZAT ; RSC, 1975, p. 406, obs. 1. LARGUIER, admission de la légitime défense d'autrui en justifiant un individu X qui blesse un tiers Y, lequel se servait de Z comme bouclier en le menaçant de lui « *faire la peau* ».

[750] Cass. crim., 7 décembre 1971, Bull. crim., n° 338 ; Cass. crim., 5 juin 1984, Bull. crim.; n° 209 ; Cass. crim., 21 février 1996.

était directement dirigée contre les organes ou les représentants de la personne morale et qui riposteraient violemment contre leurs agresseurs. Ainsi, « la responsabilité pénale de la personne morale étant une responsabilité par représentation »[751], son organe ou son représentant bénéficie d'une cause d'irresponsabilité objective (fait justificatif). La personne morale doit forcément bénéficier à la personne physique, puisque la qualité d'auteur ou de complice d'infraction s'apprécie par rapport à son organe ou son représentant.

Contrairement à l'opinion soutenue par un auteur[752], l'applicabilité aux personnes morales de la légitime défense des personnes semble bien possible avec quelques réserves[753]. Tout dépendra des circonstances dans lesquelles les violences seront commises en riposte à des atteintes injustes dirigées contre l'être moral ou ses membres. Le texte[754] ne dit pas que c'est la personne morale qui commet l'infraction, mais plutôt que la responsabilité de celle-ci est engagée par ses organes ou par ses représentants agissant en son nom et pour son compte[755]. Si la personne morale peut se prévaloir de la légitime défense des personnes et s'exonérer de sa responsabilité pénale, il convient néanmoins d'avoir à l'esprit qu'elle ne peut pas matériellement et personnellement commettre un acte nécessitant le déploiement d'une activité physique de défense[756]. Ceci est confirmé par un auteur[757]. Il s'agit ici de l'hypothèse où l'être moral ne peut, par sa nature, faire l'objet d'agression corporelle[758]. Le législateur parle d'« atteinte injuste »[759] en pensant sans doute à une agression physique. La jurisprudence en fait une stricte

---

[751] Voir. F DESPORTES, *La responsabilité pénale des personnes morales en droit français,* CJEG, mars 1996, chron., p. 93, spéc. p. 100.

[752] Voir J.-C. PLANQUE, *La détermination de la personne morale pénalement responsable,* préc., n° 676, p. 438. À l'appui de son argumentation l'auteur cite Monsieur PROTHAIS « *ce dont le droit pénal se soucie, c'est la vie beaucoup plus que la personnalité juridique* ». v. D. BOCCON-GIBOD exclut le bénéfice de la légitime défense au motif qu'elle ne pourrait par définition même concerner que des personnes physiques.

[753] V. Infra. n° 300 et s.

[754] Cf. L'Article 121-2, al. 1er du CPF.

[755] Par exemple, le gérant d'une société commerciale prend l'initiative de défendre les biens de celle-ci en postant des vigiles devant l'enceinte de ladite société, et que ces derniers interviennent pour mettre fin à l'exécution d'un vol en blessant un des malfaiteurs. Poursuivi pour complicité par instigation, le gérant pourra invoquer la légitime défense des biens pour justifier les blessures causées à celui-ci, ce qui se répercutera sur la société commerciale.

[756] Cf. J.-C. SAINT-PAU, *La responsabilité pénale des personnes morales : réalité et fiction, In Le risque pénal dans l'entreprise* ; J.-A. ROUX, *La responsabilité pénale des personnes morales (Congrès de Bucarest 1929).*

[757] Voir B. SERRATRICE, *La responsabilité pénale des personnes morales dans le nouveau Code pénal,* th. préc., tome II, n° 971.

[758] Voir B. SERRATRICE, op. cit. p. 190.

[759] L'Article 122-5, al. 1er, C. pén.

application[760]. La personne morale agit toujours à travers ses organes ou ses représentants pour accomplir un acte punissable[761].

Par conséquent, si l'on s'en tient à ces arguments, on ne saurait appliquer la légitime défense des personnes physiques aux êtres moraux[762]. La personne morale doit se trouver en situation de légitime défense quand l'agression est dirigée contre elle-même[763]. Il s'agit de l'hypothèse d'une société commerciale qui serait informée par un coup de fil anonyme que des malfaiteurs vont faire « plastiquer »[764] son siège social en plaçant des bombes et qu'elle décide de poster des vigiles devant son enceinte avec usage de leurs armes[765]. Cette cause d'irresponsabilité retenue en sa faveur se répercutera normalement sur ses dirigeants et à l'ensemble de ses membres.

204. En effet, à part l'hypothèse du législateur français selon laquelle la défense des biens est exclue en cas d'homicide[766], rien n'interdit aux organes ou aux représentants d'une personne morale de défendre les biens de celle-ci. Cette position est unanimement partagée par la doctrine[767]. Toutefois, il faudrait que cette défense soit proportionnelle à la gravité de l'infraction pour qu'ils puissent se voir accorder le bénéfice du fait justificatif de légitime défense des biens. La légitime défense des biens peut aussi émaner de la volonté de la personne morale qui décide de mettre en place un système de défense de ses biens contre d'éventuelles attaques. Le législateur français

---

760 Cass. crim., 2 décembre 1997, Bull. crim., n° 408, JCP G, 1998, II, 10023, rapp. DESPORTES ; Cass. crim., 7 juillet 1997, Bull. crim, n°216, RSC, 1999, p. 317, obs. B.BOULOC, et p. 316, obs. G. GIUDICELLI-DELAGE.

761 Voir J.-C. SAINT-PAU, *La responsabilité pénale des personnes morales : réalité et fiction, In Le risque pénal dans l'entreprise,* Carré droit, Litec, 2003, p. 71, spéc. p. 91, n° 142. V. Dans le même sens C. MOULOUNGUI, *L'élément moral dans la responsabilité pénale des personnes morales (nouveau Code pénal),* RTD com, 47 (3), juillet-septembre 1994, p. 441.

762 Voir J-C. PLANQUE, *La détermination de la personne morale pénalement responsable,* L'Harmattan, mars 2003 n° 672, p. 436.

763 V. en ce sens B. SERRATRICE, *La responsabilité pénale des personnes morales dans le nouveau Code pénal,* th., tome 1, 1993, Aix-Marseille, n° 240 ; J.-C. SAINT-PAU, *La responsabilité pénale des personnes morales : réalité et fiction, In Le risque pénal dans l'entreprise,* Carré droit, Litec., 2003, p. 71, spéc. p. 91, n° 142 ; v. J.-A. ROUX, *La responsabilité pénale des personnes morales (Congrès de Bucarest 1929),* RID pén., 1956, p. 240, spéc. p. 244 ; v. C. MOULOUNGUI, *L'élément moral dans la responsabilité pénale des personnes morales (nouveau Code pénal),* RTD com., 47 (3), juillet-septembre 1994, p. 441.

764 On pourrait penser, à titre indicatif, aux mouvements clandestins corses qui ont souvent recours à de tels procédés.

765 La personne morale peut être aussi poursuivie comme auteur. On rappelle, en ce sens, l'article 121-6 du Code pénal qui dispose que « *sera puni comme auteur le complice de l'infraction au sens de l'article 121-7* ».

766 L'Article 122-5, al. 2, C. pén.

767 Cf. J. PRADEL, *Droit pénal général,* 15e éd., Cujas, 2004 ; F. DESPORTES, LE GUNEHEC, *Droit pénal général,* 12e éd., Économica, cf. J. PRADEL, *Droit pénal général,* 15e éd., Cujas, 2004.

n'a pas précisé de quelle personne il peut s'agir. Il est simplement dit que « n'est pas pénalement responsable la personne qui [...] ». On peut penser que cela signifier en même temps la personne physique et la personne morale. La défense des biens n'est reconnue à toute personne à condition, bien évidemment, qu'elle s'effectue dans les conditions prévues par la loi.

La personne morale peut alors défendre ses biens. En cela, il peut exister certaines circonstances qui rendront nécessaire la commission d'une infraction par la personne morale. Ce sont des consignes ou des ordres qu'on peut donner à ses organes ou à ses représentants et/ou à ses salariés, leur permettant de protéger leurs biens contre les agressions. Elle pourra alors invoquer la légitime défense pour être exonérée de sa responsabilité pénale. Cependant il convient de noter que l'usage de la défense automatique est limité aussi bien pour les personnes physiques que pour les personnes morales. Ce qui laisse à penser que la personne morale peut recourir au système de défense automatique pour protéger ses biens. L'usage devait toutefois rester proportionnel à la gravité de la menace qui pèse sur la personne morale et ses biens. Ce fait justificatif retenu en sa faveur rebondira sûrement sur ses organes ou sur ses représentants[768].

Comme les causes objectives de l'irresponsabilité pénale ne suffisent pas à supprimer la responsabilité pénale de l'individu à travers qui la personne morale s'engage dans la commission de l'infraction, il convient d'analyser les causes subjectives.

Paragraphe II. L'applicabilité aux personnes morales des causes subjectives d'irresponsabilité pénale

205. Les causes subjectives d'irresponsabilité pénale peuvent être dues à un déficit de discernement consistant en l'absence de faculté de juger et d'apprécier avec justesse une situation donnée. Encore appelées causes de non imputabilité, ces causes constituent chez une personne un défaut de discernement dû à des troubles psychiques, neuropsychiques ou à l'immaturité. Ainsi, ces troubles ont pour conséquence de déclarer la personne auteur de l'infraction irresponsable parce qu'elle est dépourvue de ses facultés mentales. D'où son inaptitude à subir une sanction pénale.

Le législateur français va plus loin en posant le principe de la responsabilité pénale du mineur discernant[769]. On peut continuer, à contrario, à en déduire le principe de l'irresponsabilité pénale du mineur non

[768] On pourrait également prendre l'exemple d'une société de recherches scientifiques sur les OGM (organismes génétiquement modifiés) dont les cultures sont saccagés par les membres d'une association anti OGM et que ses salariés interviennent pour défendre ses biens.

[769] Depuis la loi du 9 septembre 2002, dans l'article 122-8 du code pénal et dans l'article 2 de l'ordonnance du 2 février 1945.

discernant. D'emblée, il convient d'écarter la minorité de notre étude même si certains auteurs pensent qu'elle mérite d'être examinée au contraire[770].

206. Toutefois, la véritable question que l'on se pose est celle de savoir si une personne morale peut se prévaloir de ces causes de non imputabilité pour s'exonérer de sa responsabilité lorsque l'infraction a été commise par ses organes ou ses représentants. La personne morale elle-même ne peut pas être atteinte de troubles psychiques ou neuropsychiques, ce qui semblerait une stupidité. Mais, on peut s'interroger si la responsabilité pénale peut rejaillir sur l'être moral lorsque son organe ou son représentant, atteint de troubles au moment des faits, bénéficie d'une exonération de responsabilité.

Ces troubles ainsi évoquées sont liées à la personne ou à la personnalité de l'auteur représentant de la personne morale bien que la solution ne soit pas certaine en droit positif. Il peut s'agir de la démence (A). Comme rien ne permet en théorie d'appliquer à une personne morale la cause subjective d'irresponsabilité propre à un tiers, il ne semble pas opportun de contrevenir à ce mécanisme sauf à rompre l'égalité des justiciables devant la loi pénale. Toujours est-il que les causes de non imputabilité peuvent aussi être dues à un obstacle qu'est la contrainte (B).

A. Les troubles psychiques abolissant le discernement

207. L'applicabilité du trouble mental aux personnes morales suppose évidemment une absence de raison. Cette cause d'irresponsabilité est d'autant plus intéressante qu'elle est non seulement subjective, mais surtout étroitement liée à la personnalité de l'auteur de l'infraction. Il s'agira de voir comment les personnes morales peuvent bénéficier de cette cause d'irresponsabilité pénale.

Il ressort du Code pénal français que l'individu ne peut voir sa responsabilité pénale engagée s'il n'a pas volontairement commis l'acte répréhensible et n'a pas eu la libre conscience d'enfreindre à la loi[771]. Il va de soi que si l'organe ou le représentant de l'être moral a commis un acte infractionnel alors qu'il était atteint d'un trouble mental ayant aboli son discernement au moment des faits, il ne pourra pas répondre pénalement de cette cause. Il est clairement établi que la responsabilité pénale de la personne morale ne peut se concevoir qu'à travers ses organes ou ses représentants, tant pour les infractions intentionnelles[772] que celles non

---

[770] Voir M. E. CARTIER, *La responsabilité pénale des personnes morales : évolution ou révolution?,* JCP éd. E. 1994, suppl. n° 4, p. 30.

[771] L'Article 122-1 al. 1 du nouveau Code pénal français.

[772] Cass. crim, 2 décembre 1997, Bull. crirn., n° 408 ; D. affaires 1998, p. 432, obs. M. B. et D., 1999, somm., p. 152, obs. G.ROUJOU DE BOUBÉE ; JCP G, 1998, II, 10023, rapp. F. DESPORTES ; Cass. cnm., 21 mars 2000, Bull. crim., n° 128 ; 7 mai 2002, pourvoi n° 01-82-521.

intentionnelles[773]. Sa volonté est exprimée par ses organes ou par ses représentants[774]. On se demande alors si la cause d'irresponsabilité du fait des troubles psychiques ou neuropsychiques bénéficiant à l'organe ou au représentant de la personne morale peut profiter à cette dernière ?

Il en va autrement pour les personnes morales qui ne sauraient être atteintes de troubles psychiques ou neuropsychiques. La doctrine rejette l'application directe de cette cause d'irresponsabilité à la personne morale qui ne peut être exonérée de sa responsabilité pénale. Dire qu'elle peut être affectée par les troubles psychiques ou neuropsychiques serait contraire au bon sens et heurterait même la sensibilité humaine ou procéderait plutôt d'un anthropomorphisme[775]. PLANQUE[776] et BOCCON-GIBOD[777] optent aussi pour l'inapplication de ce fait justificatif aux personnes morales et ce dernier exclut le bénéfice de la cause d'irresponsabilité fondée sur l'existence de tels troubles aux êtres moraux[778].

208. La solution apportée à la responsabilité pénale des personnes morales par le principe du libre arbitre ne permet pas de discriminer entre individus responsables et irresponsables. C'est tout et rien à la fois et de manière absolue. En faisant reposer la responsabilité pénale sur le libre arbitre, on aboutit au résultat que chacun est d'un certain point de vue. Il s'agit du point de vue relatif à la causalité naturelle étant déterminée de manière irresponsable et celui de la causalité par liberté responsable. La nature et la liberté sont séparées par « un abîme infranchissable »[779] et par *« un gouffre »*[780]. Or, l'exercice du métier de juge d'instruction oblige à

---

[773] Cass. crim., 1er décembre 1998, D., 2000, Jurispr., p. 34, note M.-A. HOUTMAN ; Cass. crim., 18 janvier 2000, D., 2000, Jurispr., p. 636, note J.-C. SAINT-PAU.

[774] V. F. DESPORTES. *Les conditions d'imputation d'une infraction à une personne morale*, préc.

[775] Selon l'expression de F. DESPORTES, F. LE GUNEHEC, op. cit., p. 100.

[776] J.-C. PLANQUE. *La détermination de la personne morale pénalement responsable*, préc., n° 613, *in fine*.

[777] D. BOCCON-GIBOD, *La responsabilité pénale des personnes morales. Présentation théorique et pratique*, Eska, 1994, p. 32.

[778] S'il est vrai comme l'a affirmé D. BOCCON-GIBOD que la personne morale ne peut être atteinte de folie ou déclarée folle, par conséquent être jugée irresponsable pénalement sur un tel fondement, l'auteur a le tort de considérer que l'être moral ne puisse bénéficier des dispositions de l'article 122-1 du code pénal. Il oublie, d'une part, que le trouble mental est apprécié dans la personne de l'organe ou du représentant, personne physique, de l'être moral et non dans la personne de celui-ci. D'autre part, que l'article 121-2, al. 1er, du code pénal dispose que la responsabilité pénale de la personne morale est engagée par ses organes ou ses représentants qui agissent en son nom et pour son compte. Ainsi, dès lors que ces derniers bénéficient des dispositions de l'article 122-1 du code pénal, la personne morale bénéficiera elle aussi, par ricochet, de cette cause d'irresponsabilité.

[779] Emmanuel KANT, philosophe Allemand de la période médiévale in TARDE, 1890.

[780] Voir Gabriel TARDE, 1890, avant-propos « *le propos* de La *philosophie pénale est de tenter de concilier la responsabilité morale et le déterminisme, la conscience et la science, que la notion du libre arbitre avait paru séparer par un gouffre infranchissable* ».

distinguer des degrés de responsabilité. Une responsabilité graduée est impensable à partir de la volonté, qui depuis la définition cartésienne, est « *immense et infinie* »[781]. Ainsi, la liberté est de l'ordre du tout ou rien. Mais, l'interrogation demeure posée sur la responsabilité, une fois écarté le libre arbitre. Ce libre arbitre est inconcevable au profit des personnes morales et dans bien d'autres causes comme la minorité.

209. Ici, la personne morale demeure comme une fiction bien que sa responsabilité pénale puisse être mise en cause[782]. En effet, elle n'a aucune existence réelle (physique). Selon DONNEDIEU DE VABRES, elle a besoin à tout instant d'une main humaine ou d'un substratum humain pour matérialiser ses actes ou exprimer sa volonté[783]. Cependant, comment la personne morale pourrait-elle être atteinte de troubles psychiques ou neuropsychiques ? La personne morale a été créée pour des objectifs bien déterminés[784]. Elle a besoin d'organes on de représentants sains d'esprit capables de la diriger. Comme la personne morale n'agit que par ses organes ou ses représentants[785], elle ne peut pas accomplir l'élément moral de l'infraction[786]. S'il est vrai que la personne morale ne peut avoir d'organe ou de représentant atteint de troubles psychiques ou neuropsychiques au moment de leur désignation, on peut néanmoins imaginer qu'ils le soient quelque temps après. On pourrait penser qu'ils puissent souffrir de la maladie d'Alzheimer qui constitue de troubles mentaux. De tels troubles peuvent être concevables pour les organes ou les représentants d'une association ou d'un mouvement sectaire[787]. Lorsque l'hypothèse d'un trouble

---

[781] Voir René DECARTES, *Le discours de la méthode*, 4e partie, 1641.

[782] L'Art. 121-2, al. 1er du CPF.

[783] Cf. Donnedieu DE VABRES, *Les limites de la responsabilité pénale des personnes morales, RIDPén.*, 1950.

[784] Définis à son objet social.

[785] Cass. crim, 2 décembre 1997, Bull. crim, n°40S, JCP G, 1998, II, 10023, rapp. DESPORTES ; Cass. crim, 7 juillet 1998, Bull. crim., n° 216, RSC, 1999, p. 317, obs. B. BOULOC, et p. 316, obs. G. GIUDICELLI-DELAGE ; Cass. crim, 21 mars 2000, Bull. crim, n° 128, Dr. Pén, 2000, comm, n° 131, obs. J.-H. ROBERT, RSC, 2000, p. 816, obs, B. BOULOC. V. F. DESPORTES, *Les conditions d'imputation d'une infraction à une personne morale,* CJEG, novembre 2000, chron, n° 570. p. 426 ; N. RONTCHEVSKY, *Les conditions de mise en jeu de la responsabilité pénale des personnes morales à la lumière de la jurisprudence récente,* RJDA, 3/98, Etudes & chron, p. 175 ; Y. SEXER, *Les conditions de la responsabilité pénale des personnes 'morales,* Droit & Patrimoine, 1996, n° 34, Études doctr., p. 38 ; v. M. DELMAS-MARTY, *Les conditions de fonds de mise enjeu de la responsabilité pénale,* Rev. Sociétés, 1993, p. 301.

[786] C. MOULOUNGUI, *L'élément moral dans la responsabilité pénale des personnes morales (nouveau Code pénal),* RTD com, 47 (3), juillet-septembre 1999, p. 441.

[787] La loi n° 2001-504 du 12 juin 2001 tendant à renforcer la prévention et la répression des mouvements sectaires portant atteinte aux droits de l'homme et aux libertés fondamentales (JO, 13 juin 2001), a étendu la liste des infractions imputables aux associations sectaires qui peuvent être des organisations dangereuses qu'on ne pourrait le penser. Elle a également prévu leur dissolution civile.

mental global semble difficilement envisageable, les troubles psychiques pourront exister chez un représentant de la personne morale, plus spécialement chez le dirigeant. Maintenant, on peut se demander si cette cause d'irresponsabilité pourrait bénéficier à la personne morale « par ricochet » lorsque ces troubles atteignent le dirigeant.

Toutefois, le véritable problème n'est pas l'atteinte de la personne morale par les troubles psychiques ou neuropsychiques, mais plutôt celui de savoir si son organe ou son représentant était jugé irresponsable du fait du trouble qui l'affecte. Cette cause d'irresponsabilité pourra-t-elle- bénéficier à la personne morale ? Néanmoins, certains auteurs semblent admettre l'application « par ricochet » de l'irresponsabilité du dirigeant à la personne morale. Selon la Cour de cassation française, ce choix s'explique par le fait que la responsabilité pénale des êtres moraux est engagée pour les infractions intentionnelles[788] et celles non intentionnelles[789] commises par les organes ou par les représentants.

210. Si la totalité de la doctrine repousse l'idée d'une application directe de cette cause d'irresponsabilité à la personne morale, ces mêmes auteurs sont moins catégoriques quant à l'application par ricochet[790]. D'ailleurs, le législateur français a prévu des textes spécialement applicables pour les infractions liées à la vie économique de la société comme la banqueroute[791]. La doctrine enseigne unanimement[792], tout comme l'article 64 de l'ancien code pénal français de 1992, qu'il peut s'agir d'une maladie[793] ou d'un trouble non pathologique[794] voire d'une intoxication due à l'alcool ou aux stupéfiants. Mais, pour ne pas élaguer trop rapidement la possibilité d'appliquer l'art.122-1 du CPF, il faut passer en revue certains arguments qui confortent cette idée.

Le premier argument qui plaide en faveur de cette impossibilité est l'importance du rôle du psychiatre qui consiste à savoir si cette cause d'irresponsabilité existait. C'est au psychiatre que le juge demande si la personne poursuivie est atteinte de trouble susceptible d'abolir son discernement[795] au moment des faits qui lui sont reprochés[796]. Or, l'idée de l'intervention d'un psychiatre est étroitement associée à la personne physique puisqu'il s'agit de l'étude du psychisme humain. On pourrait

---

788 *Cass. crim., 2 décembre 1997, préc., Cass. crim., 21 mars 2000, préc. Cass.*

789 Cass. crim., 1er décembre 1998, préc., crim. 18 janvier 2000, préc.

790 Parmi eux : F. DESPORTES et F. LE GUNEHEC, *Droit pénal général,* Economica, op. cit.. p. 14.

791 Cf. l'Article L. 626-2 du code de commerce français.

792 V. par exemple F. DESPORTES et F. LE GUNEHEC, *Droit Pénal Général,* Economica, op. cit., p. 14.

793 Il s'agit de la lésion pouvant être organique, congénitale ou accidentelle.

794 Par exemple le somnambulisme, l'hypnose…

795 Voir F. DESPORTE et F. LE GUNEHEC, le nouveau droit pénal, n° 638.

796 Voir J. C. SOYER Droit pénal général et procédure pénale n° 218.

néanmoins objecter que l'expertise psychiatrique n'est qu'un des moyens de déceler l'existence de la cause d'irresponsabilité. Le juge peut retenir toute sorte d'indices démontrant l'existence de troubles psychiques ayant aboli le libre arbitre de la personne poursuivie[797]. Mais est-ce qu'il pourra retenir l'existence d'un tel trouble chez une personne morale en se fondant sur autres éléments qu'une expertise psychiatrique ? La recherche de la signification de l'expression « trouble psychique » permet de repousser définitivement cette idée[798]. S'agissant des causes subjective et objective, la doctrine n'a qu'une valeur très limitée. Mais, l'existence des causes subjectives qui agissent *in rem* parait discutable[799]. En réalité, il ne s'agit pas de causes subjectives en tant que telles qui supprimeraient l'infraction, mais plutôt celles dont chacun des agents peut se prévaloir[800].

Selon le deuxième argument, les membres de la personne morale ne doivent pas subir les conséquences de la condamnation suite aux troubles affectant le dirigeant. En effet, le dirigeant est nommé par les membres et il leur appartient de veiller à ce que celui-ci accomplisse la mission qui lui est attribuée de façon satisfaisante. On peut donc avancer l'idée selon laquelle il n'est pas choquant que les membres subissent les conséquences de la commission de l'infraction. On peut considérer, en ce moment, qu'ils ont commis une erreur en confiant la direction de la personne morale à une personne sans en apercevoir les troubles psychiques dont elle était atteinte. Autrement dit, les membres n'ont pas été suffisamment vigilants pour se rendre compte que le dirigeant a contracté un tel trouble durant son mandat. Les conséquences subies par les membres ne sont, en réalité, que le résultat de leurs inaptitudes à réagir face aux troubles du dirigeant.

Enfin, par le troisième argument, on peut noter que la qualité de membre d'une personne morale doit permettre de subir les conséquences dommageables des actes du groupement quelle que soit l'origine. Ces conséquences peuvent résulter des troubles affectant le dirigeant que les membres eux-mêmes ont nommé.

211. Pourtant DALMASSO soutient qu'il faut faire application de l'article 122-1 du CPF aux personnes morales lorsque le dirigeant était privé de discernement[801]. Pour ce faire, il rappelle que le texte posant le principe de la responsabilité pénale des personnes morales exige qu'une infraction ait été commise par le dirigeant. Lorsque le dirigeant est atteint de trouble psychique, il ne sera pas pénalement responsable. Par ricochet, la personne morale aussi sera exonérée de sa responsabilité.

---

[797] Cass crim. 11mars 1958. Bull. n° 238.
[798] J.-C. PLANQUE, op. cit., p.116 .
[799] J.C. SOYER, op.cit., p. 9 et 16
[800] Cf. Circulaire d'application du CPPF (art. C. 345).
[801] DALMASSO cité par J.-C. PLANQUE, op. cit, n° 614.

Ce schéma d'après DALMASSO doit pouvoir être transposé ici. Là encore, cette analyse semble devoir être repoussée car il s'agit d'une cause subjective d'irresponsabilité pénale qui ne doit s'appliquer qu'à la personne physique atteinte de troubles psychiques. Le fait pour le dirigeant d'être atteint de troubles psychiques ne fait pas disparaitre l'infraction. Seule la responsabilité du dirigeant est écartée car le code pénal français n'exige pas qu'il puisse être puni pour l'infraction. Mais la responsabilité pénale de la personne morale peut être retenue. Les problèmes liés à la possibilité d'application de la cause d'irresponsabilité évoquée par l'art 122-1 du CPF et plus spécialement l'absence d'élément de réponse précis dans les textes montrent une fois de plus que la réforme a été adoptée sans que l'on tienne réellement compte des particularités de personnes morales, laissant à la doctrine et plus encore à la jurisprudence le soin de régler des modalités de mise en œuvre. Qu'en est-il de la contrainte ?

B. La contrainte de la personne morale

212. Privé de liberté, l'individu peut se trouver dans un état tel qu'il est obligé de commettre l'infraction. Il peut être contraint par une force à laquelle il ne peut résister (la tempête par exemple) ou par une personne qui exerce sur lui une pression. En pareil cas, l'agent ne saurait être poursuivi pénalement par la commission de l'infraction et doit être exonéré de sa responsabilité[802]. La contrainte est l'équivalent pénal de la force majeure. Comme en droit civil, il existe un débat sur la condition d'imprévisibilité. Il consiste à savoir s'il s'agit de la condition de mise en œuvre de la notion ou du corollaire de l'irrésistibilité lorsque les évènements prévisibles sont par nature résistibles ? Le critère important est son caractère irrésistible et son lien de causalité avec l'infraction. La contrainte, étant une cause de non-imputabilité, doit abolir le discernement de la victime pour être prise en compte. L'exemple classique est la contrainte morale qui résulte de pressions ou de chantages ayant aboli le discernement de la victime. Mais la contrainte ne sera pas prise en compte si elle résulte d'une faute ou d'une imprudence de l'agent.

À propos de l'irresponsabilité pénale, l'article 28-2 du CPM dispose que « il n'y a ni crime ni délit : lorsqu'il a été, contraint par une force à laquelle il n'a pu résister ». Tout laisse à croire, ici, qu'il s'agit bien des personnes physiques car le principe de responsabilité pénale des personnes morales n'en existe pas. Dans le même sens, l'article 122-2 du CPF dit que la personne n'est pas pénalement responsable lorsqu'elle a « agi sous l'empire d'une force ou d'une contrainte à laquelle elle n'a pas pu résister ». Mais on peut prétendre à l'interprétation autour du mot « personne », qui peut être physique comme morale car le principe en existe déjà. Malgré cette nouvelle rédaction, il est possible de reprendre la distinction déjà faite entre la

[802] À conditions bien sûr que les conditions de la contrainte soient réunies.

contrainte physique désignée aujourd'hui comme une force et la contrainte morale[803]. La contrainte physique est la forme la plus nette de la contrainte et se rapproche fortement de la notion de force majeure en droit civil. Elle résulte d'un élément étranger à l'agent. Seule cette forme semble pouvoir bénéficier aux personnes morales. Elle peut aussi être interne quand elle s'explique par un élément propre à l'agent. La contrainte morale s'exerce sur la volonté de l'auteur pour anéantir sa liberté de choix et rendre la commission de l'infraction inévitable. Comme la contrainte physique, la contrainte morale peut avoir une origine interne ou externe. Pour la contrainte morale interne, il s'agit d'évoquer des sentiments ou des émotions de haine ou de colère qui auraient poussé l'agent à commettre l'infraction. Ce type de sentiments, purement humains, n'ont pas cours lorsqu'il est question de personnes morales. Quant à la contrainte morale externe, elle est invoquée par l'agent qui a commis une infraction sous la menace, en raison de l'impossibilité de décider du respect de la loi. Traditionnellement, on admet cette contrainte pour les personnes physiques lorsque cette menace est dirigée contre l'agent lui-même ou des personnes qui lui sont chères. Il convient de montrer l'applicabilité de la contrainte aux personnes morales à travers l'infraction commise par ses organes ou ses représentants et par elles-mêmes.

213. La contrainte n'exonère pas réellement l'agent de sa responsabilité pénale que s'il a agi sous une force à laquelle il ne pouvait résister. C'est cette condition doublée de l'imprévisibilité qui lui permettra de bénéficier de la cause de non imputabilité prévue à l'article 122-2 du CPF. Dès lors, l'organe ou le représentant de la personne morale contraint à commettre une infraction se verrait accorder le bénéfice de cette contrainte. Cela suppose qu'il pourrait se trouver dans une situation telle qu'il est obligé de commettre l'acte délictueux. Ceci peut conduire à l'hypothèse où les organes et les représentants de la personne morale pourraient se trouver en état de contrainte. La force ou la contrainte s'exerce sur le corps ou sur la volonté de l'agent. On pourrait imaginer ce dernier, organe ou représentant d'une personne morale, invoquer la contrainte (force ou menace) pour justifier son acte délictueux.

En effet, s'il est démontré que les menaces étaient assez pressantes ou assez directes, le représentant pourra bénéficier de la cause de non imputabilité et, par conséquent, être considéré comme irresponsable du fait de la contrainte. Cette cause d'exonération de responsabilité dont il a bénéficié profitera aussi à la personne morale dont les actes ont été matérialisés par lui.

---

[803] À propos de l'article 64 de l'ancien Code pénal français de 1992.

214. Ainsi, si l'organe ou le représentant d'une personne morale peut se prévaloir de la contrainte morale pour s'exonérer de sa responsabilité pénale, il pourrait également invoquer la contrainte physique qui exonère aussi de la responsabilité pénale. On pourrait alors imaginer le cas du gérant d'une SARL dont l'immeuble, en s'effondrant, tue un piéton à la suite d'un orage. S'il se retrouverait poursuivi pour homicide et blessures involontaires, il pourra invoquer le bénéfice des dispositions de l'article 122-2 du CPF. Par contre s'il pouvait prévoir la survenue de l'orage, il ne pourrait aucunement prévoir les conséquences qu'il aurait pu engendrer notamment l'effondrement de l'immeuble et le décès du piéton. De tels événements peuvent être considérés comme imprévisibles et insurmontables (irrésistibles)[804] pour le gérant de l'entreprise et « *est [...] imprévisible ce qui ne pouvait être prévu au moment où l'événement s'est produit* »[805]. Par conséquent, c'est à bon droit qu'il doit pouvoir bénéficier de la contrainte physique externe du fait des forces de la nature, c'est-à-dire être considéré comme pénalement irresponsable et donc être exonéré de sa responsabilité pénale. Le fait qu'on tienne ce gérant irresponsable pénalement fait aussi qu'on ne peut pas, non plus, tenir pour responsable la SARL. Dès lors, elle doit pouvoir bénéficier de la cause d'exonération de responsabilité retenue en faveur de son gérant qui a agi en son nom et pour son compte.

215. S'il apparaît que certaines circonstances peuvent expliquer le fait que l'organe ou le représentant d'une personne morale se soit trouvé dans une situation telle qu'il est obligé de commettre une infraction, qu'en sera-t-il de la personne morale ? Il s'agit donc de voir s'il est possible que les pressions soient exercées sur la personne morale de sorte qu'elle n'a autre choix que de commettre l'acte délictueux. Concernant la personne agissant sous l'empire d'une force ou d'une contrainte, le législateur a sûrement pensé à la personne physique. Il laisse croire que seule cette dernière peut être contrainte à commettre une infraction. Mais, la personne morale peut aussi commettre un acte délictueux sous l'effet d'une pression. Selon la doctrine, « il est possible d'envisager des contraintes physiques ou mêmes morales à l'encontre d'une personne morale »[806]. Il s'agira de voir dans quelles circonstances une personne morale peut être contrainte à commettre une infraction. Le législateur assure l'impunité à celui qui a agi sous l'empire d'une force ou d'une contrainte. À titre d'exemple, un groupement agricole d'exploitation en commun dont le hangar, emporté par la tempête,

---

[804] Sur la question de l'imprévisibilité V. C. DUPARCQ, *Le rôle de l'imprévisibilité dans la détermination de la responsabilité pénale,* th. 2002, Tours.

[805] Voir J. M. PONTIER, *L'imprévisibilité,* RJDP, 1985. « Ainsi, l'imprévisibilité est le fait d'avoir fait preuve de prévoyance et de prudence et inversement, pour R. BERNARD INI, la prévisibilité est la « possibilité que l'agent a de se représenter les conséquences de ses actes », *L'intention coupable en droit pénal,* th., Nice, 1976, n° 283. À préciser dès lors que l'événement est survenu une fois dans le passé, il n'est plus imprévisible.

[806] V. B. CHABERT, P.-0. *SUR, Droit pénal général, PUF, Paris, 2003.*

détruit une maison et provoque la mort de ses habitants. Poursuivie sous le chef du délit d'homicide et de blessures involontaires, la personne morale[807] pourra invoquer valablement la contrainte pour s'exonérer de sa responsabilité pénale. En effet, c'est à bon droit que le groupement devra bénéficier de cette cause d'impunité dans la mesure où il ne pouvait prévoir la survenance de la tempête et les conséquences qu'elle a engendrées. Un tel événement peut être considéré comme imprévisible[808] et insurmontable pour la personne morale qui n'a pas commis de faute antérieure[809] qui l'empêcherait de bénéficier de la cause d'exonération de responsabilité qu'il invoque. Ainsi, les juges du fond devraient lui accorder le bénéfice de la contrainte et l'exonérer de sa responsabilité pénale lorsque cette contrainte « doit être irrésistible [...], imprévisible et ne doit pas avoir été provoquée par une faute antérieure de l'agent »[810]. La solution aurait été identique, s'agissant d'une commune où le hangar de la salle des fêtes s'est effondré à la suite d'une tempête blessant les occupants d'une maison voisine. Poursuivie pour homicide et blessures involontaires, la commune pourra logiquement se targuer d'être sous l'emprise d'une force et en bénéficier dans la mesure où cet événement peut être considéré comme imprévisible et insurmontable[811]. DANTI-JUAN, en ce sens, souligne que la condition d'imprévisibilité conduit à « un rejet de toute exonération chaque fois qu'une faute antérieure peut être reprochée au prévenu »[812]. DUPARCQ abonde

---

[807] La responsabilité pénale de la personne morale peut être directement mise en cause depuis la loi du 10 juillet 2000 tendant à définir les délits non intentionnels, sans que soit établie la responsabilité d'une personne physique organe ou représentant de l'être moral. Cass. crim. 24 oct. 2000, Bull. crim., n° 308.

[808] Pour la doctrine « *L'exigence de l'imprévisibilité du fait contraignant est indirectement postulée par la condition d'irrésistibilité : l'imprévisibilité révèle que l'agent est totalement étranger à l'événement qui l'oblige à commettre le fait infractionnel : car s'il avait prévu la situation dramatique qui, maintenant s'impose à lui, il aurait pris les précautions nécessaires et l'événement ne se serait pas produit ou, du moins, aurait pu ne pas revêtir le caractère irrésistible qui a été le sien* », A. VITU, RSC, 19S6, p. 9.

[809] Sur la faute antérieure, v. J. LÉAUTÉ, *Le rôle de la faute antérieure dans le fondement de la responsabilité pénale.* D., 1961. chron., p. 295 ; P. BOUZAT, *Faute antérieure,* RSC 1954, p. 377.

[810] Voir A. DECOCQ, *Droit pénal général,* Armand Colin, Coll. U, 1971, p. 349 ; V. dans le même J.-P. DOUCET qui considère que : « *La force majeure ne peut être constituée que par l'intervention d'événements imprévisibles et irrésistibles que le prévenu n'a pas provoqués par sa faute* », *Les effets de la contrainte et de la force majeure en droit pénal,* Gaz. pal., 1972, II, p. 328. Selon A, TUNC, « *la force majeure, synonyme d'événement irrésistible, correspond [...] à l'absence de faute* », *Force majeure et l'absence de faute en matière contractuelle,* RTD com., 1945, p. 235.

[811] Pour la jurisprudence de la chambre criminelle de la Cour de cassation, il ne pourrait y avoir force que si le prévenu « *n'avait commis aucune faute, aucune imprudence ou négligence, et s'il n'avait pu ni prévoir ni conjurer l'événement* », Cass. crim., 22 février 1950, Bull. crim., n° 67.

[812] Voir M- DANTI-JUAN, *Les causes d'exonération de responsabilité dans le nouveau Code pénal,* Revue juridique du Centre ouest, n° 14, juillet 1994, p. 37, spéc. p. 41, V. du même auteur, *État de nécessité,* Répertoire Dalloz Droit pénal, 1994, n° 34. V. Également, J.

dans le même sens que « l'existence d'une faute influe [...] sur le refus d'exonérer l'agent, qu'elle constitue un obstacle absolu à l'exonération. Dès qu'il y a faute, il n'y a pas force majeure même si la faute a précédé un événement présentant lui-même le caractère d'imprévisibilité »[813].

216. Une jurisprudence avait admis l'existence de la force majeure en faveur des coopératives[814]. En ce sens on pourrait voir une société, collectant de la farine auprès des producteurs de céréales, bénéficier de la force majeure, parce que victime de machinations desdits producteurs consistant à mélanger des farines de même nature, mais d'origine différente. Dans la même continuité, une autre jurisprudence très ancienne avait admis que l'affluence de la clientèle pouvait être à l'origine d'une rupture dans les approvisionnements en pain et exonérer le commerçant de sa responsabilité pénale[815]. En dehors de ces cas évoqués, il est également possible pour une personne morale de se prévaloir de la contrainte, cette fois-ci, morale pour s'exonérer de sa responsabilité pénale. Il s'agit, plus précisément, de la contrainte morale interne. En France, l'article L. 2212-8 al. 3 du code de la santé publique dispose que « un établissement de santé peut refuser que des interruptions de grossesse soient pratiquées dans ses locaux »[816].

217. En définitive, certaines hypothèses rendent parfaitement compte que la personne morale, comme la personne physique, peut se trouver directement en état de contrainte pour commettre une infraction. Par conséquent, il invoque le bénéfice de cette contrainte. C'est à juste titre que la personne morale doit être exonérée de sa responsabilité pénale à chaque fois qu'elle agit par ses organes ou ses représentants ou par elle-même sous la contrainte pour commettre un acte délictueux. Pour davantage justifier le principe de la responsabilité pénale des personnes morales, la seule implication des personnes physiques ne suffit pas. Il faut que celles-ci aient la qualité de représentant c'est-à-dire agir et répondre au nom de la personne morale : d'où le problème de la représentation.

LÉAUTÉ, *Le rôle de la faute antérieure dans le fondement de la responsabilité pénale,* D., 1961, chron., p. 295 ; V. P. BOUZAT, *Faute antérieure,* RSC, 1954, p. 377.

[813] Voir C. DUPARCQ, *Le rôle de l'imprévisibilité dans la détermination de l'irresponsabilité pénale,* thèse, 2002, n° 524, p. 296. V. aussi, A. BÉNABENT, *La chance et le droit,* thèse, LGDJ, 1973, n° 32, p. 35.

[814] Cass. crim., 10 décembre 1984, Bull. crim, n° 391.

[815] Cass. crim., 24 février 1855, DP, 1855, 5, 49, 22 août 1856, DP, 1856, 1, 43, V. Aussi J.-F. FAUCANIE. *La notion de contrainte en droit pénal,* thèse, tome I, Nice 1994, n° 24, p. 20.

[816] Ce cas de figure peut se rencontrer dans l'hypothèse où une clinique dont les organes ou les représentants, tous de confession catholique, refuseraient de pratiquer une interruption volontaire de grossesse au nom de la clause de conscience. La clinique dont les organes ou les représentants ont refusé de pratiquer l'Interruption Volontaire de Grossesse (IVG) ne saurait être tenue pour pénalement responsable, elle tient son exonération du législateur. Elle doit cependant indiquer à l'intéressée un établissement de santé où l'interruption de grossesse est pratiquée.

CHAPITRE II

La représentation de la personne morale dans le procès pénal

218. Le procès pénal étudie la poursuite, l'instruction, le jugement. D'abord, la poursuite est confiée au ministère public dont l'objectif est de mettre en œuvre et d'exercer l'action publique (action portée devant une juridiction répressive pour l'application des peines à l'auteur d'une infraction). Ensuite, l'instruction appartient aux juridictions d'instruction dont la mission est de faire toute la lumière sur une affaire afin de décider si les personnes poursuivies doivent être renvoyées devant une juridiction de jugement ou si, au contraire, la procédure doit s'arrêter. Et enfin, le jugement est confié aux juridictions qui statuent sur le fond c'est-à-dire sur la culpabilité des délinquants et fixer la peine à leur infliger. La personne morale a toujours un ou plusieurs dirigeants qui peuvent la représenter dans ses relations avec les tiers. Ils sont désignés par les textes ou par ses statuts. Les représentants de la personne morale peuvent, également, être désignés dans les actes de procédure. En effet, les nombreux textes de procédures civile et pénale prescrivent l'obligation d'indiquer les représentants dans les actes de procédure. Ainsi, l'article 648 du nouveau code de procédure civile français énonce que « tout acte d'huissier de justice indique [...] si le requérant est une personne morale : sa forme, sa dénomination, son siège social et l'organe qui la représente légalement ». Il s'agit de la signification des actes de procédure qui est réputée faite à personne. Mais suivant les cas, ils sont signifiés au représentant légal, au mandataire de justice ou au fondé de pouvoirs de la personne morale. C'est bien une obligation qui est prescrite. L'article 648 précité précise que cette mention est exigée à peine de nullité.

En l'absence de textes, l'identification de la personne, qui agit au nom de la personne morale, paraît indispensable pour déterminer son degré d'engagement. Sa volonté ne peut se matérialiser que par un être réel qui ne pourra l'engager que s'il est régulièrement habilité par la loi ou les statuts. À défaut de pouvoir du représentant, l'acte de procédure est nul[817] ou la demande est irrecevable en contentieux administratif. La mention du représentant de la personne morale permet donc de vérifier l'existence du pouvoir[818] et, en dernière analyse, la réalité de l'engagement de la responsabilité pénale de l'être moral. Toutefois, cette responsabilité peut être retenue sans représentation[819].

La personne morale est normalement représentée par son représentant légal (désigné dans les statuts ou par la loi) dans les différentes étapes du procès pénal. Au niveau des investigations, des poursuites jusqu'au prononcé de la sanction, ce représentant peut subir des mesures contraignantes (Section I). Ces mesures peuvent également avoir des implications sur les tiers représentants et affecter la cohérence des juridictions administrative et judiciaire par les difficultés liées au procès pénal (Section II).

SECTION I. LE REPRÉSENTANT LÉGAL DE LA PERSONNE MORALE PENDANT LE PROCES PÉNAL

219. L'extension de la responsabilité pénale aux personnes morales a conduit le législateur français à préciser dans le code de procédure pénale[820] certaines modalités de leurs poursuites[821]. La compétence territoriale de la juridiction répressive reste déterminée par le lieu où l'infraction a été commise et, à défaut, par le « lieu où la personne morale a son siège »[822]. L'action publique est exercée à l'encontre de la personne morale prise en la personne de son représentant légal à l'époque des poursuites ou par toute personne, bénéficiant, conformément à la loi ou à ses statuts, d'une délégation de pouvoirs à cet effet.

Toutefois, lorsque des poursuites pour les mêmes faits ou des faits connexes sont engagées à l'encontre du représentant légal, celui-ci peut saisir par requête le président du tribunal de grande instance aux fins de désignation d'un mandataire de justice pour représenter la personne morale[823]. Les dispositions dérogatoires de l'article 706-41 du CPPF visent

---

[817] Nouveau Code de Procédure Civile, art. 1-17.

[818] Le terme de pouvoir paraît seul approprié à l'exclusion de celui de qualité couramment utilisé par la pratique et le contentieux administratif ; v. G. CORNU et J. FOYER, Procédure civile, PUF, 1996, 3e éd., p. 345, n° 80.

[819] V. Infra. n° 298.

[820] L'article 706-41 et s. du CPPF.

[821] Cependant, toutes les adaptations nécessaires n'ont pas été envisagées (V., M. BENILLOUCHE, *La poursuite des personnes morales, in Dépénalisation de la vie des affaires et responsabilité pénale des personnes morales,* PUF, coll. « Ceprica », 2009, p. 18).

[822] L'article 706-42 du CPPF.

[823] La Haute juridiction insiste sur le fait que « la désignation d'un mandataire de justice pour représenter la personne morale au cours des poursuites est facultative et laissée à l'initiative de son représentant légal » (Cass. crim., 15 fév. 2005 : Bull. 2005, n° 57 ; Rev. Sc. Crim. 2005, p. 862, note a. CERF-HOLLENDER).

la représentation de la personne morale pendant les différentes phases du procès pénal[824].

Pour les besoins d'enquête et d'instruction, la personne morale doit nécessairement être représentée. Les coercitions qui s'appliquent doivent être faites au nom de la personne morale concernée (paragraphe I). Puisque la « responsabilité pénale des personnes morales n'exclut pas celle des personnes physiques », le représentant peut également être concerné par la même procédure. La mise en examen simultanée d'une personne morale et de son représentant pour les mêmes faits ou des faits connexes, permet de désigner un autre représentant (paragraphe II).

Paragraphe I. La coercition applicable pendant les investigations et les poursuites

220. Les investigations et les poursuites supposent l'application d'un certain nombre de mesures. Il s'agit des contraintes obligeant la personne, en question, à se soumettre en vue de préparer la phase de l'audience. Si les éléments obtenus à cette phase d'enquête et d'instruction ne permettent pas de retenir sa responsabilité pénale, le juge peut mettre fin à la procédure par un « non-lieu » ou par le « classement sans suite ».

En droit de la consommation, une société peut invoquer la nullité des poursuites pour avoir été citée à comparaître en la personne de son directeur régional lorsqu'elle est pénalement poursuivie pour diverses infractions. Celui-ci avait reçu du directeur général une délégation de responsabilité pour répondre des infractions commises au nom et pour le compte de la société, mais n'était muni d'aucun pouvoir spécial pour le procès. Il est tout à fait logique qu'en cas d'infraction pénale, l'action publique est exercée contre son représentant légal. Il est également évident pour les procès civils et commerciaux où seul le représentant légal doit être cité es-qualité.

Par la nature de la personne morale, certaine contrainte physique ne pourra pas lui être applicable. Il s'agit de la détention provisoire, par exemple, pour les besoins d'enquête. Seul son représentant peut répondre en son nom et pour ses intérêts lorsqu'il n'est pas personnellement poursuivi. Les poursuites engagées contre la personne morale ne constitue pas à obtenir l'impunité personnelle de leur dirigeant[825].

La personne physique peut être séparément poursuivie à titre personnel ou à titre de représentant légal de la personne morale (A) avant celle de la personne morale elle-même (B).

---

[824] L'Article 706-41 du CPPF « *les dispositions du présent Code sont applicables à la poursuite, à l'infraction et au jugement des infractions commises par les personnes morales, sous réserve des dispositions du présent titre* ».

[825] L'article 121-2 du nouveau Code pénal français « *la responsabilité des personnes morales n'exclut pas celle des personnes physiques auteurs ou complices des mêmes faits* ».

A. La personne physique poursuivie à titre personnel et de représentant légal

221. Lorsque la personne physique est poursuivie à titre personnel, il perd le droit de représenter la personne morale dans la procédure répressive. En ce moment, il n'est plus à craindre que la coercition exercée à son encontre ne nuise, par ricochet, à la défense de la personne morale. La personne physique peut être mise en examen et placée sous contrôle judiciaire ou être en détention provisoire etc.

La précision de la situation juridique du représentant de la personne morale impliquée dans une autre procédure répressive s'impose. En France, le code de procédure pénale n'a précisé autres droits et obligations de ce représentant. Il indique qu'aucune mesure de contrainte ne peut être exercée à son encontre à part celle applicable au témoin[826].

Il est indéniable que la position du représentant de la personne morale mise en examen ne ressemble absolument pas à celle du représentant légal, lui-même impliqué dans les faits délictueux comme coauteur ou complice présumé. Il est juridiquement posé que l'imputabilité des faits infractionnels ne s'adresse qu'à la personne morale sans viser son représentant. En ce moment, l'assimilation du représentant de la personne morale poursuivie à un témoin n'est pas totale lorsque ce représentant n'est que l'interlocuteur physique obligé.

Il devra, à l'inverse du témoin, prendre des initiatives pour défendre les intérêts de la personne morale. Mieux, il est même responsable de la bonne exécution des sanctions prononcées à titre provisoire ou définitif à l'encontre de la personne morale.

222. En revanche, des poursuites pour les mêmes faits peuvent être engagées à l'encontre de la personne physique à la fois à titre personnel et à titre de représentant légal. La personne physique doit, selon l'hypothèse, être dispensée de toute pression qui pourrait affaiblir la défense de la personne morale notamment par la mise en examen, le placement sous contrôle judiciaire ou la détention provisoire à l'exclusion de la contrainte par la force publique exercée par le juge d'instruction en cas de refus de comparaître comme témoin[827]. Dans ce cas, la personne morale peut être représentée par un mandataire de justice[828] désigné par le président du tribunal de grande instance en France. Il en est de même « en l'absence de toute personne habilitée à représenter les personnes morales ».

Ce titre de représentation en justice d'une personne morale par une personne physique peut bénéficier d'un encadrement statutaire. Ainsi, les tiers ne peuvent aucunement invoquer les statuts de la personne morale, en

---

[826] L'Article 706-44 du Code de procédure pénale en France.

[827] Il ne doit subir « *aucune mesure de contrainte autre que celle appliquée aux témoins* » (art.706-44 CPPF).

[828] V. supra. n° 218.

question, pour critiquer la régularité de la désignation de son représentant, en vue de contester le pouvoir d'agir de celui-ci[829].

La Cour de cassation française applique, à la représentation en justice d'une société, une distinction subtile[830]. Distinction dont on peut, toutefois, se demander si elle est entièrement satisfaisante. En l'espèce, des époux avaient acquis deux parcelles de terrain d'une société. Ils notifièrent les actes de vente à une autre société, la société « White », créancière hypothécaire de la première, en offrant de lui verser le prix avec purge des hypothèques. La société créancière fit signifier aux époux et au liquidateur judiciaire de la société venderesse une déclaration de surenchère en application de l'article 832 ancien du code de procédure civile (texte aujourd'hui abrogé) et leur délivra conformément à ce texte une assignation à comparaître devant le tribunal afin que soit ordonnée la vente aux enchères publiques des deux parcelles concernées. Les époux invoquèrent alors l'absence de mandat spécial du signataire de la réquisition de surenchère. Sensible à cet argument, la Cour d'appel d'Aix-en-Provence déclara nulle la réquisition de surenchère par un arrêt en date du 9 mars 2007 rendu sur renvoi après cassation. L'arrêt des magistrats aixois est cependant cassé, pour violation de l'article 117 du code de procédure civile « au motif que les tiers ne peuvent invoquer les statuts d'une personne morale pour critiquer la régularité de la désignation de son représentant, en vue de contester le pouvoir d'agir de celui-ci »[831].

La Cour de cassation fait une distinction subtile relative à l'invocation des stipulations statutaires par les tiers.

223. En souvenir des règles relatives à l'opposabilité des statuts d'une société aux tiers, on peut être surpris de lire que ceux-ci ne peuvent invoquer les statuts de la personne morale que pour critiquer la régularité de la désignation de son représentant en vue de contester le pouvoir d'agir de celui-ci. Analysé sous l'angle du droit des sociétés, l'arrêt[832] paraît aller à l'encontre de la jurisprudence antérieure[833].

Interprétant à contrario la règle d'inopposabilité aux tiers des limitations statutaires des pouvoirs des dirigeants, la Cour de cassation a jugé que ces tiers pouvaient opposer à la société les clauses limitatives des pouvoirs des dirigeants y compris en matière d'action en justice[834]. Le défaut de pouvoir

---

[829] Cf. l'article 117 du Code de Procédure Civile.

[830] Cass. Com., 26 févr. 2008, n° 07-15416 (n° 313 FD), SAS White c/ X. et autre.

[831] Cette décision n'est pas publiée au **bulletin**.

[832] Cass. Com., 26 févr. 2008, op. cit., p. 262.

[833] V. Décision non publiée au bulletin, v. aussi C. com., art. L. 223-18, al. 6, pour le gérant de SARL, art. L. 225-56,1, al. 3, pour le directeur général de la SA à conseil d'administration et art. L. 227-6, al. 4, pour le président de la SAS.

[834] Bull. civ. Il, n° 159 ; Rev. Sociétés, 1986, p. 409, note de B. BOULOC, RTD civ., 1986, p. 180, obs. R, Perrot.

est tiré du non-respect des statuts[835]. Le tiers ne pourrait, en revanche, pas critiquer la régularité de la désignation du représentant, au regard de ces mêmes statuts, en vue de contester le pouvoir d'agir de celui-ci.

Le tiers pourrait invoquer l'absence de pouvoir du représentant de la personne morale, en se fondant sur le non-respect des statuts. En revanche, il ne pourrait invoquer l'irrégularité, au regard des statuts, dans l'attribution du pouvoir donné au représentant. On ne permettrait au tiers de se fonder sur le non-respect des statuts que pour invoquer les violations les plus graves comme l'absence pure et simple d'autorisation. Ils ne peuvent en aucun cas se fonder sur une simple « irrégularité ».

224. Au risque de jouer les trouble-fêtes, on peut s'interroger sur l'imprécision de son critère d'application que l'on reprochera à cette distinction.

L'irrégularité peut être invoquée par la non publication de la nomination[836]. Mais, les organes de direction et d'administration sont plus visés que les représentants ponctuels et la condition de « soustraction à ses engagements » restreint la portée de cette règle[837]. Il faut rappeler que le caractère d'ordre public reconnu aux règles de représentation en justice de la personne morale se manifeste par le caractère absolu de la sanction par les règles prévues à cet effet. Ainsi, messieurs CADIET et JEULAND écrivent que « [en droit judiciaire], la relativité de s'estomper. (...) il est en effet dans l'intérêt de chacun que la procédure soit régulière »[838]. Certes l'article 117 du code de procédure civile au visa duquel l'arrêt est rendu, n'érige en irrégularité de fond que « le défaut de pouvoir (...) d'une personne figurant au procès comme représentant d'une personne morale » et non l'irrégularité de ce pouvoir. Mais, le défaut de pouvoir peut aussi venir de l'irrégularité de l'acte conférant ce pouvoir[839].

225. Une plus grande sécurité pourrait être recherchée dans le recours à la notion de représentant légal[840]. Que l'on explique la solution par le caractère institutionnel de la société ou par la qualité d'organe du dirigeant, la conséquence est invariable. Le représentant légal a le pouvoir de représenter

[835] Il s'agit de l'exigence d'une autorisation du conseil d'administration non obtenue, par exemple.

[836] V. ainsi Cass. 2e civ., 22 juin 1978 : D., 1978, IR, p. 496, obs. P. JULIEN.

[837] Cass. corn, 17 janv. 2006 : **Bull. Joly Sociétés,** 2006, p. 790, § 165.

[838] Voir L. CADIET et E. JEULAND, **Droit judiciaire privé,** Litec., 2006, 5e éd., n° 444.

[839] V. ainsi l'abstract de Cass. 2e civ., 22 juin 1978, préc., évoquant l'exception d'irrecevabilité d'un appel diligente au nom d'une société par son dirigeant, « *fondée sur le défaut de qualité de ce dernier par suite de l'irrégularité de sa nomination* » ; Adde G. SOUSI, « *Représentation en justice d'une personne morale et nullité des actes de procédure* » : Gaz. Pal., 1984, 2, doct, p. 427, spéc. p. 431.

[840] La société White était, selon l'arrêt, une SA. L'arrêt rendu précédemment par la Cour de cassation dans la même affaire (Cass. 2e civ., 10 févr. 2005, pourvoi n° 03-13218) indiquait cependant que la société *White* était une SAS.

en justice la personne morale quoiqu'en disent les statuts. Après Bernard BOULOC qui critiquait déjà en ce sens l'arrêt précité de 1985[841], il semble que les tiers ne devraient pas pouvoir contester l'acte de procédure du représentant légal sur le fondement de la violation de dispositions statutaires.

La faculté d'invoquer les dispositions statutaires limite les pouvoirs des dirigeants d'une personne morale. En revanche, elle pourrait être largement ouverte aux tiers, en l'absence d'un texte spécial tel que celui applicable au syndicat des copropriétaires d'immeuble lorsque la personne morale n'a pas un représentant légal mais simplement un représentant conventionnel. Ceci est généralement le cas des associations soumises à la loi du 1er juillet 1901en France[842].

B. La situation de la personne morale elle-même

226. En France, cette situation se caractérise essentiellement par le conflit entre le droit commun et les dispositions spéciales du code de procédure pénale. Selon l'article 706-43 du CPPF, l'action publique s'exerçant à l'encontre de la seule personne morale poursuivie (sans que la personne qui la représente ne soit mise en cause) se fait en la personne de son représentant légal au moment des faits incriminés[843]. Les autres actes de procédure seront adressés ou assumés par celui-ci[844] à moins qu'une délégation à toute autre personne ait été régulièrement donnée. Le représentant légal bénéficie à cet effet[845] conformément à la loi ou à aux statuts d'une délégation de pouvoir et la juridiction saisie en est correctement informée[846]. Ce délégataire peut être remplacé dans les mêmes conditions[847]. Cette lapalissade, c'est-à-dire l'affirmation de l'évidence était-elle bien utile et surtout complète ?

Certainement pas, car toutes les personnes morales ne sont pas dotées d'un représentant légal ***stricto sensu.*** Diverses personnes morales telles

---

[841] Voir B. BOULOC, note préc. « *Les tiers ne peuvent pas se fonder sur les dispositions statutaires pour faire échec à une disposition légale, telle celle conférant au président du conseil la représentation de la société à l'égard des tiers (L. 24 juillet 1966, art. 113, al. 1 et 2)* ».

[842] V. ainsi Cass. 1e civ., 5 févr. 1991 : Bull. civ., I, n° 45, jugeant que « *le président d'une association est un mandataire de cette personne morale dont les pouvoirs sont fixés conformément aux dispositions de la convention d'association* ». V. également Cass. soc., 16 janv. 2008 : Bull. civ., V, n° 1 ; Bull. Joly Sociétés, 2008, p. 405, § 87, note P. Le CANNU ; D., 2008, jur., p. 2051, note K. RODRIGUEZ, attribuant clairement aux statuts de l'association la mission de désigner l'organe la représentant en justice et donnant à l'assemblée générale le pouvoir de décider d'une action en justice à défaut de précision statutaire. En effet, c'est là une différence fondamentale entre l'association et la société, lorsque celle-ci n'est pas soumise à un texte spécial lui conférant un représentant légal ; Ph. MALAURIE, *Les personnes - Les incapacités*, Defrénois, 2007, 3e éd., n° 405.

[843] L'article 706-43, al. 1e, 1e phrase CPPF.

[844] L'article 706-43, al. 1e, 2e phrase CPPF.

[845] L'article 706-43, al. 2 CPPF.

[846] L'article 706-43, al. 3 du CPPF.

[847] L'article 706-43, al. 4 du CPPF.

qu'en particulier les associations, à défaut de la désignation par la loi d'un représentant ou dirigeant, se dotent d'un représentant statutaire. Il peut être considéré comme un mandataire de la personne morale en qualité de représentant conventionnel et non pas de représentant légal[848].

En revanche, d'autres personnes morales ont la faculté de se doter de plusieurs « *représentants légaux* ». C'est une hypothèse classique du droit des sociétés mais que n'a nullement prévue le législateur de 1992 en France. Tels sont les cas de pluralité de gérants[849], pour les sociétés anonymes dans la désignation de directeurs généraux[850] et de pluralité d'administrateurs d'un GIE[851], etc. Néanmoins, le législateur de 1992 a envisagé une autre hypothèse classique, celle de la délégation de pouvoir. Mais, il l'a fait de façon particulièrement maladroite, à la fois dans la formulation et dans la localisation au sein de l'article 706-43 du CPPF.

Comme la personne morale peut être représentée par toute personne bénéficiant d'une délégation à cet effet[852], cette formulation vient après l'affirmation que le représentant légal de la personne morale représente celle-ci dans les actes de la procédure. Cela paraît être simplement un nouveau truisme[853]. À priori, cette formulation semble inutile et neutre car elle exprime en évidence une faculté admise depuis longtemps en jurisprudence et dans les textes. On serait tenté de conclure de ce rappel que la personne morale, dont la responsabilité pénale est recherchée, dispose en toute hypothèse de cette faculté de se faire représenter à la procédure par un délégué. Malheureusement, la faculté[854] est précédée d'une phrase[855] au terme de laquelle « le président du tribunal de grande instance désigne un mandataire de justice pour représenter la personne morale » lorsque cette personne morale et son représentant légal sont poursuivis pour les mêmes faits ou pour des faits connexes[856].

---

[848] V. par ex. : Cass. 1e civ., 5 février 1991 : Rev. sociétés, 1991, p. 773, note D. RANDOUX ; C. A Versailles, 5 mai 1995 : Rev. sociétés, 1995, somm., p. 769, obs. Y. GUYON ; CA Paris, 16 septembre 1997 : BRDA, 1997/20, p. 6. Rappr. en matière d'action devant le juge administratif : CE, 3 avril 1998 : BRDA, 1998/12, p. 6.

[849] V. par exemple pour la SARL : L. n° 66-537, art. 49, dernier alinéa ; pour la société civile : C. civ., art. 1846 et 1849 ; etc.

[850] S.A moniste : L. n° 66-537, art. 117, al. 2 ; S.A dualiste : L. n° 66-537, art. 126, al. 2. ; Cass. Ass. plén., 18 novembre 1994 ; Petites affiches, 7 décembre 1994, p. 15, note P. M. : Bull. Joly Sociétés, 1995. p. 61. § 13. note P. Le CANNU ; D., 1995, jur., p. 101, concl. M. JEOL, note D. COHEN ; JCP, éd. E, 1995, II, n° 649, note A. VIANDIER, et éd. G, 1995, II, n° 22360, concl. M. Jéol ; Gaz. Pal-, 1995, 1 Jur., p. 9, concl. M. JEOL, et 2 Jur., p. 348, note Y. CHARTIER ; Rev. sociétés, 1995, p. 296, note Ph. MERLE.

[851] V. l'ordonnance du 23 septembre 1967en son article 9.

[852] V. Supra. n° 224.

[853] Du mot anglais *true*, vrai : le truisme est une vérité d'évidence, banale, sans portée ; Le petit Larousse illustré, 100e édition, 2005, p. 1082.

[854] Rappelée dans l'alinéa 2 de l'article 706-43.

[855] L'alinéa 1 et exprimée à **l'impératif.**

[856] V. Infra. n° 229.

227. Le juge d'instruction pourra prendre des mesures tendant soit à garantir les droits de la victime, soit à interrompre ou à prévenir le renouvellement d'agissements frauduleux. Après sa mise en examen, il peut placer la personne morale sous contrôle judiciaire[857] pour une durée de six mois renouvelable. Cette peine concerne l'activité au cours de l'exercice ou à l'occasion de laquelle l'infraction a été commise. Cependant, sa détention provisoire est inconcevable. Pour mieux cerner les difficultés liées aux attributs de la personne physique dans sa fonction de représentant de la personne morale dans la procédure pénale, une illustration s'impose. Elle consiste à lever des difficultés existant dans la représentation de la personne morale en justice par les personnes physiques ayant qualité. Si le juge d'instruction décide de la mise en examen de la personne morale, il s'adressera à son représentant. Par exemple, le maire ou le président de l'exécutif local devra alors comparaître[858]. Une assimilation de la personne et de la fonction n'est pas impossible de la part de la victime ou de l'opinion publique encore sous le coup de l'émotion. Ici, se partagent ceux qui croient possible ou non à la perception de la dissociation des deux visages de l'élu ou de l'agent. Par ailleurs, les autorités judiciaires[859] peuvent demander à la commission bancaire et à la banque centrale tous avis et informations utiles. Cette dernière peut se constituer partie civile pour l'application des dispositions y afférentes[860].

228. Le contrôle judiciaire est différent ici d'autres contrôles visant les personnes physiques[861]. Il concerne les obligations qui sont adaptées à la situation de la personne morale[862]. La violation par la personne morale des obligations découlant d'un contrôle judiciaire entraîne la sanction en délit

---

[857] L'article 706-45-5 du CPPF.

[858] Il sera ainsi difficile pour l'opinion de faire la distinction entre le maire, représentant de la commune et le maire, M. ou Mme X ou Y.

[859] Il s'agit des autorités judiciaires qui poursuivent pour des infractions telles que celles prévues aux dispositions de l'article 53 de la loi n° 026-2006/AN du 28 novembre 2006 relative à la lutte contre le blanchiment de capitaux dans les États membres de l'Union économique et monétaire ouest africaine.

[860] Cf. Article 73 du Décret n° 2008-825/PRES 23 décembre 2008 promulguant la loi n° 058-2008/AN du 20 novembre 2008 portant réglementation bancaire au Burkina Faso. JO n° 2 du 08 janvier 2009.

[861] Comme l'interdiction de s'absenter de son domicile ou de se rendre dans certains lieux (art.138, 1 et 2 CPF).

[862] Notamment, la constitution de sûretés personnelles ou réelles au profit de la victime ou le dépôt de cautionnement dont le montant et les délais de versement, en une ou plusieurs fois, sont fixés par le juge d'instruction ; l'interdiction d'émettre des chèques autres que ceux qui permettent le retrait de fonds par le tireur auprès du tiré ou ceux qui sont certifiés, ou d'utiliser des cartes de paiement ou encore d'exercer certaines activités professionnelles ou sociales quant il est à craindre qu'une nouvelle infraction soit commise (art.706-45, 4 du CPPF).

autonome[863] et permet d'infliger[864] l'une des peines encourues par les personnes morales.

En cas de mise en examen assortie d'un contrôle judiciaire d'une personne morale, les questions de procédure restent toujours posées. Néanmoins, les implications telles que certaines incertitudes concernant l'imputabilité[865] à une personne morale d'infractions pénales et la répression[866] qui en découle ont été éclaircies par la Cour de cassation française[867]. Ce fut à l'occasion d'une décision du juge d'instruction de mise sous contrôle judiciaire d'une personne morale. Elle a été l'opportunité pour la haute juridiction de préciser les règles d'imputabilité d'une infraction lorsque la personne morale et son dirigeant légal ont concouru aux mêmes faits infractionnels. Ainsi, il peut arriver que le représentant lui-même soit pénalement poursuivi pour les mêmes faits et en même temps que la personne morale elle-même. Dans ce cas, des précautions contre le « conflit d'intérêts » sont à prendre et le président du tribunal de grande instance en France désigne à cet effet un mandataire de justice qui représentera la personne morale, à moins qu'elle ne choisisse une autre personne bénéficiant d'une délégation de pouvoirs selon la loi (article 706-43 CPPF) ou les statuts.

Paragraphe II. La mise en examen simultanée d'une personne morale et de son représentant pour les mêmes faits ou des faits connexes

229. Le risque de condamnation des personnes physiques pèse sur les dirigeants de sociétés. Il ne peut que les inciter de continuer à consentir des délégations de pouvoirs à un préposé pourvu de la compétence, de l'autorité et des moyens nécessaires pour faire respecter les mesures réglementaires. La jurisprudence a admis ce risque, avant le nouveau code pénal, à propos de la responsabilité pénale du chef d'entreprise[868].

La mise en examen simultanée d'une personne morale et de son représentant pour les mêmes faits ou des faits connexes ne nécessite pas, en principe, la désignation d'un représentant ad hoc de la personne morale.

---

[863] L'article 706-45 al. dernier du CPPF.
[864] L'article 434-47 du CPF.
[865] V. supra. n° 8.
[866] V. infra. n° 327.
[867] V. infra. n° 230 et s. (Arrêt du 9 décembre 1997).
[868] Voir E. DREYER, *Les pouvoirs délégués afin d'exonérer pénalement le chef d'entreprise*, D. 2004, p. 937 ; v. M. GIACOPELLI-MORI, *La délégation de pouvoirs en matière de responsabilité pénale du chef d'entreprise*, Rev. sc. crim. 2000, p. 525 ; v. J.-F. BULLE, Les délégations de pouvoirs, JCP E 1999, p. 1136 ; v. J.-F. RENUCCI, La délégation de pouvoirs : questions d'actualité, RJDA 1998, p. 679 ; v. BRIEUC DE MASSIAC, Responsabilité pénale des dirigeants et délégation de pouvoirs, RJDA 1995, p. 927 ; v. C. MASCALA, La délégation : cause d'exonération de la responsabilité pénale des dirigeants, Bull. Joly 1998, p. 93.

Mais, lorsque des poursuites pénales sont engagées pour des mêmes faits ou des faits connexes à la fois contre une société et son représentant légal, ce dernier peut demander par requête au tribunal la désignation d'un mandataire de justice pour représenter la personne morale[869].

Cette demande est facultative et laissée à l'initiative du représentant légal. Elle ne constitue pas un préalable à la mise en examen et à la mise sous contrôle judiciaire de la société poursuivie (A). Le ministère public, le juge d'instruction ou la partie civile ont la possibilité d'en faire requête auprès du président du tribunal de grande instance. Cette possibilité vaut aussi bien en cas de désignation obligatoire de ce mandataire judiciaire que pour toute autre carence dans la représentation de la personne morale pénalement responsable[870] (B).

A. La demande facultative à l'initiative du représentant légal

230. Il n'y a pas violation des droits de la défense au motif d'annuler la mise en examen de la société prise en la personne de son dirigeant mis aussi en examen. La Cour de cassation a confirmé une décision de la chambre de l'instruction relative à la mise en examen d'une société prise en la personne de son dirigeant également mis en examen pour les mêmes faits ou les faits connexes[871].

Cependant, la représentation en justice d'une personne morale mise en examen continue de susciter des difficultés lorsque son représentant légal ou certainement statutaire est poursuivi simultanément pour les mêmes faits ou pour des faits connexes[872]. On croyait pourtant que de la version actuelle de l'article 706-43 al. 1er du CPPF[873] tarirait un contentieux qui avait, à plusieurs reprises, contraint la Chambre criminelle à se prononcer[874]. Selon l'arrêt, le directeur général voulait interjeter appel de cette décision en agissant sur délégation de pouvoir du président de la société. En l'espèce, suite à une action pénale contre une société et son président, un mandataire judiciaire avait été désigné pour représenter la personne morale et interrogé ès-qualités par le magistrat instructeur pendant qu'au même moment la société était mise sous contrôle judiciaire. Son action est considérée comme irrecevable au motif que les règles de procédure imposent que la personne

---

[869] L'article 706-43 du CPPF.

[870] Par exemple, le décès du représentant légal ou sa fuite à l'étranger.

[871] Cass. crim., 15 févr. 2005, n° 04-87191 (n° 1148 F-PF).

[872] V. aussi : BRDA, 2005/8, p. 4, n° 5.

[873] Elle est issue de la refonte opérée par la loi n° 2000-647 du 10 juillet 2000.

[874] V. en particulier : Cass. crim., 9 déc. 1997, n° 6517, L. (cons. Rapp. Batut), Bull. crim., n° 242 ; Bull. Joly Sociétés, 1998, p. 974, § 301. et la note ; LPA, n° 19, 13 févr. 1998, p. 10, note CL DUCOULOUX-FAVARD ; D., 1998, jur. p. 296, note critique B. BOULOC ; Cass. crim., n° 206 ; Bull. Joly Sociétés, 2001, p. 37, § 1. JL note C. MASCALA ; D., 2001, somm. p. 2350, obs. G. ROUJOU DE BOUBEE.

morale soit représentée par un mandataire désigné en justice[875]. Ceci permet d'éviter tout risque de conflit d'intérêts entre la défense de la personne morale et celle de son représentant légal lorsqu'ils sont poursuivis pour des faits identiques ou connexes.

Une obligation identique de désigner un mandataire de justice figure d'ailleurs au dernier alinéa de l'article 706-43 du CPF pour couvrir l'hypothèse d'absence de « *toute personne habilitée à représenter la personne morale* ». Cette solution de bon sens est irréprochable et selon notre compréhension c'est la seule qu'eut dû prévoir, à titre principal, le législateur.

231. Au delà de la lettre de l'article 706-43 du CPPF sus indiqué et en se référant à plusieurs cas de figure de représentants de la personne morale sans préciser le jeu des imbrications possibles, plusieurs interprétations du même article étaient possibles avant que la Cour de cassation ne vienne, par l'arrêt rapporté, préciser celle qui devait prévaloir. L'enchaînement de ces dispositions au sein de l'article 706-43 du CPPF et les termes employés par le législateur conduisent à proposer deux lectures.

La première lecture de ce texte pouvait laisser penser qu'en cas de concours dans la commission d'une infraction pénale entre le représentant légal de la personne morale et cette dernière, un autre représentant de l'être moral pouvait être désigné par application des alinéas 1er ou 2e. Cette désignation se fait, suite à une requête de nomination d'un représentant judiciaire, par le président du tribunal de grande instance. Elle est identique à l'application des règles de la délégation de pouvoir dans les groupements personnifiés conformément à la loi et aux statuts. Un arrêt rendu par la Cour de cassation en matière de responsabilité pénale des personnes morales[876] fait apparaître la méconnaissance de ce droit par le législateur du 16 décembre 1992[877]. Pour le moins, l'insuffisante maturation des dispositions procédurales met en œuvre le principe de responsabilité que pose désormais l'article 121-2 du CPF[878].

La seconde lecture permet de respecter scrupuleusement le texte à la lettre[879]. C'est sans surprise cette deuxième interprétation qu'a privilégiée la

---

[875] Cf. l'article 706-43 du CPPF.

[876] V. précédemment : Cass. crim., 2 décembre 1997 : Bull. Joly Sociétés. 1998. p. 512, § 166,,et notre note ; JCP, éd. G, 1998, II, n° 10023, rapp. F. DESPORTES ; D. affaires, 1998, n° 108, p. 432, obs. M. B. ; Rev. sociétés, 1998, p. 148, note B. BOULOC ; RJDA, 3/1998, obs. N. RONTCHEVSKY ; Lamy affaires, 3/1998, p. 7, chron. P. STORRER.

[877] Loi n° 92-1336.

[878] V. également : D., 1998, jur., p. 296, note critique B. BOULOC ; Petites affiches, 13 février 1998, n° 19, p. 10, note C. DUCOULOUX-FAVARD ; JCP, éd. G, 1998,1, n° 153, spéc. n° 14, obs. A. MARON.

[879] Sur ces deux lectures, v. C. DUCOULOUX-FAVARD, note précit. : Petites affiches, 13 février 1998, spéc. p. 13 ; pour une critique virulente - et justifiée - de celle retenue par la Chambre criminelle, v. B. BOULOC. note précit., spéc. I.

Cour de cassation qui la met clairement en lumière[880]. Lorsque les faits délictueux sont imputables à la personne morale poursuivie en même temps que son représentant légal personne physique, le risque de conflits d'intérêts devient si évident. Le mandataire judiciaire doit obligatoirement être désigné par le président du tribunal de grande instance pour défendre les intérêts de la personne morale mise en cause, en application de l'article 706-43 al. 1, 3e phrase du CPPF.

B. La demande de désignation obligatoire de mandataire judiciaire ou de carence dans la représentation

232. Peut-on prétendre que le souhait du législateur n'était pas d'éviter le conflit d'intérêts potentiel entre la personne morale et son représentant également poursuivis ? Cette interprétation se révèle inopportune en méconnaissant les mécanismes de la représentation des personnes morales[881]. Seule la crainte d'une contrariété d'intérêts entre la personne morale et son représentant légal justifierait l'obligation de nommer un mandataire de justice destiné à suppléer le représentant poursuivi. Selon la chambre criminelle, le délégataire désigné en application de l'article 706-43 al. 2 du CPPF peut également être poursuivi pour les mêmes faits ou pour des faits connexes. La référence au conflit d'intérêts entre représentant et représenté incapable conduisant à la désignation d'un mandataire ad hoc est manifeste[882]. Mais ici, on ne peut manquer d'observer que la personne morale n'est nullement incapable et que l'opposition d'intérêts entre la personne morale et son représentant simultanément poursuivis ne sont pas évidentes[883].

À l'inverse, il y a tout lieu de craindre une atteinte grave aux droits de la défense[884]. Cette atteinte est d'autant plus à redouter en pratique que la désignation d'un mandataire de justice qui conduit à traiter la personne morale comme un être juridiquement incapable ayant pour effet de confier le suivi de la procédure à un mandataire étranger au dossier. Ce dernier est peu apte à en assurer le dénouement au mieux des intérêts de la personne représentée.

---

[880] Cass. crim. 9 décembre 1997.

[881] V. sur cet aspect, outre les observations ci-dessus, celles de B. BOULOC, note précit., spéc. I.

[882] Pour le mineur : C. civ., art. 389-3, al. 2.

[883] La pratique judiciaire paraît d'ailleurs vouloir réserver cette hypothèse à la commission d'infractions intentionnelles, v. « *Premier bilan de l'application des dispositions du nouveau Code pénal concernant la responsabilité pénale des personnes morales* », circ. n° CRIM-98-1/F1, 26 janvier 1998, spéc. 14 : Bull. Joly Sociétés, 1998, p. 427, § 153 ; JCP, éd. G, 1998, III, n° 20035.

[884] V. les très pertinentes observations de B. BOULOC, note précit., spéc. II.

233. Il semble tout à fait apparent de résister à une loi « injuste »[885] et inadaptée que la plupart des dossiers dans lesquels les personnes morales et leurs représentants ont été simultanément poursuivis n'aient pas donné lieu à nomination du mandataire de justice[886]. Mais, le soin de représenter la personne morale a été réglé « en interne », c'est-à-dire par un choix délibéré de l'intéressée. Il doit l'être ainsi pour toute personne pleinement capable. L'inobservation des dispositions de l'article 706-43 du CPPF ne semblent pas avoir relevé, à cette occasion, un dysfonctionnement choquant[887]. N'a-t-il pas été plus conforme à la règle de droit et plus opportun de prévoir que la personne morale poursuivie est représentée par l'un de ses représentants légaux ou statutaires ou par un délégataire désigné conformément aux statuts ? Faut-il préciser éventuellement que ce représentant doit être distinct de celui ou de ceux qui seraient simultanément poursuivis ? Cela a permis de laisser à la personne morale le soin de choisir, au mieux de ses intérêts, son représentant à la procédure et de réserver la désignation d'office d'un mandataire de justice à l'hypothèse (en principe exceptionnelle) d'une carence totale de représentation. Bernard BOULOC disait en ce sens que « la loi est à refaire » en la matière[888]. Il est vrai qu'antérieurement à l'intervention de la loi du 10 juillet 2000, l'article 706-43 du CPPF exprimait surtout la méconnaissance par le législateur du droit des groupements et, plus encore, du besoin de garantir *in concreto* les droits de la défense[889]. Le motif évoqué était la prévention d'un possible conflit d'intérêts entre la personne morale et son représentant. Pour représenter la personne morale, la désignation d'un mandataire de justice était obligatoire dès lors qu'à l'occasion de poursuites exercées contre elle, l'action publique était mise en mouvement pour les mêmes faits ou pour des faits connexes contre son représentant légal ou contre un représentant délégué. Ce système, qui méprisait la capacité des personnes morales de se faire représenter à leur convenance, était loin d'assurer la meilleure défense de leurs intérêts.

Cependant, des répercussions de la règle de cumul existent sur la procédure[890]. Selon l'article 706-43 du CPPF, « lorsque des poursuites pour des mêmes faits ou pour des faits connexes sont engagées à l'encontre du représentant légal, celui-ci peut saisir par requête le président du tribunal de grande instance aux fins de désignation d'un mandataire de justice pour

---

[885] Comme celle contraire au principe général de pleine capacité juridique des personnes morales et aux droits fondamentaux de la défense.

[886] L'article 706-43 du CPF.

[887] V. circulaire précit., note (7), spéc. II : la désignation d'un mandataire de justice n'a concerné que deux procédures sur les vingt-trois où étaient pourtant poursuivis en même temps la personne morale et son représentant légal. Belle démonstration de l'inapplication de la loi telle que l'interprète la Chambre criminelle.

[888] V. not. Les critiques exprimées in D., 1998, jur. p. 296, note B. BOULOC : Bull. Joly Sociétés, 1998, p. 974, § 301.

[889] Ibidem.

[890] Cf. B. BOULOC, note précitée sous Cass. crim., 9 déc. 1997.

représenter la personne morale ». Mais depuis la loi du 10 juillet 2000, cette disposition est plus une possibilité qu'une obligation et répond à un même objectif. Elle a aménagé le régime de la responsabilité pénale des personnes morales en matière de faute d'imprudence, de négligence ou de manquement à une obligation de prudence ou de sécurité.

234. L'interprétation de ce texte dans sa rédaction actuelle était, pour la première fois, soumise à la Chambre criminelle. Avec une mauvaise foi assez évidente, les représentants légaux de plusieurs sociétés (en leur nom et en son nom personnel) faisaient grief à une chambre de l'instruction. Ils lui reprochaient d'avoir validé la mise en examen de ces personnes morales prises en la personne de leurs dirigeants eux-mêmes mis en examen. Le reproche était que le procureur de la république ou le juge d'instruction n'avait pas formulé la requête aux fins de désignation d'un mandataire de justice pour représenter les sociétés alors que cette désignation aurait constitué le préalable à leur mise en examen.

La réponse de la juridiction d'appel, exactement reprise par la chambre criminelle, doit être approuvée. Pour représenter la personne morale, la désignation d'un mandataire de justice dans le cas de figure de poursuites simultanées de cette personne et de son représentant pour les mêmes faits ou des faits connexes est une simple faculté laissée à l'initiative du représentant. Il faut préciser seulement - car le législateur s'obstine à ne viser que le représentant légal - que cette solution vaut aussi à l'évidence pour le représentant statutaire de la personne morale lorsque le législateur n'a pas identifié un représentant mais laisse aux statuts le soin de le faire.

235. Hormis l'interprétation que l'on retient de la rédaction de l'article 706-43 al. 1er du CPPF ou celle que l'on pourrait lier à l'existence toujours possible d'une pluralité de représentants de la personne morale (directeur général et directeurs généraux délégués, cogérants etc.), il est parfaitement explicite et susceptible d'en défendre spécifiquement les intérêts lorsqu'un risque de conflit se présentait avec d'autres justifications. L'une de pure opportunité est qu'il paraît préférable de laisser à la personne morale le soin de choisir, en son sein ou à l'extérieur, celui qui assurera au mieux sa défense face aux autorités de poursuite et devant les juridictions d'instruction ou de jugement en l'absence d'une pluralité de représentants. L'autre justification tient au caractère hypothétique du conflit d'intérêts qui existerait entre la personne morale et son représentant. Lors de la rédaction initiale de l'alinéa 1er de l'article 706-43, le législateur du 16 décembre 1992 songeait à fonder l'obligation de désigner un mandataire ad hoc. Il semble plutôt qu'il y aurait convergence d'intérêts entre la personne morale et son représentant. L'un comme l'autre cherche la voie d'une relaxe sans véritable concurrence entre eux.

236. Sans qu'il y ait contradiction avec l'observation précédente, on peut noter que les personnes morales sont lourdement plus sanctionnées que les personnes physiques[891] et que les nombreuses décisions sans cesse qui dissocient le sort de l'organe initialement poursuivi (bénéficiant d'une décision de relaxe[892] ou dont la responsabilité pénale est écartée en l'absence de faute d'imprudence qualifiée)[893] du sort de la personne morale dont la responsabilité sont néanmoins retenues. Déchargé en tout ou en partie d'un risque pénal personnel, le représentant de la personne morale ne peut que mieux se consacrer à la défense des intérêts propres de celle-ci.

En toute hypothèse et en l'absence de co-représentant, il appartient au représentant unique de la personne morale d'apprécier l'opportunité de faire nommer un mandataire de justice. Il peut aussi faire trancher en interne d'éventuelle menace de conflit d'intérêts par la désignation d'un représentant spécial voire par la confirmation de sa mission. Les personnes morales n'ont pas besoin d'un sous-couvert judiciaire, toujours présent, pour accéder à la maturité[894].

SECTION II. LES IMPLICATIONS SUR LES TIERS REPRÉSENTANTS ET LA SÉPARATION DES AUTORITÉS JUDICIAIRES ET ADMINISTRATIVES

237. Plusieurs représentants de la personne morale peuvent survenir au cours d'un procès pénal. Traditionnellement, le représentant légal ou à défaut le tribunal peut désigner un mandataire ad hoc. Au-delà de ces évidences, on se demande si les tiers peuvent valablement représenter la personne morale. Cette substitution semble ne pas être l'idéal. Outre la difficulté de choisir cette personne physique (envoyée comme bouc émissaire au procès pénal), on peut s'interroger sur la pertinence de la représentation en justice, lorsque le représentant n'est ni l'exécutif, ni le mandataire de la personne morale. La qualité du représentant peut avoir un rôle déterminant.

Ainsi, on peut voir la distinction entre les représentants de la collectivité et la personne physique. Les premières expériences de représentation de

---

[891] V. par exemple O. DUFOUR, *La justice pénale sanctionne lourdement les personnes morales* : LPA n° 124, 23 juin 2005, p. 4.

[892] Cass. crim., 8 sept 2004 : Dr. pénal, 2005, comm. n° 11 (1e esp.), note M. VERON ; D., 2005, p., 1527, obs. G. ROUJOU DE BOUBEE.

[893] Cass. crim., 14 sept. 2004 : Dr. pénal, 2005, comm. n° 11 (2e esp.), note M. VERON ; D., 2005, p., 1527, obs. G. ROUJOU DE BOUBEE. Sur l'ensemble de la question, v. G. ROUJOU DE BOUBEE, *La responsabilité pénale des personnes morales : Essai d'un bilan* in Mélanges A. DECOCQ, Litec., 2004, p. 535.

[894] Le mouvement éthique impulsé par les idées de gouvernement d'entreprise et par la pression qu'exercent les groupements de minoritaires manifeste la capacité qu'ont les personnes morales à passer, sans immixtion particulière du juge, d'une ère où le pouvoir des dirigeants était absolu à un temps où son exercice est mieux contrôlé.

collectivités locales devant le juge pénal ne semblent pas avoir soulevé trop de difficultés pratiques en France. En revanche, la responsabilité pénale des personnes physiques ne peut être engagée que par une faute qualifiée. Il s'agit de la violation manifestement délibérée d'une obligation particulière de prudence ou de sécurité prévue par la loi ou le règlement où la faute caractérisée expose autrui à un risque d'une particulière gravité. DESPORTES et LE GUNEHEC affirment dans ce sens que « ce qui était une règle d'opportunité suivie par le parquet est devenue une règle de droit applicable par les juges du siège »[895].

238. Pour répondre à la question selon laquelle la situation est-elle aujourd'hui différente avec l'avènement du principe de généralité de la responsabilité pénale des personnes morales, il est intéressant de se reporter à la circulaire du 13 février 2006. Cette circulaire permet aux magistrats du parquet d'engager des poursuites à l'encontre des personnes morales et des personnes physiques dans le maintien de la distinction entre les infractions intentionnelles et non intentionnelles. Lorsqu'il y a une infraction intentionnelle, la règle devra en principe consister dans l'engagement de poursuites à la fois contre la personne physique auteur ou complice des faits et contre la personne morale dès lors que les faits ont été commis pour son compte par l'un de ses organes ou représentants. En revanche, les poursuites contre la seule personne morale devront être privilégiées selon les cas d'infraction non intentionnelle et d'infraction de nature technique pour lesquelles l'intention coupable peut résulter de la simple inobservation en connaissance de cause d'une réglementation particulière. La mise en cause de la personne physique ne devra intervenir que si une faute personnelle est établie à son encontre pour justifier une condamnation pénale[896].

Bien entendu, cette responsabilité est distincte de la responsabilité encourue à titre personnel par les dirigeants pour les infractions commises[897]. Les difficultés liées au procès pénal peuvent être observées à travers la désignation des tiers comme représentant de la personne morale (Paragraphe I) et la cohérence du principe de séparation des autorités administratives et judiciaires (Paragraphe II).

Paragraphe I. La représentation de la personne morale par les tiers

239. L'interrogation majeure revient à identifier le représentant de la personne morale lors du procès pénal. Classiquement, la représentation de l'État diffère des collectivités territoriales et des établissements et entreprises

---

[895] Voir DESPORTES et LE GUNEHEC, op. cit., p. 176.

[896] Solution qui rejoint celle donnée par la loi Fauchon du 10 juillet. 2000, Cf. art. 121-3, al. 4 du CPF.

[897] Cf. Les dispositions du livre II du Code de commerce français et qu'on peut rencontrer de chaque type de société.

publics. En France, les provinces et les préfectures sont représentées par leurs gouverneurs. Les collectivités le sont par le président du conseil communal et le maire pourra être le représentant de la commune, par exemple. Il n'en ira autrement que s'il est mis en cause personnellement (le président du tribunal de grande instance désigne une autre personne physique, qui n'est pas nécessairement un membre du conseil municipal, pour représenter la commune) ou s'il estime plus opportun (notamment pour éviter l'opprobre né d'une assimilation abusive) de ne pas apparaître personnellement devant le tribunal en faisant représenter la commune par un adjoint ou un fonctionnaire. Les entreprises et les établissements peuvent à leur tour être représentés par leur directeur ou directeur général.

Le salarié titulaire d'une délégation de responsabilité qui comparaît au nom d'une société dans un procès pénal ne représente pas valablement celle-ci, faute de délégation spéciale à cette fin. Eventuellement, on sait que la personne morale peut également être représentée par toute personne bénéficiant, conformément à la loi ou à aux statuts, d'une délégation de pouvoir à cet effet[898]. Selon la Cour de cassation française, le directeur régional qui n'avait pas reçu la délégation spécialement exigée par l'article 706-43 al.2 du CPPF ne pouvait pas représenter la société. On peut penser qu'il revenait au parquet de procéder à une nouvelle citation pour une prochaine audience afin de régulariser la procédure contre une partie non assignée.

En revanche, la Cour de cassation a considéré que les poursuites ne devraient pas être annulées car la société représentée par un avocat ayant présenté sa défense au fond ne justifiait d'aucune atteinte à ses intérêts[899]. Il est intéressant de constater qu'une partie non attraite dans la cause puisse être représentée sans qu'il y ait un procès verbal de comparution volontaire. Ceci n'est pas un mode de saisine des juridictions répressives prévu par le code de procédure pénale français. Devant une juridiction civile ou commerciale, le défaut d'assignation régulièrement délivrée entraîne la constatation de non saisine du tribunal par les juges. Ce qui apparaît, tout de même, assez cohérent.

Cependant, il convient de voir les limites apportées aux désignations de mandataire ad hoc et de représentant spécial. Ce sont les personnes physiques qui ne peuvent pas en être désignés comme tel. Deux cas peuvent retenir notre attention : le liquidateur judiciaire d'une société pénalement poursuivie (A) et l'avocat d'une personne morale toujours pénalement poursuivie (B).

---

[898] Cf. art. 706-43, al. 1 et 2. CPPF.

[899] Cass. crim. 20 oct. 2009, n° 09-81. 721-5756F-PF-Sté LIDL.

A. La représentation de la société pénalement poursuivie pendant la liquidation judiciaire

240. Le liquidateur judiciaire désigné par le tribunal de commerce lors du placement en liquidation judiciaire de la personne morale ne représente le débiteur que pour les actions à caractère patrimonial[900]. Lorsque l'action publique est exercée à l'encontre de la personne morale en liquidation judiciaire, il doit lui être désigné aussi un mandataire de justice pour la représenter[901]. Mais, comment l'exercer envers une société en liquidation judiciaire dont les dirigeants n'ont plus qualité pour la représenter selon le droit positif antérieur à la loi de 2005?

La décision rendue par la Cour de cassation le 10 février 2010[902] revient sur le problème débattu de longue date de l'absence de représentation de la personne morale en liquidation judiciaire qui est dissoute conformément à l'article 1844-7-7° du code civil. Mais comme c'est plus souvent le cas, les faits présentent une originalité de la possibilité de faire l'objet d'une action devant le tribunal répressif et non de l'accès au tribunal pour la personne morale (notamment par l'exercice d'une voie de recours). En l'espèce, le président d'une société ainsi que le pilote et le copilote salariés de la même société étaient décédés lors d'un accident survenu au cours d'un vol à bord d'un avion appartenant à la société. Plus tard, la société avait été mise en liquidation judiciaire et représentée par le liquidateur judiciaire désigné par le tribunal de commerce à l'issue de l'information. Elle avait été renvoyée devant le tribunal correctionnel des chefs d'homicides involontaires. Les premiers juges avaient estimé la prévention établie. La Cour d'appel de Bordeaux saisie de l'affaire avait déclaré la société coupable d'homicide involontaire et l'avait condamnée à payer une amende et diverses indemnités aux parties civiles. Il avait été retenu que le liquidateur judiciaire avait qualité pour représenter la personne morale.

241. La question était ainsi posée aux magistrats de la chambre criminelle. Elle consistait à savoir si le liquidateur judiciaire d'une société a qualité pour la représenter lorsque celle-ci est mise en cause dans le cadre d'une action publique. La Cour de cassation censure les magistrats bordelais sans surprise. Elle affirme que le liquidateur judiciaire désigné par le tribunal de commerce représente seulement le débiteur pour les actions à caractère patrimonial. Toujours selon elle, il doit être désigné aussi un mandataire de justice pour la représenter lorsque l'action publique est exercée à l'encontre de la personne morale en liquidation judiciaire.

La solution est classique et sa portée peut paraître réduite. Dans cette mesure, la loi de sauvegarde du 26 juillet 2005 a semblé résoudre le

---

[900] Cf. C. com., art. L. 622-9, (réd. ant. à L. 26 juil. 2005).

[901] Cf. l'article 706- 43 du CPPF.

[902] Cf. Cass. crim., 10 févr. 2010, n° 08-87357 (n° FSPF).

problème. Elle a maintenu les dirigeants dans leur fonction pendant la liquidation judiciaire afin que les actions extrapatrimoniales puissent être exercées. Néanmoins, tout ne semble pas réglé et la présente décision soulève quelques interrogations. D'ordinaire, la personne morale en liquidation judiciaire se retrouve être privée du droit d'exercer une voie de recours ou d'agir en justice de manière générale tout en situant le débat sur le terrain des droits de la défense. Ici, c'est en quelque sorte l'inverse réel puisqu'il s'agit d'engager la responsabilité pénale de la personne morale. L'enjeu est alors de taille, qui est d'éviter qu'une personne morale ne se soustraie trop facilement à sa responsabilité. La présente décision indique que la question n'est pas toujours tranchée de manière satisfaisante. Cela se voit dans les deux enseignements que montre la cour de cassation. D'une part, le liquidateur n'a pas qualité pour représenter la personne morale en liquidation judiciaire s'agissant des actions extrapatrimoniales. D'autre part, il faut en pareil cas désigner un mandataire ad hoc.

242. Si la solution donnée par la chambre criminelle est classique dans l'illustration du pouvoir de représentation restreint du liquidateur, elle présente cependant l'intérêt d'intervenir à propos d'une situation inédite[903]. La situation d'une personne morale en liquidation judiciaire faisait l'objet de poursuites pénales.

Le pouvoir de représentation du liquidateur judiciaire étant limité, la présente affaire intervient dans un contexte où la société est mise en liquidation judiciaire. Conformément au principe du dessaisissement, cette société ne peut plus administrer seule et disposer de ses biens. Le liquidateur exerce, dès lors, les droits et actions du débiteur pendant toute la durée de la liquidation selon l'article L. 641-9 du code de commerce[904]. La chose peut se compliquer lorsque le débiteur est une personne morale. Le très controversé article 1844-7-7° du code civil prévoit que la liquidation judiciaire entraîne la dissolution de la société dès le jugement d'ouverture et l'article 1844-8 fait allusion à la liquidation judiciaire au sens du droit des sociétés. Ce même texte prévoit que la personnalité morale de la société subsiste pour les besoins de la liquidation. Interprétant ces deux textes de manière intégrée, la jurisprudence a constamment affirmé que les dirigeants de la société n'avaient plus qualité pour la représenter. Mais, le problème était de savoir si le liquidateur judiciaire pouvait alors représenter la société.

La Cour de cassation confirme ce qu'elle a déjà dit à plusieurs reprises : la société, dans l'exercice de ses propres droits, ne peut pas être représentée par le liquidateur judiciaire. Celui-ci n'est pas un organe social mais, un organe de la procédure collective. Dès lors, il aura pour fonction de vérifier les créances, de procéder à la réalisation de l'actif et de représenter le

---

[903] Cass. crim. 10 février 2010, op. cit., p. 277.
[904] L'ancien article L. 622-9.

débiteur personne physique ou morale dans l'administration et la gestion de ses biens[905]. Mais ce pouvoir de représentation se cantonne aux droits et actions patrimoniaux. C'est ce que la présente solution illustre à propos des poursuites pénales.

243. Les faits donnant lieu à la décision étaient particuliers puisqu'ils concernaient des poursuites pénales exercées contre le débiteur. Mais le plus souvent, dans le contentieux de la représentation de la personne morale en liquidation, il s'agit plutôt de l'exercice des voies de recours par la personne morale elle-même. Concernant une personne physique, la Cour de cassation avait déjà eu l'occasion de juger que le dessaisissement du débiteur prévu par l'article 152 de la loi de 1985[906] ne saurait faire obstacle à l'application des articles 137 et 138 11° du CPPF (placement et obligation du contrôle judiciaire). Mais ici, le problème était autre. Le débiteur était une personne morale dissoute du fait de l'ouverture de la liquidation judiciaire (donc sans représentants légaux). Il fallait identifier la personne qui avait qualité pour représenter la société poursuivie. Le souci d'exercer l'action publique peut expliquer le raisonnement quelque peu hâtif des juges du fond même si le débiteur est en liquidation judiciaire. Ce qui lui vaut la censure de la chambre criminelle.

En effet, il est reproché à la Cour d'appel d'avoir admis que le liquidateur judiciaire avait qualité pour représenter la personne morale dans le cadre d'une action pénale dirigée contre elle. La jurisprudence antérieure ne laisse aucun doute que le pourvoi intenté par la société avait sur ce point toutes les chances de prospérer. Certaines Cours d'appel[907] avaient déjà tenter de faire évoluer le droit positif en décidant que le dirigeant devait rester en fonction pendant la liquidation judiciaire. Mais, affirmer que le liquidateur judiciaire avait qualité pour représenter la personne morale renvoyée devant la juridiction pénale relevait du contresens. Au regard d'une jurisprudence stable[908], le dessaisissement accompagnant la liquidation judiciaire n'est pas total et ne peut concerner ni les droits extrapatrimoniaux, ni les droits strictement personnels au débiteur[909]. Or, assurément les poursuites pénales concernent les actions exercées contre la personne du débiteur. Il était nécessaire de désigner un mandataire ad hoc.

244. Par l'article 706-43 du CPPF, les hauts magistrats posent le principe selon lequel « lorsque l'action publique est exercée à l'encontre de la personne morale en liquidation judiciaire, il doit lui être désigné aussi un mandataire de justice pour la représenter ». On regrettera la généralité des

---

[905] C. com, art. L. 641-9.

[906] Il est devenu le Code de commerce par la loi n° 641-9.

[907] Les Cours d'appel de Marseille 2002, de Paris 2000, RTD Com. 2004, n° 65.

[908] Com. 26 mai 1994, Bull. Joly 1994, p. 978, n° 261.

[909] Tel que l'exercice des voies de recours.

termes alors que le droit positif a évolué. Il faut distinguer selon que la liquidation judiciaire a été ouverte avant ou après l'entrée en vigueur de la loi du 26 juillet 2005. On déplorera de surcroît, dans un souci de cohérence, qu'il faille que la procédure pénale résolve un problème d'articulation du droit des sociétés et du droit de l'entreprise en difficulté.

En France, pour une distinction entre les liquidations ouvertes avant et après le 1er janvier 2006, la chambre criminelle a donné une lecture restrictive de l'article 706-43 du CPPF. Elle décrit comme automatique la désignation d'un mandataire ad hoc en cas d'action publique exercée envers une personne morale en liquidation judiciaire. Or, ce n'est pas exactement ce que dit le texte selon lequel « en l'absence de toute personne habilitée à représenter la personne morale dans les conditions prévues au présent article, le président du tribunal de grande instance désigne, à la requête du ministère public, du juge d'instruction ou de la partie civile, un mandataire de justice pour la représenter ». Une nuance relative à l'application de dispositions antérieures à la loi de sauvegarde eût été pertinente.

245. Les liquidations judiciaires ouvertes avant le 1er janvier 2006 sont encore régies par les dispositions applicables à l'arrêt sus indiqué. L'ellipse[910] était faisable dès lors que la société en liquidation judiciaire était dissoute et sans représentant légal. Cette « décapitation » de la société dès l'ouverture de la liquidation judiciaire a entraîné la condamnation récente de la France par la Cour européenne des droits de l'homme[911]. Il était question de l'impossibilité pour l'ancien dirigeant de personne morale d'exercer une voie de recours en le privant, ni plus, ni moins, de son droit d'accès à un tribunal.

Pour ainsi dire, la situation est inversée puisqu'il ne s'agit pas du droit d'agir de la personne morale mais de la possibilité de la poursuivre pénalement. Un pareil cas de figure n'a pas été envisagé par le législateur français. Ce dernier se trouvait, davantage, préoccuper par les droits de la défense de la personne morale en liquidation judiciaire et non par ceux des éventuelles victimes de cette personne morale. C'est ainsi que le débiteur peut, même dessaisi, se constituer partie civile[912].

246. Depuis le 1er janvier 2006 en France, la situation a changé et la solution rendue ici aurait, sans nul doute, été différente sous l'empire de la loi de sauvegarde du 26 juillet 2005. Le législateur est intervenu afin de

---

[910] Un raccourci dans l'expression de la pensée c'est-à-dire un fait de syntaxe ou style qui consiste à omettre un ou plusieurs éléments de la phrase ; Le petit Larousse illustré, 100e édition, 2005, p. 402.

[911] Cf. Arrêt Arma c/ France, pour ses règles antérieures à la réforme du 26 juillet 2005, à propos de la représentation d'une société dissoute du fait de l'ouverture d'une liquidation judiciaire.

[912] L'article L. 641-9, al. 2.

répondre aux critiques dénonçant l'aberration de la dissolution comme une sorte de « peine de mort » infligée aux personnes morales dès le prononcé de la liquidation judiciaire. Il est désormais prévu que les dirigeants restent en fonction pendant la liquidation judiciaire sauf disposition contraire dans les statuts ou décision de l'assemblée générale[913]. Depuis cette date, lorsque l'action publique est dirigée contre une société en liquidation judiciaire, les dirigeants qui ne sont pas restés en fonction pour une raison ou une autre seront représentés par un mandataire ad hoc désigné « sur requête de tout intéressé, du liquidateur ou du ministère public ». Ici, l'article 704-43 du code de procédure pénale fera double emploi avec le nouvel article L. 641-9 du code de commerce.

247. En outre, la loi de sauvegarde de 2005 a également modifié l'article 1844-7-7° du code civil, en ce sens que la dissolution ne frappera plus la société en cas de cession totale comme c'était le cas depuis la loi de 1988. Cette exception doit néanmoins être relativisée puisque la cession est désormais une opération de liquidation. Au cas où la cession interviendrait dans le cadre d'un redressement judiciaire, jusqu'à l'ouverture de la liquidation au moins, il n'y aurait pas d'obstacle à la représentation de la personne morale par les dirigeants sauf à ce que ceux-ci aient quitté leurs fonctions et qu'un mandataire ad hoc doive être désigné. La portée de cette décision est limitée et la curiosité qui était celle des spécialistes après l'arrêt « Arma contre France » ne sera sans doute pas satisfaite, dans la mesure où les faits de l'espèce ne correspondaient pas à l'hypothèse problématique de voies de recours exercées par un ancien dirigeant. Ce qui amène l'articulation de la procédure pénale entre droit des sociétés et droit de l'entreprise en difficulté.

248. Il est, pour le moins, étonnant que la possibilité de désigner un mandataire ad hoc figure dans le code de procédure pénale, alors qu'elle a fait défaut pendant longtemps dans le code civil comme dans le code de commerce français. Certes, les textes du droit des sociétés sont clairs sur le sujet. En cas de dissolution, quelle qu'en soit la cause, liquidation judiciaire[914] comprise, il doit être désigné un liquidateur au sens du droit des sociétés lequel représentera la société dont la personnalité morale subsiste pour les besoins de la liquidation[915]. L'article 1844-8, al. 2 du code civil prévoit expressément que ce liquidateur est désigné conformément aux prévisions des statuts ou à défaut par décision des associés. Le problème vient du contexte de la procédure collective[916] où les associés, dépassés par

---

[913] Selon la loi de la sauvegarde 2005.
[914] Voir Lexique des termes juridiques, 17e éd., D. 2010, p. 437.
[915] V. Infra. n° 353.
[916] Les procédures collectives peuvent être définies comme des procédures faisant intervenir la justice lorsque le commerçant, personne physique ou personne morale, n'est plus en mesure

les événements, ne pensent pas à désigner un liquidateur au sens du droit des sociétés. Mais, c'est à la jurisprudence qu'est revenu le mérite de résoudre le problème. Certains tribunaux de commerce avaient même pris l'habitude, lors du prononcé d'une liquidation judiciaire, de désigner directement deux liquidateurs judiciaire et ad hoc. On peut regretter que l'occasion n'ait pas été saisie en 2005 et en 2008 de consacrer cette pratique dans la loi en France.

249. Toutefois, la désignation du mandataire ad hoc ici préconisée pour l'exercice de l'action publique dissimule mal les failles du dispositif. Entre le liquidateur judiciaire (organe de la procédure collective)[917], le liquidateur amiable (organe social) et le mandataire ad hoc, la confusion peut se faire. Le problème des délais est posé, ce qui pourrait dans certains cas empêcher l'exercice d'une action du fait de sa prescription, la désignation du mandataire n'ayant pas été faite dans les temps. L'occasion était donnée de souligner la complexité malvenue de ces dispositions et de souhaiter avec d'autres que l'ouverture de la liquidation judiciaire ne soit, tout simplement, plus une cause de dissolution de la société.

Mais, qu'en est-il de la représentation de la personne morale, pénalement responsable, par son avocat ?

B. La représentation par l'avocat des personnes morales pénalement responsables

250. L'avocat est un auxiliaire de justice qui représente l'intérêt de son client dans la procédure judiciaire jusqu'au procès. Le procès peut être intenté par ou contre son client. Ce client peut être aussi bien une personne physique que morale. Au Mali, l'avocat n'intervient pas généralement en tant que représentant légal de la personne morale mais plus tôt assiste et conseil cette dernière. Également, un salarié ne saurait représenter la personne morale dans les poursuites exercées contre elle. Mais en France, le salarié pourrait bien être le représentant de la société commerciale à défaut d'une délégation de pouvoirs spécialement exigée par l'article 706-43 al. 2 du code de procédure pénale. Cette exception n'entache pas pour autant la procédure dès lors que la personne morale, représentée devant les juridictions pénales par un avocat qui présente sa défense au fond, ne justifie d'aucune atteinte à ses intérêts.

---

de payer ses dettes. Une telle société commerciale est dite, en ce moment, être en état de cessation des paiements (appeler « *état de déconfiture* » lorsqu'on est en matière civile : cas de la dette civile), car elle connaît de sérieuses difficultés financières, en vue d'assurer le paiement des créanciers.

[917] Les organes de la procédure collectives peuvent réaliser les buts poursuivis avec le concours des organes mis en place par le jugement d'ouverture ou à compter de celui-ci. On distingue ainsi les organes judiciaires, les organes ambivalents et les organes des créanciers.

L'arrêt de la Cour de cassation du 20 octobre 2009 montre de façon saisissante que l'intérêt véritable d'une décision ne réside pas toujours dans ce qui y est proclamé avec le plus de solennité. Sur ce terrain, la question principale a en effet concerné l'application dans le temps des dispositions généralisant la responsabilité pénale des personnes morales[918]. La société « Lidl » avait été poursuivie en juin 2005 pour avoir commis 621 contraventions en droit de la consommation alors que la généralisation de la responsabilité pénale des personnes morales[919] n'est entrée en vigueur que le 30 juin 2005, soit six mois plus tard. Dès lors que les textes sur le fondement desquels cette société avait été condamnée[920] ne prévoyaient pas expressément d'imputer l'infraction aux personnes morales conformément au principe de spécialité alors applicable. La condamnation ne reposait sur aucun fondement juridique. Il s'agit d'une application pure et simple du principe de la non-rétroactivité des lois pénales tel qu'il résulte de l'article 112-1 du CPF en vertu duquel « sont seuls punissables les faits constitutifs d'une infraction à la date à laquelle ils ont été commis ». Sans doute le principe est-il limité aux lois pénales plus sévères ? Mais tel est précisément le cas d'une loi ayant pour objet d'étendre le domaine d'imputation des infractions pénales à de nouvelles catégories de personnes[921]. C'est le principe qu'est venue rappeler avec fermeté la chambre criminelle[922] en cassant, au visa de l'article 112-1 du code pénal, l'arrêt de condamnation de la Cour d'appel au motif « ... qu'une loi étendant une incrimination à une nouvelle catégorie de prévenus ne peut s'appliquer à des faits commis antérieurement à son entrée en vigueur ».

L'affirmation (consacrée dans les mêmes termes) est difficilement contestable sauf à dire qu'elle est susceptible, en pratique, d'aggraver la situation du dirigeant. Le dirigeant reste dès lors seul à pouvoir être poursuivi pour de tels faits alors même que l'institution de la responsabilité pénale des personnes morales se donnait pour objectif affiché de soulager celle de leurs dirigeants en s'y substituant le cas échéant. La décision n'appelle pas de plus amples commentaires. En revanche, l'autre moyen du pourvoi qui tendait à des poursuites engagées contre la société formulait un grief dont le rejet par la Cour de cassation suscite davantage d'interrogations.

---

[918] Voir H. MATSOPOULOU, *La généralisation de la responsabilité pénale des personnes morales*, Rev. sociétés, 2004, p. 286.

[919] Le principe de la généralité est introduit par l'article 54 de la loi du 9 mars 2004 dite loi PERBEN II.

[920] D. n° 55-1126, 19 août 1955, art. 4 ; C. consom., art. L. 214-1 et L. 214-2.

[921] V. déjà Trib. corr. Versailles, 18 déc. 1995 : Dr. pén., 1996, comm. n° 71, obs. J. H. Robert ; Cass. crim., 18 mai 1999 : Bull crim., n° 99 ; Dr. pén., 1999, comm. n° 114, obs. J.-H. Robert ; Rev. sc. crim., 2000, p. 193, obs. B. Bouloc ; Cass. crim., 19 juin 2007 : *Bull crim.*, n° 169 ; Dr. pén., 2007, comm. n° 134, obs. M. Véron ; Rev. sem. crim., 2008, p. 87, obs. G. Ambroise-Castérot.

[922] L'arrêt de la Cour de cassation du 20 octobre 2009.

La question avait trait aux conditions procédurales de mise en œuvre de la responsabilité pénale des personnes morales. Plus précisément, elle concerne les règles fixant les modalités de leur représentation en justice et de leur sanction. La société « Lidl » avait soulevé des poursuites exercées contre elle. Elle fait valoir qu'elle avait été citée devant le juge de proximité en la personne de son salarié qui n'avait pas le pouvoir de la représenter. La Cour d'appel avait, cependant, écarté ce moyen en estimant que le salarié avait reçu une délégation de responsabilité et qu'il représentait donc la société en application de l'article 121-2 du code pénal. Pour la Cour de cassation, cette appréciation était erronée[923]. Mais l'erreur de la Cour d'appel ne méritait pas pour autant d'être sanctionnée.

D'après cette solution « si c'est à tort que le juge du second degré a décidé, par un motif inopérant, que le salarié représentait la personne morale dans les poursuites exercées contre celle-ci alors qu'il n'avait pas reçu à cet effet la délégation spécialement exigée par l'article 706-43 al. 2 du code de procédure pénale, l'arrêt n'encourt pas pour autant la censure dès lors que ladite personne morale, représentée devant les juridictions pénales par un avocat, qui a présenté sa défense au fond, ne justifie d'aucune atteinte à ses intérêts ». Elle fait à la fois preuve de rigueur quant à la vérification des conditions d'existence de la délégation du pouvoir de représenter la personne morale dans le cadre des poursuites exercées contre elle et d'une grande souplesse en ce qui concerne la sanction du défaut de pouvoir du représentant concerné. Elle appelle, en outre, des observations contrastées.

251. En premier lieu, la rectification opérée par la Cour de cassation à propos de l'existence de la délégation de pouvoir est très pertinente et s'imposait. La Cour de cassation invite à ne pas confondre deux types de délégation. Il s'agit, d'une part, de la délégation de pouvoir qui permet au dirigeant de transférer la responsabilité pénale au salarié à raison des tâches qui lui ont été confiées au sein de la société et, d'autre part, de la délégation de pouvoir qui permet de représenter la personne morale en justice au sens de l'article 706-43 du code de procédure pénale. Selon cet article, « l'action publique est exercée à l'encontre de la personne morale prise en la personne de son représentant légal à l'époque des poursuites ».

Néanmoins, le second alinéa précise que « la personne morale peut également être représentée par toute personne bénéficiant conformément à la loi ou à ses statuts, d'une délégation de pouvoir à cet effet ». La Cour d'appel avait apparemment confondu les deux délégations et déduit l'existence d'un mandat de représentation en justice de l'existence d'une délégation de pouvoir conférant au salarié la responsabilité pénale au titre des infractions commises au nom et pour le compte de la société. Cette

---

[923] Ibidem.

analyse est contredite par la chambre criminelle[924] selon qui un salarié ne peut représenter la société en justice à défaut de mandat exprès de représentation en justice. Autrement dit, il ne s'agit pas du fait que le titulaire d'une délégation de pouvoir soit un représentant de la personne morale au sens de l'article 121-2 du CPF et qu'il engage par ses actes la responsabilité pénale de celle-ci. Mais qu'il soit pour autant susceptible de la représenter en justice à défaut d'une délégation spécialement prévue à cet effet. Le mandat de représentation en justice exigé par l'article 706-43 du CPPF ne se présume pas.

252. En second lieu, il se pose la question de la sanction d'un tel défaut de pouvoir. L'action publique n'ayant pas été exercée contre un représentant de la personne morale, on pouvait raisonnablement s'attendre à ce que les poursuites soient déclarées nulles. Mais, la Cour de cassation a une position nettement moins radicale et n'entend pas reprocher à la Cour d'appel le rejet de l'exception de nullité de la citation. Elle estime que la personne morale a été « représentée devant les juridictions pénales par un avocat » et qu'elle « ne justifie d'aucune atteinte à ses intérêts » puisque l'avocat « a présenté sa défense au fond ». Une telle argumentation laisse sceptique. Le fait que l'avocat assure, dans l'intérêt de son client, la représentation de celui-ci dans le cadre de la procédure judiciaire intentée contre lui ne supprime et ne remplace l'exigence d'un représentant légal de celle-ci au sens de l'article 706-43 du CPPF lorsque le client est une personne morale. Ce n'est qu'après que l'action publique a été régulièrement exercée contre la personne morale prise en la personne de son représentant légal ou d'un délégué de pouvoir que la question de la défense de ses intérêts par un avocat peut se poser. Aussi est-ce inverser les données du problème que d'affirmer que la personne morale a été représentée en justice par un avocat pour purger de son vice la procédure intentée contre la société prise en la personne d'un salarié qui ne la représente pas, faute de délégation de pouvoir spécialement prévue à cet effet.

253. L'argument selon lequel la société ne peut justifier d'aucune atteinte à ses intérêts dès lors que sa défense au fond a été assurée par un avocat ne convainc pas davantage. Il est dénué de toute pertinence. L'exigence posée à l'article 706-43 du CPPF impose que la personne morale soit représentée dans la procédure par un représentant légal ou un délégué de pouvoir. Elle n'est pas celles dont la violation suppose la preuve d'un grief autre que celui résultant de la violation de la règle. Malgré la généralité de ses termes, l'article 802 du CPPF[925] n'intéresse ni la violation des règles d'ordre public,

[924] Cass. crim. 20 octobre 2009.
[925] Selon l'article 802 du CPPF « l'inobservation des formalités substantielles n'emporte que lorsque l'irrégularité a eu pour effet de porter atteinte aux intérêts de la partie qu'elle concerne ».

ni les règles dont la violation « porte nécessairement atteinte aux droits de la défense »[926]. Précisément, la violation des règles de représentation d'une partie au cours de la procédure pénale porte nécessairement atteinte aux droits de la défense dans la mesure où l'action publique s'est exercée sans pour autant atteindre juridiquement la personne poursuivie. Cette violation devrait donc être d'ordre public et ne pas exiger la preuve d'un grief. Ceci est nécessairement contenu dans le fait d'être poursuivi lorsque la personne morale est représentée par une personne physique dénuée de tout pouvoir de représentation. La défense « au fond » assurée par l'avocat devant les juridictions pénales ne permet pas de couvrir ce vice initial.

254. Enfin, on notera que cette souplesse dont fait preuve la Cour de cassation concernant la sanction des règles relatives à la représentation de la personne morale devant la justice pénale tranche singulièrement avec la rigueur du traitement qui est appliqué devant les juridictions civiles[927]. Selon l'article 117 du code de procédure civile français, le défaut de pouvoir du représentant de la personne morale au procès constitue une irrégularité de fond qui affecte la validité de l'acte. Aussi n'est-il pas besoin, pour celui qui l'invoque, de faire la preuve d'un quelconque grief. Dans une affaire où le mandataire de la société présentait comme pouvoir des documents en termes vagues et généraux, la chambre sociale a affirmé qu'il résultait des articles 117 et 119 du code de procédure civile que « l'exception de nullité tirée du défaut de pouvoir d'une personne assurant la représentation d'une partie en justice doit être accueillie sans que celui qui l'invoque ait à justifier d'un grief ». Tel est bien le sens général de la jurisprudence[928]. S'il est vrai qu'il existe une certaine tendance de juridictions civiles à traiter la question du défaut de pouvoir du représentant de la personne morale comme un défaut de qualité pour agir[929] (ce que dénonce majoritairement la doctrine)[930], il convient de souligner qu'en pratique cela n'a aucune incidence sur la question dans la mesure où le régime d'irrégularité de fond et celui des fins de non-recevoir sont quasiment identiques. En tout cas l'existence la question du grief n'a pas à être démontrée dans un cas comme dans l'autre. On peut s'étonner que les garanties offertes par la justice civile soient supérieures à celles offertes par la justice pénale. La supériorité de la

---

[926] Cass. crim., 29 avr. 1996 : Bull crim., n° 167 ; Cass. crim., 29 janv. 2003 : Bull crim., n° 22 ; Cass. crim., 3 avr. 2007 : Bull. crim., n° 102 ; D., 2007, chron., p. 1821, obs. Menotti.

[927] Voir Ch. ATIAS, *L'étrange position procédurale de la personne morale en cas de défaut de pouvoir de son représentant*, D., 2008, chron., p. 2241.

[928] Cf. Pour un ex. récent, C.A Montpellier, 23 juil. 2008 : *Dr. rural,* 2009, comm. n° 79, note Ch. LEBEL-DAVID.

[929] Voir G. SOUSSI, *Représentation en justice d'une personne morale et nullité des actes de procédure*, Gaz. Pal, 1984, doct., p. 427.

[930] Voir C. GIVERDON, *Le régime des exceptions de nullité* : Gaz. Pal, p. 1873, doct, p. 621 ; S. GUINCHARD, D. FERRAND et C. CHESNAIS, *Procédure civile*, Dalloz, 29è éd., 2008, n° 501 ; comp. L. CADIET et E. JEULAND, Droit judiciaire privé, préc., n° 445, p. 277.

garantie est liée au respect de cette règle aussi fondamentale que celle imposant de s'assurer que les parties au procès possèdent bien cette qualité. Jusqu'à présent, la volonté de sauver les procédures n'était pas allée jusqu'à sacrifier les principes élémentaires de la représentation en justice des personnes poursuivies. Le pas est, désormais, franchi. Mais, ce n'est pourtant pas en ce domaine qu'on attendait de l'audace du côté de la chambre criminelle.

En outre, d'autres principes pourraient être affectés par les difficultés liées au procès pénal.

Paragraphe II. L'affectation de la cohérence du principe de séparation des autorités administratives et judiciaires

255. Les juridictions pénales, incompétentes pour condamner les personnes publiques à réparer un dommage causé par leur agent en cas de faute de service, se verraient largement reconnaître aujourd'hui le droit de leur infliger des amendes. Le juge pénal deviendrait le principal organe de contrôle des personnes publiques alors qu'il connaît moins bien leur fonctionnement réel et leurs condamnations risqueraient de n'être toujours pas adaptées à leurs propres contraintes.

On peut craindre aussi une propension du juge répressif à statuer sur l'action civile même lorsque la personne poursuivie est une personne morale de droit public et dont la responsabilité relève du juge administratif. Cette propension est contraire au principe de séparation des pouvoirs. Dans ce cas, le représentant de l'État (le préfet par exemple) ne dispose pas d'informations nécessaires pour contrecarrer cette dérive en élevant le conflit. Là, les analyses peuvent aller au-delà de cet obstacle. Constatant par un argument, il est réversible que l'exception au principe de séparation des pouvoirs a été admise par le législateur français de 1993. Ce dernier a introduit dans le nouveau code pénal français de 1994 la responsabilité pénale des personnes morales de droit public, fût-elle limitée.

256. Pour rendre la justice administrative plus efficace et plus rapide, l'orientation préférentielle de certaines victimes dans la procédure pénale tient aux avantages que celles-ci attendent dans la recherche de la vérité.

En Allemagne, la procédure contre la personne morale se cumule en principe avec la procédure administrative ou pénale selon la nature de l'infraction contre la personne physique[931]. Dans la pratique, le cumul constitue cependant l'exception car les poursuites contre la personne physique ne sont engagées que si elles semblent absolument nécessaires.

---

[931] L'article 30 de la loi allemande sur les infractions administratives énumère limitativement les cas où la procédure contre la personne morale exclut celle contre la personne physique.

257. La comparaison entre les deux voies est, d'une certaine manière, biaisée par le déséquilibre. Ce déséquilibre tient à ce que l'action devant le juge pénal a, le plus souvent, un double objet : l'action publique et l'action civile. Pour reprendre la terminologie du droit privé, l'action devant le juge administratif n'est qu'une action civile. La séparation des juridictions administratives et judiciaires (A) et le poids de la procédure pénale sur le juge administratif (B) peuvent édifier davantage.

A. La séparation des juridictions admistrative et judiciaire

258. Le Mali connait le système de dualité des ordres de juridictions. À côté de la juridiction judiciaire soumise au contrôle souverain de la section judiciaire de la Cour de cassation et chargée de faire appliquer le droit privé, il existe une juridiction administrative soumise à son tour au contrôle souverain de la section administrative de ladite Cour (Conseil d'État en France, au Sénégal, etc.) et chargée de faire appliquer le droit public. Les juridictions judiciaires sont compétentes pour connaitre des litiges opposant les personnes privées entre elles et pour assurer la répression pénale. Les juridictions administratives sont compétentes pour connaitre les litiges opposant les personnes privées (administrés) aux administrations et aux administrations entre elles.

Ce système s'oppose au système de l'unité de juridiction qui est celui des États anglo-saxons dans lesquels, sauf exceptions, les mêmes tribunaux jugent des procès qui concernent les particuliers et des procès qui mettent en cause les administrations. Il s'oppose également au système de l'administration-juge qui fut celui de la France de 1790 à 1889 et qui est celui des socialistes. Selon ce système l'administration devient son propre juge.

259. Pour le principe de la séparation des fonctions administratives et judiciaires, l'opposition fondamentale existe entre les systèmes français (en France, l'absolutisme royal a triomphé sous Louis XIV) et anglo-saxon (en Grande Bretagne, l'absolutisme royal n'a pas pu s'imposer à la bourgeoisie) selon les raisons historiques. Ainsi, du principe de la séparation des fonctions administratives et judiciaires au principe de la séparation des juridictions administrative et judiciaire, la justice est retenue.

Le partage entre les juridictions administrative et judiciaire est réalisé selon deux procédés. Il s'agit du procédé par détermination de la loi et du procédé par détermination jurisprudentielle. Par rapport à l'appréciation de la validité de légalité des actes administratifs devant le juge pénal, un tribunal répressif peut en apprécier l'acte administratif règlementaire ou non règlementaire[932].

---

[932] Cass. crim. 21 décembre 1961.

Là, il y a une question préalable. Si l'acte est jugé illégal, la relaxe s'en suit pour « exception d'illégalité ». Cette jurisprudence a été consacrée par la loi n° 92-685 du 22 juillet 1992 portant code pénal en France qui dispose en son article 111-5 que « les juridictions pénales sont compétentes pour interpréter les actes administratifs, réglementaires ou individuels et pour en apprécier la légalité lorsque de cet examen dépend la solution du procès pénal qui leur est soumis ». Cela peut constituer un avantage pour le juge pénal.

260. Lorsqu'on procède à la comparaison des procédures devant le juge administratif et le juge pénal, elle tourne actuellement à l'avantage du second. Ainsi, du point de vue des victimes, l'action publique est parfois le complément de l'action civile. Ces victimes n'estiment complète la réparation du préjudice subi que lorsqu'elles auront obtenu à la fois l'indemnité et la condamnation pénale du coupable.

Mais, il peut arriver que l'action publique soit accessoire selon les motivations de celui qui saisit le juge pénal. Il est attiré davantage par les modes inquisitoriaux de recherche de preuves propres à l'instruction pénale. Les services de police judiciaire, placés sous l'autorité du parquet ou de la juridiction d'instruction, disposent de pouvoirs étendus de coercition (la saisie, la perquisition, l'audition de témoins sous serment et la garde à vue) dont le juge administratif est démuni. La possibilité de porter plainte contre X laisse au magistrat instructeur le soin d'identifier la personne visée. Par contre, le requérant devant le juge administratif doit désigner la collectivité qu'il estime responsable par exemple et dont il demande la condamnation. Ceci est un avantage supplémentaire de la procédure pénale sur la procédure devant le juge administratif.

Toutefois, les avantages de la saisine du juge pénal sont accompagnés d'un inconvénient. Le plaignant peut obtenir la reconnaissance d'une infraction avec condamnation de paiement de dommage-intérêt devant le juge pénal alors que l'indemnisation devant le juge administratif est liée au concept moins exigeant de faute. Cette faute peut résider dans un simple fonctionnement anormal du service, d'un dommage causé suite aux travaux publics ou d'un simple défaut d'entretien normal de l'ouvrage. La charge de la preuve de faute repose ainsi sur la collectivité publique.

261. Le deuxième avantage porté au crédit de la juridiction pénale relève davantage d'une réputation que d'une attestation. La procédure devant le juge pénal est beaucoup plus rapide que celle exercée devant le juge administratif. Certes les délais de règlement des affaires par le juge administratif restent excessifs surtout devant les Cours administratives d'appel[933]. Mais le juge pénal connaît aussi de très longues procédures. Elles

---

[933] Il s'agit là du cas de la France.

sont d'autant plus mal ressenties par les personnes mises en cause qu'elles accroissent la charge émotionnelle de la mise en examen et, même parfois, de la détention provisoire.

L'impression de rapidité du juge pénal tient sans doute à la médiatisation de la mise en examen de la personne visée par la plainte. Ce sentiment peut justifier l'accélération de la procédure en la matière. En ce qui concerne l'indemnisation des victimes, le juge administratif reprend plutôt l'avantage, pour l'essentiel, grâce à la solvabilité des personnes condamnées. L'action exercée dans ce cas peut confirmer cet avantage.

262. Les agents publics fonctionnaires ou non titulaires relèvent de la juridiction administrative pour tous les litiges qui les opposent à leur employeur. À l'exception des fonctionnaires nommés par décret du président de la république en France comme au Mali, le tribunal administratif est compétent en premier ressort pour connaitre des questions intéressant la carrière, la discipline, la notation, la demande de protection fonctionnelle etc.

Selon un principe de base de la procédure administrative, le juge ne peut être saisi que par une irrégularité portant sur une décision. En d'autres termes et avant d'agir, l'agent public devra s'assurer qu'il est en possession d'une décision prise par son employeur qui lui fait grief. Le ministère d'avocat n'est pas obligatoire dans toutes les hypothèses bien que la complexité de la procédure rende parfois la tâche particulièrement difficile pour l'agent qui a décidé de se défendre seul.

L'agent public peut aussi agir devant le juge pénal par une plainte. Si l'infraction commise, dont il est victime, relève d'un fait quelconque du service, il pourra demander à son employeur le bénéfice de la protection fonctionnelle sur le fondement de l'article 11 de la loi 83-634 du 13 juillet 1983. Il peut obtenir de cet employeur la prise en charge des frais d'avocat. Pour une même affaire, il arrive même qu'un agent agisse à la fois devant le juge pénal et le juge administratif. Les deux recours sont bien compatibles. Si la décision porte sur une nomination ou entraîne un changement d'affectation, la compétence est déterminée par le lieu de la nouvelle affectation. Mais lorsqu'elle porte sur une révocation, une admission à la retraite ou sur toute autre mesure entraînant une cessation d'activité, la compétence est déterminée par le lieu de la dernière affectation de ce fonctionnaire ou agent[934].

B. L'incidence de la procédure pénale sur le juge administratif

263. La séparation entre les ordres de juridiction administrative et judiciaire résulte d'un processus historique qui se confond dans une certaine mesure avec la séparation de l'activité juridictionnelle et de

---

[934] Il en est de même lorsqu'il s'agit d'un ancien fonctionnaire ou agent et d'un fonctionnaire ou un agent sans affectation à la date où la décision attaquée a été prise.

l'« administration active ». Ce principe emporte deux conséquences. D'une part, l'interdiction aux juridictions judiciaires d'administrer et d'autre part, l'interdiction pour les juridictions judiciaires de connaître des affaires de l'administration. La poursuite de l'amélioration des procédures devant le juge administratif nécessite deux passages à savoir : l'amélioration des procédures d'urgence et le renforcement des pouvoirs d'instruction du juge administratif.

264. Le projet de loi relatif au référé devant les juridictions administratives, adopté en première lecture par le sénat en juin 1999 et actuellement adopté par l'assemblée nationale est en vigueur en France. Ce texte permet d'accroître l'efficacité des procédures d'urgence devant les juridictions administratives. Le régime du sursis, intitulé désormais juge des référés statuant en urgence, est amélioré. La condition tenant à l'existence d'un préjudice disparaît, mais remplacée à condition que l'urgence le justifie. La condition tenant à l'existence d'un moyen sérieux est remplacée par celle de moyen propre à créer un doute sérieux quant à la légalité de la décision[935]. Il est aussi créé un référé-liberté. Il permet au juge des référés d'ordonner toutes mesures nécessaires à la sauvegarde d'une liberté fondamentale à laquelle est portée une atteinte grave et manifestement illégale[936]. Désormais, la procédure du référé est largement ouverte. La condition tient à l'impossibilité de faire obstacle au principal disparu[937].

265. On peut estimer que ces dispositions sont de nature à améliorer sensiblement l'attrait du juge administratif. Cette amélioration exige certaines conditions. Il s'agit, d'une part, pour le juge administratif de ne pas manifester une conception restrictive de ses pouvoirs et, d'autre part, d'améliorer sensiblement ses délais de jugement. Cette amélioration doit être spéciale pour les procédures d'urgence. Si ces deux conditions étaient réunies dans un avenir proche, les victimes verraient plus d'avantages à se tourner vers le juge administratif pour y trouver une indemnisation rapide et efficace plutôt que de s'adresser au juge pénal pour demander la punition de la victime sans bénéficier généralement d'une réparation équivalente.

266. Malgré l'incidence de la procédure pénale, les pouvoirs d'instruction du juge administratif doivent être renforcés. Souvent les pièces du dossier soumis au juge administratif lui suffisent pour établir les faits et trancher le litige dont il est saisi. Parfois, leur absence exige des mesures d'instruction

---

[935] L'article 3 du projet de loi relatif au référé devant les juridictions administratives, adopté en première lecture par le Sénat en juin 1999.

[936] L'article 4 du projet de loi relatif au référé devant les juridictions administratives, adopté en première lecture par le Sénat en juin 1999.

[937] L'article 5 du projet de loi relatif au référé devant les juridictions administratives, adopté en première lecture par le Sénat en juin 1999.

qui permettent de compléter l'information du juge et de définir les responsabilités. Mais, il arrive aussi que l'administration soit de mauvaise foi et tente de dissimuler certains faits que le juge administratif ne pourra pas connaître. Il peut juger que leur matérialité n'est pas établie alors qu'une enquête simple appuyée sur des pouvoirs d'investigation aurait permis de connaître la vérité.

Les pouvoirs d'instruction du juge administratif (ordonner une enquête, entendre des témoins, diligenter une expertise par exemple) ne peuvent actuellement être décidés que par un jugement d'avant-dire-droit[938], c'est-à-dire par une formation collégiale. Cette exigence nuit à la rapidité de la mesure d'instruction qui conditionne parfois son efficacité. De plus, ces mesures d'instruction sont largement inefficaces lorsqu'elles se heurtent à la mauvaise volonté de l'administration. Il convient d'augmenter les pouvoirs d'instruction du juge administratif en prévoyant que les parties ne pourront pas s'opposer aux mesures d'instruction qu'il prescrira. On pourrait donc s'inspirer utilement des pouvoirs d'investigation dont sont dotées les chambres régionales des comptes et les inspections générales en France. Il faut donc rappeler le régime de la responsabilité applicable ayant pour effet d'entraîner la recherche systématique de la responsabilité pénale des personnes physiques. Celle-ci est le principe et celle des personnes morales est l'exception.

Par ces différentes justifications tirées du droit comparé, on peut convenir que le législateur malien peut proclamer le principe général de la responsabilité pénale des personnes morales. Mais encore faudrait-il que l'adaptation dans sa mise en œuvre soit effective.

---

[938] Autrement appelé jugement avant - faire – droit, le jugement avant – dire – droit est une décision prise au cours de l'instance, soit pour aménager une situation provisoire (jugement provisoire, mise sous séquestre d'un bien litigieux, garde des enfants), soit pour organiser l'instruction (jugement préparatoire). Un tel jugement ne dessaisit pas le juge et n'a pas d'autorité de chose jugée au principal, lexique des termes juridiques 17e édition, D. 2010, p. 414.

TITRE II

Les adaptations dans la mise en œuvre de la responsabilité pénale des personnes morales

267. La mise en œuvre de la responsabilité pénale des personnes morales intervient après la commission d'une infraction ayant fait l'objet de procès pénal. Les règles de ce procès doivent être adaptées au cas particulier de la personne morale quant on sait que le juge d'instruction ne peut pas amener une personne morale dans son cabinet ou la placer en détention provisoire comme une personne physique.

En France, le ministère public peut déclencher les poursuites par la citation directe faite devant le tribunal de police et le juge de proximité[939]. Cette action consiste à saisir directement la juridiction de jugement compétente en citant la personne poursuivie devant elle[940].

Au Mali, en plus des facultés d'interjeter appel contre les décisions du tribunal de première instance et de se pourvoir en cassation contre celles de la Cour d'appel ou d'assises, le ministère public peut également déclencher les poursuites[941].

La consécration du principe général de la responsabilité pénale des personnes morales par le législateur malien passe par l'adaptation des conditions d'engagement ou de mise en jeu de la responsabilité pénale, déjà prévues pour les personnes physiques, à la réalité juridique de la personne morale (Chapitre I). Lorsque le juge pénal reconnait cette responsabilité à l'endroit de la personne morale, il doit prononcer la sanction à la fin du procès pénal. Cette sanction ainsi que son exécution doivent également s'adapter à la nature et au statut juridique de la personne morale condamnée (Chapitre II).

---

[939] Par exemple, l'enquête de flagrance ou enquête de flagrant délit concerne des infractions qui se voient, s'entendent, se perçoivent. Cette procédure s'applique aux crimes et aux délits flagrants punissables d'emprisonnement (sont exclus de cette enquête, les délits punissables d'amende et les contraventions).

[940] Par un exploit d'huissier délivré à la requête du procureur de la république ou de la partie lésée.

[941] En France, l'appel des décisions de la Cour d'assisses a été institué par la loi du 15 juin 2000.

CHAPITRE I

L'adaptation des conditions d'engagement de la responsabilité pénale aux personnes morales

268. La responsabilité pénale des personnes morales est engagée dès lors que certaines conditions sont réalisées. Il s'agit des conditions d'engagement ou de mise en jeu de la responsabilité pénale aux personnes morales qui doivent être adaptées à son statut. Celle-ci traduit le lien entre la personne morale et l'infraction commise. L'admission de la responsabilité pénale des personnes morales a mis aussi en exergue les personnes pouvant mettre celle-ci en jeu. La personne morale n'est pas considérée en droit pénal comme une personne autonome dotée de son propre pouvoir de décision et de ses propres moyens d'action (théorie de la réalité)[942], mais plutôt comme une personne abstraite incarnée par ses organes ou ses représentants (théorie de la fiction)[943]. S'il n'y a que les êtres humains qui puissent être les sujets des infractions parce qu'ils sont seuls à comprendre l'idée de peine. Il est également manifeste que tout être humain ne peut pas être déclaré pénalement responsable d'une infraction. C'est ainsi qu'un être privé d'intelligence ne peut pas être puni parce qu'il ne comprend pas, plus que la bête, la peine qu'on lui appliquerait. Un individu qui manque de liberté au moment où il agit ne peut pas, plus qu'une personne morale, faire l'objet de sanction parce que l'infraction n'est pas volontaire. Dans le droit français, comme ailleurs dans les législations primitives, le droit pénal était construit sur une responsabilité purement matérielle. Il suffisait d'être l'auteur d'un fait défendu par la loi pour en être puni. Le dommage remplaçait ainsi la culpabilité et l'idée de risque ferait de même pour la condition de faute. Depuis longtemps, grâce à l'influence du droit canonique fortifié par l'action du droit romain, la conception de la responsabilité pénale liée à l'idée de

[942] V. Supra n° 10.
[943] V. Supra n° 9.

faute avait pénétré le droit criminel[944]. Elle ne parvenait toutefois ni à dégager de l'idée de faute toutes les conséquences légitimes, ni à en débarrasser l'étude de la terminologie un peu creuse et inutile que les civilistes avaient empruntée au droit romain. La commission d'une infraction ne suffit pas pour engager la responsabilité pénale de la personne morale. Il faut que ce soit son organe ou son représentant (section I) qui la commette. Encore, faudrait-il que l'infraction soit commise au nom et pour le compte de la personne morale (section II).

SECTION I. L'ENGAGEMENT DE LA RESPONSABILITÉ PÉNALE DES PERSONNES MORALES PAR L'ORGANE OU LE REPRÉSENTANT

269. Selon l'article 64 du code pénal du Burkina Faso[945], la responsabilité pénale de la personne morale peut être engagée par son organe ou son représentant lorsque celui-ci commette une infraction en agissant dans le cadre de ses fonctions et au nom de la personne morale. Seul l'organe ou le représentant peut engager la responsabilité pénale de la personne morale[946]. Pour vérifier l'existence de la qualité d'organe ou de représentant, il faut identifier la personne qui a commis l'infraction. La loi ou les statuts peuvent désigner **un organe ou un représentant** pour administrer **la personne morale.** Il peut s'agir, également, du dirigeant de fait ou de la personne qui se voit déléguer des pouvoirs par le représentant légal. Ainsi, les salariés, les associés ou les membres d'une association ne peuvent engager la responsabilité de leur personne morale sauf dans le cas d'une délégation de pouvoir. Les notions d'organe ou de représentant peuvent, par leurs définitions, influer sur l'étendue de la responsabilité pénale des personnes morales. La notion d'organes ou de représentants des personnes morales peut donner lieu à des interprétations divergentes d'une juridiction à l'autre mais

[944] Sous l'action des criminalistes italiens du XVIe siècle, la doctrine française posa finalement, comme maxime constante, que « *là où il n'y a .point de dol, il n'y a point de crime, et par conséquent, il ne peut pas y avoir de peine, mais seulement des dommages et intérêts contre l'auteur du délit* ».

[945] Prévu aussi par l'article 121-2 du Code pénal français comme dans bien d'autres textes.

[946] Cf. L'article 121-2, alinéa 1er, du Code pénal où il faut préciser que la jurisprudence en fait une stricte application. Cass. crim. 2 décembre 1997, Bull. crim., n°408, JCP G, 1998, II, 10023, rapp. DESPORTES ; Cass. crim., 7 juillet 1998, Bull. crim., n° 216, RSC, 1999, p. 317, obs. B. BOULOC, et p. 316, obs. G. GIUDICELLI-DELAGE ; Cass. crim., 21 mars 2000, Bull. crim., n° 128, Dr. pén. 2000, comm., n° 131, obs. J.-H. ROBERT, RSC, 2000, p. 816, obs. B. BOULOC. V. Aussi F. DESPORTES, *Les conditions d'imputation d'une infraction à une personne morale,* CJEG, n° 570, novembre 2000, p. 426 ; V. N. RONTCHEVSKY, *Les conditions de mise en jeu de la responsabilité pénale des personnes morales à la lumière de la jurisprudence récente,* Études & chron., RJDA, 3/98, p. 175 ; V. Y. SEXER, *Les conditions de la responsabilité pénale des personnes morales,* Études doctr., Droit & Patrimoine, n° 34, 1996, p. 38 ; M. DELMAS-MARTY, *Les conditions de fonds de mise enjeu de la responsabilité pénale,* Rev. sociétés, 1993, p. 301.

il ne faut pas exagérer ce risque. En particulier, la question de savoir si cette notion inclut les agents de la personne morale a pu être débattue bien qu'il semble généralement admis qu'elle se limite aux quelques personnes qui expriment juridiquement la volonté de ces personnes morales. Mais, les articles 64 du code pénal burkinabé et 121-2 du CPF sont encore récents et ont fait l'objet de trop peu d'applications ou même pas pour que la jurisprudence ait pu préciser complètement les contours de cette notion.

En France, la jurisprudence semble avoir eu une interprétation extensive de la notion de représentant (Paragraphe I). Ce qui a provoqué une extension de la responsabilité pénale des personnes morales. Mais cette responsabilité pénale a, peut-être aussi, subi une extension du fait de l'assouplissement de l'exigence de l'identification de l'organe ou du représentant (Paragraphe II).

Paragraphe I. L'interprétation extensive de la notion de représentant

270. La commission d'une infraction par un organe ou un représentant est une condition essentielle de la responsabilité pénale des personnes morales[947]. L'étendue de la responsabilité pénale des personnes morales dépend de la définition des notions d'organe et de représentant. Mais, les notions de représentant ou d'organe ne sont pas définies par la loi. C'est la doctrine qui apporte un début de définition et il appartenait donc au juge de donner un contenu. Pour certains auteurs comme Jean PRADEL, l'organe est une institution collégiale[948]. Roger MERLE et André VITU ajoutent que la notion de représentant recouvre toutes les personnes qui ont un pouvoir de représentation[949]. Dans ce cas, certains organes y compris le gérant sont aussi des représentants. Toutefois, pour d'autres auteurs[950] si la notion de représentant doit avoir un sens, ce ne pourrait être qu'un mandataire de la personne morale autre qu'un mandataire social[951]. Par exemple, il peut donc s'agir d'un mandataire spécial qui fait penser à l'avocat titulaire d'un mandat *ad litem*[952]. Cette thèse rejoint la théorie de l'organe qui distingue, d'une part, les organes décisionnels et d'exécution et, d'autre part, les tiers à la personne morale qui peuvent la représenter (avocat, administrateur

---

[947] Cf. L'article 121-2 du code pénal français.

[948] V. J. PRADEL, *Traité de droit pénal général*, Cujas, 14e édition, 2002/2003, n° 534. H.RENOUT, *Droit pénal général, Paradigme CPU*, 2002, p. 180.

[949] R. MERLE et A. VITU, op. cit., p. 84.

[950] V. P. CONTE et P. MAISTRE DU CHAMBON, *Droit pénal général, Armand Colin*, 6e édition, 2002, n° 373 ; v. F. DESPORTES et F. LE GUNEHEC précités, n° 607 ; v. J. LEROY, *Droit pénal général, LGDJ* 2003, coll. Manuel, n° 447. C. MASCALA, op. cit., p. 91 ; v. L. PEILLOT, P. URBANSKY, *Droit pénal général, Bréal*, coll. Lexi fac. droit, 2002.

[951] Le mandataire social est une personne ayant reçu le pouvoir de représenter la personne morale en certaines circonstances, v. D. OHL, op. cit., p. 382.

[952] Crim. 21 mars 2000, Bull. crim. 2000 n° 128. JCP éd. E 2001 p. 133, note J-H. ROBERT, « *responsabilité pénale d'une personne morale à la suite de la production dans une instance prud'homale d'une lettre d'avertissement bénéficiant de l'amnistie* ».

provisoire, liquidateur…). C'est pourquoi on peut considérer que le représentant est un mandataire spécial.

Au-delà de ce qui précède, survient un autre problème relatif à la notion de représentant. Plusieurs d'auteurs pensaient que le salarié et le dirigeant de fait d'une société commerciale ne pouvaient être considérés comme des représentants[953]. Cette thèse peut être logique car le texte, y afférent, vise uniquement les organes ou les représentants. Mais par interprétation extensive, il s'agit de toute personne qui dispose, de droit ou de fait, d'un pouvoir de direction. C'est pourquoi le mandataire substitué (A) et le mandataire tacite ont été assimilés (B) à un représentant.

A. L'assimilation d'un mandataire substitué à un représentant

271. Un mandataire substitué est une personne qui a reçu une délégation de pouvoirs de la part d'un mandataire social. Il ne s'agit pas d'un mandat, en réalité, mais d'une substitution. Tout comme le mandataire social qui est un organe et non un mandataire[954], le mandataire substitué n'engage que la personne morale et non le délégant. Le délégataire se voit transférer le pouvoir de représenter la personne morale et est, à ce titre, un représentant. Aussi, peuvent être des représentants les titulaires d'une délégation écrite ou de fait et d'une subdélégation.

La jurisprudence a, d'abord, conçu la délégation de pouvoirs comme un mécanisme d'exonération du chef d'entreprise avant de la prendre en compte pour la responsabilité pénale des personnes morales[955]. Les conditions et le domaine de la délégation de pouvoirs expresse restent inchangés sauf lorsqu'elle permet d'exonérer le représentant de sa responsabilité pénale. Un arrêt de la Cour de cassation française[956] a assimilé le délégataire de pouvoirs à un représentant au sens de l'article 121-2 du CPF. Par la suite, d'autres arrêts ont confirmé cette jurisprudence[957].

Par contre, l'arrêt du 30 mai 2000[958] de la Cour de cassation est plus explicite. Il a démontré que « le salarié titulaire d'une délégation de pouvoirs est un représentant de la personne morale au sens de l'article 121-2 du CPF. Il engage donc la responsabilité de celle-ci ». En l'absence de précision de catégorie, dont pouvait appartenir le titulaire d'une délégation de pouvoirs,

---

[953] V. G. STEFANI, G.LEVASSEUR, B. BOULOC, *Droit pénal général, Précis Dalloz* 16e éd., 1996, n° 312.

[954] V. M. DE JUGLART, B. IPPOLITO, Les sociétés commerciales, Montchrestien, vol. 2, 10e éd. 2000.

[955] Crim. 28 juin 1902, D.1903, I, 585. Point de départ de la jurisprudence, T. DELMASSO « *la délégation de pouvoirs* » Joly éd., coll. pratique des affaires, 2000, p. 21.

[956] Cf. Arrêt du 1er déc. 1998, Bull. crim. 1998 n° 325. D.2000, p. 34, note M-A. HOUTMANN.

[957] Crim. 9 novembre 1999, Bull. crim. 1999 n° 252, *Droit pénal,* mai 2000 n° 56 (1er arrêt), note M. VERON Crim. 14 décembre 1999, Bull. crim. n° 306, note précitée (2e arrêt). Crim. 3 février 2004, inédit titré pourvoi n°03- 81193 ; Disponible sur www.legifrance-gouv.fr.

[958] Bull. crim. 2000, n° 206, D. 2001, p. 2350, obs. G. ROUJOU DE BOUBEE.

par la Cour de cassation française, certains auteurs[959] ont préféré qualifier le délégataire d'organe. Le délégataire n'est investi d'un tel pouvoir que par un contrat (le contrat de travail ou une convention qui y est rattachée)[960]. Il ne pouvait donc être rattaché qu'à la catégorie de représentant.

Avant 1998, la doctrine considérait le délégataire comme un simple employé incapable d'engager la responsabilité pénale des personnes morales[961]. Mais, depuis que la Cour de cassation a décidé d'assimiler le délégataire à un représentant. La doctrine considère qu'il s'agit d'une extension de la responsabilité pénale des personnes morales puisqu'un simple salarié peut engager la responsabilité de celles-ci[962].

272. Cependant, assimiler le délégataire à un simple salarié équivaudrait à s'éloigner de la réalité. Il apparaît que ce qui est déterminant pour avoir la capacité d'engager la responsabilité de la personne morale serait l'obtention du pouvoir de direction. Et le salarié titulaire d'une délégation de pouvoirs dispose d'une fraction de ce pouvoir de direction[963]. La jurisprudence a depuis longtemps posé des règles pour que la délégation de pouvoirs soit valide[964]. En effet, la délégation doit respecter des conditions dans un premier temps et n'être efficace qu'en certains domaines dans un second temps.

Les conditions de cette délégation sont, traditionnellement, considérées comme un mécanisme de droit privé. Pourtant, il est possible que des délégations de droit administratif soient considérées comme des délégations de pouvoirs en droit pénal.

La délégation de pouvoirs en droit privé peut être valide tout en respectant certaines conditions. Ainsi, la Cour de cassation française affirme dans ce sens que le délégataire de pouvoirs doit être « pourvu de la compétence, de l'autorité et des moyens nécessaires »[965] pour pouvoir engager la responsabilité pénale de la personne morale. La délégation permet au dirigeant de société de s'exonérer de sa responsabilité pénale[966]. Cette jurisprudence de la Cour de cassation[967] concernant les conditions de validité de la délégation de pouvoirs a été longtemps consacrée par la loi du 13 mai

---

[959] G. ROUJOU DE BOUBEE, op. cit., p. 75.

[960] T. DELMASSO op. cit., p. 25.

[961] Notamment voir G. STEFANI, G. LEVASSEUR, B. BOULOC, *Droit pénal général, Précis Dalloz* 16e éd., 1996, n° 312. Cités par J.-C. PLANQUE op. cit., p. 116, n° 378 s.

[962] Voir F. DESPORTES, *Les conditions d'imputation d'une infraction à une personne morale*, *Cahier juridique,* Novembre 2000, p. 426, n° 67.

[963] Voir E. DREYER, *les pouvoirs délégués afin d'exonérer pénalement le chef d'entreprise*, D. 2004 p. 937.

[964] V. Crim. 9 novembre 1999, Bull. crim. 1999, n° 252.

[965] V. Crim. 4 décembre 2001, inédit titré pourvoi n° 01-80445, disponible sur www.legifrance.gouv.fr.

[966] Cf. E. DREYER, op. cit., p. 1025.

[967] V. Crim. 4 décembre 2001.

1996[968]. Ici, le délégataire est tout d'abord compétent et possède les moyens suffisants lorsqu'il a les connaissances indispensables à l'accomplissement de sa mission ou a bénéficié d'une formation professionnelle en vue de les acquérir et lorsqu'il a des moyens financiers (budget) ou le pouvoir d'embaucher du personnel[969]. Le délégataire doit disposer de certains de ces moyens sans nécessairement disposer de tous à la fois. Ensuite, l'autorité est, sans conteste, la condition la plus importante. Cependant, l'autonomie est le critère décisif pour apprécier si le délégataire a une autorité suffisante. Le salarié qui subit un contrôle permanent de l'employeur n'a pas d'autonomie[970]. La délégation de pouvoirs ne peut pas être consentie à un tiers à l'entreprise, il doit s'agir d'un salarié de la société ou du groupe[971]. En principe, plusieurs délégations de pouvoirs ne peuvent être faites dans le même domaine. À contrario les délégations de pouvoirs étaient annulées, « un tel cumul étant de nature à restreindre l'autorité et à entraver les initiatives de chacun des prétendus délégataires »[972]. Cela signifierait qu'en cas de cumul de délégations, aucun représentant ne serait responsable et susceptible d'engager la responsabilité pénale de la personne morale. Cette conséquence est à nuancer parce qu'en réalité c'est le représentant qui engagerait la responsabilité pénale de la personne morale. Néanmoins, la Cour de cassation a opéré un revirement dans un arrêt du 3 avril 2002 où elle rejette le pourvoi[973]. On retient, ici, que la Cour d'appel écarte implicitement l'annulation des délégations en cas de cumul et que le délégataire ayant le rang hiérarchique le plus élevé peut donc engager la responsabilité pénale d'une personne morale. Cependant, un autre arrêt du 12 novembre 2003 est venu semer le doute[974]. En l'occurrence, l'un de ses moyens au pourvoi reprochait aux juges du fond d'avoir annulé les délégations de pouvoirs au motif qu'il y avait un cumul. Or, on vient de signaler, ci-dessus, qu'en cas de cumul de délégations, il n'y a pas annulation de ces dernières. Elle a déduit des faits souverainement appréciés par les juges du fond que le délégataire n'avait pas l'autorité suffisante. Si les juges du fond constatent que le cumul a restreint l'autorité et l'initiative des délégataires, alors les délégations de pouvoirs ne sont pas valables parce que les salariés n'ont pas l'autorité nécessaire. Dans ce cas, on peut s'interroger sur le point de savoir s'il s'agit d'un retour à la jurisprudence antérieure d'avril 2002. On répondra par la négative en raison du cumul de délégations qui n'entraîne pas automatiquement l'annulation des délégations. Ainsi, l'exigence selon laquelle la délégation de pouvoirs devient exclusive n'est plus une condition

---

[968] Cf. Loi française n° 96-393 du 13 mai 1996, relative à la délégation de pouvoir.
[969] T. DELMASSO, *op. cit.*, p. 64 s.
[970] Crim. 27 février 1985, Bull. crim. 1985 n° 133.
[971] Crim. 14 décembre 1999, Bull. crim 1999 n° 306.
[972] Crim. 6 juin 1989, Bull. crim. 1989, n°133. Crim. 19 mars 1996, inédit titré pourvoi n° 94-84854, disponible sur www.legifrance.gouv.fr.
[973] Bull. crim. 2002 n° 77.
[974] Inédit pourvoi n° 02-88031, disponible sur www.legifrance.gouv.fr.

de validité à part entière de la délégation de pouvoirs. Sa validité s'apprécie seulement en fonction de la compétence, de l'autorité et des moyens nécessaires qui seront plus difficiles à apprécier pour le juge en cas de cumul de délégations. La délégation de pouvoirs n'est pas donc un mécanisme propre au droit privé.

Pour la délégation en droit administratif, le délégataire de pouvoirs peut engager la responsabilité d'une personne morale, surtout du côté des collectivités territoriales qui connaissent aussi des mécanismes similaires à la délégation de pouvoirs[975]. Mais, il faut rappeler que la délégation de pouvoirs est presque exclusivement traitée du point de vue des personnes morales de droit privé. En effet, il s'agit d'abord de la délégation de compétence[976] en droit administratif qui permet à une autorité publique de transférer ses compétences à une autre autorité comme un adjoint ou un subordonné si un texte explicite, spécial et publié[977] le prévoit. Ensuite, il s'agit de l'existence de la délégation de fonction qui est une notion à part. Elle permet, en ce qui la concerne, de déléguer des compétences où le délégataire reste sous le contrôle du délégant tout en ayant un véritable pouvoir de décision qui va au-delà de la délégation de signature. Cette délégation est moins importante que la délégation de pouvoirs.

Il appartient aux juges du fond de déterminer, au cas par cas, si une délégation administrative remplit les conditions d'une délégation de pouvoirs de droit pénal. Malgré tout, il est possible de cerner les délégations de droit administratif susceptibles d'être prises en compte par le droit pénal. Or, comme on l'a souligné, l'élément déterminant est indiscutablement l'autorité qui contient une certaine autonomie de gestion. Donc, seule une délégation administrative où le titulaire bénéficie d'une relative autonomie et d'une fraction du pouvoir de direction peut exonérer le délégant de sa responsabilité pénale. Et le délégataire pouvait alors engager la responsabilité pénale de la personne morale de droit public. Mais, la délégation de signature ne confère pas au délégataire une autonomie et un pouvoir de décision suffisant, donc le délégataire de signature ne serait pas capable d'engager la responsabilité pénale de la collectivité territoriale concernée[978]. Contrairement à la délégation de signature, il apparaît

---

[975] Cf. l'arrêt du 15 juin 1999, Inédit titré pourvoi n° 97-86670, disponible sur www.legifrance.gouv.fr.

[976] De façon classique, il existe deux types de délégations de compétence. Le premier type de délégation de pouvoirs de droit administratif n'est pas un mandat, mais une substitution tout comme la délégation de pouvoirs de droit privé où le délégataire agit directement au nom et pour le compte de la collectivité territoriale et le délégant est dessaisi des compétences transférées (WERTENSCHLAG in PLANQUE, op. cit., p. 75.). Le second type de délégation de signature est un mandat. Seul le délégant agit au nom et pour le compte de la collectivité territoriale et ne se dessaisit pas de sa compétence

[977] V. F. DESPORTES in B.WERTENSCHLAG, *Mise en cause de la responsabilité pénale des collectivités territoriales et délégations du droit administratif,* JCP éd. E, n° 41 p. 465.

[978] D'un avis différent sans explication : F. DESPORTES op. cit., p. 106.

clairement que la délégation de fonction et surtout celle de pouvoirs administrative devraient conférer au délégataire la capacité d'engager la responsabilité pénale de la personne morale.

S'agissant de son domaine, la délégation de pouvoirs aurait évolué. Ainsi, la jurisprudence considérait que dans le cadre de certaines infractions, notamment celles liées à la réglementation économique et financière, au droit boursier et au droit des sociétés, le chef d'entreprise ne pouvait s'exonérer par une délégation de pouvoirs[979]. Il s'agissait, alors, d'une compétence exclusive du chef d'entreprise[980]. Il faudrait, dans ce cas, que la délégation de pouvoirs ait été admise par le législateur[981]. Dans ce sens, un revirement a été opéré par la Cour de cassation française[982]. Ainsi, en principe, tous les pouvoirs du chef d'entreprise sont transférables. Quelque soit le domaine, le titulaire d'une délégation valide peut engager la responsabilité pénale de la personne morale. Mais à ce niveau, deux nuances sont à apporter. La première est relative à tout domaine délégable où la délégation doit être spéciale et non généralisée à l'ensemble de l'entreprise. La seconde nuance fait allusion à certaines décisions relevant de l'administration générale de l'entreprise[983].

273. Comme déjà précisé, la délégation de pouvoirs est issue d'un contrat (le contrat de travail ou une convention qui y est rattachée)[984], mais elle n'est pas nécessairement écrite. Le titulaire d'une délégation non écrite ou implicite et le titulaire d'une subdélégation sont aussi des représentants de la personne morale. Cette solution est bien établie par la Cour de cassation française[985]. La convention peut être établie verbalement entre le chef d'entreprise et son préposé. Et le titulaire d'une délégation non écrite peut engager la responsabilité pénale de la personne morale[986]. La délégation de pouvoirs de fait ou implicite est différente de la délégation de pouvoirs non écrite. Si la délégation de pouvoirs non écrite est fondée sur une convention verbale, cette dernière serait explicite parce que convenue au cours d'une discussion entre les parties. Alors que la délégation de pouvoirs implicite ne résulte d'aucune discussion, il s'agit d'un état de fait. En l'absence d'écrit ou d'accord, il faudrait démontrer que le salarié se conduit comme un véritable

---

979 Cf. Crim. 14 février 1973, Bull. crim. 1973, n° 81.

980 V. H. MATSOPOULOU, *la responsabilité pénale du chef d'entreprise*, RJC novembre 2001, p.45.

981 Crim. 17 juillet 1990, Bull. crim. 1990, n° 287. Crim. 11 mars 1991, Bull. crim. 1991, n° 117.

982 Cf. Arrêt du 11 mars 1993, Bull. crim. 1993 n° 112.

983 V. E. DREYER, Droit pénal général, Flammarion, 2006.

984 T. DELMASSO op. cit., p.110.

985 Crim. 22 octobre 1991, inédit titré pourvoi n° 89-86770, disponible sur www.legifrance.gouv.fr.

986 Crim. 4 septembre 2001, inédit titré pourvoi n° 00-87410, disponible sur www.legifrance.gouv.fr.

délégataire, c'est-à-dire qu'il prend des décisions pour le compte de la personne morale. Mais, le droit pénal a très souvent recours à la théorie de l'apparence « pour tenir compte du fait, en accord avec les impératifs de répression »[987]. Et cette théorie pourrait permettre de faciliter la preuve de la délégation de pouvoirs de fait. Ainsi, la preuve que le préposé agissait aux yeux des tiers comme un délégataire devrait suffire.

Cependant, la question de l'existence de la délégation implicite est controversée. La doctrine se contente d'affirmer que la délégation de pouvoirs peut être non écrite et peut résulter d'organigramme sans évoquer la question de la délégation implicite ou de fait[988]. Un nombre restreint d'auteurs[989], à leur tour, considèrent que sous la dénomination de délégation implicite se trouve en réalité un cas de délégation non écrite. La plupart des auteurs n'ont pas prévus ce cas de figure, mais ne sont pas hostiles à la délégation implicite. La chambre criminelle de la Cour de cassation française a pris position dans un arrêt du 9 novembre 1999[990]. La responsabilité pénale d'une personne morale peut être engagée par un individu dont le pouvoir n'est fondé ni sur un contrat ni sur la loi ou les statuts : il s'agit du dirigeant de fait. C'est pourquoi l'existence d'un délégataire de fait, qui remplit les mêmes conditions que le dirigeant de fait à la différence près que son domaine d'action est plus limité et est probable. Dès lors, il nous faut admettre qu'un délégataire de pouvoirs de fait qui remplit les conditions de la délégation de pouvoirs sans qu'aucun accord n'ait été conclu avec l'employeur, peut en tant que représentant de la personne morale engager la responsabilité pénale de celle-ci.

La subdélégation est admise par la Cour de cassation[991], mais uniquement lorsqu'elle était autorisée par le chef d'entreprise[992]. Elle a opéré un revirement dans un arrêt du 30 octobre 1996[993]. L'autorisation du chef d'entreprise n'est, désormais, plus nécessaire à la validité de la subdélégation de pouvoirs[994]. Toutefois, il s'agit de savoir si le titulaire d'une subdélégation de pouvoirs ou le subdélégataire est susceptible d'engager la responsabilité pénale d'une personne morale en commettant une faute. Dès lors que la Cour de cassation[995] avait assimilé le délégataire de

---

[987] V. CONTE (P.) et MAISTRE DU CHAMBON (P.), *op. cit.*, p. 79, n° 28.

[988] V. F. DESPORTES et F.LE GUNEHEC, op. cit., p. 106, R. MERLE et A.VITU, op. cit., p. 84.

[989] V. T. DELMASSO op. cit., p. 110.

[990] Crim. 9 novembre 1999, Bull. crim. 1999, n° 252.

[991] Voir H. MATSOPOULOU, Droit pénal général et procédure pénale, 14e éd. Sirey, 2002.

[992] Crim. 8 février 1983, Bull. crim. 1983.

[993] Bull. crim. 1996 n° 389.

[994] T. DELMASSO op. cit., p. 90, « *On appelle subdélégation toute subdélégation verticale par opposition à la subdélégation horizontale qui n'est autre qu'une « codélégation », c'est à dire deux délégations consenties à deux employés dans un même domaine et dont la répartition est bien établie* ».

[995] Arrêt en date du 26 juin 2001, Bull. crim. 2001 n° 161, *D.* 2002 p. 1802, note G. ROUJOU DE BOUBEE.

pouvoirs à un représentant de la personne morale, il semblait logique d'admettre que le subdélégué soit aussi un représentant[996]. Pourtant, cette solution combinée avec celle de la validité de la subdélégation sans l'autorisation du premier délégant « risque de distendre le lien voulu entre la personne morale et l'infraction »[997].

Le champ d'application de la responsabilité pénale des personnes morales concerne les personnes morales auteurs d'infractions. Selon la Cour de cassation française[998], les limites de ce champ peuvent ignorer le lien entre l'employeur et la victime de l'infraction qui doit permettre de désigner la responsabilité des personnes morales représentées, au sens pénal, par le délégataire commun[999]. À propos des accidents du travail, la solution peut aboutir à limiter le champ de la responsabilité pénale des personnes morales par l'évidence que la responsabilité pénale des personnes morales n'a pas vocation à être engagée pour des infractions qui ne concernent pas son propre personnel quand bien même une forte solidarité l'unirait à d'autres entités. L'élargissement du champ de la responsabilité pénale ne concerne que le délégataire commun qui devra éventuellement répondre des infractions subies par d'autres salariés que ceux de son entreprise d'appartenance, ce qui alourdit indiscutablement le risque pénal pesant sur lui et appelle un contrôle renforcé de la part des juges du fond.

Mais de la personne physique à la personne morale, le goulot se resserre au moyen de la lecture de l'article 121-2 du CPF qui ne peut permettre d'oublier que les obligations de sécurité du travail sont mises à la charge des employeurs *ès qualité* et de nulle autre personne physique ou morale[1000]. La qualité d'employeur du délégataire ne peut, dans cette lecture, remplacer celle d'employeur des victimes car, dans le cas contraire, la personne morale serait conduite à supporter les conséquences pénales des fautes commises, au moins partiellement, pour le compte d'autrui.

B. L'assimilation d'un mandataire tacite à un représentant

274. Le mandataire tacite est le représentant de la personne morale. Il ne satisfait pas aux exigences posées par la loi relative au mandataire social. Le mandataire social est désigné dans les statuts et peut être identifié par

---

[996] Sont les représentants, au sens de l'article 121-2 du Code pénal, « *les personnes pourvues de la compétence, de l'autorité et des moyens nécessaires, ayant reçu une délégation de pouvoirs de la part des organes de la personne morale ou une subdélégation des pouvoirs d'une personne ainsi déléguée* ».

[997] Note de G. ROUJOU DE BOUBEE, op. cit., p. 64.

[998] V. supra. n° 272.

[999] Ce terme signifie en droit pénal, une personne qui bénéficie d'une délégation et répond des infractions subies par d'autres salariés que ceux de son entreprise. Le délégataire commun engage, donc, la responsabilité pénale de la seule personne morale membre du groupement qui est l'employeur de la victime.

[1000] Ce que met encore davantage en lumière la nouvelle rédaction de l'article L. 4741-7 issue de la recodification du Code du travail français.

l'administration alors que le mandataire tacite exerce les attributions d'un mandataire ordinaire sans être désigné dans les statuts. Sous le vocable mandataire tacite, se cache en réalité le dirigeant de fait. Ce dernier est un représentant de la personne morale. La prise en compte du dirigeant de fait par la jurisprudence était nécessaire pour engager et préserver l'efficacité du mécanisme de la responsabilité pénale des personnes morales. Pour observer l'étendue de la responsabilité pénale des personnes morales, il est nécessaire de connaître les caractères de la direction de fait. Sur la question de la capacité du dirigeant de fait, la doctrine est partagée à engager la responsabilité pénale de la personne morale[1001]. Beaucoup d'arguments ont été avancés par la doctrine à l'encontre de l'assimilation du dirigeant de fait à l'organe ou au représentant. Selon le premier argument[1002], l'absence de précision dans la loi pénale[1003] désignant les organes ou les représentants sans mentionner les dirigeants de fait requiert une interprétation stricte de la loi pénale en répondant à la question par la négative. Cependant selon l'adage *« ubi lex non distinguit nec nos distinguere debet, ibi onus »* c'est-à-dire « là où la loi n'opère pas de distinctions nous ne devons pas en faire », la loi ne précise pas que le représentant doit être un dirigeant de droit. Cet adage étant compatible avec le principe de l'interprétation stricte de la loi pénale, il serait donc restrictif de ne pas admettre le dirigeant de fait[1004]. Le deuxième argument est relatif au dirigeant de fait qui n'est pas un organe parce qu'il n'est pas investi par la loi et par les statuts d'un pouvoir de direction et de représentation. Du coup, ce dirigeant de fait n'est pas investi par la personne morale qui devient plus une victime[1005] qu'une responsable[1006]. Certes on concède que le dirigeant de fait ne soit un organe, mais il peut être un représentant. Or selon le troisième argument, la doctrine soutient que le dirigeant de fait ne peut non plus être un représentant puisque seule une délégation de pouvoirs pourrait lui conférer ce statut et que celle-ci ne serait pas valide, faute d'être spéciale[1007]. Cependant, ce nouvel argument présuppose l'existence de sous-catégories à l'intérieur de la catégorie des représentants. Il existerait une sous-catégorie des délégataires et non celle des dirigeants de fait. Or, la jurisprudence n'a jamais exclu les dirigeants de fait. Donc, une sous-catégorie des dirigeants de fait pourrait exister.

[1001] Pour un état des lieux : J.-C. PLANQUE, op. cit., p. 116, n° 350 s., J. LEROY, op. cit., n° 447. D. OHL, op. cit., p. 381 note 33.

[1002] Dont J. F. BARBIERI, « L'incidence de la réforme du code pénal sur la gestion des personnes morales », *Petites Affiches*, 1993, n° 120. G. STEFANI, G. LEVASSEUR, B. BOULOC, op. cit., p. 94.

[1003] L'article 121-2 du Code pénal français.

[1004] M. DELMAS-MARTY, G. GUIDICELLI-DELAGE, *Droit pénal des affaires, PUF* éd.2000, p. 76.

[1005] J. PRADEL, op.cit, p. 471.

[1006] D. OHL, op. c.it., p. 100.

[1007] Ibidem.

En réalité, le dirigeant de fait ne peut pas engager la responsabilité pénale de la personne morale. Cette thèse est fondée sur l'opinion selon laquelle il doit exister un lien de droit entre le dirigeant de fait et la personne morale pour qu'il puisse avoir cette capacité[1008]. Mais, si l'on suit la logique de la Cour de cassation qui tend à considérer comme représentant toute personne qui possède un vrai pouvoir de direction et de décision dans l'entreprise, alors le dirigeant de fait doit être assimilé à un représentant. Cette thèse est confirmée par un arrêt de la chambre criminelle de la Cour de cassation en date du 17 décembre 2003[1009]. La Cour affirme, en effet, qu'un individu « qui agissait en tant que dirigeant de fait de la société et la représentait, notamment, dans ses relations avec une autre société, a engagé la responsabilité de la personne morale »[1010]. Il ne semble dès lors plus faire de contestation que le dirigeant de fait en tant que représentant engage la responsabilité pénale de la personne morale.

275. Cette assimilation constitue aussi une extension de la responsabilité pénale des personnes morales car les personnes sans lien de droit avec la personne morale peuvent engager sa responsabilité pénale. Cependant pour qu'un individu soit qualifié de dirigeant de fait, son activité doit remplir des critères.

À défaut de définition légale du dirigeant de fait, le mérite revient à la jurisprudence et plus précisément aux juridictions du fond d'analyser les contours de cette notion. La qualification d'un individu en dirigeant de fait relève de l'appréciation souveraine des juges du fond[1011]. Un arrêt de la Cour d'appel de Paris du 17 juin 1987 est souvent cité par la doctrine spécialisée en droit commercial pour le définir[1012]. D'après cet arrêt « la qualité de gérant de fait est caractérisée par l'immixtion dans les fonctions déterminantes pour la direction générale de l'entreprise, impliquant une participation continue à cette direction et un contrôle effectif et constant de la marche de la société en cause ». Le dirigeant de fait est un individu qui ne bénéficie pas d'un mandat social[1013], mais malgré tout s'immisce dans la direction de la société[1014] par une activité positive, indépendante et libre[1015].

[1008] G. ROUJOU DE BOUBEE, op. cit., p. 64.

[1009] Inédit pourvoi n° 00-87872, disponible sur www.legifrance.gouv.fr.

[1010] G. ROUJOU DE BOUBEE, op. cit., p. 64.

[1011] Cf. Com. 2 février 1982, Bull. civ. 1982, 4, n° 40.

[1012] Voir M. COZIAN, A.VIANDIER, F. DEBOISSY, *Droit des sociétés*, Litec, 14e édition, 2001, n° 371. V. aussi T. GAUTHIER, *Les dirigeants et les groupes de sociétés*, Litec, 2000, n° 808. V. également Y. GUYON, Droit des affaires, Economica, Tome 1, 12e édition, 2003, n° 496.

[1013] Voir M. GIBIRIKA, *Le dirigeant de société, Litec.*, 1995, n° 580.

[1014] M. COZIAN, A.VIANDIER, F. DEBOISSY, op. cit., n° 371.

[1015] M. COZIAN, A.VIANDIER, F. DEBOISSY, op. cit., n° 371. ; T. GAUTHIER, op. cit., n° 808. M. GIBIRIKA, op. cit., n° 580. ;Voir Y. GUYON, *Droit des affaires,* Economica, Tome 2, 9e édition, 2003, n° 1389.

Par activité positive, l'on entend aussi bien une action apparente qu'une action occulte[1016]. Si le plus souvent le dirigeant de fait sera apparent, c'est-à-dire qu'il exercera les fonctions d'un dirigeant aux yeux du public, il peut être occulte s'il prend les décisions dans l'ombre[1017]. Dans le premier cas, le dirigeant de fait exerce les fonctions du représentant légal dont un pouvoir de représentation qui lui permet d'exécuter les opérations autorisées par les organes de décision, auprès des tiers[1018]. La preuve de la direction de fait est alors facile à rapporter grâce à la théorie de l'apparence. Dans le second cas, le dirigeant de fait n'exerce que le pouvoir de décision et le représentant exécute les décisions notamment dans ses relations avec les tiers. La preuve est alors plus difficile à apporter. Il nous faut cependant noter que la distinction n'a pas un grand intérêt concernant la responsabilité pénale des personnes morales. En effet, dans la pratique le représentant légal engagera la responsabilité de la personne morale pour avoir exécuté une décision illégale, sans qu'il soit besoin de prouver la direction de fait. Le dirigeant de fait peut intervenir dans différents domaines tels que l'organisation de l'entreprise et du travail, la fixation des salaires, l'embauche, l'achat du matériel au nom de la société[1019], les relations avec les banques[1020]. Le dirigeant doit détenir effectivement des pouvoirs de direction tels que sus-énoncés. « Ce n'est pas un dirigeant apparent de la société, qui ne serait dirigeant qu'aux yeux des tiers, mais c'est un dirigeant effectif »[1021]. Cependant, l'apparence peut créer une présomption quasi-irréfragable.

276. Si la prise en compte du dirigeant de fait découle de la volonté de la Cour de cassation de considérer comme représentant toute personne ayant un réel pouvoir de direction ou de décision, elle peut aussi se justifier par la préservation de l'efficacité de la responsabilité pénale des personnes morales. Une solution inverse pourrait faciliter la fraude des personnes morales qui n'auraient que des dirigeants de fait pour éviter que leur responsabilité pénale ne soit engagée[1022]. En France, pour répondre à une question parlementaire le garde des sceaux disait que « les dirigeants de fait d'une personne morale pourront également être considérés, sous réserve de l'appréciation souveraine des juridictions, comme des représentants au sens de l'article 121-2 du nouveau code pénal : toute autre interprétation de la loi créerait une immunité injustifiée au profit des personnes morales dont les

---

[1016] Y. GUYON, Tome 2, op. cit., n°1389.

[1017] Voir D. TRICOT, « *Les critères de la gestion de fait* », *Droit et patrimoine* janvier 1996, p. 28.

[1018] Voir G. RIPERT, R. ROBLOT, *Traité de droit commercial*, Litec., Tome 1, vol. 2, 18e éd., 2002, n° 1149.

[1019] J.-C. PLANQUE, op. cit., p. 75, n° 345 s.

[1020] M. COZIAN, A.VIANDIER, F. DEBOISSY, op. cit., n° 371.

[1021] D. TRICOT, op. cit, p. 24.

[1022] J.-C. PLANQUE, *op. cit.*, p. 116, n° 352 s.

dirigeants de droit ne seraient que des prête-noms »[1023]. Beaucoup d'entreprises sont administrées par des dirigeants de fait qui n'engageaient pas leur responsabilité pénale. Alors les personnes morales auraient pris le risque pénal d'être gérées par des dirigeants de fait. C'est à ce moment que le réalisme de la Cour de cassation ou son pragmatisme consistant à prendre en compte toute personne dotée d'un pouvoir au sein de la personne morale se justifie. La personne morale ne peut échapper, par aucun stratagème ou procédé de droit ou de fait, à sa responsabilité pénale lorsque des personnes ayant le pouvoir de la représenter commettent une infraction pour son compte. Tout comme les dirigeants de fait, le délégataire et le subdélégataire sont susceptibles d'engager la responsabilité pénale des personnes morales. Ces personnes possèdent un réel pouvoir de direction et de gestion. Ce pouvoir est total pour le dirigeant de fait et partiel pour le délégataire. Ceux-ci doivent être assimilés à la personne morale parce qu'ils déterminent ou exécutent sa volonté. Un syllogisme simple apparaît comme meilleure illustration : celui qui détient le pouvoir est responsable, or celui qui détient le pouvoir engage la responsabilité pénale de la personne morale, donc la personne morale est responsable.

277. Il apparaît clairement - et cela dans tous les droits qui admettent ou pas la responsabilité pénale des personnes morales - que les dirigeants peuvent toujours être punis pour leurs fautes personnelles puisque à l'origine d'une infraction, il y a toujours la défaillance d'un individu. On dit que c'est l'agent qui a agi par la représentation de la personne morale ou pour le compte de celle-ci. Dans un souci de répression affirmée, certains codes prévoient que la personne physique soit pénalement responsable même si elle est dirigeant de fait ou si elle n'a pas la qualité pour agir. Ici on peut évoquer deux textes : le code pénal britannique[1024] et le code pénal espagnol[1025]. Comme ces deux États ignorent la responsabilité pénale des personnes morales, aucune punition du dirigeant n'aurait été possible lorsque les conditions d'existence sont remplies par la personne morale. Grâce à ces dispositions législatives, le dirigeant peut être sanctionné. La justice pourra

---

[1023] Question parlementaire de Monsieur A. BERTHOL. Question n° 5299 publiée au JO le 30 août 1993 et réponse publiée le 22 novembre 1993.

[1024] L'article 14 paragraphe 1, « *lorsqu'une personne agit : 1° comme organe d'une personne morale habilitée à représenter celle-ci…2° comme associé d'une société commerciale habilitée à représenter celle-ci ou 3° comme représentant légal d'un tiers, une loi qui fonde le caractère punissable sur des qualités relatives ou circonstances personnelles particulières s'appliquent aussi au représentant si ces caractéristiques se présentent non chez ce dernier mais chez le représenté* ».

[1025] L'article 31 paragraphe 1, « *celui agit comme administrateur de fait ou de droit d'une personne morale…sera responsable personnellement, même si ce n'est pas en lui que sont réunies les conditions, qualités ou relations correspondant aux éléments constitutifs du délit…requis pour pouvoir être sujet actif de cette infraction dès lors que de telles circonstances existent pour l'entité… au nom de laquelle il agit ou qu'il représente* ».

par exemple poursuivre comme banqueroutier l'auteur d'un détournement d'actif même si la qualité visée dans la loi lui fait défaut[1026].

Cependant, des interrogations persistent. Si l'on sait que celui qui détient le pouvoir engage la responsabilité pénale de la personne morale, pourquoi alors utiliser les notions d'organe et de représentant ? Celui qui détient le pouvoir a le devoir d'éviter la commission d'une infraction. Mais sa négligence peut entraîner systématiquement la responsabilité pénale de la personne morale. Pourquoi vérifier effectivement la qualité d'organe ou de représentant de l'auteur de la faute si l'on sait qu'il pourra avoir cette qualité ? Cependant l'identification d'un organe ou d'un représentant n'est pas toujours nécessaire.

Paragraphe II. L'assouplissement de l'exigence d'identification de l'organe ou du représentant

278. La responsabilité pénale de la personne morale suppose la commission d'une infraction par un organe ou un représentant[1027]. La personne morale ne peut matériellement agir d'elle-même et mettre en jeu sa responsabilité pénale. Celle-ci nécessite la présence d'un « substratum humain »[1028]. Ainsi, la responsabilité pénale de la personne morale est une responsabilité par représentation[1029]. La personne physique agit matériellement au nom et pour le compte de la personne morale. Pour que la responsabilité pénale des personnes morales puisse être engagée, la personne physique doit avoir la qualité d'organe ou de représentant. Rappelons qu'au-delà d'une personne physique, l'organe peut être une personne morale (cas d'un organe collectif) investies légalement ou par les statuts d'un pouvoir de direction et de gestion[1030]. Le représentant est un mandataire autre qu'un mandataire social. Mais, il faut ajouter aux représentants ceux qui se comportent comme s'ils avaient le pouvoir de représenter la personne morale (notamment les dirigeants de fait)[1031].

[1026] Cf. E. MATHIAS, *in droit pénal des affaires en Europe*, sous la direction de G. Giudicelli-Delage, PUF, 2006, p. 24.

[1027] L'article 121-2 du CPF.

[1028] Voir H. DONNEDIEU DE VABRES, « *Les limites de la responsabilité pénale des personnes morales* », RID pén. 1950, p. 339.

[1029] Voir F. DESPORTES, « *Responsabilité des personnes morales* » (rapport), JCP 1998 - 10023. Crim. 29 avril 2003, D. 2004, page 167, note J.-C. SAINT-PAU, *la faute diffuse de la personne morale,* Crim. 18 janvier 2000, D. 2000, p. 636, note du même auteur « *la responsabilité pénale des personnes morales est-elle une responsabilité par ricochet ?* ».

[1030] Voir D. OHL, *Recherche sur un dédoublement de la personnalité en droit pénal in* études offertes à B. MERCANDAL, F. LEFBVRE 2002, p. 373. V. aussi J.-C. PLANQUE, *La détermination de la personne morale pénalement responsable,* Ed. L'Harmattan, 2003, p. 224, n° 322.

[1031] J.-C.PLANQUE, *op. cit.*, p . 116.

C'est pourquoi il était admis que pour engager la responsabilité pénale des personnes morales, il fallait identifier la personne physique pour vérifier qu'elle a la qualité d'organe ou de représentant. Ne pas exiger l'identification d'une personne physique serait indirectement admettre qu'une personne morale puisse directement commettre une infraction sans l'intervention d'un organe ou d'un représentant, ce qui serait faux[1032] et contraire à l'article 121-2 du CPF. Ainsi, il faut tout d'abord étudier le principe d'identification d'un organe ou d'un représentant (A) avant d'analyser sa remise en cause (B).

A. Le principe de l'identification de l'organe ou du représentant

279. Le principe de l'identification d'un organe ou d'un représentant a été énoncé lorsqu'il s'agissait d'identifier une personne physique pour vérifier sa qualité. Très souvent une infraction est commise au sein de l'entreprise par une personne physique. C'est pourquoi le principe n'a jamais été posé lorsqu'il s'agissait d'un organe collégial.

Ce principe n'est pas un principe légal. L'article 121-2 du CPF n'exige pas, lui-même, l'identification d'une personne physique. La Cour de cassation ne fait que vérifier si un organe ou un représentant a commis l'infraction. Pour que cette vérification puisse se faire il faut que les juges du fond donnent les moyens à la Cour de cassation en identifiant l'organe ou le représentant qui se révélera être souvent une personne physique. Le principe d'identification des personnes physiques a été énoncé par la jurisprudence et s'applique aux infractions de toute nature.

S'agissant du principe jurisprudentiel de l'identification, la Cour de cassation contrôle la vérification de la commission de l'infraction par un organe ou un représentant. Pour ce faire, elle contrôle les motifs des juges du fond et leur demande d'identifier une personne physique.

Tout d'abord, s'agissant du contrôle de la vérification de la commission de l'infraction par un organe ou un représentant, la Cour de cassation qui juge en droit doit donc vérifier l'application de la loi par les juges du fond. L'article 121-2 du CPF dispose que «… les personnes morales sont responsables pénalement …» si l'infraction a été commise par un organe ou un représentant de la personne morale. Ainsi, pour vérifier qu'un organe ou un représentant a commis une infraction, la Cour de cassation doit pouvoir vérifier leur mention dans les motifs des décisions qui ont fait l'objet de pourvoi. Cependant, les juges du fond auraient pu mentionner que l'infraction a été commise par un organe ou un représentant sans avoir identifier la personne physique et vérifier que celle-ci avait le pouvoir

---

[1032] Voir A. COEURET, *La responsabilité pénale de personnes morales pour accident du travail*, Dr. soc. 1996, p. 157. L'auteur critique un jugement du tribunal de grande instance de Paris en date du 3 novembre 1995 qui impute directement une infraction à une personne morale.

d'engager la responsabilité pénale de la personne morale. La Cour de cassation ajoute dans ce sens que l'identification de l'organe ou du représentant de la personne morale se fait soit par son nom, soit par sa fonction.

Enfin, en ce qui concerne le contrôle de l'identification, la personne physique doit être identifiée pour situer la responsabilité pénale de la personne morale d'après la Cour de cassation. Si les jugent imputent directement la commission de l'infraction à la personne morale alors leur décision encourt la censure de la Cour de cassation[1033]. La personne physique, l'organe ou le représentant, doit être clairement identifiée[1034]. Dans un arrêt en date du 2 décembre 1997[1035], la Cour de cassation annule l'arrêt de la Cour d'appel de Limoges qui affirmait « qu'il est ainsi suffisamment établi qu'un représentant légal de la SA Y... est intervenu dans la réalisation de l'infraction commise ». Elle considérait en effet « qu'à défaut pour une personne morale d'avoir une consistance matérielle, une infraction ne pourra lui être imputée que si elle a été commise par une personne physique sans qu'il soit nécessaire toutefois que celle-ci soit formellement identifiée »[1036].

Selon les juges du fond il est intellectuellement indéniable que seule une personne physique puisse engager la responsabilité d'une personne morale et qu'il n'est juridiquement pas obligatoire de l'identifier. Or, s'il est exact que l'article 121-2 du CPF n'exige pas l'identification d'une personne physique, en revanche il est nécessaire que la faute ait été commise par un organe ou un représentant. Pour que la Cour de cassation puisse vérifier que la faute ait été commise par un organe ou un représentant, il faudrait l'identifier pour observer si elle a la qualité pour engager la personne morale. C'est pourquoi la Cour de cassation casse l'arrêt au visa de l'article 121-2 du CPF. Ainsi, en l'absence de cette solution de la Cour de cassation, la responsabilité pénale des personnes morales aurait pu être engagée par toute personne dépourvue des fonctions de direction et de gestion.

280. Le principe de l'identification d'une personne physique est applicable aux infractions de toute nature. Il s'agit aussi bien des infractions intentionnelles que des infractions par imprudence. D'abord pour les infractions intentionnelles, la Cour d'appel française dans un arrêt du 2 décembre 1997[1037] portant sur l'usage de fausses attestations, reprochait aux juges du fond de ne pas avoir recherché si l'organe ou le représentant de la

---

[1033] Voir F. DESPORTES, « *Les conditions d'imputation d'une infraction à une personne morale* », Cahier juridique, Electr, Novembre 2000, p. 426, n° 67.

[1034] Voir TONDEAU DE MARSAC, « *le principe de responsabilité pénale des personnes morales a-t-il amélioré la situation des dirigeants face au risque de mise en cause de leur responsabilité pénale ?* », Gaz. Pal. 2000, doctrine, p. 1652.

[1035] Bull. crim. 1997 n° 408.

[1036] Voir F. DESPORTES (rapport) *JCP* 1998 - 10023. Crim. 29 avril, 2003.

[1037] Crim. 2 décembre 1997, Bull. crim. 1997, n° 408.

personne morale avait eu l'intention de commettre l'infraction[1038]. Elle a imputé directement à la personne morale un délit de recel sans identifier l'organe ou le représentant ni par son nom, ni par sa fonction. Plus tard, la Cour de cassation a confirmé cette approche dans un arrêt en date du 7 mai 2002 en censurant les juges du fond au motif qu'ils n'ont pas « recherché si les faits énoncés avaient été commis par un organe ou un représentant de la personne morale au sens de l'article 121-2 du code pénal »[1039]. En effet, la Cour de cassation n'avait aucun moyen de vérifier si l'infraction avait été commise par un organe ou un représentant. Si l'infraction est par conséquent forcément commise par une personne physique, celle-ci n'a pas nécessairement la qualité d'organe ou de représentant. Selon un autre arrêt du 29 avril 2003[1040] ayant le même apport, la Cour d'appel avait décidé que la personne morale connaissait la réglementation applicable et qu'elle avait commis le délit de vente au déballage. La Cour de cassation a cassé cet arrêt au motif que les juges du fond « ne précisent pas quel organe ou représentant aurait engagé la responsabilité pénale de la personne morale ». Et enfin s'agissant des infractions par imprudence ou négligence, un arrêt de principe de la Cour d'appel du 18 janvier 2000[1041] remarqué par la plupart des auteurs[1042] a imputé directement à la personne morale (en l'espèce la SNCF) l'homicide involontaire. D'après elle, les agents de la SNCF qui ne sont pas des représentants auraient commis une faute d'imprudence, imputable à la personne morale pour des défaillances dans la structure de l'entreprise[1043]. La Cour suprême a censuré les juges du fond au motif qu'ils n'ont pas recherché « si les négligences, imprudences et manquements aux obligations de sécurité énoncés ont été commis par ses organes ou représentants ».

En réalité, l'infraction était bien imputable à des personnes physiques. Mais en l'espèce, il s'agissait de préposés qui n'avaient pas la qualité d'organe ou de représentant. Dès lors, il ne fait l'ombre d'aucun doute que le principe de l'identification s'applique aux infractions par imprudence. L'infraction est toujours commise par une personne physique. Mais il faut que cette personne ait le pouvoir d'engager la responsabilité de la personne morale. Elle doit être un organe ou un représentant. La Cour de cassation doit pouvoir vérifier que la personne désignée par les juges du fond a bien cette qualité.

[1038] Voir F. DESPORTES (rapport) *JCP* 1998 - 10023. Crim. 29 avril 2003.

[1039] Inédit titré pourvoi n° 01-82521. Disponible sur www.legifrance-gouv.fr.

[1040] Bull. crim. 2003, n° 91.

[1041] Bull. crim. 2000, n° 28.

[1042] F. DESPORTES, précité. S.FERRIES, JCP éd. E, 7 juin 2001, n° 23, p. 950. J. LEROY, *Droit pénal général*, LGDJ 2003, coll. Manuel, n°446. Note de J-C.SAINT-PAU précitée, « *la responsabilité pénale des personnes morales est-elle une responsabilité par ricochet ?* ». D.OHL, op. cit., p. 100. V. TONDEAU DE MARSAC, op. cit., p. 93.

[1043] Note de J.-C. SAINT-PAU, La responsabilité pénale des personnes morales sans représentation, Gazette du Palais, 31 mars 2011, p. 8.

Cependant, l'organe ou le représentant qui commet l'infraction n'est pas toujours une personne physique. Cela soulève le problème lié à la commission de l'infraction par un organe collégial.

281. Lorsqu'une infraction est commise par le biais d'une délibération, l'organe collégial de la personne morale peut en être l'auteur. Ainsi, la question est de savoir si on doit identifier les personnes physiques qui composent l'organe collégial. En réponse, certains auteurs[1044] pensent que seule l'identification de l'organe collégial suffit. Cela est tout à fait logique puisque la loi n'exige pas l'identification d'une personne physique. Mais il faut que l'infraction soit commise par un organe ou un représentant. Or, si l'infraction est commise par un organe collégial alors la condition doit être respectée pour que la responsabilité pénale de la personne morale puisse être mise en jeu.

En l'absence d'arrêt directement confirmatif de cette approche de la Cour de cassation, un autre arrêt relatif à la responsabilité pénale des personnes physiques peut édifier. Selon ledit arrêt en date du 11 mai 1999[1045], la Cour de cassation avait imputé l'infraction à un organe collégial. En l'espèce, les membres d'un conseil municipal étaient poursuivis pour avoir « adopté une délibération suspendant toute fourniture, hormis le chauffage, à deux écoles maternelles en raison du nombre, jugé excessif, d'enfants de nationalités différentes ». La question était donc de savoir si la discrimination pouvait être reprochée aux membres du conseil qui ont voté pour la mesure proposée. La Cour suprême répond par la négative et rejette le pourvoi au motif que « la délibération incriminée, prise par un organe collégial de la commune, ne peut être imputée à ceux des conseillers municipaux ayant exprimé un vote favorable ». À contrario, l'infraction est certainement imputable au conseil municipal. S'il s'agit d'un cas prévu par la loi, la responsabilité de la personne morale pourrait être engagée. Mais pour cela, il faudrait démontrer qu'il s'agit d'une infraction commise « dans l'exercice d'activités susceptibles de faire l'objet de conventions de délégation de service public »[1046].

Selon la doctrine, chaque catégorie de personne morale peut engager sa responsabilité pénale par un organe collégial[1047]. En guise d'exemple, la responsabilité pénale de la société anonyme (SA) peut être engagée par son Conseil d'administration, son directoire ou son assemblée des actionnaires. Cependant, il existe une difficulté pour les sociétés anonymes à directoire. Elles sont composées d'un Conseil de surveillance où il faut savoir si ce dernier peut engager la responsabilité pénale de la société anonyme (SA). En

[1044] Comme J. LEROY, *op. cit.*, p. 87, D. OHL, op. cit., p. 380.
[1045] Bull. crim. 1999, n° 93.
[1046] L'article 121-2 alinéa 2 du CPF.
[1047] J. PRADEL, *Traité de droit pénal général*, Cujas, 14e éd., 2002/2003, n° 534.

réponse, il s'agit bien évidemment d'un organe qui est susceptible d'engager la responsabilité pénale de la société[1048].

282. Le Conseil de surveillance n'exerce pas des fonctions de direction, de gestion ou d'administration. Bien qu'étant un organe, il ne peut pas engager la responsabilité pénale de la SA[1049]. Lorsque ses membres sont inquiétés par le défaut de surveillance de la gestion en cas d'infraction[1050], celle-ci ne peut être reprochée qu'au seul directoire. La responsabilité pénale de la société à responsabilité limitée (SARL), la société par actions simplifiée (SAS) et la société en commandite par actions (SCA) peut être engagée par l'assemblée des actionnaires qui est l'organe collégial. De même, l'assemblée générale des membres peut engager la responsabilité pénale d'une association ou d'un groupement d'intérêt économique (GIE). Le Conseil départemental en France, le Conseil municipal et le Conseil régional au Mali sont autant d'organes collégiaux qui engagent la responsabilité pénale de la commune, du département et de la région. Par ailleurs, il peut exister des cas où l'identification d'un organe n'est pas nécessaire.

B. La remise en cause du principe d'identification

283. L'existence de cas de non-identification a remis en cause le principe d'identification d'un organe ou d'un représentant. Ce qui pousse à penser que l'on se dirige vers un nouveau principe d'organe identifié ou identifiable. Selon le conseiller DESPORTES[1051], les cas de non-identification s'expliquent par le fait que les juges ont la certitude que l'infraction a été commise par un organe ou un représentant. La commission de cette infraction est certaine lorsque le chef d'entreprise est responsable du fait de son préposé.

D'abord, cette certitude est relative à la thèse du conseiller DESPORTES qui s'appuie sur le rapport de la Cour de cassation française de 1998[1052]. L'auteur distingue deux cas. En premier lieu, l'identification d'une personne physique est nécessaire lorsque l'intention exigée est le dol spécial[1053]. En

---

1048 Ibidem.

1049 J.-C. PLANQUE, *op. cit., p. 116.*

1050 Voir M. COZIAN, A. VIANDIER, F. DEBOISSY, *Droit des sociétés, Litec.*, 14e éd., n° 796.

1051 F. DESPORTES, *les conditions d'imputation d'une infraction à une personne morale*, précité, p. 432. F. DESPORTES et F. LE GUNEHEC, *Droit pénal général*, *Economica,* 10e éd., coll. Corpusdedroitprivé, 2003, n° 601 et 604-3.

1052 « *Il suffit que le juge puisse acquérir la certitude que l'infraction a été commise* » dans tous ses éléments « *par un organe ou un représentant* » *Rapport de la Cour de cassation 1998*, éd.1999, p. 303.

1053 Il s'agit de la volonté d'atteindre un résultat déterminé. Dans le même sens : R. MERLE et A.VITU, *Traité de droit criminel, Cujas,* Tome 1, 7e édition, 1997, n° 596. Pour les différentes thèses sur le dol spécial, voir :

second lieu, l'intention exigée doit être le dol général[1054]. Mais, il y a bien de cas où le dirigeant d'une personne morale est directement désigné comme pénalement responsable de la violation d'une règle. Toujours pour ces différents cas, la personne morale serait aussi responsable par l'effet combiné de cette règle et de l'article 121-2 du CPF. Ainsi, les juges du fond n'auront pas besoin d'identifier la personne physique puisqu'elle est nécessairement le dirigeant. Sachant bien que l'infraction a été commise au sein de l'entreprise et en l'absence de toute précision des juges du fond, la Cour de cassation peut savoir que l'infraction a forcément été commise par le chef d'entreprise ou son délégataire qui sont respectivement l'organe et le représentant de la personne morale[1055].

Et enfin pour l'acquisition de la certitude, l'article 121-1 du CPF dispose que « nul n'est responsable pénalement que de son propre fait ». Mais, très souvent le chef d'entreprise est reconnu comme responsable alors que l'acte matériel a été commis par son préposé. Cette responsabilité du chef d'entreprise est parfois appelée « responsabilité pénale du fait d'autrui ». Pourtant il ne s'agit pas à proprement parlé d'une responsabilité pénale du fait d'autrui car le chef d'entreprise a une obligation de veiller au respect de la réglementation. Il est alors responsable de sa propre faute et non pour celle d'autrui. Il est donc condamné pour n'avoir pas respecté son obligation de surveillance et non pour le fait de son préposé.

284. Toutefois dans les faits, le préposé peut violer la réglementation de l'entreprise. Mais c'est le chef d'entreprise qui sera désigné comme pénalement responsable. Ainsi, on parle de présomption de responsabilité pénale. Lorsque cette présomption n'est pas irréfragable, elle est conforme à l'esprit de la constitution française, des articles 9 de la déclaration des droits de l'homme et du citoyen[1056] et 6-2 de la convention européenne de sauvegarde des droits de l'homme et des libertés fondamentales[1057]. Pour les contraventions, le chef d'entreprise peut s'exonérer par la preuve de la force majeure[1058]. La jurisprudence aussi considère qu'il ne s'agit pas d'une présomption irréfragable parce qu'il peut toujours s'exonérer en apportant la preuve d'une délégation de pouvoirs à des préposés. La délégation peut être faite dans certains domaines pour une meilleure organisation de l'entreprise. Elle énonce donc le principe selon lequel « le chef d'entreprise doit veiller

---

J. LEROY, *op. cit.*, n° 378. J. PRADEL, *Droit pénal général*, *op. cit.*, n° 507.

[1054] Pour l'auteur la « *simple conscience de violer une règle édictée par la loi ou le règlement* » et « *il suffit d'établir que la violation est matériellement imputable à un organe ou un représentant* ».

[1055] L'arrêt du 1er décembre 1998, Bull. crim. 1998 n° 325, *D.* 2000, p. 34, note M-A. HOUTMANN. V. TONDEAU DE MARSAC, précité.

[1056] Cons. Const., 16 juin 1999 n° 99-411 DC, *JO* 19 juin, p. 9018.

[1057] Crim. 11 juin 1992, Bull. crim. 1992, n° 231 ; v. Crim. 1er février 2000, Bull. crim. n° 51.

[1058] Cf. Article 121-3 al. 5 du Code pénal.

au respect de la législation »[1059]. La violation d'une prescription légale ou réglementaire commise au sein de l'entreprise entraine la responsabilité pénale du chef d'entreprise en vertu de son obligation générale de veiller au respect de la législation.

Cette responsabilité quasi-automatique est critiquable du fait que le chef d'entreprise ne peut pas totalement surveiller. Cependant, il faut reconnaître que le chef d'entreprise qui a des pouvoirs de direction et de gestion avec un salaire conséquent, doit avoir des responsabilités à la dimension de ceux-ci. Or, s'il a ces pouvoirs sur ses employés subordonnés, il doit les commettre à des tâches pour empêcher la perpétration d'infractions au sein de l'entreprise. Lorsque ce fut le cas, il n'aurait participé ni matériellement, ni intellectuellement à la commission de l'infraction[1060]. Mais pour retenir sa responsabilité pénale, la Cour de cassation utilise de plus en plus la formule selon laquelle le chef d'entreprise est responsable « de plein droit »[1061].

285. Les cas, pour lesquels les juges ont cette certitude, peuvent être classifiés en fonction de la nature de l'infraction. Il existe deux cas de non-identification selon que les infractions aient été commises de façon intentionnelle et par imprudence. En premier lieu, la non-identification des infractions intentionnelles dont l'élément moral est atténué ou faible[1062] contient une présomption de responsabilité sur le chef d'entreprise. Il s'agit là d'une infraction dont le résultat ne fait pas partie des éléments constitutifs. On ne réprime, en fait, qu'un comportement sans tenir compte de ses conséquences. Avant le nouveau code pénal français de 1994, certaines infractions dites matérielles ne nécessitaient pas l'existence d'un élément psychologique et la matérialité des faits suffisait à condamner la personne. Il s'agissait des contraventions et des « délits matériels » ou « délits-contraventions »[1063]. En effet, l'article 121-3 du CPF de 1992 dispose qu'« il n'y a point de crime ou de délit sans intention de le commettre ». Cette disposition devait entraîner la disparition des « délits matériels » d'autant que l'article 339 de la loi d'adaptation du 16 décembre 1992[1064] précisait que ces anciens délits matériels demeuraient « constitués en cas d'imprudence,

[1059] Crim. 7 décembre 1981, Bull. crim. 1991, n° 325.

[1060] D. OHL, op. cit., p. 159.

[1061] Crim. 28 octobre 1998, Bull. crim. 1998 n° 281. Crim. 23 novembre 1999 inédits, deux arrêts pourvoi n°98-87458 et n° 98-81719. Crim. 7 décembre 1999, pourvoi n°98-86821. Disponible sur www.legifrance-gouv.fr.

[1062] Il s'agit du dol général selon le conseiller DESPORTES et les professeurs MERLE et VITU.

[1063] V. F. DESPORTES et F. LE GUNEHEC, *Droit pénal général*, Economica, 10e éd., coll. Corpus de droit privé, 2003, n° 499. J. LEROY, op. cit., p. 87, n° 401. R. MERLE et A. VITU, op. cit., p. 84, n° 529.

[1064] V. JO n° 298 du 23 décembre 1992.

même lorsque la loi ne le prévoit pas expressément »[1065]. Ce qui se justifiait, pour certains auteurs[1066], par le fait que l'imprudence est constituée par le défaut de vigilance. Si certaines infractions ont été transformées en délits par imprudence, la majorité des infractions sont devenues des infractions intentionnelles[1067]. On parle de « présomption d'intention »[1068] ou de présomption de culpabilité où l'intention est constituée de la seule violation de la loi[1069]. Les infractions intentionnelles qui ont un élément moral atténué sont nombreuses. C'est le cas des infractions liées à la violation des réglementations relatives au transport[1070] et à la publicité des prix[1071]. Parmi les « délits matériels », on peut retenir les délits d'initié[1072], de contrefaçon et de tromperie[1073], de démarchage[1074], de pollution des eaux[1075], de publicité illicite en faveur du tabac[1076], etc. Ces infractions intentionnelles sont susceptibles de faire peser une « présomption de responsabilité »[1077] sur le chef d'entreprise si elles sont commises au sein de l'entreprise. Dès lors, le chef d'entreprise ou son délégataire commet toujours l'infraction[1078]. En second lieu, l'identification n'est pas nécessaire en matière d'infractions non intentionnelles par manquement à une obligation de prudence ou de sécurité prévue par la loi ou le règlement. Mais il faut voir l'impact de la loi du 10 juillet 2000 en France sur ces cas de non-identification.

D'abord, selon les cas où l'identification des infractions par imprudence ou par négligence n'est pas nécessaire, le conseiller DESPORTES enseigne

---

[1065] Voir P. MORVAN, *Responsabilité pénale et droit social, avant et après la loi du 10 juillet 2000*, RJS 2001 p. 283-298, spécifiquement p. 290.

[1066] P. CONTE, P. MAISTRE DU CHAMBON, op. cit., p. 79.

[1067] Crim. 25 mai 1994, Bull. crim. 1994 n° 203 ; Crim. 7 mai 1996, Bull. crim. 1996 n° 194 ; Crim. 6 mai 1997, Bull. crim. 1997, n° 197.

[1068] J. LEROY, *op. cit.*, n° 401.

[1069] V. H. MATSOPOULOU, « *la responsabilité pénale du chef d'entreprise* », *RJC* novembre 2001, p. 45.

[1070] Crim. 9 novembre 1998, inédit titré pourvoi n° 97-85497. Disponible sur www.legifrance-gouv.f.

[1071] Crim. 9 novembre 1999, inédit titré pourvoi n° 98-88186. Disponible sur www.legifrance-gouv.fr.

[1072] Crim. 15 mars 1993, Bull. crim. 1993, n° 113.

[1073] Crim. 23 novembre 1999, inédit, pourvoi n° 98-81719. Disponible sur www.legifrance-gouv.fr.

[1074] Crim. 16 mars 1994, inédit titré pourvoi n° 93-83183. Disponible sur www.legifrance-gouv.fr.

[1075] Crim. 6 octobre 1955, Bull. crim. 1955 n° 330, 23 avril 1992, Bull. crim. 1992 n° 179. Crim. 12 juin 2001, inédit titré, pourvoi n° 00-87702. Disponible sur www.legifrance-gouv.fr.

[1076] Crim. 28 octobre 1998 précité.

[1077] Note de J.-C. SAINT-PAU, note sous Crim. 18 janvier 2000, D. 2000, p. 636, *La responsabilité pénale des personnes morales est-elle une responsabilité par ricochet ? : La faute diffuse de la personne morale.*

[1078] Plusieurs arrêts confirment cette approche, cf. Bull. crim., 2000, n° 200, n° 203 (arrêt du 24 mai 2000), n° 128. JCP éd. E 2001 p. 133, note J-H.ROBERT, « *responsabilité pénale d'une personne morale à la suite de la production dans une instance prud'homale d'une lettre d'avertissement bénéficiant de l'amnistie* ».

que «… il est inutile d'identifier la personne physique fautive car le manquement est nécessairement imputable, soit à l'organe dirigeant, soit à son délégataire, lequel doit être considéré comme un représentant de la personne morale au sens de l'article 121-2 du code pénal»[1079]. Pour ROGER[1080], la responsabilité du chef d'entreprise est due à la théorie de l'équivalence des conditions puisque la cause directe du dommage se trouve dans l'action du préposé. Le chef d'entreprise ou son délégataire est présumé responsable. Selon la Cour de cassation française[1081], cette présomption de responsabilité a pour conséquence la certitude de la commission de l'infraction par un organe ou un représentant sans que les juges du fond n'aient à identifier ni par son nom, ni par sa fonction l'auteur personne physique de l'infraction.

Et enfin, l'absence d'incidence de la loi du 10 juillet 2000[1082] aurait pu avoir une incidence sur les cas de non-identification. Cette incidence allait limiter soit les cas où le chef d'entreprise serait responsable par manquement à une obligation de prudence ou de sécurité prévue par la loi ou le règlement, soit les cas de responsabilité des personnes morales pour les infractions par imprudence. Quand le chef d'entreprise ne commet pas de faute, l'infraction ne pourrait pas être commise par l'organe ou le représentant. Il n'y aura donc pas de responsabilité pénale des personnes morales. Si la personne morale n'est plus responsable pour certaines infractions par imprudence, les cas de non-identification risquent de diminuer. La loi du 10 juillet 2000 a modifié[1083] la définition de la faute par imprudence ou par négligence en introduisant la notion de faute caractérisée en matière de délits non intentionnels[1084]. Selon la jurisprudence, le chef d'entreprise a toujours les pouvoirs les plus étendus qui lui permettent de faire respecter obligatoirement la réglementation par l'entreprise[1085]. Elle considère aussi que la violation d'une obligation de sécurité est toujours délibérée, que la

---

[1079] Voir F. DESPORTES, *Les conditions d'imputation d'une infraction à une personne morale*, précité, p. 432. Partageant le même avis : A. COEURET, précité. M. GIACOPELLI, note sous arrêt du 24 octobre 2000, *les tribulations de la responsabilité pénale des personnes morales*, Petites Affiches, n° 228 du 15 nov. 2001, p. 21.

[1080] Voir M. ROGER, *La loi du 6 décembre 1976 relative à la prévention des accidents du travail et son incidence sur le droit pénal,* Gallimard, 1988.

[1081] Crim. 1er décembre 1998, Bull. crim. 1998, n° 325 ; Inédit pourvoi n° 99-86256. Disponible sur www.legifrance-gouv.fr ; F. DESPORTES, Les *conditions d'imputation d'une infraction à une personne morale*, p. 37, (arrêt du 9 mai 2001) Inédit titré pourvoi n° 00-84855. Disponible sur www.legifrance-gouv.fr ; F. DESPORTES, *Les conditions d'imputation d'une infraction à une personne morale,* précité.

[1082] Loi française n° 2000-647 « *tendant à préciser la définition des délits non-intentionnels* ».

[1083] Contrairement à la loi du 13 mai 1996 qui avait conduit à préciser la notion en exonérant « *l'auteur des faits qui a accompli les diligences normales compte tenu, le cas échéant, de la nature de ses missions ou de ses fonctions, de ses compétences ainsi que du pouvoir et des moyens dont il disposait* ».

[1084] L'Article 121-3 alinéa 4 du CPF.

[1085] J. LEROY, op. cit., p. 87.

faute est toujours caractérisée ou encore que la faute du décideur est toujours la cause directe du dommage[1086]. Donc, la loi du 10 juillet 2000 n'a, semble-t-il, eu aucune incidence sur la responsabilité pénale du chef d'entreprise et sur les cas de non-identification des personnes physiques. Si tel était le cas, elle n'aurait pas atteint la responsabilité pénale des personnes morales et sans doute pas les cas de non-identification[1087].

Mais pour certains cas, la responsabilité exclusive de la personne morale peut être retenue[1088]. La loi du 10 juillet ne profite pas aux personnes morales. Ce qui est contestable selon un auteur car une loi de dépénalisation n'est pas d'interprétation restrictive[1089]. Pourtant, la plupart des auteurs pensent que l'alinéa 4 de l'article 121-2 du CPF selon lequel « la responsabilité pénale des personnes morales n'exclut pas celle des personnes physiques auteurs ou complices des mêmes faits, sous réserve des dispositions du quatrième alinéa de l'article 121-3 » indique à contrario que la responsabilité pénale de la personne morale peut être retenue sans que celle de la personne physique puisse l'être dans le cas d'une causalité indirecte. Alors les personnes morales ne bénéficient pas de la loi du 10 juillet 2000[1090].

Cependant, cet argument est moins décisif que celui de l'article 121-3 al. 4 qui vise, expressément, «…les personnes physiques qui n'ont pas causé directement le dommage … ». On peut, alors, noter que la loi est discriminatoire pour les personnes morales par rapport aux personnes physiques. En réalité, la Cour de cassation ne fait que sanctionner la motivation des juges du fond. La responsabilité pénale de la personne morale en l'absence de celle de la personne physique non recherchée n'est qu'un cas d'école puisque l'application de la loi n'a pas eu d'effet sur la responsabilité des décideurs privés. Ces cas ne sont possibles que pour les collectivités locales dont les représentants ont, réellement, vu leur responsabilité atténuée. L'existence des cas où la personne physique ne peut pas être poursuivie n'aura, malgré tout, aucune conséquence sur les cas de non-identification. En effet, même si le chef d'entreprise ou son délégataire n'est pas responsable, ce dernier sera considéré comme ayant commis une faute présumée. Ce qui permettra à la Cour de cassation française, même en l'absence de vérification

---

[1086] En ce sens CONTE (P.) et MAISTRE DU CHAMBON (P.), op. cit., p. 79 n° 386 ; cf. P. MORVAN, « *Responsabilité pénale et droit social, avant et après la loi du 10 juillet 2000* », RJS 2001 p. 283-298, spécifiquement, p. 290.

[1087] Bull. crim. n° 268, *Les Petites Affiches*, n° 228 du 15 novembre 2001, page 21, note M. GIACOPELLI, *les tribulations de la responsabilité pénale des personnes morales* ». JCP G, 2001, p. 1058, note M. DAURYFAUVEAU, *homicide et blessures volontaires : conditions de la responsabilité pénale des personnes morales après la loi du 10 juillet 2000.*

[1088] F. DESPORTES, « *Les conditions d'imputation d'une infraction à une personne morale* » op. cit. 136.

[1089] V. G. ROUJOU DE BOUBEE, « *La responsabilité pénale des personnes morales* », *RJC* nov. 2001, p. 11.

[1090] Note de M. GIACOPELLI précitée.

par les juges du fond, de constater que l'infraction a été commise par un organe ou un représentant. En effet, la loi Fauchon de 2000 n'a rien changé. Lorsque le représentant ou l'organe commet une faute simple qui est la cause indirecte d'un dommage, la responsabilité pénale de la personne morale peut tout de même être engagée. Ainsi, le cumul des responsabilités de la personne physique et de la personne morale est impossible dans ce cas précis.

286. Cependant, l'organe ou le représentant doit être identifié parce qu'il est identifiable. Selon la nature de l'infraction, l'organe peut être soit identifié, soit identifiable. Aujourd'hui on peut affirmer que l'organe ou le représentant d'une personne morale ne peut qu'être identifiable. En d'autres termes, ils ne peuvent être identifiés par les juges du fond que si l'infraction a forcément été commise par eux-mêmes. Ils sont aussi identifiables par la Cour de cassation parce qu'il s'agit d'une présomption de responsabilité, soit du chef d'entreprise, soit d'un délégataire, soit d'un autre représentant tel que l'avocat de la personne morale, selon les circonstances[1091]. Mais il ne serait pas exact de comprendre que le juge, en visant uniquement la personne morale, n'aura plus à identifier un organe ou un représentant. Si selon certains cas l'organe ou le représentant est identifiable. Mais pour la majorité des cas, il ne l'est pas. La Cour de cassation doit pouvoir vérifier la qualité de la personne physique en l'absence de toute présomption de responsabilité pesant sur le chef d'entreprise.

La présomption de responsabilité ne peut pas peser sur un dirigeant lorsqu'il s'agit d'infractions intentionnelles nécessitant la volonté d'atteindre un résultat déterminé. Si les juges du fond déclarent la personne morale coupable sans avoir identifié l'auteur matériel de l'infraction, la Cour de cassation cassera la décision[1092] au motif que ce dernier n'est pas identifiable. Si l'on ne peut plus parler de principe d'organe ou de représentant identifié, on ne peut non plus parler de principe d'organe ou de représentant identifiable. Les deux propositions sont alternatives, soit l'organe ou le représentant est identifiable[1093], soit il doit être identifié[1094].

Sachant que l'identification d'un organe ou d'un représentant n'est pas toujours demandée, certains auteurs[1095] y voient une extension de la responsabilité pénale des personnes morales car selon eux l'infraction n'aurait pas été commise par une personne physique. Pourtant, l'infraction

---

[1091] Crim. 6 janvier 1938, *D.* 1938 p. 151.

[1092] Crim. 2 décembre 1997 ; 7 mai 2002 ; 29 avril 2003.

[1093] Les infractions intentionnelles avec un élément moral atténué ou infractions par imprudence par manquement à une obligation de prudence ou de sécurité prévue par la loi ou le règlement.

[1094] Il s'agit de l'infraction commise dans les autres cas.

[1095] Voir S. FERRIES, « *Cumul de la responsabilité pénale d'un salarié délégataire de pouvoirs et de la responsabilité pénale de la personne morale* », précitée. Note de J.-H. ROBERT, sous crim. mars 2000, JCP éd. 2001, p. 205.

est toujours commise par une personne physique parce que les personnes morales ne peuvent pas agir matériellement sans l'aide d'une personne physique[1096]. L'absence d'identification ne serait alors qu'« une commodité de langage »[1097]. Il est vrai que ce n'est pas, en soit, une extension de la responsabilité pénale des personnes morales puisque la faute a bien été commise par un organe ou un représentant. La notion de représentant a reçu une interprétation extensive par la jurisprudence. Elle qualifie ainsi de représentant tout individu pourvu d'un pouvoir de direction ou de gestion, total ou partiel, de droit ou de fait.

Au Mali, le législateur doit permettre une telle interprétation lorsque le principe général de la responsabilité pénale des personnes morales sera adopté. Elle conduit irrémédiablement à étendre la responsabilité pénale des personnes morales car elle donne la capacité d'engager cette responsabilité à toute personne appelée à prendre des décisions[1098]. Dans les faits, lorsqu'une infraction a été commise au sein de l'entreprise, il est toujours possible de trouver un responsable qui a un pouvoir de décision soit-il faible tel que le délégataire. Dans ce cas, les juges doivent avoir la certitude que l'infraction a été commise par un organe ou un représentant ou toute autre personne à qui un pouvoir de décision a dûment été confié. Le principe d'identification, plus que nécessaire pour le Mali, doit être prévu par une adoption ultérieure d'un principe général de la responsabilité pénale des personnes morales. Il éviterait à toute personne morale la présomption de responsabilité qui pourra peser sur elle, quant on sait que d'autres salariés de la société peuvent l'engager sans avoir préalablement un mandat dans ce sens. C'est cette nécessaire qualité qui doit précéder l'engagement pour le compte de la personne morale.

SECTION II. L'ENGAGEMENT DE LA RESPONSABILITÉ PÉNALE DES PERSONNES MORALES PAR L'INFRACTION COMMISE POUR SON COMPTE

287. La déspécialisation de la responsabilité pénale des personnes morales et l'indétermination de la notion d'infractions commises pour le compte de la personne morale permettent une extension du domaine de sa responsabilité pénale. Cette responsabilité est engagée - selon l'article 121-2 du code pénal - lorsque l'organe ou le représentant a agi « pour le compte »

[1096] La Cour n'hésite pas à le démontrer en identifiant elle-même « *le président de la société ou son délégataire* », arrêt du 1er décembre 1998, Bull. crim. 1998, n° 325.

[1097] Voir F. DESPORTES, *Les conditions d'imputation d'une infraction à une personne morale*, op. cit., p. 428.

[1098] Les cas de non-identification et l'interprétation extensive de la notion de représentant tendent à étendre la responsabilité pénale des personnes morales (en restreignant les limites posées par la loi en France) et ainsi à la généraliser.

de celle-ci[1099]. Il apparaît aussi que l'infraction commise peut entraîner la mise en jeu de la responsabilité pénale de l'être moral. Ce sont là des conditions cumulatives.

L'expression « pour leur compte » est assez vague. Elle signifie que l'infraction doit procurer un profit à la personne morale et servir ses intérêts. L'organe ou le représentant devra agir au profit de la personne morale. Ce profit peut être un bénéfice matériel ou moral, actuel, éventuel, direct ou indirect. On entend par organe ou représentant, l'organe social[1100]comme le conseil d'administration, le directoire tel que le président-directeur général, le directeur général[1101], le gérant ou un représentant légal de la société comme le mandataire spécialement habilité, le salarié[1102], etc. L'organe ou le représentant ne doit pas forcement avoir une nécessaire volonté délibérée. Une simple négligence suffit, tout comme une imprudence, pour l'engager. À la quasi-unanimité, la doctrine a affirmé que l'article 121-2 du nouveau code pénal français posait des conditions cumulatives dans sa phrase « pour leur compte, par leurs organes ou représentants »[1103].

La personne morale ne pourra pas voir sa responsabilité pénale engagée lorsque l'organe ou le représentant a agi dans son seul intérêt, pour son compte personnel, dans l'intérêt d'un tiers par rapport à la personne morale ou lorsqu'il a agi contre l'intérêt de la personne morale. La responsabilité pénale de la personne morale suppose que l'infraction ait été commise pour le compte et au profit de la personne morale[1104] et non pour le compte personnel du gérant de la société, par exemple.

Mais, elle est toutefois beaucoup plus explicite pour les comportements qu'elle exclut (Paragraphe I) que pour ceux qu'elle retient (Paragraphe II), bien qu'elle soulève des interrogations dans les deux hypothèses.

[1099] Journal Officiel, Débats, Assemblée Nationale française, du 22 novembre 1993, p. 4170.

[1100] Sur l'identification de l'auteur des faits, Crim. 23 mai et 20 juin 2006, JCP E 2006, 2756, M. VERON.

[1101] Crim. 2 déc. 1997, Rev. sociétés 1998, p. 148, B. BOULOC ; JCP E 1998, p. 948, Ph. Salvage ; Bull. Joly 1998, p. 512, no 166, J.-F. BARBIERI ; JCP 1998, II, 10023, rapport F. DESPOETES. Cf. égal. N. RONTCHEVSKY, RJDA 1998, p. 175 ; Crim. 7 juill. 1998, Bull. Joly 1999, p. 259, no 44, J.-F. BARBIERI ; Rev. sociétés 1999, p. 399, B. BOULOC (travail clandestin).

[1102] Crim. nov. 1999 et 14 déc. 1999, JCP E 2000, p. 1618, M. VERON (le bénéficiaire d'une délégation de pouvoirs a la qualité de représentant de la personne morale) ; Crim. 30 mai 2000, Bull. Joly 2001, p. 37, n° 11. La relaxe prononcée en faveur des personnes physiques n'exclut pas nécessairement la responsabilité des personnes morales, Crim. 8 sept. 2004, BRDA no 10-2005, p. 4.

[1103] V. DUCOULOUX-FAVART, P. Affiches, 7 avril 1993, n° 42, p. 7.

[1104] V. supra. n° 280.

Paragraphe I. L'exclusion de l'engagement pour l'intérêt d'un représentant ou d'un tiers

288. La notion « pour son compte » peut être interprétée dans un sens plus large. Il s'agit d'exclure à ce titre les infractions qui sont commises exclusivement pour le compte de la personne physique et au détriment de la personne morale. Cela permet, dès lors, d'écarter la responsabilité pénale des personnes morales pour les infractions commises à leur compte par ses organes ou ses représentants dans l'exercice ou à l'occasion de leurs fonctions (cas du détournement de sacs de billets par des convoyeurs de fond) et encore celles commises indépendamment de leurs fonctions (cas du crime passionnel).

Les principales infractions concernées sont les délits d'homicide, les coups et blessures involontaires, le délit de risque de mort causé à autrui, les contraventions pour atteinte involontaire à l'intégrité de la personne. Ces infractions sont généralement commises dans le cadre du non-respect des obligations prévues dans la réglementation de l'entreprise. De même, entrent dans cette catégorie les infractions en matière de pollution que la loi d'adaptation du 16 décembre.1992 a rendues imputables aux personnes morales.

La faute doit-elle nécessairement profiter à la société ou relever de son mode de gestion habituel ?

A. La faute doit nécessairement profiter à la société

289. Il arrive que l'organe ou le représentant agisse dans le cadre ou dans l'exercice de ses fonctions pour son propre compte et dans son intérêt personnel. Éventuellement, l'organe ou le représentant peut agir au profit et pour le compte d'une autre société personne morale au préjudice de la sienne. Dans ce cas, la responsabilité pénale de la personne morale ne peut pas être engagée puisque la faute ne lui profite pas[1105]. En ce sens, Michel DANTI-JUAN soutient que « la personne morale n'a évidemment pas à être poursuivie si l'infraction a été commise par un représentant ou un dirigeant agissant dans son intérêt personnel ou dans celui d'un tiers [...] »[1106]. Dans la commission de l'infraction de la banqueroute par exemple, la responsabilité pénale des personnes morales s'apprécie différemment. Le dirigeant qui détourne des fonds à son profit ou au profit d'un tiers n'engage pas la responsabilité pénale de la société qui est victime de ses agissements. Mais, il en va autrement s'il se trouve que le dirigeant a détourné l'argent sur instructions du représentant d'une autre société ou qu'il est lui-même

---

1105 V- J. PRADEL, *Commentaire du nouveau Code pénal,* ALD, 1993, 16e cahier, comm. légis, p. 193.

1106 V. M. DANTI-JUAN, *La responsabilité pénale des sociétés,* Rev. pén., 2002, p. 97. cf. La circulaire du 14 mai 1993 ; V. Dans le même sens, M.-E. CARTIER, *La responsabilité pénale des personnes morales : évolution ou révolution ?* JCPE, 1994, suppl. n° 5, p. 29, spéc. p. 36.

représentant de cette société au profit de laquelle les fonds ont été détournés, la responsabilité pénale de cette autre société pourra être retenue[1107].

290. L'expression «*pour leur compte*»[1108] doit être, à notre avis, précisée. On ne peut l'assimiler à l'intérêt social de la personne morale puisque « l'utilisation des fonds sociaux ayant pour seul objet de commettre un délit [...] est contraire à l'intérêt social en ce qu'elle expose la personne morale au risque anormal de sanctions pénales ou fiscales contre elle-même et ses dirigeants et porte atteinte à son crédit et à sa réputation »[1109]. Cette jurisprudence a été rendue en matière d'abus de biens sociaux concernant le délit de corruption. Donc, l'infraction du délit de corruption ne peut pas être commise dans l'intérêt de la personne morale.

Pourtant si l'on suit le raisonnement de la Cour de cassation, aucune infraction ne peut être commise dans l'intérêt de la personne morale. Toujours selon elle, la personne morale n'aura aucun intérêt dans la commission de l'infraction sachant bien qu'elle s'exposera à des poursuites. Elle affirme, ainsi, qu'une infraction peut être imputable à une personne morale sans qu'elle soit commise dans son intérêt. En réalité, il semble qu'il suffit que le mobile de l'organe ou du représentant puisse, au moins ou en partie, avantager la personne morale. L'expression « pour leur compte » ne veut donc pas dire dans leur intérêt mais tout simplement en croyant agir dans leur intérêt. Cette conception a tendance à étendre la responsabilité pénale des personnes morales à des faits qui semblaient ne pas l'engager.

291. La question peut être beaucoup plus complexe si l'infraction a été réalisée dans l'intérêt de la minorité et non dans celui de la majorité des membres de la personne morale. Apparemment, cette hypothèse se confond avec celle selon laquelle le représentant a agi dans son seul intérêt. Pour une illustration, plusieurs personnes peuvent agir (mais par l'intermédiaire de l'une d'entre elles) dans leur seul intérêt et non dans celui de la personne morale. Dans ce cas la responsabilité pénale de la personne morale ne peut pas être engagée.

À contrario, lorsque la victime directe est la personne morale - notamment en matière d'abus de biens sociaux - ce principe ne s'applique pas, sauf si le dirigeant a commis cette faute pour favoriser une autre société. Cette dernière pouvait alors être poursuivie en qualité de complice pour instigation du délit voire de receleur d'abus de biens sociaux.

[1107] C'est la réponse à une telle hypothèse que cette responsabilité pénale des personnes morales a été prévue pour les infractions de banqueroute ; cf. F. DESPORTES et F. Le GUNEHEC : Le nouveau Droit Pénal, Tome 1, 2e éd. 1996, p. 458.

[1108] V. Supra. n° 287.

[1109] Crim. 27 octobre 1997, Bull. crim. 1997 n° 352. Pour d'autres exemples : F. DESPORTES et F. LE GUNEHEC, op. cit., p. 106, n° 598-3.

B. La faute doit relever de son mode de gestion

292. Le statut juridique d'une structure dépend de la nature de l'activité exercée. Cette activité peut être civile ou commerciale, à but lucratif ou non. En pratique, la question sur le choix de mode de gestion se pose essentiellement pour les activités de service public. La gestion de l'activité de service public procède à des critères de choix : critère politique[1110]et critère technique[1111]. Il est nécessaire de formaliser les relations entre l'État ou la collectivité territoriale et la personne morale de droit privé afin de déterminer les subventions octroyées et les biens mis à disposition. La qualification d'une telle convention n'est pas sans difficulté. Lorsque la personne privée assure bien la gestion de l'activité et que celle-ci constitue un service public, la convention devrait être qualifiée de marché public ou de délégation de service public.

293. Une large conception de l'intérêt général et de l'absence d'exigence de prérogatives de puissance publique devrait aboutir à une large reconnaissance du caractère de service public et de certaines missions exercées par les organismes de droit privé tels que les sociétés commerciales. Ces organismes bénéficient souvent d'un fort soutien de l'État ou des collectivités territoriales[1112]. Ce soutien induit des contrôles et des relations assez étroites avec les collectivités publiques. La qualification du service public pose une question centrale dans le choix du mode de gestion lorsqu'elle rattache l'activité à la sphère publique et implique l'application de règles juridiques particulières. En cas de faute relative au mauvais résultat ou à la faillite de l'entreprise relevant de ce mode de gestion habituel, les dirigeants qui administrent seraient en contrepartie civilement et pénalement responsables.

De ce fait, la fuite de responsabilité sera souvent de mise dès lors qu'il s'agit de prendre les risques nécessaires à l'amélioration de l'efficience du management global de l'entreprise dont on leur a confié la gestion. D'ailleurs, il n'est pas aisé d'établir leur responsabilité quand les carences constatées sont souvent la conséquence de ce mode gestion virtuel, les injonctions administratives et l'incohérence des politiques économiques ne feront (comme on a pu le constater au cours des vingt dernières années) le retour au dirigisme Étatique. En raison de l'interaction entre le système politique et le système économique qui a toujours caractérisé la gestion du secteur public, les gouvernements auront toujours l'impression qu'en critiquant une telle gestion ils se critiquaient eux-mêmes. Cette impression est d'autant plus fondée que les chefs d'entreprises concernés ont, pour la

---

[1110] Pour les activités de service public, la question est de déterminer quelle est la volonté des élus de la collectivité de rattachement.

[1111] Le changement du mode de gestion suscite des difficultés techniques (transfert du personnel, des biens, etc.).

[1112] Souvent des associations sont régies par la loi du 1er juillet 1901 en France.

plupart, été désignés selon des critères généralement subjectifs et clientélistes par des responsables de l'administration centrale. C'est sans doute ce qui explique les hésitations de l'État dès lors qu'il s'agit d'engager des poursuites judiciaires.

En aucune manière, les personnes morales ne seront pas pénalement responsables puisque le mode de gestion a été détourné de son objet, ce qui ne procure nullement le profit attendu.

Paragraphe II. L'engagement pour l'intérêt de la personne morale

294. Pour que la responsabilité pénale de la personne morale soit engagée, il faut que l'infraction soit commise à son profit et pour son compte. Cette exigence se retrouve souvent dans la loi en Finlande, en Estonie, en France et en Belgique. Précisément, l'article 5 du code pénal belge prévoit que les infractions dont l'être moral est responsable « sont intrinsèquement liées à la réalisation de son objet, à la défense de ses intérêts ou de celles dont les faits démontrent qu'elles ont été commises pour son compte ».

L'article 121-2 al. 1 du CPF parle d'infractions « commises pour leur compte ». En réalité, ces expressions sont assez vagues. Mais, on peut en tirer deux certitudes à savoir : le profit retiré par la personne morale n'est pas forcément financier[1113] et la responsabilité pénale de la personne morale ne saurait être engagée lorsque la personne physique agit pour son intérêt personnel ou pour celui d'une minorité. Alors, la personne morale sera considérée comme victime de l'infraction.

La question la plus délicate est de savoir si la personne morale est responsable lorsque l'infraction a été commise en dehors de son objet (A). Il s'agit, dans ce cas, de déterminer le type d'infractions (B).

A. L'objet de l'infraction

295. Selon la recommandation du conseil de l'Europe et le droit français, la responsabilité pénale de l'être moral subsiste jusqu'à l'extrême. Le véritable motif de cette réalité est d'éviter la création d'une large zone d'irresponsabilité pénale. Les solutions sont globales. À l'opposé, la jurisprudence anglaise décide que « la personne physique ne rend la corporation responsable que si elle agit dans le cadre de sa fonction »[1114]. Ainsi, l'être moral est engagé et c'est le cas du chef du personnel qui refuse d'embaucher une femme parce qu'elle est africaine, par exemple. Mais la jurisprudence néerlandaise distingue subtilement entre le dépassement du

---

[1113] Par exemple, la direction d'une entreprise de bâtiment néglige de s'assurer que les personnes portent bien un casque sur le chantier alors que l'entreprise en a acquis un nombre suffisant.

[1114] *D.P.P. v. Kent and Sussex Contractas ; V.*, 1944, KB, 146.

pouvoir dans le domaine assigné à l'organe et l'intervention dans un domaine totalement étranger à l'objet social. La personne morale n'est donc pas engagée. C'est le cas de l'employé qui vend de la drogue, par exemple. On peut remarquer que c'est le second cas qui semble le meilleur système.

296. La condition posée par le nouveau code pénal français semble moins rigoureuse que celle de l'avant-projet de 1978 qui faisait allusion aux infractions commises « au nom » et « dans l'intérêt collectif » de la personne morale. Par conséquent on peut considérer comme agissant pour le compte de la personne morale, le dirigeant qui agit au nom et dans l'intérêt de celle-ci[1115]. Mais, en quoi consiste cet intérêt ?

La notion n'a jamais été définie par le législateur français parce qu'elle n'a pas fait l'objet de discussion au parlement. Cependant, la doctrine l'avait défini. Selon elle, l'intérêt peut consister « dans la réalisation ou dans l'espérance d'un avantage financier, qu'il s'agisse d'obtenir un gain ou d'éviter une perte »[1116]. Il n'est pas nécessaire que la personne morale ait tiré forcément profit de l'infraction pour que sa responsabilité pénale soit engagée. On sait que même en l'absence de profit financier ou de but lucratif, la responsabilité pénale de l'être moral peut être retenue. D'ailleurs, la même doctrine admet que « l'infraction commise pour le compte de la personne morale n'est pas uniquement celle dont la société aura retiré un bénéfice ou un profit quelconque ». L'expression peut désigner évidemment ces différentes hypothèses selon lesquelles la société bénéficierait des produits du vol, du recel, d'abus de confiance ou de corruption active. Mais, l'expression recouvre aussi et plus largement « l'infraction commise à la suite de ses choix, de ses orientations ; ce qui comprend des délits pouvant résulter plus ou moins directement des décisions à travers lesquelles la société a pu rechercher sinon tirer un profit, du moins une économie »[1117].

On peut, ainsi, désigner des infractions volontaires telles que la discrimination dans l'embauche sur instruction d'une société ou de son délégataire. Le tribunal de grande instance (TGI) de Bastia a condamné une personne morale (Banque Nationale de Paris : BNP) à payer des dommages et intérêts à son employée dont la liberté syndicale a été méconnue par le représentant de ladite personne morale[1118]. En outre la responsabilité d'une commune, dont le maire refuse l'accès d'un service public à une personne, pourra être engagée. C'est le cas du maire qui refuse de recruter un maître nageur parce qu'il est d'origine étrangère.

[1115] Certains auteurs, comme G. GIUDICELLE-DELAGE, font état d'un bénéfice qui « *s'entend aussi bien de la réalisation d'une économie que de celle d'un profit* », *Droit pénal des affaires,* 5e éd., Dalloz, p. 99.

[1116] V. F. DESPORTES, *Responsabilité pénale des personnes morales,* éd. Du Juris-Classeur, 2001, p. 27.

[1117] Voir M. DANTI-JUAN, *La responsabilité pénale des sociétés, Rev. pén., 2002,* p. 97.

[1118] Cf. TGI Bastia, 3 juin 1997, RSC, 1998, p. 99.

Également, la jurisprudence considère que le directeur d'une société, qui a recours aux travailleurs clandestins pour l'exécution des marchés publics confiés à cette société, agit pour le compte de la personne morale[1119]. Il en résulte que l'infraction a été commise pour le compte de cette dernière par l'un de ses organes. A également été engagée, la responsabilité pénale d'une société anonyme de travaux publics dont le président a eu recours à une entreprise de sous-traitance clandestine pour l'exécution de chantiers en retard afin d'éviter le paiement de pénalités[1120]. Aussi obtiendrait d'un fonctionnaire ou d'un élu des avantages pour son entreprise le dirigeant d'une société qui, par des actes de corruption incriminés par l'article 433-1 du code pénal telle que l'obtention d'un marché public, engagerait la responsabilité pénale de cette dernière. On considère qu'il a agi pour le compte de la personne morale. Est encore répréhensible, malgré l'absence de profit financier ou de but lucratif, le fait pour une association extrémiste de distribuer à ses adhérents des insignes tombant sous le coup de l'article R. 645-1 du CPF. Il en est de même pour l'envoi de lettres comportant des propos diffamatoires ou injurieux de caractère raciste ou discriminatoire provoquant la haine et la violence tels que définis par les articles R. 624-3 à 624-6 et 625-7 du CPF. À titre illustratif, le fait pour un dirigeant de parti politique de tenir un discours incitant ses militants à la haine raciale, à la violence ou à la discrimination, engagerait la responsabilité pénale du parti[1121]. Yves SEXER affirme dans le même sens que « [...] le port ou l'exhibition d'uniformes, insignes ou emblèmes rappelant ceux d'organisations ou de personnes responsables de crime contre l'humanité qui peut être reproché aux personnes morales ne procure pas nécessairement un profit. On peut penser que les organisations qui incitent leurs membres à ces pratiques ou dont les membres se livrent à ces pratiques par communauté d'intérêt idéologique pourraient être poursuivies pénalement. Et on imagine mal une organisation, dont tous les membres arboreraient des emblèmes nazis, ne pas pouvoir être poursuivie au motif que seul son président a pris la précaution de ne pas porter l'emblème. Les membres d'un groupement paraissent bien, vis-à-vis des tiers, le représenter et agir pour son compte lorsqu'ils agissent dans un but commun ou conformément à des valeurs communes qui constituent les motifs, les mobiles mêmes de l'activité au sein du groupement »[1122].

[1119] En ce sens, une Cour d'Appel «*...déclare une société coupable de travail clandestin après avoir relevé que, pour l'exécution de travaux confiés à celle-ci, son directeur général a eu sciemment recours aux services d'un entrepreneur clandestin.* » ; Cf. Cass. crirn., 7 juillet 1998, Bull. crim-, 1998, n° 216. Cf. Cass. crirn., 2 décembre 1997, Bull. crim., 1997, n° 419, p. 1380 (cassation partielle sans renvoi et action publique éteinte).

[1120] TGI Strasbourg, 7e ch. corr., 9 février 1996, n° 95/4958, Bulletin Joly, n° 4, avril 1996.

[1121] Dans le même sens voir Y. SEXER, *Les conditions de la responsabilité pénale des personnes morales,* Droit & Patrimoine, n° 34, 1996, p. 38, spéc. p. 43 et 44.

[1122] Ibidem.

B. L'infraction rendant la personne morale pénalement responsable

297. En ce qui concerne la diversité de situations, il faut toujours voir l'expression « pour son compte » dans un sens large. Cette exigence laisse entendre deux interrogations majeures[1123]. Quand est-ce qu'une infraction peut-être commise pour le compte de la personne morale ? À quand cette dernière peut-elle bénéficier de l'infraction ? Selon DESPORTES et Le GUNEHEC une « infraction est commise pour le compte de la personne morale quand elle l'a été dans l'exercice d'activités ayant pour objet d'assurer l'organisation, le fonctionnement ou les objectifs du groupement doté de la personnalité morale »[1124]. L'intérêt de cet engagement peut, évidemment, compter dans la réalisation ou dans l'espérance d'un profit financier. Il s'agit d'obtenir un gain ou d'éviter une perte. Certaines infractions peuvent être commises pour le compte de la personne morale.

D'abord pour les infractions commises au profit de la personne morale, il convient de se référer à l'ensemble de l'étude précédemment envisagée. On peut citer toutes les infractions de contrefaçons[1125], d'atteinte aux personnes[1126], de corruption[1127], de non-respect de ses obligations[1128], etc. En guise d'exemple, le PDG d'une société anonyme peut sur écoutes illicites capter le secret de fabrication d'un concurrent pour en tirer des avantages pécuniaires. Mais, l'essentiel du profit tombera dans les caisses de la société. L'infraction d'espionnage industriel est aussi commise pour son compte. Ainsi, une personne morale éditrice d'un journal qui publie le document portant atteinte à l'intimité de la vie privée au sens des articles 226-1 et suivants du CPF engage sa responsabilité pénale. Cette publicité est faite à son profit. Une autre société qui met en place le fichier informatique de ses clients au mépris de la loi[1129] est pénalement responsable au regard des articles 226-16 et suivants du CPF. Pour un acte de corruption incriminé par l'article 433-1 du CPF, le dirigeant de société obtient d'un fonctionnaire ou

---

[1123] Puisque cette exigence est l'une des conditions de la mise en jeu de cette responsabilité.

[1124] Voir F. DESPORTES et F. Le GUNEHEC : *Le nouveau Droit Pénal,* Tome1 ; 2e éd. D. 1996, p. 458.

[1125] C'est le fait pour un autre que le titulaire d'un droit de propriété intellectuelle ou son licencié d'exploiter le monopole portant atteinte au droit de son titulaire. Il constitue un délit correctionnel et un fait générateur de responsabilité civile. Lexique des termes juridiques, 17e édition, D. 2010. p. 197.

[1126] Selon le lexique des termes juridiques, 17e éd., D. 2010. p. 68, cette infraction fait allusion au manquement à la considération due à la personne humaine telle que la discrimination, le proxénétisme, les conditions abusives de travail ou d'hébergement, le bizutage ou la violation de sépulture.

[1127] La corruption constitue un comportement pénalement incriminé par lequel des dons, promesses ou offres sont reçus, agréés ou sollicités à des fins d'accomplissement, ou d'abstention d'un acte, d'obtention de faveurs ou d'avantages particuliers. V. lexique des termes juridiques, 12e édition, D. 1999. p. 156.

[1128] Il s'agit d'un manque de respect des engagements pris qui constitue une faute à réparer.

[1129] Il s'agit de la loi française du 06 janvier 1978 relative à l'informatique, aux fichiers et aux libertés.

d'un élu des avantages pour son entreprise. Il engage du coup la responsabilité pénale de la personne morale.

Ensuite, la commission des infractions involontaires laisse à penser que l'auteur n'a pas voulu leurs réalisations. Ainsi, on ne pourrait pas considérer que l'infraction a été réalisée « pour le compte » de la personne morale. Ces infractions ne se réfèrent pas à la notion de profit, mais néanmoins elles arrivent parfois à y résister. La responsabilité pénale de la personne morale correspond également à des cas où l'organe ou le représentant a manqué à une obligation de sécurité ou de prudence au nom de la personne morale sans pour autant rechercher un quelconque bénéfice. Par exemple, le fait de ne pas veiller à la sécurité de ses travailleurs ou à l'exécution des travaux.

Des juridictions ont fréquemment condamné des personnes morales pour homicide et blessures involontaires en droit du travail[1130]. Ces condamnations résultent de l'inapplication d'une règle de sécurité que les organes ou les représentants auraient omis de faire respecter ou qu'ils ont délibérément décidé d'éluder dans un souci d'économie ou d'efficacité. Par exemple, un directeur de société néglige de s'assurer que les ouvriers portent bien un casque sur les chantiers alors même que l'entreprise en a acquis un stock suffisant[1131]. La survenance d'un accident corporel peut entraîner la poursuite de la personne morale. Ainsi, la Cour de cassation a condamné une personne morale, au regard des articles 121-2 et 121-3 du CPF, pour inobservation de la réglementation relative à la sécurité du travail[1132].

Il suffit que l'infraction soit réalisée dans l'exercice de l'activité d'une personne morale pour que sa responsabilité pénale soit engagée. Il s'agit d'infractions de discriminations raciales et sexistes en matière d'embauche par une société et sur instruction de son dirigeant. Ce dernier engage la responsabilité pénale de l'entreprise[1133] qui n'en retire, en principe, aucun intérêt ou profit.

Et enfin, les principales infractions pour homicide sont concernées. Il s'agit des délits d'homicide de coups et blessures involontaires, du délit de risque de mort causé à autrui, des contraventions pour atteinte involontaire à l'intégrité physique de la personne. Cette dernière infraction est généralement commise dans le cadre du non-respect des obligations relatives à la réglementation de l'entreprise. De même les infractions en matière de pollution, imputables aux personnes morales et rendues en France par la loi d'adaptation du 16 décembre 1992, rentrent dans cette catégorie.

298. Il convient d'évoquer le problème majeur qui est l'autonomie de la responsabilité pénale de la personne morale face à la responsabilité pénale de la personne physique. En principe pour engager la responsabilité pénale de la

---

1130 Cass. crim., 1er décembre 1998, Bull. crim., n° 325. Cf. La circulaire du 14 mai 1993.

1131 Cf. J. PRADEL : *Principes de Droit criminel,* édition CUJAS, 1999, p. 335.

1132 Cass. crim., 1er décembre 1998, op. cit., p. 210.

1133 Sur le fondement des articles 225-1 et 225-2 du CPF.

personne morale, il faut que l'infraction soit commise pour son compte, par son organe ou son représentant qui peut être aussi pénalement responsable.

Cependant, la solution est différente en matière d'infraction par omission[1134]. L'autonomie de la responsabilité pénale de la personne morale se trouve uniquement dans le cas d'une infraction par omission. Mais, cette infraction ne doit pas être un manquement au respect d'une obligation légale commise par un organe collectif et sans avoir pu l'imputer à un responsable déterminé[1135].

Lorsque les conditions d'engagement de la responsabilité pénale sont adaptées aux personnes morales, il va de soi que les sanctions initialement prononcées contre les personnes physiques puissent être également adaptées à sa nature.

1134 La circulaire générale du 14 mai 1993, en France, dispose que « *dans certaines hypothèses, et tout particulièrement s'il s'agit d'infractions d'omission, de négligence ou matérielles, qui sont constituées en l'absence soit d'intention délictueuse, soit d'un acte matériel de commission, la responsabilité pénale d'une personne morale pourra être engagée alors même que n'aura pas été établie la responsabilité pénale d'une personne physique. En effet, ces infractions auront pu être commises par les organes collectifs de la personne morale, sans qu'il soit possible de découvrir le rôle de chacun de leurs membres et d'imputer la responsabilité personnelle de l'infraction à un individu déterminé* ».

1135 Yves SEXER, *Les conditions de la responsabilité pénale des personnes morales,* Droit et patrimoine, 1996.

CHAPITRE II

L'adaptation de la sanction aux personnes morales

299. La question portant sur les sanctions encourues par les personnes morales a souvent été au cœur des discussions. L'étude de l'arsenal répressif passe par les peines prévues contre les auteurs dans le droit positif, la détermination de la peine frappe l'auteur de l'infraction commise et le sort de la peine pour le condamné (ce que deviendra la peine). Cette étude passe également par la compréhension de la peine et ses notions voisines comme des mesures qui, sans constituer des peines au sens étroit et juridique du mot, sont tout de même ressenties par leur destinataire de manière très pénible. Ces mesures sont de deux sortes : les mesures punitives[1136] et les mesures de sûreté[1137]. Elles sont imposées à la personne morale pour prévenir son état dangereux et non pour la punir. De la sorte, les inconvénients opposés par la dogmatique classique (culpabilité, peine rétributive...) à l'admission de la responsabilité pénale des personnes morales sont neutralisés[1138].

La notion de « conséquence accessoire de condamnation » fut développée par le législateur espagnol[1139]. Pour bon nombre de doctrine à ce sujet, il ne s'agit pas de peines et même de mesures de sûreté, mais de mesures *sui generis* fondées sur la dangerosité de l'être moral et prononcées par une juridiction pénale[1140]. En parlant de cette mesure, le législateur évite toute discussion avec les peines ou d'autres mesures[1141]. Les mesures de sûreté ne sont applicables qu'en cas de dangerosité post-délictuelle. Elles ne peuvent

---

1136 La mesure punitive peut être caractérisée par deux buts : un but retributif où on lui fait « *payer* » sa faute et un but dissuasif pour les autres citoyens en leur montrant ce qu'il en « *coûte* » au coupable.

1137 Les mesures de sûreté visent une finalité non punitive, à raison de certaines lois.

1138 Ces mesures avaient été catégoriquement recommandées aux législateurs au congrès de Bucarest en 1929.

1139 L'article 129 du Code pénal espagnol de 1995.

1140 Voir B. del Rosal BLASCO et I. Perez VALERO, *Responsabilidad penal de las personas juridicas y consecuencias accesorias en el Codigo penal espanol*, RP 1998, n° 1. p. 71.

1141 Voir F. Munoz a et M. Garcias Aran, Derecho penal, Parte general, Tirant lo blanch libros-Valencia, 2e éd. 1996, p. 237 ; V. Code pénal de 1991 du Pérou en Amérique latine.

frapper que des sujets ayant démontré leur tendance au délit. Les personnes morales ne peuvent donc en demeurer ainsi[1142]. L'une ou l'autre de ces mesures ne sont pas loin de la peine au sens étroit et formel de ce terme[1143]. Il faut donc admettre que leur infliction doit être entourée de certaines garanties protégeant la personne morale qui les encourt.

SECTION I. LA DIVERSITÉ ET LES MODALITÉS DE LA SANCTION

300. La loi ou le règlement prévoit, expressément, qu'un crime ou un délit commis par une personne morale peut être sanctionné d'une ou de plusieurs peines[1144]. Mais, une difficulté survient lorsqu'il s'agit des peines encourues par certaines personnes morales. Comme leur existence est une conséquence de la loi et non une manifestation de volonté de leurs membres, la peine de dissolution paraît inapplicable. Mais, l'article 131-39 du CPF l'admet expressément pour les institutions représentatives du personnel. Il déclare en outre que l'interdiction d'exercer une ou plusieurs activités ainsi que le placement sous surveillance judiciaire sont inapplicables à ces personnes morales. Mais, la question reste entièrement posée pour les autres groupements légaux comme les syndicats de copropriétaires qui ne bénéficient pas de cette exemption. Par une interprétation à contrario du dernier alinéa de l'article 131-39 du CPF, on peut admettre que la dissolution leur est applicable. Mais, on aboutirait à une solution absurde et irréaliste où la copropriété pourrait cesser d'exister. Ceci obligerait les copropriétaires (les mêmes personnes qui sont membres) à vendre leurs lots ou à reconstituer immédiatement un nouveau syndicat qui n'aurait pas la qualité de récidiviste si une nouvelle infraction était commise. En effet, les infractions commises par les syndicats de copropriétaires sont le plus souvent des infractions d'imprudence, de manquement aux règles d'hygiène et de sécurité dans les immeubles bâtis. En revanche, le placement sous surveillance judiciaire paraît être, dans ce cas, une sanction appropriée.

S'agissant des groupements ou entités à qui la loi dénie expressément la personnalité morale, on rencontre peu de difficultés. Ce sont, essentiellement, des sociétés en participation[1145] auxquelles sont assimilées les sociétés créées de fait[1146] et les fonds communs de placement ou de

---

[1142] Voir J. Hurtado POZO et I. Meini MENDEZ, *las personas juridicas frente al derecho peruano in La responsabilidad criminal de la personas juridicas,* boletin official del estado, p. 88.

[1143] Le droit pénal administratif (qui admet souvent les mêmes principes que les droit pénal classique : légalité, non rétroactivité, proportionnalité, droits de la défense) et les mesures de sûreté qui, malgré ce que pensent les positivistes, ne sont pas totalement éloignés des peines in J. Pradel, *Droit pénal comparé*, Dalloz, 3e éd. p.169.

[1144] Voir par exemple les infractions citées à l'art. 131-39 du CPF.

[1145] Cf. C. civ. art. 1871.

[1146] Cf. C. civ. art. 1873.

créances[1147]. Faute de personnalité juridique, ces groupements n'encourent aucune responsabilité pénale en droit français (dont le Mali a hérité) contrairement au droit belge où on parle de groupement même dépourvu de cette personnalité juridique. Si des infractions sont commises sous leur couvert, seuls les dirigeants, les associés ou les membres sont poursuivis et condamnés. Cette condamnation passe par l'application des peines dans toute leur hiérarchie (paragraphe I) qui sûrement déterminera les modalités de la répression des personnes morales (paragraphe II).

Paragraphe I. La hiérarchie des peines

301. Les peines ont toujours constitué un sujet délicat pour les personnes morales parce que certaines leur sont inapplicables. La liste des peines applicables aux personnes morales en matière contraventionnelle figure à l'article 131-40 du CPF. L'article 131-42 du CPF prévoit l'amende et les peines privatives ou restrictives de droits. Il précise que ces peines ne sont pas exclusives d'une ou de plusieurs peines complémentaires déjà prévues à l'article 131-43 du CPF. Par leur nature, les peines contraventionnelles ressemblent aux peines applicables aux personnes morales en matière criminelle ou délictuelle. En matière contraventionnelle, le législateur français a maintenu la distinction entre les peines principales, alternatives et complémentaires pour enfermer le pouvoir réglementaire dans des limites plus étroites. D'autres peines sont des innovations propres aux personnes morales et sont énumérées à l'article 131-39 du CPF. Il s'agit de la dissolution, de l'interdiction de faire appel public à l'épargne et de l'exclusion des marchés publics[1148].

La loi distingue les crimes, les délits et les contraventions ainsi que les peines qui leur sont applicables. Cette classification permet de désigner les peines propres à chaque matière. Pour chacune d'elles, une échelle de peines a été instituée. Ces peines principales peuvent être complétées ou substituées par des peines complémentaires ou alternatives. En considérant les seules peines encourues par les personnes morales, il serait impossible de savoir si l'infraction considérée est un crime ou un délit. Sa qualification doit être déterminée par référence aux peines encourues par les personnes physiques pour son adaptation. On peut remarquer l'absence de peines complémentaires[1149] et alternatives encourues par les personnes morales en

[1147] Cf. L. 23 déc. 1988, art. 7- I.

[1148] Également, la loi uniforme de 2004-09 du 06 février 2004 prévoit au sein des Etats membres de l'UEMOA des sanctions contre les personnes physiques et les personnes morales coupables de blanchiment de capitaux, qu'elles soient auteurs ou complices de l'infraction.

[1149] Elles sont dites complémentaires c'est que, conformément au sens commun de ce mot, elles complètent la liste dressée par l'article 131-39 du CPF.

matière criminelle et correctionnelle[1150]. Les soi-disant peines complémentaires sont considérées à l'égard des personnes morales comme les autres peines criminelles et correctionnelles. Certaines peines s'appliquent aux personnes physiques comme l'incarcération, mais ne sont pas concevables à l'encontre des personnes morales. Par contre, d'autres peines comme l'amende peuvent facilement s'appliquer aux personnes morales. L'amende a été retenue par le législateur français (A) tout comme les peines privatives ou restrictives de droits (B).

A. L'amende applicable aux personnes morales

302. Au delà de la consécration de la responsabilité pénale des personnes morales, une meilleure indemnisation des victimes a incité les législateurs concernés à fixer une amende conséquente. L'amende apparaît véritablement comme une peine principale en l'absence de peines complémentaires ou alternatives[1151]. Alors que les autres peines sont encourues selon les termes de l'article 131-37 du CPF « dans les cas prévus par la loi », il n'y a pas de restriction en ce qui concerne l'amende. Il en résulte que celle-ci est systématiquement encourue pour chaque infraction dès lors que la responsabilité pénale des personnes morales est engagée sans pourtant être prévue par les textes[1152]. Toutefois, dans une logique de précision, le législateur français a prévu la possibilité de prononcer une amende dans les textes spéciaux instituant la responsabilité pénale des personnes morales. Mais contrairement aux autres peines, elle est toujours prévue conformément à l'intention du législateur exprimée dans l'article 131-37 du CPF.

Depuis l'entrée en vigueur du nouveau code pénal français, il ressort de toutes ces condamnations[1153] que le travail illégal a souvent été l'infraction la plus sanctionnée. Selon la doctrine, ces infractions montrent que seules les

---

[1150] Toutes les peines sont, en quelque sorte, des peines principales que le juge peut librement combiner entre elles.

[1151] V. Infra. n° 311.

[1152] Le régime fiscal des amendes est très défavorable dans la mesure où l'art. 39. 2 du CGI en France édicte un principe général de non-déductibilité des sanctions pécuniaires de toute nature. S'agissant plus particulièrement des amendes à caractère pénal, le droit fiscal s'est fondé de tout temps sur le principe de la personnalité des peines pour interdire leur déductibilité, même si elles sont encourues par l'entreprise, ou l'un de ses dirigeants, dans l'exercice de son activité (sur la personnalité des peines, Com. 3 mars 2004, Patour, RJF 6/04, n° 620, et 10 mars 2004, Bull. Joly 2004, p. 952, no 191, obs. J.-F. BARBIERI). La déductibilité se traduisant par une réduction de l'assiette imposable, l'admettre aurait pour conséquence de faire retomber sur l'État, à concurrence du manque d'impôt perçu, une partie de la peine (CE 8 juill. 1998, Assoc. Radio Free Dom : RJF 10/98, no 1093 ; Dr. fisc. 1998, no 49, comm. 1084, concl. G. Goulard). F. BEREYZIAT, Déductibilité des sanctions : on peine à comprendre, RJF 4/05, p. 211. Sur la déductibilité des fonds détournés par les gérants, Éd. D. 2008.

[1153] On peut à cet égard observer qu'en dix ans, 1 400 condamnations ont été prononcées à l'encontre des personnes morales, www.legifrance.gouv.fr (consulté le 12 avril 2011).

peines d'amende ont été prononcées[1154]. Ces amendes sont quatre fois supérieures à celles prononcées à l'encontre des personnes physiques[1155].

L'article 42 de la loi uniforme[1156] prévoit des sanctions applicables aux personnes morales coupables de blanchiment de capitaux. Ces personnes morales, autres que l'État pour le compte desquelles le blanchiment a été commis par l'organe ou le représentant, sont punies d'amende sans préjudice de la condamnation de ce dernier comme auteur ou complice des mêmes faits. Selon l'article 131-38 du CPF, le taux maximum de cette amende est égal au quintuple de celui prévu pour les personnes physiques par la loi qui réprime l'infraction[1157].

303. La fixation au quintuple du taux des amendes applicables aux personnes morales a donné lieu à quelques hésitations. Fixé au double de l'amende encourue par les personnes physiques dans l'avant-projet de 1978 en France, il a été porté au décuple dans l'avant-projet de 1983 et dans le projet déposé en 1986. Il fut, enfin, ramené au quintuple à l'initiative du sénat lors de la discussion du texte. Au cours des débats parlementaires, il avait été proposé d'abandonner la règle du quintuple au profit d'une amende proportionnelle au chiffre d'affaires de la société. Ce fut déjà le cas des amendes administratives prévues par l'ordonnance du 1er décembre 1986 sur la liberté des prix et de la concurrence. L'amende aurait été égale à cinq pour cent du montant du chiffre d'affaires hors taxe réalisé en France au cours du dernier exercice clos. De prime abord séduisant, ce système présente néanmoins deux inconvénients. D'abord, il est difficile de le mettre en œuvre tant que le juge ne dispose toujours pas d'informations fiables sur le chiffre d'affaires de la société. Ensuite, il serait surtout inapplicable à certaines personnes morales telles que les collectivités territoriales pour lesquelles il est nécessaire de conserver le système d'amende fixe. L'acceptation du chiffre d'affaires pour certaines et l'adoption du taux fixe pour d'autres ne seraient pas conforme au principe de l'égalité devant la loi.

Il est aussi inutile de préciser le taux de l'amende dans les dispositions spéciales édictant les peines applicables aux personnes morales. La technique retenue a l'inconvénient d'exclure la possibilité d'appliquer une peine d'amende à une personne morale lorsque cette peine n'est pas prévue pour sanctionner l'infraction commise par les personnes physiques. Au-delà de la technique juridique, on a reproché au procédé d'être d'une rigueur

---

[1154] V. TC. Verdun, 12 juil. 1995, JCP. 1996, éd. *G*, II, 22639, note C. Guéry et G. Acomando ; TC. Strasbourg, 9 févr. 1996, *Les Annonces de la Seine*, 25 mars 1996, n° 24, p. 10 ; TC. Versailles, 18 déc. 1995, J.C.P. 1996, *éd. G, II.* 22640, note J.H. ROBERT, Dr. pén. mars 1996, n° 71 ; TC. Paris, 3 condamnations rendues en 1995 citées par L. Vichnievsky, R.S.C., avr. juin. 1996 p. 290.

[1155] En France : les Échos 10-11 juin 2005.

[1156] Cette loi est applicable au Mali.

[1157] Cf. l'art. 131- 41 du CPF.

excessive[1158]. Il est vrai que les amendes encourues par les personnes physiques sont très élevées, mais celles applicables aux personnes morales peuvent atteindre des montants parfois faramineux[1159].

304. L'association est une personne morale qui peut être pénalement condamnée par le paiement d'une amende ou par la dissolution. Même si elle est représentée devant le tribunal par un dirigeant, c'est bien elle-même qui sera condamnée. Ses membres peuvent, aussi, être condamnés pour mauvaise gestion. Une association peut se retourner contre un ou plusieurs de ses membres, se désolidariser d'eux et demander qu'ils soient condamnés à sa place. Elle ne peut reprocher à un membre d'avoir manqué à ses fonctions (par exemple mauvaise gestion) que lorsque cette personne avait un mandat clair de sa part (par exemple décrit dans les statuts ou par une décision du Conseil d'administration) et les moyens (matériels, financiers, formation, expérience) nécessaires pour mener à bien ce mandat. S'agissant des dirigeants, leur responsabilité est appréciée par le tribunal en fonction des faits. Ils peuvent éventuellement être condamnés pour des actes commis par d'autres personnes[1160]. La notion de responsabilité est une notion complexe. Dans tous les cas, chaque adhérent ou responsable de l'association doit répondre de ses propres actes. Il faudra prendre, bien évidemment, en considération le patrimoine de l'association pour prononcer une peine. Le montant de cette amende tient compte des capacités financières de l'association. Pour les peines affectant le patrimoine de l'association, la sanction constitue l'amende où le taux est égal au quintuple de l'amende applicable aux personnes physiques pour la même situation. La peine est décuplée en cas de récidive[1161]. La vie de l'association peut être affectée par certaines peines que sont : la surveillance, la réduction d'activité, l'interdiction d'activité, la fermeture temporaire ou définitive de l'établissement, la dissolution.

305. Cependant, l'application de la rigueur peut être relativisée. D'une part, il appartient au juge de moduler le montant de l'amende en fonction des capacités financières de la personne morale concernée. En la matière, le juge est libre de fixer dans la limite de ce maximum le montant de l'amende.

[1158] Voir M. BOIZARD, *Amende, confiscation, affichage ou communication de la décision,* Rev. Soc. 1993, p. 330.

[1159] L'amende encourue par une personne morale s'élève à 1 500 000 F pour un vol simple, soit le quintuple de l'amende de 300 000 F encourue par les personnes physiques en application de l'article 311-1 du Code pénal.

[1160] L'Article 1384 du Code civil « *on est responsable non seulement du dommage que l'on cause par son propre fait, mais encore de celui qui est causé par le fait des personnes dont on doit répondre, ou des choses que l'on a sous sa garde* ».

[1161] Cf. L'Article 131-38 du CPF. Par exemple, l'atteinte involontaire à la vie (comme l'accident du travail) où le taux maximum de l'amende est de un million cinq cent mille francs, en cas de récidive il sera de trois millions de franc.

Mais il doit tenir compte des ressources et des charges de l'auteur de l'infraction[1162]. En réalité, les amendes seraient payées par le contribuable et même parfois par la victime. La condamnation de la collectivité territoriale à une amende pourrait être comprise par l'opinion comme un transfert de la responsabilité pénale et financière de l'élu vers la collectivité qu'il représente. Il apparaît bien que la condamnation soit d'une nature toute différente. C'est déjà le cas pour une condamnation civile prononcée par le juge administratif. En partie, c'est peut être le bénéficiaire de cette condamnation qui supportera la charge des dommages et intérêts. D'autre part, l'application des taux maximums peut être justifiée, soit pour sanctionner des entreprises qui en raison de leurs moyens financiers seraient totalement insensibles à des amendes plus modestes, soit pour dissoudre purement et simplement une société de pratique mafieuse. Ainsi, l'amende peut être un complément utile de dissolution car elle empêche les associés de se partager le boni de liquidation. Quoiqu'il en soit, les taux retenus n'apparaissent pas plus choquants que, toutes proportions gardées, ceux applicables aux personnes physiques depuis fort longtemps pour certaines infractions. C'est le cas de l'escroquerie, passible d'une amende de deux millions cinq cent mille francs au Mali.

306. Le droit pénal allemand qui ignore la responsabilité pénale des personnes morales, connaît à côté des crimes et des délits une autre catégorie d'infractions. Ce sont les « infractions administratives »[1163]. Dépourvues de tout caractère pénal, ces infractions sont régies par une loi spécifique. L'article 30 de cette loi traite des amendes qui peuvent être prononcées contre les personnes morales. Il prévoit que lorsqu'une personne a commis une infraction pénale ou une « infraction administrative » à cause de laquelle la personne morale a failli à sa mission ou grâce à laquelle elle s'est enrichie ou aurait dû s'enrichir, une amende peut être prononcée contre. Cette personne doit agir comme l'organe représentant de la personne morale ou comme membre d'un tel organe.

Le montant de l'amende est lié à la nature de l'infraction. L'amende prononcée contre une infraction pénale intentionnelle est fixée à un million de marks. Elle ne peut pas dépasser cinq cent mille marks[1164] pour une infraction pénale résultant d'une négligence. S'agissant d'une « infraction administrative », le montant de l'amende est déterminé par la loi. Il est généralement compris entre cinq et mille marks. Cependant, d'après l'article 17 de la même loi, les montants peuvent être augmentés s'ils ne compensent pas les avantages obtenus illicitement par la personne morale. Le système

---

[1162] Cf. Art. 132-20 et 132-24 du CPF. Par exemple, l'abus de confiance étant puni de trois cent soixante quinze mille Euros d'amende, la société est donc passible d'une peine pouvant aller jusqu'à un million huit cent soixante quinze mille Euros.

[1163] On appelle en droit Allemand : *Ordnungswidrigkeiten.*

[1164] La monnaie (Devise) Allemande.

prévu par les « infractions administratives » permet de sanctionner la personne morale sans que cette sanction revête une quelconque connotation pénale.

307. En matière contraventionnelle, l'amende peut être qualifiée ici d'unique peine principale dans ses rapports avec les autres peines. Elle est toujours encourue en cette matière par les personnes morales. Son taux est fixé par l'article 131-41 du CPF au quintuple de l'amende encourue par les personnes physiques. Le mode de calcul est donc le même qu'en matière criminelle et correctionnelle. L'amende contraventionnelle maximum encourue par les personnes physiques étant fixé pour chaque classe de contravention par l'article 131-13 du CPF, il est facile d'en déduire le montant maximum des amendes applicables aux personnes morales[1165]. Mais, la juridiction peut prononcer une amende d'un montant inférieur à celle encourue normalement et peut même descendre jusqu'à un euro pour les contraventions de cinquième classe d'après ledit code.

Ici, le palliatif consiste à faire de la personne morale le garant de l'exécution de l'amende à laquelle a été condamné le directeur ou gérant, par exemple. Ainsi, la personne morale endosse les conséquences pécuniaires d'une condamnation pénale prononcée contre l'un de ses membres. Ce procédé est avantageux pour le trésor public, mais présente des inconvénients. Le juge peut prononcer des amendes disproportionnées et la personne morale risque de se retourner contre le condamné. On peut négliger que l'amende présente un caractère personnel et rétributif.

Cette idée est souvent retenue dans les pays hostiles à la responsabilité pénale des personnes morales. C'était le cas en Belgique[1166] et en France[1167] avant que la responsabilité pénale des personnes morales n'y soit reconnue à titre général[1168]. De même en Italie où elle n'est toujours pas reconnue, l'article 197 du code pénal prévoit que « les personnes morales ayant une personnalité juridique, État, provinces et communes exceptées, lorsqu'une

[1165] Mille deux cent cinquante francs pour les contraventions de la première classe (dégradation légère : R. 631-1 du CPF), cinq mille francs pour celles de la deuxième classe (manquement à une obligation de sécurité ou de prudence n'ayant pas entraîné d'incapacité de travail : art. 622-1 du CPF), quinze mille francs pour celles de la troisième classe(usurpation de signes réservés à l'autorité publique : R. 643-1 du CPF.), vingt-et-cinq mille francs pour celles de la quatrième classe (injure ou diffamation non publique à caractère raciste ou discriminatoire : art. R. 624-6 du CPF), cinquante mille francs pour celles de la cinquième classe et cent mille francs en récidive (atteintes involontaires à l'intégrité de la personne : R. 625-5 du CPF).

[1166] V. Ch. HEANNAU-HUBLET, rapport au congrès d'Athènes, p. 153.

[1167] Cf. L'article L. 263-2-1 C. travail en cas d'homicide ou de blessures involontaire commis dans une entreprise par un préposé, le tribunal peut « *décider que le paiement des amendes prononcées sera en totalité ou en partie à la charge de l'employeur* ».

[1168] Depuis ces textes, bien que la France et la Belgique aient consacré la responsabilité pénale des personnes morales, ces exemples subsistent, ce qui fait pour la personne morale un double système de responsabilité.

condamnation pour contravention est prononcée contre les personnes ayant en charge de les représenter ou administrer…sont tenues de payer en cas d'insolvabilité du condamné une somme égale au montant de l'amende de police infligée »[1169]. On peut citer encore l'article 31 paragraphe 2 du code pénal espagnol qui indique que dans les cas spécifiés par la loi, l'amende infligée à l'auteur du délit sera payée par la personne morale qui a une responsabilité directe et solidaire[1170].

308. En instaurant la responsabilité pénale des personnes morales, le législateur français ne s'est pas cantonné à des peines d'amende à l'égard de ces nouveaux délinquants qui sont les personnes morales. Comme le soulignait DINTILHAC au congrès de Sienne[1171], il fallait choisir la difficulté qui réside dans l'emprisonnement. Ce dernier occupe, dans le système répressif français, une « place centrale ». Même si cette peine n'est plus celle qui est fréquemment prononcée, « elle constitue la référence et l'ultime recours en cas de non-exécution des autres sanctions »[1172].

Toutefois, les crimes et les délits passibles uniquement d'une peine privative de liberté sont rares dans le code pénal français. Il s'agit entre autre d'atteintes volontaires à la vie par des actes de tortures, de violences criminelles, etc.

309. Au bénéfice de ces analyses, on a relevé que l'amende est applicable aux personnes morales quelque soit la qualification ou l'appellation accordée à l'infraction commise par elles. Le principe général de la responsabilité pénale des personnes morales n'est pas expressément prévu au Mali. Mais par interprétation, on peut admettre sa reconnaissance. Ainsi, le code pénal malien en ses articles 248 à 251 prévoit des peines d'amende de cinq cent mille à quinze millions de franc CFA contre toute personne portant atteinte à la propriété intellectuelle ou au bien d'autrui. Ces dispositions utilisent des expressions vagues telles que « toute personne portant atteinte… ». Cette personne peut désigner à la fois la personne physique et la personne morale. Si cette reconnaissance tacite était confirmée par la jurisprudence, le montant de l'amende devrait être fixé en fonction de la gravité de l'infraction commise par les personnes morales. Le système du quintuple en France semble ne pas bien indiqué au Mali car beaucoup de sociétés ne pourraient pas s'exécuter à cause de leur faible capacité financière. Il est évident que l'amende est relativement faible en droit malien, mais le triple prononcé

1169 V. Rapport C. PALIERO au congrès d'Athènes, p. 265.

1170 V. J.- L. De La CUESTA ARZAMENDI, *Personas Juridicas, consecuencias accessorias y responsabilidad penal*, en Homonaje al Dr Marino Barbero Santos, In memoriam, dir. Arrayo ZAPATERO et Berdugo GÔMEZ de la Torre, coordination Nieto MARTIN Vol I. Universidad de Castilla-La Mancha, Cuenca, 2001, p. 967 et s.

1171 L'acte du colloque de Sienne, p. 46.

1172 Ibidem.

contre les personnes morales pour les mêmes infractions semblerait raisonnable.

B. Les peines privatives ou restrictives de droits

310. Les peines privatives ou restrictives de droits sont applicables aux personnes morales à condition qu'elles soient prévues par le texte[1173]. Le législateur s'autorise, ainsi dans les dispositions de droit pénal spécial, à édicter à l'encontre des personnes morales d'autres peines[1174]. Certaines peines sont adaptées au particularisme des personnes morales. Il s'agit de l'interdiction de faire appel public à l'épargne et les deux mesures dont leur gravité fait exclure à l'encontre de certaines personnes morales à savoir. Ce sont des mesures de placement sous surveillance judiciaire et de dissolution. On peut noter les peines communes aux personnes morales et aux personnes physiques, et celles qui sont propres aux seules personnes morales.

311. Il y a certaines peines qui sont autant de peines communes applicables aux personnes morales et aux personnes physiques[1175]. Mais, leur application aux personnes morales peut toutefois soulever des questions particulières que la pratique révélera sans doute. Par exemple, il s'agit de l'interdiction d'exercer une activité professionnelle ou sociale. Celle-ci se limite à indiquer que la peine « emporte les conséquences prévues à l'article 131-28 du CPF ». Il faut en déduire qu'il ne doit pas être tenu compte, en ce qui concerne les personnes morales, des dispositions de l'article 131-27 du CPF qui écartent cette peine en matière de délits de presse et interdisent son

---

[1173] *L'article 131-9 du CPF* prévoit une liste de sanction. Il s'agit de : 1° la dissolution ; 2° l'interdiction d'exercer directe ment ou indirectement une ou plusieurs activités professionnelles ou sociales, à titre définitif ou pour une durée de cinq ans au plus ; 3° le placement sous surveillance judiciaire pour une durée de cinq ans au plus ; 4° la fermeture définitive des établissements ou de l'un ou plusieurs des établissements de l'entreprise ayant servi à commettre l'infraction, à titre définitif ou pour une durée de cinq ans au plus ; 5° l'exclusion des marchés publics à titre définitif ou pour une durée de cinq ans au plus ; 6° l'interdiction de faire appel public à l'épargne, à titre définitif ou pour une durée de cinq ans au plus ; 7° l'interdiction d'émettre des chèques autres que ceux qui permettent des retraits de fonds par le tireur auprès du tiré ou ceux qui sont certifiés ou d'utiliser des cartes de paiement, pour une durée de cinq ans au plus ; 8° la confiscation de la chose qui a servi ou était destinée à commettre l'infraction ou de la chose qui en est le produit ; 9° l'affichage de la décision prononcée ou la diffusion de celle-ci, soit par la presse écrite, soit par tout moyen de communication audiovisuelle.

[1174] À titre d'exemple, les personnes morales sont passibles de la confiscation générale de leurs biens en matière de crimes contre l'humanité et de trafic de stupéfiants (L'article 213-3, 222- 49 du CPF) et du retrait de la licence de débit de boisson ou de restaurant en matière de trafic de stupéfiants et de proxénétisme (L'article 213-3, 222- 49 du CPF.)

[1175] Il s'agit de l'amende, de l'interdiction d'exercer une activité professionnelle ou sociale, de la fermeture d'établissement, de l'exclusion des marchés publics, de l'interdiction d'émettre des chèques ou d'utiliser des cartes de paiement, de la confiscation et de l'affichage ou de la diffusion de la condamnation.

application aux responsabilités syndicales. La réponse qu'on peut apporter est négative, ne serait-ce qu'au regard du second cas, pour des raisons d'ordre constitutionnel. Cela peut-être à l'origine des ambigüités.

La doctrine a généralement admis que la plupart des peines applicables aux personnes morales tout court sont inadaptées aux personnes morales de droit public[1176]. Elles sont impossibles à prononcer[1177] ou peuvent aller à l'encontre de la mission de service public confiée à la collectivité publique[1178]. La responsabilité pénale des personnes morales, dont l'aboutissement est de punir et non de réparer, apparaît particulièrement difficile à mettre en œuvre les sanctions. L'amende tient la plus grande place parmi les sanctions pénales applicables aux collectivités locales. En France, les cent premières condamnations des personnes morales montrent que l'amende est prononcée à l'encontre des personnes morales de droit public[1179]. Elle exerce une fonction de prévention et d'intimidation dont on peut penser qu'elle est effectuée par sa publicité[1180].

Cependant, l'affichage ou la diffusion de la décision semble envisageable. Elle peut conduire à porter l'opprobre sur la personne publique qui n'en a pas besoin dans ces circonstances. À l'inverse, le caractère dissuasif peut constituer son efficacité. Il n'est jamais agréable pour un exécutif local de supporter une contre-publicité pour sa collectivité, surtout s'il s'agit d'une large diffusion de décision judiciaire la sanctionnant pour mauvais fonctionnement des services municipaux.

312. Selon la plupart des textes admettant la responsabilité pénale des personnes morales, seules trois peines sont véritablement spécifiques aux personnes morales. Il s'agit du placement sous surveillance judiciaire, de la dissolution, et de l'interdiction de faire appel public à l'épargne. Elles sont exclusivement applicables en matière criminelle et correctionnelle.

[1176] Cf. Code pénal français aux articles 131-37 à 131-49.

[1177] Cf. Aux sanctions prévues au dernier alinéa de l'article 131-39 comme la dissolution ou le placement sous surveillance judiciaire.

[1178] Il s'agit, ainsi, de l'exclusion des marchés publics, de l'interdiction d'exercer, de la confiscation de l'objet, ou de la fermeture de l'établissement à l'origine des faits incriminés.

[1179] En France ces cas sont analysés par une circulaire de la Direction des affaires criminelles et des grâces du 26 janvier 1998. Dans cette circulaire 1998 en France, la Chancellerie a dressé un premier bilan de l'application de la réforme, en analysant les cent premières condamnations. La majorité des condamnations concerne des personnes morales de droit privé (34 SARL, 26 SA). Les condamnations les plus fréquentes concernent des délits de travail clandestin (35), de blessures involontaires (19), de facturations irrégulières (13) et d'atteintes à l'environnement (11).

[1180] L'intimidation est un comportement agressif intentionnel, répété dans le temps et impliquant un déséquilibre de pouvoir ou de force. Il est évident aussi lorsque quelqu'un n'arrête pas de faire ou de dire des choses pour gagner du pouvoir sur une autre personne : prononcer des insultes, dire ou écrire des choses désagréables sur eux, les exclure des activités, ne pas leur parler, les menacer, les mettre mal à l'aise ou les effrayer, enlever ou endommager leurs possessions, les frapper ou leur donner des coups de pied ou les faire faire des choses qu'ils ne veulent pas faire.

Le placement sous surveillance judiciaire[1181]est différent du contrôle judiciaire[1182]. Il est considéré comme la plus originale des peines applicables aux personnes morales. On peut le concevoir pour les personnes morales comme l'équivalent du sursis applicable aux seules personnes physiques. Succédané[1183] de la détention préventive, le placement sous surveillance judiciaire pouvait être envisagé à propos du délinquant personne morale. Hormis le vol, le détournement de gage et l'organisation frauduleuse d'insolvabilité, il peut s'appliquer à la totalité des crimes et délits susceptibles d'être commis par des personnes morales. Il a été largement prévu par le nouveau code pénal français. Son application exclut pour des raisons évidentes les personnes morales de droit public, les partis et groupements politiques, les syndicats professionnels[1184]. Selon l'article 131-46 du CPF, la décision de placement sous surveillance judiciaire de la personne morale nécessite la désignation d'un mandataire de justice[1185]. Le législateur se borne à préciser la portée de la mission sur l'activité de l'exercice au cours duquel l'infraction a été commise, mais des pouvoirs d'appréciation très larges appartiennent au juge. Compte tenu du libellé de la peine, il convient de préciser que la mission confiée au mandataire ne peut consister qu'en une surveillance des activités de la personne morale[1186]. Elle ne doit pas l'associer à l'administration de celle-ci. Après le rapport du

[1181] « *Une modalité d'exécution des courtes peines privatives de liberté conduisant à obliger un condamné en dehors des périodes préalablement définies par le juge, à ne pas quitter son domicile ou tout autre qui lui a été désigné...* », Lexique des termes juridiques, D. 1999, 12e éd., p. 394.

[1182] « *Mesure restrictive de liberté qui astreint la personne mise en examen (inculpé) ou le prévenu à se soumettre à une ou plusieurs obligations légalement définies, choisies en vue des nécessités de l'information ou pour des raisons de sécurités* », Lexique des termes juridiques, D. 1999, 12e éd., p. 150.

[1183] Il s'agit du produit de l'article 141-2 du code de procédure pénale français d'après lequel, il est vrai qu'un juge d'instruction peut prononcer le contrôle judiciaire à l'encontre d'une personne physique en application des articles 138 et suivants du Code de procédure pénale français et qui évite la détention provisoire en donnant lieu, en cas de violation des obligations qui s'y attachent, à un mandat de dépôt ou d'arrêt.

[1184] Puisqu'on a déjà vu, il est inutile de revenir sur la justification de ces exclusions que l'on rencontre également en cas de dissolution. On notera simplement que, contrairement à la solution retenue en matière de dissolution, les institutions représentatives du personnel ne sont pas protégées.

[1185] Selon l'article R. 131-35 les personnes qui peuvent être désignées comme mandataires sont, en principe, celles inscrites sur la liste prévue à l'article 2 de la loi n° 85-99 du 25 janvier 1985 relative aux administrateurs judiciaires ou sur l'une des listes prévues à l'article 157 du Code de procédure pénale français. Cependant, il est aussi possible de désigner une personne ne figurant sur aucune de ces listes si elle a une expérience ou une qualification particulière.

[1186] Tous les six mois, au moins, ce mandataire doit rendre compte au juge d'application des peines de l'accomplissement de sa mission qui, à son tour, supervise l'exécution de la peine (L'article 131-46, al. 1er du CPPF).

mandataire, la juridiction ayant infligé le placement peut aussi prononcer une nouvelle peine ou relever la personne morale de la mesure de placement[1187].

313. Pour expliciter cette formule, l'une des peines encourues pour l'infraction ayant motivé le placement sous surveillance judiciaire peut être prononcée. En revanche, on peut s'interroger sur la possibilité accordée au juge de prononcer plusieurs peines encourues comme s'il jugeait l'infraction pour la première fois ou s'il n'est autorisé à prononcer qu'une seule peine comme peut le laisser penser la lettre de l'article 131-46 du CPF. En tous cas, rien n'interdit à la juridiction de prononcer une peine de même nature que celle déjà prononcée. En particulier, un autre placement sous surveillance judiciaire destiné à prolonger les effets de la décision initiale est possible.

314. Les personnes morales peuvent être frappées de dissolution prononcée selon les conditions très restrictives. Elle est prévue par l'article 131-39, 1° du CPF et s'avère être la plus lourde des peines qui puissent être infligées à une personne morale. Sa gravité explique que son domaine d'application est limité et ses conditions d'application sont rigoureuses. En revanche, les modalités d'exécution de la dissolution ne présentent plus de particularités et son domaine d'application se trouve ainsi étroitement cadrer. Tout comme le placement sous surveillance judiciaire et pour des raisons présentées comme étant d'ordre constitutionnel lors des débats parlementaires, la dissolution est interdite à l'encontre de certaines catégories de personnes morales par le dernier alinéa de l'article 131-9 du CPF. Il s'agit des personnes morales de droit public, des partis ou groupements politiques, des syndicats, des institutions représentatives du personnel. L'exclusion des personnes morales de droit public est effectivement justifiée par le principe de la séparation des pouvoirs et surtout par la permanence de l'État et de ses démembrements. Aussi se justifie l'exclusion des institutions représentatives du personnel. Elles doivent être obligatoirement créées au sein des entreprises dans les conditions prévues par la loi. On ne voit pas, dès lors, comment cette obligation légale pourrait être écartée par une décision de dissolution. Sont ainsi protégés les comités d'entreprise, les comités d'établissement, les comités centraux d'entreprise et les comités de groupe[1188].

La dissolution ne semble pas efficace pour les associations car les membres peuvent en créer une nouvelle association pour poursuivre les objectifs assignés quant on sait que sa création est presque gratuite.

[1187] L'article 131-46, al. 2 du CPF.

[1188] Le droit de tout travailleur de participer « *par l'intermédiaire de ses délégués, à la détermination collective des conditions de travail ainsi qu'à la gestion des entreprises* » est proclamé par le préambule de la Constitution du 27 octobre 1946, partie intégrante du « *bloc de la constitutionnalité* ».

L'interdiction d'ordonner la dissolution des syndicats et des partis politiques est discutable. La liberté syndicale[1189] ou de création des partis politiques et l'exercice de leur activité[1190] est une liberté fondamentale qui ne parait pas suffisant en soi pour exclure leur dissolution. Mais, qui peut contester le droit de dissoudre par exemple un parti politique qui aurait organisé ou encouragé la perpétration de crimes contre l'humanité ?

En réalité, la question semble s'entendre sur la notion de parti politique et de syndicat. On admettra aisément que la politique et le syndicalisme cessent où commence l'entreprise criminelle. On observera en tout cas que d'autres libertés fondamentales, telles que la liberté d'association et la liberté d'expression, n'ont pas bénéficié d'une telle protection. Le parlement français n'a nullement interdit la dissolution des associations et des sociétés de presse.

315. En matière contraventionnelle, ces peines sont soit alternatives, soit complémentaires. Le législateur, de par une disposition générale, a institué en matière contraventionnelle des peines alternatives à l'amende[1191]. Ainsi, l'article 131-42 du CPF[1192] dispose clairement que les juridictions pénales peuvent toujours remplacer l'amende encourue pour toutes les contraventions de la cinquième classe par l'une des deux peines privatives ou restrictives de droit suivantes : l'interdiction pour une durée d'un an au plus d'émettre des chèques[1193], l'utilisation des cartes de paiements et la confiscation[1194] de la chose qui constitue le corps, le moyen ou le produit de l'infraction liée à sa commission.

Les mesures provisoires sont également prévues par les conventions de Vienne[1195], de Palerme[1196]et par le droit UEMOA. Elles sont relatives à la saisie et au gel des produits provenant du blanchiment de capitaux et de lutte contre le financement du terrorisme. La saisie des produits provenant du blanchiment découle aussi de la recommandation du groupe d'action

---

1189 V. le préambule de la Constitution française du 27 oct. 1946.

1190 V. Constitution française du 4 oct. 1958, art. 4.

1191 Le législateur français a développé depuis 1975 les peines dites alternatives et le nouveau code pénal de 1994 a maintenu ce dispositif, sans véritablement innover.

1192 Plus explicite que dans les dispositions correspondantes applicables aux personnes physiques.

1193 L'exception faite à ceux qui sont certifiés ou qui permettent le retrait du fonds par le tireur auprès de la banque.

1194 La Directive de 2002 de l'UEMOA va dans ce sens. Selon son article premier, la confiscation est la dépossession définitive de biens sur décision judiciaire, d'une autorité de contrôle ou de toute autorité compétente. La confiscation est une mesure destinée à priver les blanchisseurs de leurs biens et capitaux provenant du blanchiment.

1195 Convention de Vienne, du 20 décembre 1988, contre le trafic illicite de stupéfiants et substances psychotropes.

1196 Convention de Palerme contre le crime transnational, 15 novembre 2000.

financière (GAFI)[1197] et de l'obligation posée par les directives n° 7 et n° 8 de l'UEMOA de 2002[1198]. Le législateur de l'UEMOA n'a pas défini le régime juridique du gel de fonds. Mais, on peut penser qu'il s'agit de certaines personnes, entités et organismes ayant des rapports avec des activités terroristes. Ces personnes peuvent prendre ou céder une participation dans un établissement de crédit en contravention de certaines dispositions[1199] ou de celles de la réglementation communautaire sur le gel des fonds et autres ressources financières dans le cadre de la lutte contre le financement du terrorisme dans les États membres de l'UEMOA[1200].

Ce vide juridique au sein des États membres doit-il laisser penser qu'en la matière, ce sont les saisies douanières qui vont s'appliquer ? Le régime douanier en matière de confiscation peut s'appliquer en cas de blanchiment, surtout lorsque les produits proviennent du trafic de stupéfiants. Mais ces mesures, bien qu'efficaces, se sont révélées insuffisantes pour éradiquer le phénomène de blanchiment qui a acquis une dimension sans précédent. C'est pourquoi le GAFI, dans ses recommandations[1201], a exhorté les pays impliqués dans cette lutte à s'entraider mutuellement.

316. La confiscation peut concerner le bien ou l'outil de la personne morale qui a servi ou était destiné à la commission de l'infraction. Elle peut concerner aussi le produit, à l'exception des objets susceptibles de restitution. Prévue par l'article 42 de la loi uniforme de 2004, elle peut porter également sur des biens qui ne sont pas le produit de l'infraction et qui peuvent être acquis licitement, antérieurement ou postérieurement à la commission de l'infraction de blanchiment. Le législateur monégasque a prévu une telle sanction contre les biens et les capitaux tirés du blanchiment[1202]. Selon les textes[1203], la saisie sera ordonnée, après avis du procureur général, par décision motivée du juge d'instruction ou du tribunal qui prescrira toutes les mesures d'administration utiles.

[1197] En anglais *Financial Action Task Force* (FATF), le GAFI est un organisme intergouvernemental de lutte contre le blanchiment d'argent et le financement du terrorisme. Créé par le G7 lors du sommet de Paris en 1989, il rassemble aussi les Etats membres de la CEE et de sept autres pays. Sans structure définitive, son secrétariat est au siège de l'OCDE à Paris.

[1198] C'est surtout son règlement n° 1354/2001 du 4 juillet 2001 qui en fait cas.

[1199] Selon l'article 39 de la loi n° 058-2008/AN du 20 novembre 2008 portant réglementation bancaire au Burkina Faso. JO n° 2 du 08 janvier 2009.

[1200] Cf. l'article 72 al.2, de la loi précitée.

[1201] Le GAFI visent à créer des normes non impératives regroupées en 40 recommandations plus 9 autres spéciales après l'attentat du 11 septembre qui sont toutes des lignes de conduite que les gouvernements doivent suivre.

[1202] V. CABINETS FONTANEAU, *Les mesures de lutte contre le blanchiment des capitaux à Monaco*, in Revue Fiscalité Européenne et Droit International des Affaires, n° 126, 2001.

[1203] Lois n° 890 du 1e juillet 1970 modifiée et n° 1161 du 7 juillet 1993 qui prévoient cette saisie en matière de blanchiment de capitaux.

En Belgique, avant l'admission du principe de la responsabilité pénale des personnes morales, le juge pénal pouvait procéder à la confiscation d'un objet dangereux, nuisible ou interdit[1204] même en cas d'acquittement de l'inculpé pour une cause personnelle[1205]. En général, la confiscation peut s'étendre, non seulement, de la chose objet ou moyen du délit, mais aussi de la chose qui en est le produit. Il s'agit du gain illicite tiré de l'activité délictueuse[1206]. Seulement, il faut bien reconnaître que la simple confiscation du gain n'a pas un effet préventif considérable. Il faudrait que la personne morale soit condamnée au double ou au triple de la somme. Aux États-Unis, les *Fédéral Sentencing Guidelines* admettent depuis 1991 la prononciation des amendes élevées et suffisamment dissuasives contre des organisations criminelles[1207].

Une mention particulière doit être faite au droit italien. En application de divers textes communautaires obligeant les États à incriminer certains agissements comme la fraude, la corruption, le blanchiment de capitaux intéressant l'ordre communautaire, des textes[1208] ont prévu un régime administratif pour le traitement de certaines infractions[1209] quand celles-ci ont été commises dans le cadre d'une entreprise. Comme s'il s'agit d'infractions pénales, c'est le juge pénal qui est compétent. Mais puisque ces infractions concernent la personne morale, le législateur italien a prévu uniquement des sanctions administratives[1210]. La matière est extrêmement réglementée car en établissant un régime de responsabilité administrative, le législateur a entendu sauvegarder tous les principes pénaux[1211]. De tout cela, il apparaît que le législateur italien n'a opéré qu'une révolution culturelle et juridique à moitié en ne créant pas une véritable responsabilité pénale des personnes morales mais d'une sorte de responsabilité administrative. Et c'est parce que cette responsabilité fait suite à une infraction que le législateur a appliqué les garanties du procès pénal[1212].

1204 Il s'agit de stupéfiants, d'engins prohibés, de marchandises avariées...

1205 Voir Ch. HEANNAU-HUBLET et J. VERHAEGEN, *Droit pénal général*, 3è éd. 2003, Bruylant, Bruxelles, n° 318 et 319.

1206 On peut citer, en ce sens, le code pénal autrichien retouché par des lois de 1982 et 1987 qui ont prévu la confiscation de l'entreprise au paragraphe 20 et de ses revenus au paragraphe 20-a.

1207 E. M. WISE, rapport au congrès d'Athènes, p. 398.

1208 Notamment la loi du 29 septembre 2000 en son article 11 et le décret législatif du 8 juin 2001.

1209 On peut citera les malversations au détriment de l'État, la perception indue de sommes au préjudice de l'État, la conclusion, la corruption, l'instigation à la corruption.

1210 Parmi ces sanctions, on peut évoquer la sanction administrative pécuniaire, l'interdiction pour la personne morale de poursuivre son activité, la confiscation du profit tiré du délit et la publication de la décision (article 9 et s. du décret législatif du 8 juin 2001).

1211 Il s'agit d'actes administratifs illicites : *Responsabilità degli enti per illeciti amministrativi dépendenti da reato*, a cura di Giulio Garuti, Cedam-Milan, 2002, aux 13 études et des annexes sur les textes.

1212 G. CASAROLI, *Droit italien in Droit pénal des affaires*, sous la direction de G. GIUDICELLI-DELAGE, précité p. 190.

On peut retenir que pour toutes les peines criminelles, correctionnelles et contraventionnelles applicables aux personnes morales, les pouvoirs d'individualisation du juge sont aussi vastes que les peines applicables concrètement à ces infractions.

Paragraphe II. Les modalités de la répression

317. Contrairement au Mali, le droit et la procédure pénale font depuis quelques moments en France l'objet de nombreuses réformes dans des domaines aussi variés. Il s'agit du terrorisme, de l'utilisation frauduleuse des moyens de paiement, du proxénétisme ou encore du trafic de stupéfiants. Toujours en France, ces réformes avec d'autres projets de loi traduisent une orientation qui sécurise la politique pénale. Cette évolution se manifeste à travers le renforcement des pouvoirs d'enquête de police en matière de terrorisme, de trafic de stupéfiants[1213] et de lutte contre la criminalité organisée[1214].

La volonté de renforcer l'efficacité des sanctions s'inscrit également dans ce mouvement. La loi du 18 mars 2003 tend à aggraver la répression d'agissements aussi variés que la traite des êtres humains, le racolage, l'exploitation de la mendicité ou encore l'occupation illégale de la propriété d'autrui[1215].

Le champ d'application de la responsabilité des personnes morales étant accru, il s'agit de voir si cette responsabilité peut être bouleversée par les impacts de la nouvelle rédaction de l'article 121-2 du CPF sur les modalités de la répression des personnes morales avec le prononcé de la peine par le juge (A) et ses implications qui en découlent (B).

A. Le prononcé de la peine par le juge

318. En droit communautaire, la volonté de renforcer l'efficacité des sanctions s'inscrit dans le cadre de l'harmonisation des sanctions pénales. En Europe, il est ainsi proposé d'aggraver les sanctions encourues, de diversifier la gamme des peines complémentaires et de supprimer le pouvoir accordé au juge d'aménager certaines peines[1216]. De même, la loi française du 18 mars

---

[1213] On notera notamment que la loi du 18 mars 2003 autorise désormais dans ces matières, les officiers de police judiciaire à fouiller les véhicules circulant sur la voie publique ou dans des lieux accessibles au public dans le cadre d'enquête de police judiciaire ou pour prévenir une atteinte à l'ordre public.

[1214] Un projet de loi portant adaptation de la justice aux évolutions de la criminalité, actuellement en préparation, prévoit de doubler la durée de la garde à vue, et d'élargir les possibilités de perquisitions ou d'écoutes pour les infractions commises en bande organisée.

[1215] Il est à noter également que la loi du 3 février 2003 crée une nouvelle infraction de conduite sous l'influence de stupéfiants. La loi du 14 avril 2003 crée une infraction relative à la participation à une activité de mercenaire.

[1216] La suspension de permis en fonction des impératifs professionnels.

2003 tend à aggraver la répression d'agissements aussi variés que la traite des êtres humains, le racolage, l'exploitation de la mendicité ou encore l'occupation illégale de la propriété d'autrui. Au delà des textes qui prévoient les peines, le juge aussi peut prononcer une peine ou même s'abstenir de la prononcer. Cette possibilité est prévue par les mêmes textes. La loi donne en ce sens une précision. Mais, cette précision est strictement encadrée pour aménager un véritable pouvoir d'individualisation du juge.

319. En France, conformément au principe de légalité des délits et des peines, le pouvoir du juge compétent dans la détermination de la peine est encadré par la loi ou le règlement fixant les peines applicables aux crimes, délits et contraventions[1217]. Mais, cet encadrement légal laisse au juge un large domaine de liberté. La loi n'intervient que pour fixer les maxima de peine encourue et à titre exceptionnel les minima pour déterminer des causes d'aggravation, de diminution, voire d'exemption de peine ou encore les immunités. Ainsi, les circonstances aggravantes et l'aggravation de peine correspondante sont prévues par la loi, de manière générale pour récidive ou spéciale pour chaque infraction. Elles fixent un maximum absolu que le juge ne peut, en aucun cas, dépasser.

Par ailleurs, la loi prévoit le mécanisme de la période de sûreté. De cette période, est assortie une condamnation pénale pendant la durée de laquelle aucun aménagement de peine n'est possible. Ce mécanisme est tantôt obligatoire pour le juge[1218], tantôt facultatif. Il est également des cas où la loi attache une diminution à l'existence de certaines circonstances qu'elle définit, voire une exemption pure et simple de la peine encourue[1219]. Lorsque l'existence d'une cause d'exemption ou de diminution de peine est établie, elle oblige le juge à diminuer la peine encourue dans les proportions prévues par elle ou d'en exempter l'auteur des faits[1220]. Ceci est possible lorsque les circonstances sont définies par la loi. En outre, la loi pénale française organise l'immunité pénale de certaines personnes en raison de leur qualité ou des circonstances de l'infraction. Il existe des immunités politiques, diplomatiques, familiales et judiciaires. Si l'existence de l'immunité n'est

[1217] L'Article 34 et 37 de la Constitution française de 1958.

[1218] Lorsqu'est prononcée une peine d'emprisonnement ferme égale ou supérieure à 10 ans pour l'une des infractions suivantes : crimes contre l'humanité (articles 211-1 à 212- 3 du Code pénal), meurtres aggravés (221 2 à 5), tortures (222-1 à 6), violences (222-8, 10, 12, 14, 15), viol (222-25, 26), trafic de stupéfiants (222-34 à 39), séquestration et détournement de moyen de transports (224-1 à 7), proxénétisme (225-7 à 10), vol (311-6 à 10), extorsions (312-3 à 7), destructions (322-8 à 10), atteintes aux intérêts de la Nation (411-2 et 412-1), terrorisme (421-3, 421-4 et 421-5), fausse monnaie (442-1 et 2).

[1219] Il en est ainsi notamment pour les « *repentis* » en matière de terrorisme (art. 422-1 et 422-2 du Code pénal), de trafic de stupéfiants (222-43) et de fausse monnaie (art. 442-9 et 442-10). Une exemption de peine bénéficie également au membre d'une association de malfaiteurs qui en a révélé l'existence avant toute poursuite et a permis l'identification des participants (450-2).

[1220] L'Art. 363, 468 et 542 du Code de procédure pénale.

établie qu'à l'audience de jugement et que la culpabilité de l'auteur soit établie, le juge se trouve dans l'impossibilité de prononcer une peine. L'immunité aura donc une incidence déterminante sur la liberté du juge dans le choix de la peine. Le pouvoir du juge est limité à la peine prononcée lorsqu'il statue sur plusieurs infractions en concours[1221]. Les règles propres au cumul de peine s'imposent alors à lui. Il a en principe la possibilité de prononcer toutes les peines de nature différente encourues pour l'ensemble des infractions commises.

En revanche, le montant des peines de même nature encourues est limité au maximum encouru pour l'infraction la plus grave. Par cette limite, le juge peut cumuler les peines de même nature. La marge de manœuvre du juge est donc réduite en ce qu'il ne peut sanctionner les infractions séparément. Il doit tenir compte de l'existence des autres infractions en concours tout en respectant les limites imposées par la règle de non cumul.

320. La loi ne fixe, d'une part, que les peines encourues. Ce qui confère au juge un large pouvoir d'individualisation au stade du prononcé de la peine. Elle ne fixe, d'autre part, en principe que les maxima de peines. Les minima de peines ont été supprimés en 1994 en France. Ce qui a rendu inutile le mécanisme des circonstances atténuantes corrélativement supprimées. La loi propose au juge un large panel de peines applicables à une infraction donnée par le mécanisme de peines alternatives et complémentaires[1222]. Les peines ne peuvent se cumuler que lorsque les infractions en concours sont des contraventions[1223]. En matière criminelle, il est interdit de prononcer une peine d'emprisonnement inférieure à deux ans lorsque l'accusé encourt une peine de réclusion criminelle à perpétuité et à un an quand c'est une peine de réclusion criminelle à temps[1224].

Lorsque la loi pénale encadre le pouvoir du juge, elle lui confère un large pouvoir d'appréciation par le biais du principe de la personnalité des peines. Ce principe est posé par l'article 132-24 du CPF qui oblige le juge à déterminer la peine en considération de la personnalité et des ressources du délinquant. Il doit aussi tenir en compte les circonstances de l'infraction. Ledit principe ouvre ainsi la voie à une grande liberté du juge. Cette liberté n'est assortie d'aucune obligation de motivation du choix de la peine par le juge sauf exceptions[1225]. Quant au quantum de la peine, le juge est libre de descendre en dessous de la peine maximum encourue par l'octroi de circonstances atténuantes, sans avoir à motiver son choix. Inversement si le

---

[1221] Le concours se définit par une pluralité d'infractions non séparées entre elles par un jugement définitif.

[1222] L'article 131-1 à 131-18 du CPF.

[1223] L'article 131-15 du CPF.

[1224] L'article 132-18 du CPF.

[1225] Crim. 19 déc. 1996, *Bulletin des arrêts de la Cour de cassation, Chambre criminelle,* n° 482 ; Crim. 18 décembre 1997, *Bulletin des arrêts de la Cour de cassation, Chambre criminelle,* n° 428.

juge veut faire preuve de sévérité, il peut dans certaines limites assortir la peine privative de liberté d'une période de sûreté dont il choisit la durée.

321. Par ailleurs, le juge peut en aménager les modalités tout en prononçant une peine. En matière criminelle ou correctionnelle, il peut d'abord décider d'assortir le sursis à exécution[1226]. Le sursis peut être total ou partiel. Il peut aussi être simple avec mise à l'épreuve ou avec obligation d'accomplir un travail d'intérêt général. Les conditions d'octroi du sursis sont prévues par la loi et dépendent de la nature et de la durée de la peine prononcée. Il peut dépendre aussi du passé judiciaire du prévenu[1227]. Le code pénal français permet au juge de dispenser de peine les personnes qu'il a déclarées coupables[1228]. La dispense de peine se fait en matières correctionnelle et contraventionnelle. Elle peut être prononcée contre les personnes physiques et les personnes morales lorsque trois conditions sont réunies. Il faut que le reclassement du coupable soit acquis, que le dommage soit réparé et que le trouble résultant de l'infraction ait cessé. La dispense de peine est une faculté discrétionnaire pour le juge. Son prononcé s'accompagne toutefois de celui de la culpabilité du délinquant.

Il a également la possibilité d'ajourner le prononcé de la peine en accordant un délai au coupable pour remplir ces conditions. C'est donc une obligation qui revêt un caractère exceptionnel dans le code pénal français. Il s'agit des prononcés d'une peine d'emprisonnement ferme en matière correctionnelle[1229]et d'une peine d'interdiction du territoire français à l'encontre d'un délinquant étranger[1230].

B. L'implication liée aux modalités de la répression

322. Certaine peine peut être prévue à titre définitif ou pour une durée de cinq ans au plus[1231]. Elle ne concerne, par son objet, qu'un nombre limité de personnes morales. Il s'agit des sociétés par actions[1232] et des sociétés civiles de placement immobilier[1233]. La création de peines spécifiques aux personnes morales a conduit le législateur à prévoir de nombreuses dispositions spécifiques relatives à leur régime, leurs conditions d'exécution

---

[1226] L'article 734 du CPPF.

[1227] L'article 132-29 et s. du CPF.

[1228] L'article 132-58 du CPF.

[1229] L'article 132-19 du CPF.

[1230] L'article 131-30 du CPF.

[1231] *L*'article 131-47 du Code pénal français prévoit que *l'interdiction de faire appel public à l'épargne emporte la prohibition, pour le placement de titres quels qu'ils soient, d'avoir recours tant à des établissements de crédit, établissements financiers ou sociétés de bourse qu'à des procédés quelconques de publicité.*

[1232] L. 24 juil. 1966, art. 72 pour les sociétés anonymes.

[1233] L. 93-6 du 4 janv, 1993, art. 1er, v. aussi Y. GUYON, *sur la notion d'appel public à l'épargne, Droit des Affaires,* Economica, n° 219 et 282, V. GARNIER, *La notion d'appel public à l'épargne, Rev. Soc.* 1992, 687.

et leur extinction. Pour l'essentiel, les modalités de répression sont fonction de cette spécificité. Pour le reste, les dispositions applicables aux personnes physiques sont normalement applicables aux personnes morales sauf disposition contraire ou incompatibilité manifeste. Ceci s'observe, aisément, à travers le problème soulevé par la suppression du principe de spécialité avant d'en apprécier les diverses solutions envisageables.

323. La suppression du principe de spécialité aurait dû conduire à un allègement du CPF et des lois annexes parce que les dispositions qui prévoyaient la responsabilité pénale des personnes morales n'ont plus de raison d'être et doivent être supprimés par des lois. Le législateur laisse subsister dans la législation française des textes à priori sans utilité. Cependant, l'absence d'abrogation de ces dispositions permettra sans doute de résoudre une difficulté que le législateur n'a pas décelée. Le code pénal prévoit qu'en matière criminelle ou correctionnelle, les peines encourues par les personnes morales sont l'amende et les peines spécifiques prévues par l'article 139-39 du CPF[1234]. Cet article indique que « lorsque la loi le prévoit à l'encontre d'une personne morale », le crime ou le délit peut être sanctionné d'une ou de plusieurs peines. Ce sont des peines de dissolution, d'interdiction d'exercer une activité, de placement sous surveillance judiciaire, d'interdiction de concourir à des appels d'offres dans le cadre des marchés publics. Chaque texte d'incrimination prévoyant l'imputabilité des infractions aux personnes morales, détermine également les sanctions applicables. Ces sanctions sont soit toutes celles prévues par l'article 131-39 du CPF, soit seulement certaines d'entre elles, soit des sanctions particulières comme la confiscation. L'abrogation de ces textes aurait donc entraîné la disparition de la détermination des sanctions spécifiques. Or, si la loi ne prévoyait plus de sanctions particulières, seule l'amende aurait vocation à être appliquée[1235]. Un tel système réduirait à néant les efforts des rédacteurs du code pénal de 1994 qui avaient construit un système de sanctions spécifiquement adaptées à la nature particulière des êtres moraux.

324. La difficulté est toutefois évitée pour les infractions déjà imputables aux personnes morales. Ce qui semble peu probable pour laisser subsister la détermination des sanctions tant que les codes ne seront pas « toilettés ». Mais, la difficulté est entière pour les nouvelles infractions désormais imputables aux personnes morales. Il est évident que les dispositions de l'article 131-39 du CPF[1236] qui énumère les sanctions spécifiques ne

---

[1234] Supra n° 301 et s.
[1235] L'article 131-37 du CPF.
[1236] Le ministère français de la Justice, dans une circulaire du 13 février 2006, précise toutefois « *qu'une réflexion est actuellement en cours afin de déterminer les éventuels aménagements (...) notamment afin de prévoir l'application de plein droit aux personnes morales de certaines des peines prévues par l'article 131-39 du Code pénal lorsque ces*

s'appliquer que dans le cas où la loi le prévoit. Pour ces nouvelles infractions, l'amende sera la seule peine encourue par les personnes morales conformément à l'article 131-37 du CPF. Comme le rappelle Corinne MASCALA[1237], la seule application de l'amende « n'est pas satisfaisante, mais (cette solution) est révélatrice de la véritable nature de la responsabilité pénale des personnes morales, même si depuis toujours on a cherché à la dissimuler : est-ce vraiment de responsabilité pénale dont il s'agit ou est-ce essentiellement une responsabilité financière que doit assumer la personne morale ? ».

325. Il semble que les sénateurs français n'avaient pas relevé le fait que toutes les infractions pénales ne prévoient pas toujours une amende pour les personnes physiques concernant les infractions les plus graves comme les atteintes volontaires à la vie. Par conséquent, une personne morale reconnue coupable d'un meurtre, d'un assassinat ou d'un empoisonnement ne sera condamnée à aucune peine pour ces infractions. Ce qui va à l'encontre du caractère général de la responsabilité pénale des personnes morales. La commission des lois de l'assemblée nationale française, ayant identifié cette difficulté, a ajouté un article en prévoyant que les personnes morales encourront une amende d'un million d'euros pour les crimes dont la loi ne fixe pas de peine d'amende[1238]. Une telle disposition est peu satisfaisante car des crimes de gravité différente commis par des personnes physiques sont considérés comme ayant la même gravité lorsqu'ils sont commis par des personnes morales. Le juge peut prononcer une amende plus importante contre un assassinat que contre un simple meurtre. Cette disposition accentue encore l'impression qu'on a et selon laquelle la responsabilité pénale des personnes morales n'est qu'une forme de responsabilité pécuniaire.

326. Le problème posé s'apprécie à travers des solutions données ou envisageables. La première solution consisterait à ajouter, pour les nouvelles infractions, des textes qui détermineraient les sanctions applicables aux personnes morales. Mais, cette solution conduirait à remplacer un principe de spécialité des incriminations par un principe de spécialité des sanctions. La deuxième solution serait de déclarer l'article 131-39 du CPF applicable à toutes les infractions imputables aux personnes morales. À cet effet, il faut supprimer de cet article la formule « lorsque la loi prévoit ». Cette solution est la plus simple. Le juge aurait la possibilité de condamner une personne morale à une amende égale au quintuple de celle prévue pour les personnes physiques et de choisir librement une peine parmi celles figurant à l'article

---

peines sont également encourues, pour l'infraction considérée, à l'égard des personnes physiques ».

[1237] Voir Corinne MASCALA, *L'élargissement de la responsabilité pénale des personnes morales : la fin du principe de spécialité*, Bulletin Joly Sociétés, Janvier 2006, p. 5.

[1238] L'article 131-38 du CPF.

131-39 du CPF. Si cette solution semble satisfaisante, certains auteurs estiment qu'elle a l'inconvénient de laisser une totale liberté aux juges dans le choix des sanctions. Il est certain qu'avec un tel système, l'échelle de gravité des infractions pourrait être méconnue. Ainsi, la peine de dissolution prévue par l'article 131-39 pourrait s'appliquer aussi bien pour un crime que pour un délit. Elle peut être comprise comme la peine de mort des êtres moraux. La troisième solution doit permettre de reconstruire totalement la responsabilité pénale des personnes morales. Ceci suppose qu'il faut mener un travail législatif approfondi. PLANQUE propose « de reprendre la distinction fondamentale entre crimes, délits et contraventions »[1239]. Toujours selon lui, pour « connaître la nature de l'infraction pour laquelle une personne morale est poursuivie, il faudra se reporter à la peine encourue par les personnes physiques ». À titre d'exemple, la peine de dissolution réprimera les crimes les plus graves. Le nouveau code pénal français devrait alors contenir une disposition que nous pouvons ainsi rédiger : « la dissolution est encourue par la personne morale qui a été détournée de son objet pour commettre les faits incriminés lorsqu'elles sont punis de la réclusion ou de la détention criminelle à perpétuité ». L'amende doit être maintenue et déterminée en fonction de la durée de l'incarcération encourue par les personnes physiques. Il semble donc que la deuxième solution qui est la plus simple demeure celle retenue.

SECTION II. LES DIFFÉRENTES MESURES DE LA SANCTION

327. La détermination de la peine ou la sentence est l'étape du processus criminel au cours de laquelle le juge prononce une peine à l'encontre d'une personne déclarée coupable d'avoir commis une ou plusieurs infractions criminelles. Au cours de l'audience, le juge et dans certains cas le jury décide si l'accusé est coupable des accusations portées contre lui. Dans le déroulement du procès, il revient au juge de prononcer la sentence lorsque la personne a été reconnue coupable. Lors du prononcé de la sentence, il doit tenir non seulement compte de la sécurité du public, mais aussi de la réhabilitation du contrevenant.

Plusieurs systèmes de mesure de sûreté ou de peine ont déjà été conçus. Ils s'appliquent tous, évidemment, à une infraction. Quelques précisions méritent d'être données, à cet effet. L'infraction découle naturellement d'un fait. Un seul fait peut être soumis à un ou plusieurs textes. Dans un cas comme dans l'autre, on est respectivement en présence d'une unicité et d'une pluralité d'infractions. Celles-ci sont fonction d'une unicité de poursuite pour les cas d'unicité d'infraction et d'une pluralité de poursuites pour les cas de pluralité d'infractions. On peut noter, à côté des cas ci-

---

[1239] J.-C. PLANQUE, op. cit., p. 116.

dessus, d'autres modes de commissions comme le cumul d'infraction. Il consiste à commettre plusieurs infractions à travers différents faits et de manière successive.

Les sanctions doivent être adaptées aux différentes infractions susceptibles d'être commises[1240]. C'est pourquoi, certaine latitude dans le prononcé des peines appartient au juge. Toutefois, il doit tenir compte des peines maximales et minimales établies par le code pénal. Selon ce texte, l'incarcération est une sanction de dernier recours utilisée à l'encontre des infractions les plus graves mais à éviter lorsqu'une solution alternative serait aussi efficace. Le juge tient compte des éléments comme les antécédents judiciaires, la gravité de l'infraction, etc. Il lui appartient toujours de définir la proportion de la sanction pénale que subit la personne condamnée. Il s'agit là du pouvoir d'individualisation du juge. Cette proportion étant implicitement prédéterminée par la loi, le juge doit tenir compte de certaines circonstances liées aux cas d'unicité d'infraction (paragraphe I) et de pluralité d'infractions (paragraphe II).

Paragraphe I. La détermination de la peine en cas d'unicité d'infraction

328. L'infraction peut être définie comme un comportement ou une action condamnée ou sanctionnée par la loi. Elles se classent en trois catégories : les crimes, les délits et les contraventions. Elle se caractérise par plusieurs modes d'exécution et leur nature. C'est pourquoi on a plusieurs types d'infractions qui se composent d'éléments légal, matériel et moral. Fondamentalement, l'infraction s'apprécie par unité, même quand on sait qu'un seul fait peut déboucher sur l'application de plusieurs textes. D'ordinaire, lorsqu'un seul fait s'apprécie au menu d'un seul texte, on est en face d'un cas d'unicité d'infraction. La peine qui y correspond est prononcée par le juge, lorsque la responsabilité pénale de la personne concernée est retenue. Mais avant, il doit avoir dans ce cas une unicité de poursuite.

329. Lorsque le juge prononce la peine, il doit parfois combiner entre elle, les règles de la récidive et les causes légales ou judiciaires de diminution de la peine. Ces causes concernent essentiellement la minorité qui est une cause générale d'atténuation. Elles concernent aussi la délation et le repentir actif qui sont des causes spéciales d'atténuation.

Dans le prononcé de la peine, le juge doit s'assurer, d'abord, de l'illégalité du comportement reproché. Cette illégalité se détermine par la prise en compte des limites prévues par la loi et la personne du délinquant qui peut être une personne physique comme une personne morale. Lorsque les faits reprochés constituent une seule infraction, la peine sera fonction de cette infraction. Le prononcé de cette peine est laissé à la seule appréciation

[1240] Il s'agit ici de l'unicité et de la pluralité d'infractions.

du juge. Il analysera les circonstances qui auront précédé la commission. Ces circonstances peuvent jouer en faveur ou en défaveur de la personne incriminée. Mais, on peut identifier certaines causes applicables aux peines comme la diminution ou l'atténuation (A) et l'exemption (B).

A. Les causes légales de diminution et d'atténuation de la peine

330. Les causes légales et de diminution et d'atténuation de peine sont des faits strictement édictés ou déterminés par la loi qui, accompagnant une infraction, obligent le juge à supprimer ou à atténuer la peine. Elles s'appliquent obligatoirement dès lors que le juge reconnaît leur existence. Il doit obligatoirement en tenir compte dans la détermination de la peine applicable. La sanction est fixée par la juridiction de jugement sans distinction de peine ou de mesure de sûreté. Toutefois, le juge ne peut arrêter son choix que dans les limites tracées par le législateur. Le principe de la légalité oblige le législateur à prévoir une peine déterminée pour chaque incrimination qu'il établit. Ceci se fait à travers les principes généraux et les principales causes d'atténuation de la peine. La peine, comme prévue par la loi, est susceptible d'être diminuée. En effet, le droit français ne fixant pas de peine minimale. Le juge a toute l'opportunité d'apprécier les circonstances qui entourent la commission de l'infraction pouvant entraîner la diminution de la responsabilité de son auteur.

Toute personne coupable de blanchiment peut voir sa responsabilité assouplie ou atténuée de moitié de la peine encourue quand elle coopère pour faciliter l'arrestation des autres coauteurs ou complices avant toute poursuite. Sur ce point, l'article 43 de la loi française de 2004[1241] est assez clair et va même au-delà de l'aspect d'atténuation de la responsabilité pénale.

Les causes résultent du fait que le délinquant a commis son acte dans des conditions où se trouvait être diminuée la compréhension de la portée de son acte ou a montré un repentir actif. Elles sont légales et s'appliquent obligatoirement, sauf exception, lorsqu'elles exemptent de peine mais ne supprime pas l'infraction et n'exclut pas la culpabilité. Le « repenti » en bénéficie si ses déclarations permettent d'empêcher que l'infraction qu'il a préparée soit commise ou d'identifier les auteurs ou complices. Les caractéristiques des causes légales de diminution ou d'atténuation permettent de réduire seulement la peine. Mais elles ne suppriment pas l'infraction et n'excluent pas la culpabilité de l'auteur.

[1241] Selon cet article, « *les peines encourues par toute personne, auteur ou complice de l'une des infractions énumérées aux articles 38, 39, 40 et 41, avant toute poursuite, permet ou facilite l'arrestation de ceux-ci, sont réduites de moitié. En outre, ladite personne est exemptée de l'amende et le cas échéant des mesures accessoires et peines complémentaires facultatives* ».

331. Les causes d'exemption sont toutes spéciales car chacune d'elles s'applique à une catégorie déterminée d'infractions. Il est interdit au juge d'exempter une infraction en dehors des cas prévus par la loi. Quand aux causes de diminution, elles sont peu nombreuses et ont un domaine d'application déterminé. Elles présentent un caractère général pour les autres causes lorsqu'une seule cause de diminution s'applique à tous les crimes et délits[1242]. Elles présentent, aussi, un caractère spécial quand toutes les autres causes de diminution ne s'appliquent qu'à des infractions nettement précisées ou déterminées par la loi. Le caractère spécial s'entend comme le fait de dénoncer, de provoquer l'arrestation d'auteurs ou de complices, de perdre volontairement avant le septième jour accompli de leurs arrestations illégales la liberté de la personne retenue comme otage sans que l'ordre ou la condition ait été exécuté.

Par ailleurs, il y a atténuation de la peine parce qu'une diminution partielle du libre arbitre existe chez l'auteur. Dans ce cas, il n'y a pas de suppression de l'infraction commise, ni d'exclusion de la culpabilité de son auteur. Le nouveau code pénal français élargit les pouvoirs du juge en supprimant les circonstances atténuantes. Mais, il existe des causes de réduction de peine que le juge peut et doit parfois tenir compte.

332. Les causes peuvent être classées en causes réelles et en causes personnelles. Les causes réelles sont des faits qui précèdent ou accompagnent l'infraction initiale. Il s'agit de faire cesser les agissements ou d'éviter la mort et l'identification des personnes avant l'ouverture des poursuites. Quand aux causes personnelles, elles s'attachent à la personne du délinquant comme mineur, par exemple. Les causes peuvent être classées aussi en raison du comportement de la personne[1243] selon les cas suivants. D'abord, dès que l'auteur ou le complice d'une infraction manifeste la volonté d'empêcher la commission de l'infraction, la loi pénale lui accorde un traitement plus favorable. Cela peut-être dû à des cas de profond regret. Ensuite, la peine peut être réduite en cas de dénonciation lorsque l'auteur ou le complice d'une infraction se dénonce aux autorités compétentes. Le code encourage, aussi, le repentir et la diminution de la peine puisqu'elle est incitative. Enfin, la reconnaissance préalable de culpabilité est plus que nécessaire.

Les causes de diminution ont un effet sur la constitution de la peine encourue et, en conséquence, elles influent sur la nature juridique des infractions. Mais, elles ne modifient pas les règles de compétences et de procédures. En ce qui concerne l'effet sur la peine, on remarque une diminution de la durée dans la même catégorie de peines et une substitution de la peine correctionnelle à la peine criminelle.

[1242] Il peut s'agir par exemple de l'excuse de **minorité.**

[1243] Il peut être aussi en raison de l'**âge** du prévenu comme le mineur personne physique qui n'est pas concerné par cette étude.

Les effets dispensent les causes d'exemption de peine principale, mais n'affecte pas la culpabilité qui demeure entière. Alors que les causes d'atténuation entrainent des effets sur la quotité de la peine (diminution de durée et substitution d'une peine correctionnelle à une peine criminelle et sur la nature juridique de l'infraction) et influent sur la nature juridique de l'infraction (changement de nature de peine entraîne la transformation d'un crime en délit) sans modifier les règles de compétences et de procédure. Quant à l'effet sur la nature juridique de l'infraction, le changement de nature de la peine infligée du fait d'une cause de diminution se répercute sur la nature de l'infraction. La substitution d'une peine correctionnelle à une peine criminelle transforme le crime en délit. La jurisprudence n'est cependant pas constante sur cette question. Le changement de nature de l'infraction n'influe ni sur la compétence, ni sur la procédure. Les causes de diminution n'interviennent qu'au moment de la fixation de la peine. Mais, on ne peut pas en tenir compte pour déterminer la juridiction compétente.

En somme, les causes légales de diminution de peine interfèrent le déroulement du procès pénal au niveau du prononcé de la peine qui se trouve être atténuée. Les causes de diminution peuvent être le reflet d'une bonne politique criminelle. Le législateur français fait confiance au juge et privilégie le redressement moral du délinquant au détriment de la répression[1244]. Mais, il garde toujours à l'esprit les notions d'acte délictueux et de responsabilité pénale de l'auteur de l'infraction.

À coté des faits allant dans le sens de l'atténuation de la responsabilité pénale, le législateur est allé plus loin encore en prévoyant et en aménageant dans certains cas des causes légales qui exemptent l'auteur de l'infraction de toute peine.

B. Les causes d'exemption de la peine

333. Bien qu'il semble naturel que la reconnaissance de culpabilité se traduise par le prononcé de la sanction pénale, le coupable peut être exempté de toute peine dans certaines circonstances prévues par la loi. Il se peut aussi que parfois le juge ne prononce pas de sanction à l'égard d'une personne qui est considérée comme responsable pénalement.

Le juge peut reconnaitre la culpabilité d'une personne tout en s'abstenant de prononcer à son encontre une peine ou de la dispenser. C'est la manifestation d'une certaine indulgence. L'exemption peut être le fait de la loi avec certaines caractéristiques ou du juge. On peut donc distinguer les exemptions législatives des exemptions judiciaires.

334. On est devant le cas d'exemption légale quand la loi oblige le juge à s'abstenir d'appliquer la peine prévue malgré l'établissement de la

[1244] Cf. l'article 43 de la loi française de 2004, v. supra. n° 330.

culpabilité de la personne concernée. Il s'agit par exemple de l'excuse absolutoire[1245].

Les exemptions législatives sont automatiquement accordées dans certains cas limitativement énumérés. En France par exemple, dans les affaires de terrorisme et de faux-monnayage, les délinquants qui ont « permis d'éviter la réalisation de l'infraction et d'identifier, le cas échéant, les autres coupables » sont exemptés de peine. C'est ce que l'on appelle l'exemption légale de peine. Mais pour ce faire, il faudra que certaines conditions soient réunies. L'exemption légale de peine permet de ne pas sanctionner la personne pénalement responsable. En tous les cas, il faudra que cette personne remplisse certaines conditions. La condition principale consiste pour le coupable de se repentir[1246]. Selon la loi, on prend en considération le repentir actif de l'auteur de l'infraction avant ou après la commission de l'infraction. On va donc analyser le comportement qu'il a adopté après qu'il ait commis l'infraction. Ce sera le cas de l'association de malfaiteur dans laquelle un membre du groupe décide de contacter les autorités de police et dénoncer ses complices avant que l'infraction ne soit commise.

335. Certains faits militent en faveur de l'exonération de la responsabilité pénale des personnes coupables de blanchiment de capitaux. L'article 43 de la loi uniforme sénégalaise de 2004 a prévu des causes d'exemption de sanctions pénales. Il résulte de ce texte que toute personne coupable « de participation à une association ou à une entente, en vue de commettre l'une des infractions aux articles 37, 38, 39. 40 et 41 » et « d'aide, d'une incitation ou de conseil à une personne physique ou morale en vue de les exécuter ou d'en faciliter l'exécution, est exemptée de sanctions pénales ». Ayant révélé l'existence de cette entente d'association d'aide ou de conseil à l'autorité judiciaire, elle permet d'identifier les autres personnes en cause et d'éviter la réalisation de l'infraction. Le texte vise surtout les complices.

336. Cependant, cette exemption de peine ou excuse est différente de la dispense de la peine qui est une mesure servant à établir la culpabilité de l'auteur de l'infraction sans pourtant prononcer la peine. Mais, cette exemption ne couvre pas la responsabilité civile. Le juge peut décider la dispense de la peine sous certaines conditions. L'exemption judiciaire peut être relative au pardon judiciaire ou à la récompense qui existe par exemple en droit français et togolais[1247].

[1245] Synonyme d'exemption de peine, cf. Lexique des termes juridiques, 19e éd., Dalloz 2012, p. 3.

[1246] Concernant certaines infractions dont les personnes bénéficiaires font preuve de repentir quand bien même elles peuvent être coupables de tentative.

[1247] Cf. L'article 29 du code pénal du Togo.

Les exemptions judiciaires existent en France sous deux formes : l'ajournement du prononcé de la peine et la dispense de peine. L'ajournement du prononcé de la peine, introduit dans la législation française en 1975, a mis fin au principe de l'indivisibilité de la sentence selon lequel le juge ne peut pas dissocier dans le temps les décisions sur la culpabilité et sur la sanction. Les tribunaux français, dans le cadre de leurs pouvoirs d'individualisation judiciaire, jouissent depuis quelques années du pouvoir discrétionnaire de ne pas sanctionner l'accusé reconnu coupable. Ce pouvoir d'exemption est limité aux seules matières correctionnelles et contraventionnelles. Il consiste à renvoyer un jugement sur la peine durant un délai déterminé. On peut en dénombrer trois sortes d'ajournement. D'abord, le premier type concerne l'ajournement simple où le jugement prévoit la date à laquelle le juge statuera sur la peine. Ensuite, le deuxième type est relatif à l'ajournement avec mise à l'épreuve. Il consiste, pour le juge, à prescrire des obligations uniquement aux personnes physiques comme par exemple le dédommagement de la victime ou de s'acquitter de la pension alimentaire. Ceci peut découler d'un cas de cumul de responsabilité prévu par l'article 121-2 al. 3 du CPF qui dispose : « la responsabilité pénale des personnes morales n'exclut pas celle des personnes physiques auteurs ou complices des mêmes faits ». Et enfin, le troisième type fait allusion à l'ajournement avec injonction. Il consiste à instruire aux coupables personnes physiques ou personnes morales de se conformer à une ou plusieurs prescriptions.

L'ajournement est toujours fonction d'un certain nombre de conditions en voie d'être réunies. Il s'agit du dommage causé mais qui serait en voie de réparation, d'où la cessation ultérieure d'un trouble et le reclassement imminent de l'individu. Ce dernier cas, qui est propre aux seules personnes physiques, peut intervenir lorsque celles-ci se rendent «... auteurs ou complices des mêmes faits » que les personnes morales[1248]. L'ajournement du prononcé de la peine existe en Allemagne, en Angleterre, au Pays de Galles et en Belgique. Ces trois derniers pays obéissent aux mêmes règles qu'en France où la décision sur la culpabilité et la décision sur la peine sont dissociées. En revanche, en Allemagne lorsque la juridiction pénale rend un « avertissement avec suspension du prononcé de la peine », elle détermine par avance la peine éventuelle en même temps qu'elle déclare l'accusé coupable et fixe un délai au terme duquel elle peut constater qu'il n'y a pas lieu de prononcer la peine prévue. L'article 60 du code pénal allemand oblige le tribunal à ne pas prononcer de sanction lorsque les conséquences de l'acte incriminé sont « tellement graves » qu'il serait inconvenant de prononcer une peine. Le coupable s'est, en quelque sorte lui-même, châtié. Cette disposition s'applique seulement lorsque la peine encourue est inférieure à un an de prison. En Angleterre comme au Pays De Galles,

---

[1248] Cf. Art.121-2 al. 1 du nouveau Code pénal français.

l'article 1-1 de la loi de 1973 relatif aux pouvoirs des tribunaux pénaux autorise à ajourner d'au plus six mois le prononcé de la peine avec l'accord du condamné[1249]. Cette disposition doit permettre au tribunal de prononcer la peine en tenant compte de sa conduite après la condamnation. À l'instar des pays anglo-saxons, la juridiction peut désormais déclarer l'accusé coupable et statuer ultérieurement sur la peine. À l'audience de renvoi, le prévenu peut être dispensé de toute peine.

En dehors de la différence de fond, l'Angleterre, le Pays de Galles, l'Allemagne, la Belgique, l'Espagne et l'Italie utilisent l'ajournement du prononcé de la peine selon des modalités variables. Ainsi, son champ d'application diffère. En Allemagne, il est limité aux infractions mineures. En Belgique, il est exclu en matière criminelle. En revanche, la loi anglaise ne définit pas son champ d'application par rapport à la gravité de l'infraction concernée. N'importe quel tribunal pénal, qu'il s'agisse d'une *magistrates' court* ou de la *Crown Court*, peut ajourner le prononcé de la peine s'il estime qu'une telle décision est conforme aux « intérêts de la justice ».

La durée de l'ajournement est variable. En Angleterre et au Pays de Galles, l'ajournement ne peut dépasser six mois. En Allemagne, il est compris entre un et trois ans. En Belgique, sa durée peut varier entre un et cinq ans. Les lois anglaise et belge exigent l'accord du condamné pour que les tribunaux puissent ajourner le prononcé de la peine.

337. Les tribunaux des différents pays qui ajournent le prononcé de la peine peuvent aussi imposer des conditions probatoires. En Angleterre et au Pays de Galles, la situation est très comparable à celle de la France. En Allemagne, la dispense de peine revêt une signification totalement différente. En effet, elle est obligatoirement prononcée lorsque la peine encourue est inférieure à un an de prison et que les conséquences de l'acte incriminé sont telles qu'il est évident que le coupable s'est, en quelque sorte, châtié lui-même et que toute sanction serait superflue. L'ajournement du prononcé de la peine est prévu à l'article 59 du code pénal allemand. L' « avertissement avec suspension du prononcé de la peine » introduit par la grande réforme du droit pénal de 1969 est seulement applicable aux personnes condamnées à payer des amendes inférieures où égales à 180 « taux journaliers »[1250]. La peine est déterminée et un sursis compris entre un et trois ans est fixé. Un tel avertissement peut être rendu possible lorsque l'évaluation des faits et de la personne du coupable laissent penser qu'il convient de ne pas prononcer de peine. En revanche, il est exclu lorsque le condamné s'est vu infliger une peine ou a déjà reçu un tel avertissement au

[1249] *Le système pénal est différent en Ecosse et en Irlande du Nord.*

[1250] *Le « taux journalier », d'origine scandinave, a remplacé l'ancien système de la somme globale. Le tribunal fixe le nombre de " taux journaliers " applicable à l'infraction commise. Il fixe ensuite le montant du « taux journalier », variable en fonction des capacités financières du condamné.*

cours des trois dernières années. Le tribunal peut également imposer des obligations de compensation financière du dommage au coupable par exemple. Une fois le délai écoulé, le tribunal peut constater qu'il n'y a pas lieu de prononcer la peine.

338. Bien d'autres pays connaissaient des institutions comparables à la dispense de peine et à l'ajournement du prononcé de la peine. Il s'agit de l'Espagne et de l'Italie où la dispense de la peine sur les pouvoirs des tribunaux pénaux connaît deux modalités : la dispense absolue[1251] et la dispense conditionnelle[1252]. À chaque faute correspond une peine que le juge doit appliquer. Il ne peut qu'en faire varier la durée en fonction d'éventuelles circonstances aggravantes ou atténuantes.

Paragraphe II. La détermination de la peine en cas de pluralité d'infractions

339. S'il est simple d'appliquer une peine à une seule infraction, il en est autrement lorsque plusieurs infractions distinctes les unes des autres découlent d'un même et seul fait. Pour ce cas de figure, on peut parler de concours d'infraction et plus précisément de concours réel d'infractions. Il signifie, étymologiquement, que plusieurs faits matériels répréhensibles se sont cumulés les uns aux autres. Pour mieux appréhender cette hypothèse, il suffit de raisonner par élimination.

Le concours d'infractions ne peut être confondu avec le concours de qualifications puisqu'il suppose qu'un seul fait tombe sous le coup de plusieurs textes. Encore, il se distingue du délit complexe. En cas de pluralité d'infraction, la répression est encadrée par les règles de la récidive ou celles du concours réel d'infraction. Cette dernière notion définit la situation de l'agent qui a commis plusieurs infractions non séparées par une condamnation définitive. La difficulté majeure consiste à établir l'ordre dans lequel le juge doit procéder aux différents calculs d'augmentation et d'atténuation car cet ordre interfère nécessairement avec la peine prononcée *in fine*. Cet ordre se déduit de la lecture de l'article 356 du code de procédure pénale français selon lequel la récidive est considérée comme la première infraction. C'est le cas du mineur récidiviste qui a commis deux assassinats. L'effet de la récidive considère qu'il n'y a pas d'aggravation[1253]pour le

[1251] **La dispense absolue et après** avoir reconnu la culpabilité, le juge ne prononce aucune peine, même mineure, s'il estime que ce n'est pas nécessaire. Par exemple, c'est le cas lorsque la culpabilité, bien qu'effective sur le plan juridique, ne traduit aucune « *mauvaise action* ».

[1252] **Concernant la dispense conditionnelle,** le juge peut assortir la dispense de peine de l'absence de toute infraction pendant un délai inférieur à trois ans. Une condamnation n'est alors prononcée qu'en cas de mauvaise conduite.

[1253] Au delà de la technicité des règles gouvernant l'aggravation de la répression en matière de récidive, c'est le principe même de cette aggravation qui est aujourd'hui pris à défaut.

premier fait dans ce cas singulier[1254]. L'effet de la minorité conduit à faire encourir une peine de vingt ans de réclusion.

Devant les cas de pluralité d'infractions relatifs à l'aggravation de la peine, on peut noter les règles de détermination de la sanction qui sont différentes les unes des autres. Il s'agit, d'une part, de la récidive qui s'appuie sur le passé pénal relatif au casier judiciaire de la personne morale (A) et, d'autre part, des concours d'infractions répondant à des règles de sanctions particulières et de la réitération d'infraction (B).

A. La relation entre le passé pénal et la récidive

340. La police et la justice doivent être bien renseignées sur le passé pénal des uns et des autres pour remplir leur mission. Cette réalité signifie que le simple soupçon ou la trace d'une condamnation antérieure peut contrarier la présomption d'innocence et la liberté individuelle. Ce renseignement relève de l'existence des fichiers informatiques contenus dans un casier judiciaire qui offrent à la surveillance sociale des moyens immenses de mémoires illimitées.

Contrairement au Mali, la France dispose d'un casier judiciaire des personnes morales différent de celui des personnes physiques. Le casier judiciaire des personnes morales peut être tenu, en France, au greffe de la juridiction où les statuts de cette personne morale ont été déposés. En Belgique, le casier est tenu au greffe du tribunal de première instance de Bruxelles pour les personnes morales et même celles de droit public qui n'ont pas déposé de statuts. Il n'existe pas aux États-Unis de casier judiciaire central des personnes morales condamnées. Toutefois, les registres des personnes morales reconnues coupables d'actes de corruption sont tenus par le gouvernement et des entités privées. L'administration des services généraux des États-Unis tient, à cet effet, une liste des personnes morales suspendues ou libérées avec leurs interdictions et affiche cette liste sur une page web intitulée « liste des parties exclues »[1255].

341. Le casier judiciaire devient un outil de prévention et de répression des infractions d'où un instrument effectif de la mémoire de la justice répressive. Il peut contenir, en plus des décisions pénales, des décisions non pénales et parfois d'origine non judiciaire où il devient, dans ce cas, une espèce de casier civique portant sur le statut juridique de la personne et sa personnalité sociale.

[1254] Par exemple la réclusion criminelle à perpétuité.

[1255] V. Carlos Alberto MAHIQUES, *La responsabilité des personnes morales en droit international pénal,* thèse soutenue sept. 2011 Poitiers, p. 189.

L'organisation matérielle du casier judiciaire porte sur le fichier[1256] et les bulletins sur lesquels sont communiquées les informations. Le bulletin n°1 comporte l'ensemble des condamnations et des décisions portées au casier judiciaire[1257]. Le bulletin n°2[1258] est remis aux autorités judiciaires et comporte la plupart des condamnations figurant au bulletin n°1[1259]. Le bulletin n°3 ne comporte que les condamnations pour crime ou délit à un emprisonnement de plus de deux ans sans aucun sursis ou dont le sursis a été entièrement révoqué[1260].

Après l'enregistrement ou l'inscription des condamnations, le casier peut redevenir vierge comme si la condamnation n'y avait jamais été portée. Les mécanismes d'effacement du casier judiciaire des personnes morales sont des outils de réinsertion indispensables. Le casier judiciaire des personnes morales comme les entreprises présente un enjeu majeur, mais ignoré. Cette méconnaissance peut constituer un effacement. L'effacement concerne les condamnations figurant normalement au bulletin n°2 ou n°3 et peuvent en être exclues à l'audience ou par jugement ultérieur, sur requête auprès du tribunal qui a prononcé la condamnation.

342. La France et l'Allemagne ont été à l'origine d'une initiative relative à la mise en réseau électronique de leurs casiers judiciaires respectifs à laquelle l'Espagne et la Belgique ont rapidement été associées[1261]. Ce qui permet l'échange d'informations pénales par la communication électronique des casiers judiciaires des États liés par cet accord. Le Luxembourg et la république tchèque ont, également, rejoint ce dispositif. Il s'étendra progressivement à tous les États membres. L'objectif n'est pas la mise en place d'un registre central formant le casier judiciaire européen, mais plutôt l'échange obligatoire et automatique d'informations pénales relatives aux

---

[1256] La Loi française du 17 juin 1998 a créé un fichier des empreintes génétiques des délinquants sexuels et les fiches exclusivement pénales sont retirées quarante ans après le prononcé de la dernière condamnation sans nouvelle peine criminelle ou correctionnelle, sauf intervention d'une des règles plus favorables.

[1257] Certaines de ces informations sont retirées après expiration de délais tels qu'amnisties, réhabilitations.

[1258] Le bulletin n° 2 est destiné à certaines autorités administratives et militaires pour des motifs précis : accès à un emploi public, obtention d'une distinction honorifique par exemple. En matière de contestation d'inscription sur les listes électorales, le bulletin n° 2 délivré est un sous-ensemble du bulletin n° 2 où ne figurent que les condamnations entraînant des incapacités en matière d'exercice du droit de vote.

[1259] À l'exception des condamnations prononcées à l'encontre des mineurs, des décisions étrangères, des contraventions, et des condamnations avec sursis lorsque le délai d'épreuve a expiré.

[1260] Les peines d'emprisonnement inférieures à deux ans si la juridiction a ordonné leur mention audit bulletin, les interdictions, déchéances ou incapacités sans sursis pendant leur durée, les peines de suivi socio-judiciaire ou d'interdiction d'exercer une activité professionnelle ou bénévole impliquant un contact habituel avec des mineurs pendant la durée de la mesure.

[1261] Lors du sommet franco-allemand de l'Elysée en date du 22 janvier 2003.

personnes physiques et morales. Ainsi, toute autorité judiciaire française qui demandera au casier judiciaire national le relevé des condamnations enregistrées pour un ressortissant ou une société d'un État tiers membre de l'Union européenne recevra, outre l'extrait de son casier judiciaire français, le relevé des antécédents pénaux de celui-ci dans son pays de naissance et, le cas échéant, dans d'autres pays.

343. Au regard de ces différentes analyses, les communautés sous régionales d'organisation juridique et judiciaire comme l'Organisation pour l'Harmonisation en Afrique du Droit des Affaires (OHADA), en général et le Mali, en particulier présentent de graves insuffisances dans le fonctionnement de l'administration du casier judiciaire, voire même inexistante. Parmi ces insuffisances, on peut noter l'absence d'information sur le fichier du casier judiciaire entre les différentes juridictions d'un même État et l'inexistence de la mise en réseau des différents casiers entre les États. Ceux-ci permettent de « protéger » les récidivistes du fait de la méconnaissance de leurs premières condamnations pénales par la juridiction qui prononce la seconde. C'est le passé pénal, à travers un casier judiciaire, qui détermine la source de la récidive en informant le juge sur la possibilité de la prononcer.

Cette relation est déterminante pour le juge car elle permet de dégager le bien fondé de la récidive. Elle est prononcée suite à une première condamnation où la peine n'a pas atteint ses caractères : dissuasif et éducatif. Si c'était bien le cas, le délinquant aurait évité de commettre une seconde infraction à fortiori subir la récidive. La récidive intervient après la commission d'une infraction suite à une condamnation définitive préalablement inscrite dans le casier judiciaire portant sur le passé pénal de la personne morale mise en cause. Les tribunaux devraient connaître la première condamnation avant de déterminer la peine infligée, en tant que récidive, à la seconde infraction.

344. La récidive intéresse l'efficacité du système pénal dans son ensemble, et singulièrement la capacité du traitement pénal à prévenir une rechute des personnes déjà condamnées. Une personne physique ou morale ayant commis une infraction alors qu'elle avait déjà fait l'objet de condamnation définitive pour une infraction précédente, apparaît comme récidiviste.

L'article 85 du code pénal malien prévoit qu'en cas de récidive, une peine d'emprisonnement sera obligatoirement infligée et les juges pourront, en outre, prononcer l'interdiction de séjour pour une durée maximum de cinq ans. On parle de récidive quand un premier jugement pour une infraction identique a été rendu contre le coupable dans les 12 mois précédents. Les articles 15, 16, 17 du même code relatifs, respectivement, à la récidive pour crime et délit ne font allusion qu'aux personnes physiques.

En France, l'incidence de la loi étrangère sur la récidive fait qu'en principe la juridiction qui a prononcé la première condamnation doit être une juridiction nationale[1262] ou celle d'un État membre de l'union européenne[1263]. Dans le même sens, l'article 83 du code pénal burkinabè précise que la récidive existe seulement en matière criminelle et délictuelle avec une première condamnation infligée par une juridiction nationale. Elle peut être aussi étrangère « ...sous réserve que l'infraction ayant motivé la condamnation à l'étranger soit également une infraction au regard de la loi nationale... ». Contrairement à la France, cette disposition burkinabè ne fait pas allusion à la contravention qui est inscrite dans le casier judiciaire de la personne morale. Le silence de la loi n'est pas forcément une exclusion au regard de cet adage selon lequel « ce que la loi ne dit pas, elle ne l'interdit pas ».

345. La notion de récidive fut particulièrement étudiée par les positivistes car elle renvoie à la dangerosité des personnes ainsi qu'à la délinquance d'habitude[1264]. Le phénomène de la rechute du délinquant personne physique ou morale n'est pas marginal puisque beaucoup de condamnés sont des récidivistes. Cela dit, la récidive mérite d'être nettement distinguée de notions voisines, et singulièrement de la réitération d'infractions et du concours réel d'infractions. Si le délinquant est déjà condamné au moment où il commet de nouveau une infraction, il est sous certaines conditions récidiviste et la peine effectivement prononcée peut être supérieure à celle encourue en vertu du texte d'incrimination. En revanche, s'il commet la deuxième infraction avant d'être condamné pour la première, il bénéficie d'une répression plus favorable puisque, conformément aux règles du concours réel d'infractions, une seule peine, la plus forte, sera prononcée contre lui[1265]. Cette différence de traitement s'appuie sur le raisonnement utilitariste en vertu duquel une première condamnation constitue un rappel solennel du contenu de la loi si bien qu'un citoyen, qui enfreint à nouveau la loi, apparaît comme « rebelle ou réfractaire » à la volonté souveraine de la nation. Cette conception dogmatique ne convainc plus vraiment, d'autant qu'elle est battue en brèche par les études criminologiques qui tendent à assimiler tous les délinquants qui réitèrent. La récidive est aujourd'hui organisée par des dispositions assez complexes figurant aux articles 132-8 et suivants dudit CPF qui comportent, malgré tout, quelques innovations relatives à la récidive. Il s'agit de l'instauration de la récidive pour les

---

[1262] Voir E. DREYER, *Droit pénal général*, Litec., 2010, p. 1107.

[1263] L'article 132-23-1 du nouveau Code pénal dispose désormais que « *les condamnations prononcées par les juridictions pénales d'un Etat membre de l'Union européenne sont prises en compte dans les mêmes conditions que les condamnations prononcées par les juridictions pénales françaises et produisent les mêmes effets juridiques que ces condamnations* » ; Cass. crim. 7 nov. 1968 : Bull. crim. 1968, n° 298.

[1264] Voir MALBERG in Charlaine BOUCHARD, op. cit., p. 11.

[1265] Selon le droit français et les droits d'apparentement français.

personnes morales ou bien encore la prise en compte pour la détermination du premier terme de la récidive des peines encourues et non des peines prononcées.

346. Dès lors que les conditions de la récidive sont réunies, le prononcé de la sanction en matière de récidive s'appuie sur un principe général d'aggravation. Ces conditions obéissent à des règles complexes, qu'il s'agisse des conditions de forme ou de fond.

D'abord, s'agissant des conditions de forme, lorsqu'une personne physique ou morale, déjà condamnée définitivement pour une première fois par une juridiction de jugement, commet une nouvelle infraction, le législateur a prévu de le sanctionner en aggravant sa peine suite à cette récidive. Pour établir l'état de récidive, cause d'aggravation de la peine, l'autorité judiciaire devra tout d'abord apporter la preuve du passé du délinquant. Il est donc nécessaire à cette autorité judiciaire d'être informée des condamnations antérieures infligées à la personne. La preuve de la récidive se fait à travers le passé pénal de la personne concernée portant sur des informations précises contenues dans un casier judiciaire[1266].

Ensuite, s'agissant des conditions de fond, la récidive suppose que la première sanction a été inefficace dans la mesure où elle n'a pas pu prévenir une rechute de la personne délinquante. Les divers cas de récidive se déclinent en considérant d'abord le premier terme de la récidive qui renvoie à la peine qui fut encourue pour la première condamnation prononcée contre le récidiviste et devenue définitive. Cela produit trois degrés, lesquels se subdivisent à leur tour en plusieurs hypothèses distinguées selon la gravité du second terme. On appelle second terme la peine principale encourue à l'occasion de la nouvelle infraction. Du rapprochement des deux termes de la récidive on déduit la mesure de la peine aggravée prononçable contre le récidiviste.

347. La récidive peut prendre plusieurs autres connotations. On dit qu'elle est spéciale quand l'aggravation suppose l'identité des deux infractions commises par le récidiviste. Elle est générale quand cette condition n'est pas exigée. La récidive est dite temporaire quand la loi établit un délai maximum entre la fin de l'exécution ou la prescription de la première peine et la nouvelle infraction. Après l'expiration de ce délai, l'aggravation n'est plus applicable. Mais, quant aucun délai n'est fixé la récidive est dite perpétuelle. C'est avec le bénéfice de ces rappels que l'on peut préciser les conditions requises, tant pour le premier que pour le second terme de la récidive.

[1266] V. supra. n° 340.

S'agissant du premier terme, il requiert d'abord une condamnation à caractère pénal autrement dit par une peine et non une mesure de sûreté[1267] et doit aussi être définitive c'est-à-dire insusceptible de voies de recours usuelles. Ce caractère définitif soulève une difficulté dans le cas du délai d'appel du procureur général et renvoie à des règles particulières en matière de contumace. Ensuite, cette condamnation doit être prononcée par un tribunal national et non étranger en ce qui concerne le cas de la France. Il faut noter que l'exclusion des cas de récidive de la première infraction à l'étranger n'est pas expresse[1268]. Par contre l'article 83 précité du code pénal burkinabé tient compte de l'infraction commise à l'étranger pour relever l'existence de cas de récidive mais à condition que cette infraction, qui est à la base de la condamnation à l'étranger, soit aussi reconnue comme une infraction par la loi nationale. Enfin, la condamnation doit toujours exister au moment de la rechute. En ce sens, elle ne doit pas être amnistiée[1269], ni réhabilitée[1270] pour qu'on fasse état de récidive[1271].

S'agissant du second terme de la récidive, il doit s'agir d'une infraction nouvelle, distincte de la première infraction c'est-à-dire sans rapport de conséquence avec elle. Ainsi, le condamné qui s'évade n'est pas considéré comme récidiviste du seul fait de son évasion[1272].

348. Par rapport à la répression de la récidive à l'encontre des personnes morales, des solutions sont, bien sûr, adaptées à leur cas particulier même si elles sont de type semblable à celles retenues pour les personnes physiques. Le code pénal français fait de la récidive une cause d'aggravation de la pénalité tout en majorant la peine légalement encourue. L'aggravation consiste donc dans le doublement du maximum normalement encouru c'est-à-dire dix fois au lieu de cinq fois le montant de l'amende qu'encourait, par le même délit, une personne physique. Selon ses caractères, la récidive peut être perpétuelle si toutefois l'aggravation de la sanction devient possible quel que soit le délai qui s'écoule entre les deux infractions. Par contre elle peut être temporaire dans la mesure où l'aggravation de la peine ne devient une réalité que si la seconde infraction a été commise dans un délai fixé par la loi. La récidive peut aussi être qualifiée de générale quand elle existe quelles que soient les infractions commises c'est-à-dire de nature différente et de

---

[1267] Les peines sont pour se racheter (punir), alors qu'une mesure de sureté est censé protéger la société ainsi que soigner le condamné.

[1268] V. supra n° 342.

[1269] La loi qui fait disparaître le caractère délictueux des faits en faisant obstacle aux poursuites pénales avec comme effet d'effacer la condamnation qui est l'effet juridique d'une telle loi ; v. le petit Larousse illustré, 100e édition, 2005, p. 80.

[1270] Rétablir ou remettre une personne dans des droits, une capacité, une situation juridique qu'elle avait perdus ; le petit Larousse illustré, 100e éd., 2005.

[1271] Cas de la réhabilitation de la condamnation non avenue ou bien encore de la condamnation non exécutée pour des raisons de droit ou de fait.

[1272] V. J.C. Soyer : *Droit Pénal et Procédure Pénale,* p. 187.

spéciale lorsque son existence est liée à une identité entre la première et la seconde infraction c'est-à-dire de même nature.

S'agissant des personnes morales, le système est construit sur le même modèle que celui applicable aux personnes physiques. Mais, il est construit à partir de valeurs de peines différentes. En matière correctionnelle, les seuils qui séparent les différents termes sont fondés sur le montant des amendes encourues pour les mêmes délits et par les personnes physiques sans tenir compte de la durée de l'incarcération qu'elles encourraient. Selon les articles 84 et 86 du code pénal burkinabé, la récidive peut être générale et perpétuelle quand il n'y pas de délai fixé entre la première et la seconde infraction qui sont toutes des crimes. Elle est générale et temporaire en même temps lorsqu'il y a cinq ans entre la première condamnation pour crime et le délit intentionnel. Elle est spéciale et temporaire à la fois s'il y a un an entre la condamnation pour la première et la seconde contravention.

349. La prévention de la récidive des personnes morales passe par une diversification des sanctions infligées au délinquant, mais aussi par un traitement pénal adapté assurant sa réinsertion. Elle peut être assurée par une sanction radicale[1273] : la dissolution, renforcée par l'interdiction faite aux dirigeants sociaux de reformer la personne morale. En matière d'incivilités urbaines et de délinquance économique et financière, elle peut, également, être assurée par autres acteurs que le juge pénal[1274]. Le procureur de la république peut désormais permettre au délinquant ayant plaidé coupable d'exécuter une mesure contre l'extinction de l'action publique. Un juge doit ultérieurement valider l'accord. La médiation pénale, le rappel à la loi et la composition pénale sont autant d'alternatives au procès pénal qui permettent de rappeler le contenu de la loi pénale pour les cas de délits ou de contraventions. Le classement sans suite était de règle. Cet arsenal procédural est de nature à faire prendre conscience à l'individu des conséquences de son acte en l'obligeant notamment à réparer le dommage, ce qui est susceptible de prévenir la récidive.

Dans l'hypothèse où l'état de récidive n'est pas confirmé, le magistrat en charge de l'enquête appliquera le principe du concours d'infraction.

B. Le concours d'infractions

350. Il arrive très souvent que le juge soit confronté à une situation où plusieurs infractions sont commises. L'existence de cette pluralité d'infractions constitue le concours d'infractions. Selon l'article 132-2 du

---

[1273] Cette solution extrême a ainsi été utilisée par la loi du 12 juin 2001 visant à la répression des mouvements sectaires et elle est évidemment de nature à empêcher que de nouveaux agissements délictueux soient commis.

[1274] La loi du 23 juin 1999 en France a pris acte du succès de la médiation pénale mise en place par les Parquets et est allée plus loin en officialisant également le rappel à la loi mais aussi et surtout en instituant la composition pénale (L'article 41-1 du CPPF).

CPF, le concours d'infractions intervient lorsqu'une infraction est commise par une personne avant que celle-ci ait été définitivement condamnée pour une autre infraction. Elle peut faire l'objet de procédure unique avec le cumul des peines de natures différente ou identique et de procédures séparées. Par ces analyses, l'adaptation de la situation à la personne morale n'est pas évoquée à travers les codes pénaux français et malien[1275]. Ces situations semblent conformes aux seules personnes physiques. Cependant, la personne morale ne peut être pénalement responsable qu'à travers les personnes physiques qui l'incarnent. Ainsi, elle emprunte l'infraction commise par la personne physique lorsque cette dernière est le représentant et agissant pour son compte. Par ricochet cette situation peut-elle atteindre les personnes morales. Au delà de ce qui précède, celles-ci peuvent être concernées, car les différents textes incriminent les comportements sans pour autant identifier s'il s'agisse ou non des personnes morales. Le concours d'infractions présente des variantes avec des spécificités liées à sa répression.

351. On peut rappeler qu'il est plus simple d'appliquer une peine à une seule infraction quand un seul acte aboutit à une seule infraction que lorsque le même acte donne deux ou plusieurs infractions distinctes non séparées les unes des autres par une condamnation définitive. Cette hypothèse constitue le concours réel d'infractions par opposition à l'hypothèse de la doctrine qui parle de concours idéal d'infractions où les deux infractions sont séparées[1276].

Le concours réel d'infractions se distingue du délit complexe, successif ou d'habitude, qui reste un délit unique malgré son éclatement dans le temps. On ne peut l'assimiler à la récidive qui suppose qu'entre deux infractions successives, soit intervenue une condamnation définitive pour sanctionner la plus ancienne. Le code pénal français ne majore pas la peine légalement encourue contrairement à la récidive.

352. La réitération est une simple situation de pluralité d'infractions dans laquelle une personne, condamnée définitivement pour une infraction, commet une autre sans être en état de récidive. Cela veut dire qu'il n'y ait pas juridiquement de cumul d'infractions ou de récidive. La réitération était une notion empirique jusqu'à la loi du 12 décembre 2005 où aucune conséquence juridique codifiée n'en découlait. La peine encourue est restée celle prévue par la loi. Le juge, utilisant ses pouvoirs d'individualisation de la peine, pouvait condamner plus sévèrement que lorsqu'il s'agit d'un primo-délinquant. Il faut préciser que devant la réitération le juge peut probablement utiliser de vastes pouvoirs d'individualisation de la peine dans

---

[1275] On se rappelle que le Code pénal malien ne prévoit même pas l'incrimination des personnes morales.

[1276] Lexique des termes juridiques 2010, 17e éd., Dalloz, p. 168.

toute sa rigueur sans légalement modifier la peine applicable à la nouvelle infraction[1277]. Le dernier alinéa de l'article 132-24 du CPF attache à la notion de réitération des effets juridiques « en matière correctionnelle lorsque l'infraction est commise en état de récidive légale ou de réitération ». Ledit texte ajoute que « la juridiction doit spécialement motiver le choix de la nature du quantum et du régime de la peine qu'elle prononce au regard des peines encourues »[1278].

353. On parle de concours d'infractions lorsqu'une personne physique ou une personne morale a commis un ou plusieurs actes différents avant que le premier acte n'ait donné lieu à une condamnation définitive. Peu importe que ces actes aient été commis quasi-simultanément ou à des moments différents. Il peut, également, y avoir concours d'infractions lorsqu'un individu n'a commis qu'un seul acte visé par plusieurs textes. C'est le cas d'un acte unique qui tombe sous le coup de deux textes différents. Si on maintient qu'il y a deux infractions, alors il y aura concours d'infractions et on prend en compte l'infraction la plus grave. Mais en principe, il n'y a qu'une seule infraction parce qu'un seul acte a été accompli. La Cour de cassation française confirme que « un même fait, autrement qualifié, ne peut entraîner une double déclaration de culpabilité »[1279].

354. Par exception, l'acte unique visé par deux textes différents peut constituer deux infractions qui sont des infractions à concours. Certaines infractions se produisent lorsque les deux textes protègent des valeurs différentes. Par exemple l'un des textes protège les biens et l'autre protège l'intégrité physique de la personne. La Cour de cassation française a estimé qu'il y avait deux infractions différentes dans une affaire où un individu avait lancé une grenade à l'intérieur d'une maison habitée pour tuer quelqu'un et, ce faisant, dégradé la maison[1280]. Ainsi, elle décide au motif que les textes protégeaient des valeurs différentes Cet acte était visé par le texte incriminant l'assassinat et par le texte incriminant la destruction d'un bien par explosif. C'est le cas d'un automobiliste qui viole un feu de stop

---

1277 Avec la loi du 12 décembre 2005, le législateur français a consacré la notion, dans l'article 132- 16-7 du Code pénal « *il y a réitération d'infractions pénales lorsqu'une personne a déjà été condamnée définitivement pour un crime ou un délit et commet une nouvelle infraction qui ne répond pas aux conditions de la récidive légale. Les peines prononcées pour l'infraction commise en réitération se cumulent sans limitation de quantum et sans possibilité de confusion avec les peines définitivement prononcées lors de la condamnation précédente* ».

1278 Le dernier alinéa de l'article 132-24 du CPF est issu de la rédaction de la loi française du 5 mars 2007.

1279 Crim. 3 mars 1966.

1280 Cass. 3 mars 1960 : Bull. crim. n° 81 p. 208.

pour commettre une infraction prévue au code de la route en blessant un tiers par imprudence[1281].

La complexité d'un tel enchaînement d'infractions suscita vite des interrogations quant aux différents régimes de peines applicables.

355. L'étude des peines applicables en cas de concours d'infractions soulève une problématique assez intéressante. En effet, il s'agira de savoir si toutefois on peut prononcer autant de peines qu'il y a d'infractions quant une personne délinquante accomplit plusieurs infractions à concours.

S'agissant de la répression du concours d'infractions, une personne morale peut en être reconnue coupable et ne peut, à défaut de pouvoir physiquement exécuter les peines principales encourues, être condamnée qu'à des amendes en tant que peine de substitution. Les amendes se cumulent entre elles pour les contraventions qui obéissent à un régime particulier. En la matière, les peines se cumulent et peuvent se cumuler avec d'autres peines délictuelles ou criminelles. Il y a autant de peines prononcées que de contraventions commises[1282].

À cela s'ajoute le cas des crimes et délits où la solution est beaucoup plus complexe en la matière. Il faut distinguer l'unité de poursuites de la pluralité de poursuites. L'unité de poursuites signifie que toutes les infractions, y compris celles de nature différente, sont poursuivies en même temps. L'ancien code pénal français de 1992 posait la règle de non-cumul des peines. La seule peine prononcée était celle la plus grave. En France, le meurtre qui précède, accompagne ou suit un autre est puni de réclusion criminelle à perpétuité[1283]. Le non-cumul permet d'éviter des « absurdités » telle que la condamnation à une peine d'emprisonnement de trois-cent-cinquante ans par exemple[1284]. Le nouveau code pénal français a adopté une solution mixte[1285]. Ainsi sont de même nature toutes les peines privatives ou restrictives de liberté.

356. Ce système a quelquefois des exceptions particulières. Pour certains délits (jamais pour des crimes), les peines de même nature se cumulent[1286]. Le cumul juridique en est une autre exception. Ainsi, dans certains cas exceptionnels, les infractions en concours sont seulement considérées comme une seule infraction.

Pour sa part, le juge malien applique la règle du non-cumul pour les peines, ce qui semble conforme à l'esprit du code pénal. Par exemple, la

---

[1281] Cim. 8 mars 1972 : Bull. crim. n° 89 p. 221.

[1282] L'Article 132-7 CPF.

[1283] L'Article 221-2 du nouveau code pénal français.

[1284] Cas des USA où le juge produit la règle de droit.

[1285] L'article 132-3 du CPF.

[1286] Par exemple, c'est le cas de délit de chasse, de la violation de la réglementation d'hygiène et de sécurité du travail.

peine de l'infraction spéciale (parricide) emporte sur celle de l'infraction générale (homicide) et la peine la plus élevé (peine criminelle) emporte sur la moins élevée (peine délictuelle ou contraventionnelle). L'incrimination des personnes morales n'étant pas expressément prévue, on peut se demander si le législateur continuerait à adopter la même position. Rien ne fera dire le contraire quand on sait que les personnes morales peuvent être responsables des mêmes infractions. Alors la règle prévue pour sanctionner les infractions en concours s'appliquerait à toutes personnes qui se rendraient coupables.

357. La pluralité de poursuites se fait à travers des procédures séparées. Ceci suppose que ces procédures séparées doivent s'exercer devant deux tribunaux différents même si elles sont simultanées. À défaut de cette simultanéité, elles doivent être successives[1287]. Pour ces cas, deux règles doivent s'appliquer à savoir la règle du cumul plafonné et la règle de la confusion des peines[1288]. Cette dernière règle concerne la confusion éventuelle des peines. Avant la réforme du code pénal français de 1994, la confusion s'opérait de plein droit entre une peine criminelle et une peine correctionnelle. Mais elle était établie au profit de la peine criminelle. En précisant que les peines de même nature peuvent être confondues, l'article 132-4 du CPF met fin à la jurisprudence selon laquelle les peines d'emprisonnement et d'amende prévues pour chacune des infractions forment un tout indivisible. Désormais, le juge dispose d'un large pouvoir d'individualisation de la sanction et la confusion n'interviendra qu'à l'intérieur de chaque catégorie de sanctions. Mais lorsque l'un des crimes ou des délits en concours est commis en état de réitération, l'application de ces deux règles est écartée[1289].

Pour notre part, la confusion entre les peines de même nature semble logique. Il s'agit de la même personne morale poursuivie pour une pluralité d'infractions. Mais, elle ne pourra subir à la fois les différentes sanctions. Le législateur malien est déjà très proche de cette position avec la pluralité d'infraction dans la même procédure mais qui s'applique aux seules personnes physiques.

[1287] Crim. 21 mars 1989 : Bull. Crim. n° 361. Cette solution, concernant des délits commis en concours avec une évasion, ne s'appliquerait plus actuellement parce que de pareilles infractions seraient commises en état de réitération.
[1288] Crim. 21 mars 1989.
[1289] L'Article 132-16-7 du CPF.

CONCLUSION DE LA DEUXIÈME PARTIE

358. Après une admission exceptionnelle avérée, le législateur malien doit aller vers une proclamation du principe général de la responsabilité pénale des personnes morales. Une telle adoption doit être relative au principe de généralité qui prend en compte toutes les personnes morales et toutes les infractions dont elles peuvent se rendre pénalement responsables. Pour y parvenir, des arguments relatifs aux justifications tirées du droit comparé ont été avancés.

La personne physique se trouve toujours impliquée dans la commission de l'infraction au sein de la personne morale, même si elle n'est pas identifiée. L'article 121-2 alinéa 3 du CPF dispose que « la responsabilité pénale des personnes morales n'exclut pas celle des personnes physiques auteurs ou complices des mêmes faits ». Il existe le principe de cumul de la responsabilité pénale de la personne morale et celle de la personne physique. Toutefois, ce principe ne signifie pas que ces deux responsabilités sont dépendantes l'une de l'autre puisque la condamnation de la personne morale n'entraînera pas nécessairement celle de la personne physique.

La personne morale doit être représentée pour répondre en son nom et agir pour son compte durant toute la phase du procès pénal. Ce représentant (il peut en avoir plusieurs), qui est nécessairement une personne physique, doit être déterminé. Mais, il peut se retrouver inculpé à ce titre et à titre personnel en même temps que la personne morale elle-même pour les mêmes infractions[1290]. Dans ce cas, le juge peut désigner un autre représentant dans l'intérêt de la personne morale. Cette désignation peut viser une personne physique qui n'avait pas la qualité de représentant légal au moment des faits.

359. Les règles relatives aux conditions d'engagement de la responsabilité pénale de la personne morale et les sanctions qu'elle peut encourir doivent être adaptées à sa particularité.

Selon l'article 121-2 alinéa 1er du CPF, l'infraction doit être commise pour le compte de la personne morale (en son nom et pour son intérêt) par

[1290] L'article 121-3 du CPF.

son organe ou son représentant. La personne morale doit retirer de l'infraction un bénéfice matériel ou moral, direct ou indirect. Par conséquent si l'organe ou le représentant a agi dans son intérêt personnel, dans celui d'un tiers ou contre celui de la personne morale, cette dernière ne saurait voir sa responsabilité pénale engagée. De même pour des conditions d'engagement, certaines causes pourront ne pas retenir la responsabilité pénale des personnes morales. Ce sont des causes d'exonération[1291]. On peut distinguer les causes objectives des causes subjectives. Lorsque la personne physique se trouve classiquement exonérée par ces causes en agissant au profit et dans l'intérêt de la personne morale, cette dernière bénéficiera également de cette exonération.

Une fois que la responsabilité pénale est reconnue, les peines peuvent être prononcées à l'encontre de la personne morale. Toutes les peines ne sont pas applicables aux personnes morales eu égard à leur nature[1292]. Cependant, la panoplie des peines prononcées contre les personnes morales reste hiérarchisée en peines criminelles, correctionnelles et contraventionnelles avec des peines principales, complémentaires et alternatives. L'objet des peines complémentaires et alternatives est de remplacer la peine principale. Elles sont toutes l'œuvre de la loi qui prévoit aussi leur prononcé par le juge. Ce pouvoir d'individualisation est encadré par la loi. Les peines sont caractérisées par des circonstances aggravantes ou atténuantes selon les cas. Ceci a entraîné la création de sanctions spécifiques applicables aux personnes morales. Selon l'article 121-2 du CPF, les règles relatives à la tentative punissable et à la complicité sont applicables à la personne morale. Les peines d'amende peuvent être prononcées à son encontre. Elles sont fixées au quintuple de celles prononcées contre les personnes physiques pour avoir commis la même infraction. Des privations de droit comme la dissolution ou l'exclusion des marchés publics peuvent être cumulées avec les amendes. L'article 768-1 du CPPF prévoit un casier judiciaire pour les personnes morales qui permet de répertorier les condamnations prononcées à leur encontre. Il permet d'identifier les cas de récidive.

Pour une adoption ultérieure du principe général de la responsabilité pénale des personnes morales au Mali, nous proposons la fixation des amendes au triple de celles prononcées contre les personnes physiques. La raison qui prévaut est d'éviter le non paiement de l'amende prononcée pour défaut de moyens financiers.

[1291] Voir l'article 28 du Code pénal malien, en vigueur depuis 2001.

[1292] Ce sont des peines de privation de liberté par exemple.

CONCLUSION GÉNÉRALE

360. La présente thèse a porté sur « La responsabilité pénale des personnes morales en droit malien à la lumière du droit comparé ». L'étude de cette responsabilité pénale demeure passionnante car il y a toujours eu des « pour » et des « contre ». Depuis longtemps, de nombreux exemples étrangers et internationaux démontraient que cette responsabilité était parfois admise puisqu'elle permet de prendre en compte la dangerosité des groupements, sachant que leur solvabilité est souvent supérieure à celle des personnes physiques.

La responsabilité pénale des personnes morales fut l'une des innovations majeures du code pénal français de 1994. Elle a été étendue par la loi du 10 juillet 2000. Ce qui a permis de considérer aujourd'hui que, sur le plan de la seule politique criminelle, l'objectif d'un allègement de la responsabilité pénale des décideurs publics et privés a été atteint. Ainsi, le problème de l'admissibilité du principe général de cette responsabilité ne se pose plus en France et dans bien d'autres pays (comme la Belgique, le Luxembourg, le Burkina Faso, le Togo…), même si des débats de doctrine continuent de refaire surface.

361. Au Mali, l'étude du principe général de la responsabilité pénale des personnes morales est plus que nécessaire eu égard à son inexistence dans le droit pénal malien. Les raisons liées à cette inexistence sont relatives à l'orientation générale de la politique criminelle et sécuritaire du pays, d'une part et à l'argumentaire classique rejetant l'idée de la responsabilité pénale des personnes morales, d'autre part. Cet argumentaire a été remis en cause par la réalité criminologique de la délinquance des groupements. L'insuffisance répressive dans ce domaine a conduit à la création d'autorités administratives indépendantes chargées de réguler certains secteurs de l'activité économique et sociale[1293].

Le principe général de la responsabilité pénale des personnes morales a fait remarquer dans son domaine que des solutions relatives à son admission

[1293] Le conseil de la concurrence et le conseil supérieur de l'audiovisuel, par exemple. Il faut noter, par ailleurs, que ce n'est la raison principale de la création de ces autorités.

ont été apportées face au traditionnel rejet qui l'a toujours caractérisé. Ainsi, on peut constater une admission exceptionnelle de quelques cas dans le droit pénal national malien et dans le droit pénal régional africain. D'abord, cette admission vise les personnes morales concernées par le principe de spécialité des infractions, à travers la transposition des directives communautaires et des droits spécifiques applicables par les États réunis en association. Enfin, on peut constater une admission effective du principe général dans certains États en Afrique comme le Burkina Faso et le Togo. Il s'agit de la généralité de l'imputation de la responsabilité pénale de la personne physique à la personne morale du fait de son organe ou de son représentant. On peut, par exemple, reprocher au principe de la responsabilité pénale des personnes morales de porter atteinte à celui de l'égalité devant la loi. En ce sens, elle exclut certaines catégories de personnes morales, comme l'État, de leur champ d'application sans que l'explication soit toujours convaincante[1294].

Cependant, la proclamation d'un principe général au Mali est nécessaire. Elle passe par la justification qu'on peut tirer du droit comparé. Les conditions d'engagement de cette responsabilité sont relatives à la commission des infractions par le représentant et les organes de la personne morale pour leur compte avant de montrer l'incidence de ladite responsabilité sur les personnes physiques[1295]. En effet, il est apparu indispensable de reconnaître la responsabilité pénale des personnes morales, de la confondre avec celle des personnes physiques et de la cumuler avec cette dernière.

362. Si la responsabilité pénale d'une personne morale est rationnellement concevable sans identification d'un organe ou d'un représentant[1296], le groupement peut répondre des infractions constatées (seulement des fautes d'organisation et de fonctionnement de la structure) au sein de son activité. Il faudrait préciser le cadre de cette responsabilité directe, en donnant une véritable portée à la notion d' « infraction commise pour le compte » de la personne morale[1297]. Selon le droit belge, il faut préciser qu'une infraction commise pour le compte de la personne morale est celle commise à son profit ou dans le cadre d'une activité relative à son fonctionnement, son organisation ou son objet social. Au-delà de cette précision, une réforme de l'article 121-2, al.1 du CPF pourrait supprimer la référence à la notion d'organe et de représentant et fixer ce critère de rattachement de l'infraction au groupement. La réforme pourrait aussi concerner le critère du cumul de la responsabilité pénale des personnes

---

[1294] V. Supra n° 103.

[1295] Le problème de cumul et de causes d'irresponsabilité pénale.

[1296] V. Supra n° 181.

[1297] C'est le sens que pourrait avoir la précision « *une infraction commise par un organe ou un représentant paraît du coup une infraction commise pour le compte de la personne morale* ». Elle est fortement critiquable.

morales et des personnes physiques. Toutefois, il faut préciser que le principe du cumul de responsabilité n'est pas du tout remis en cause par l'avènement d'une responsabilité directe de la personne morale pour faute diffuse.

Une fois que la responsabilité pénale des personnes morales a été consacrée, il revient de préciser les règles qui lui sont applicables relatives à la procédure engagée jusqu'au procès pénal contre elles. Il s'agit notamment de la représentation des personnes morales pendant les investigations. Au terme du procès pénal, le juge pénal prononce les sanctions encourues par les personnes morales. Ces peines doivent être adaptées à la réalité de la personne morale et passent par les règles de représentation.

363. D'une manière générale, on peut remarquer que l'application de la responsabilité pénale des personnes morales en France est assez satisfaisante. Cependant, le législateur français avait déjà averti que « sans doute, ce texte ne constitue ni un début, ni une fin »[1298]. S'il ne donne pas satisfaction, « on en fera un autre et spécialement si les condamnations absurdes des maires continuent »[1299]. Ce principe doit guider le législateur malien à aller vers une consécration du principe général de la responsabilité pénale des personnes morales. Actuellement, ceux-ci sont de moins en moins inquiétés par le juge pénal. Depuis que ce dernier est sommé de ne pas être trop regardant sur les manquements des élus locaux à leurs devoirs de prudence ou de sécurité, il lui revient de ne pas trop résister au législateur.

Les dispositions nouvelles relatives à cette responsabilité pourraient toutefois être contestées sur d'autres fondements. La personne physique (substratum humain) n'était pas pénalement responsable en matière de faute directe. Mais la loi française du 10 juillet 2000 a renforcé la responsabilité pénale des personnes morales devant celle des personnes physiques. Concernant ces dernières. Désormais, seule la faute grave doit engager leur responsabilité et non la faute simple et légère. DANTI-JUAN affirme que l'article 121-3 du nouveau code pénal français selon lequel « la responsabilité pénale des personnes morales n'exclut pas celle des personnes physiques » est mal rédigé car il ne fait aucune distinction entre les parts de responsabilité de la personne physique et de la personne morale concernées[1300]. Dans sa version actuelle, l'article 121-3 est une véritable anomalie dans l'ensemble des droits européens. Il n'a nulle part son équivalent. Philippe CONTE ajoute que « nos voisins s'en moquent, incrédules à admettre que la France, dont la réputation de ses codes (les anciens) impressionne encore puisse se donner une telle loi… »[1301].

[1298] Assemblée Nationale Française, rapport n° 2266, p. 28.

[1299] Propos de Pierre FAUCHON, *Le Figaro,* 5 août 2000.

[1300] Voir Michel DANTI-JUAN, *La responsabilité pénale des sociétés,* Rev. pén., 2002, p. 97.

[1301] Voir Ph. CONTE, *Appréciation du caractère direct ou indirect de la causalité en matière d'homicide par imprudence*, (note sous Crim. 13 nov. 2002), D. 2004, p. 1337.

Ce constat est surtout attesté par l'absence ou la rareté de saisines de juridictions contre les personnes morales dans certains États où la responsabilité pénale est prévue. Il faut espérer que la sagesse jurisprudentielle puisse œuvrer à lui trouver un contenu équilibré qui met fin à toutes les passions. Selon RIPERT, « la loi se dépouille avec le temps du caractère accidentel qu'elle a eu au jour de sa naissance. (…) Sa promulgation a parfois heurté les sentiments ou atteint les intérêts d'un grand nombre d'hommes. La règle a peut-être été reçue avec peine et critiquée dès qu'elle s'est appliquée. Puis l'apaisement s'est fait. Sa portée et son sens ont été fixés par les tribunaux, précisés par la doctrine. Elle a acquis ce caractère d'exactitude qui élimine les controverses et les difficultés. On a vite fait d'en oublier les véritables motifs : l'imagination des interprètes et l'exigence de la raison lui en ont donné d'autres qui ne sont pas les vrais, mais passent pour tels… »[1302]. C'est ce qu'il faut souhaiter de meilleur à l'application des textes sur la responsabilité pénale des personnes morales.

Ainsi, face à la consécration de cette responsabilité qui prévaut dans bon nombre d'États, plusieurs autres ne l'ont pas retenu dans leur droit pénal général, sauf dans les cas spécifiés par la loi[1303]. Nombreux États africains, dont le Mali, retiennent seulement le principe général de la responsabilité pénale des dirigeants ou des préposés des personnes morales pour les infractions commises. À la lumière de cette étude, le Mali peut s'en inspirer profondément en raison de son apparentement avec le droit français qui peut constituer un éclairage. La nécessité de reforme du droit pénal s'impose. Aujourd'hui, la responsabilité pénale des personnes morales est une évidence. Tous les faits générateurs de cette responsabilité existent au Mali. Avec la modernisation et le développement croissant de l'industrie, les risques de mise en danger d'autrui demeurent.

La réforme à proposer au Mali, doit être commandée par le souci de rendre le droit pénal plus efficace. En tirant les conséquences d'une réalité criminologique, on peut remarquer que les personnes morales ne sont pas moins délinquantes que les personnes physiques. C'est pourquoi on peut constater que l'immunité qui leur est concédée actuellement par le silence absolu des textes ne se justifie guère. Elles sont à l'origine des infractions qui doivent mettre en cause leurs responsabilités pénales. Il s'agit, par exemple, des collectivités qui délèguent des activités de ramassage d'ordures aux GIE. Ceux-ci procèdent à l'incinération hors norme de ces ordures tout en polluant l'air et portant atteinte à la santé des citoyens. Il convient, à ce titre, d'engager la responsabilité pénale des personnes morales. La reconnaissance de cette responsabilité permettra au droit pénal malien de s'approprier d'une part importante de son domaine que certaines structures administratives lui ont repris. Ce sont des structures chargées de réguler

---

1302 Voir G. RIPERT, *Les forces créatrices de droit*, LGDJ, 1955, p. 21-22.

1303 Notamment ceux de l'UEMOA où la responsabilité pénale des personnes morales a été consacrée en matière de blanchiment de capitaux.

certains secteurs de l'activité économique et sociale qui sont dotés de pourvoir de sanction des personnes morales. Il s'agit également des autorités douanières qui disposent de plein pouvoir pour prononcer des amendes souvent plus élevées que celles classiquement connues en droit pénal.

Un autre souci qui doit commander cette réforme est le maintien de l'équité. À chaque fois que la personne physique (représentant de la personne morale) est pénalement responsable, on a le sentiment général qu'elle sera injustement punie. Au sein de la personne morale, l'injustice crée une émotion collective souvent plus intense que celle causée par l'acte perturbateur de l'ordre social[1304]. Pour justifier le mécanisme de la question sur la responsabilité pénale des personnes morales, le législateur malien pourrait invoquer le principe de la personnalité des peines.

L'argument qui consiste à dire que la responsabilité pénale des personnes morales porterait atteinte au principe fondamental de la personnalité des peines[1305] semble erroné[1306] et paraît contraire à la constitution française. Dans sa décision n° 143 DC du 30 juillet 1982, la haute juridiction française affirme qu'aucun principe constitutionnel ne s'opposait à ce qu'une amende soit prononcée à l'encontre d'une personne morale[1307].

364. Pourtant en France, on pourrait malheureusement s'habituer à un rendez-vous législatif de tous les quatre ans même si celui de 2004 n'a pas eu lieu. Selon LE GUNEHEC, « une telle périodicité convient mieux aux matchs de la coupe du monde de football qu'à l'élaboration des normes répressives fondamentales »[1308]. La mise en œuvre de la responsabilité pénale des personnes morales par la Cour de cassation française[1309] peut aboutir au retour à l'orthodoxie[1310].

Nicolas RIAS se demande, dans ce cas, si des impératifs d'opportunité répressive ne prendraient pas l'avantage sur l'application rigoureuse de certains principes juridiques qui gouvernent normalement le droit pénal[1311]. Cette question suscite l'étonnement au regard de deux pratiques. La première pratique montre que la règle de l'interprétation stricte, relative à l'article 111-4 du CPF, est souvent bien malmenée dans son application à la

---

[1304] Voir J. J. ROUSSEAU, *Le contrat social*, Thémis, 1998, p. 1 et s.

[1305] Il s'agit des sanctions frappant la personne morale ont nécessairement des répercussions sur ses membres et employés.

[1306] L'irresponsabilité est réfutée de plus en plus par une partie importante de la doctrine : par exemple la fiction qui a été abandonnée en droit civil, il n'y a pas de raison de la conserver en droit pénal.

[1307] JO, 31 juil. p. 2470, L. FAVOREU et L. PHILIP, n° 34.

[1308] Un humour qu'on emprunte à F. LE GUNEHEC, *Loi n° 2000-647 du 10 juillet 2000 tendant à préciser la définition des délits non intentionnels*, JCP 2000, Actu., p. 1587.

[1309] Cf. Cass. crim. 11 oct. 2011.

[1310] Caractère de ce qui est conforme aux principes de la doctrine, aux usages de l'opinion commune qui rejettent la responsabilité pénale des personnes morales.

[1311] Voir Nicolas RIAS, *Mise en œuvre de la responsabilité pénale des personnes morales vers un retour à l'orthodoxie ?*, Recueil Dalloz – 24 novembre 2011- n° 41, p. 2841.

responsabilité pénale des personnes morales. En ce sens, l'article 121-2 du même texte prévoit que les personnes morales sont responsables pénalement des infractions commises par leurs organes ou représentants. Or, selon la seconde pratique la responsabilité pénale des personnes morales est engagée en matière d'infractions non intentionnelles et dans le cas de la causalité indirecte alors même que les organes ou les représentants - s'ils ont commis une faute pénale - n'ont, cependant, pas nécessairement consommé une infraction[1312].

Toutefois, l'arrêt rendu pourrait bien constituer l'amorce de la remise en cause de la responsabilité pénale des personnes morales, ne serait-ce que par ce qu'on pourra appeler l'emprunt de voies détournées[1313].

Comme on a déjà indiqué, cette réalité prévaut dans plusieurs systèmes législatifs et le Mali ne doit pas faire exception. Ainsi, lorsque le législateur malien aurait proclamé l'admission d'un principe général de la responsabilité pénale des personnes morales, des mises en cause interviendront très souvent sous l'influence de la jurisprudence et de la doctrine. Ceci permettrait d'adapter le texte à la réalité, à chaque fois que cela est nécessaire. L'important est d'admettre le principe général, ce qui semble tout à fait logique. Il s'agira de savoir si une perpétuelle adaptation peut aboutir définitivement à sa mise en cause.

[1312] Crim. 24 oct. 2000, n° 00-80.378, Bull. crim. n° 308 ; D. 2002. 514, note J.-C. PLANQUE, et 1801, obs. G. ROUJOU de BOUBEE ; Rev. Sociétés 2001. 119, note B. BOULOC ; RSC 2001. 156, obs. Y. MAYAUD, 371, obs. B. BOULOC, 399, obs. A. CERF-HOLLENDER, et 824, obs. G. GIUDICELLI-DELAGE.

[1313] Ibidem.

BIBLIOGRAPHIE

I. Ouvrages

A. Ouvrages généraux

ALLAND (D.) et RIALS (S.)

Dictionnaire de la culture juridique, PUF Paris, coll. « Quadrige », 2003.

AMBROISE-CASTÉROT (C.) (Sous la direction)

La procédure pénale, 2e éd., Gualino Paris, 2009.

AUBERT (J.-L.)

Introduction au droit : A. Colin Paris, 10e éd., 2004.

BADINTER (R.)

Projet de nouveau code pénal, Dalloz Paris, 1988.

BEAUD (M.)

L'art de la thèse : comment préparer et rédiger un mémoire de master, une thèse de doctorat ou tout autre travail universitaire à l'ère du Net, Paris la découverte, 2006.

BEAUSSONE (G.)

Le rôle de la doctrine en droit pénal : Paris L'harmattan, 2006, p. 198

BECCARIA (C.)

Des délits et des peines, Genève, Droz, 1965.

BENILLOUCHE (M.)

Leçons de droit pénal général, éd. Ellipses Paris, 2009.

BERGEL (J.-L.)

Théorie générale du droit : Dalloz Paris, 4e éd., 2003.

BERNARDINI (R.)

Droit pénal général, Gualino Paris, 2003.

BONNARD (J.)

Méthodes de travail de l'étudiant en droit, Hachette Supérieur Paris, 4e éd., 2008.

BONNET (D.)

L'essentiel de la méthodologie juridique (cas pratique, commentaire d'arrêt, commentaire d'article, dissertation, fiche de jurisprudence, note de synthèse, oral, test de connaissance), Ellipses Paris, 2006.

BOULOC (B.)

Précis de droit pénal général, 21e éd., Dalloz Paris 2009.

Procédure pénale, 21e éd., Dalloz Paris, 2008.

BOULOC (B.), MATSOPOULOU (H.)
Droit pénal général : 20e éd. SIREY Paris, 2007.
BOUZAT (P.), PINATEL (J.)
Traité de droit pénal et de criminologie, tome I, Dalloz Paris, 2004.
BORÉ (J.)
La cassation en matière pénale : Dalloz Paris, 2e éd., 2004.
BORRICAN (J.), SIMON (A. -M.)
Droit pénal et procédure pénale, 6e éd. Sirey Paris, 2008.
BRUN (Ph.)
Responsabilité civile extracontractuelle : Litec. Paris, 2005.
BRURON (J.)
Droit pénal fiscal, LGDJ, Paris, 1993.
BUFFELAN-LANORE (Y.)
Droit civil, Armand Colin Paris, 13e édition, 2003.
BUSSY (J.)
Droit des affaires, 2e éd. Presses de Sciences Po et Dalloz Paris, 2004.
CARBASSE (J.-M.)
Histoire du droit pénal et de la justice criminelle, 2e éd. Refondue, PUF Paris, 2006.
CARBONNIER (J.)
Flexible droit : LGDJ Paris, 10e éd., 2001.
Droit civil-Les personnes, t.1 : PUF Paris, 20e éd., 1996.
CHABERT (B.), OLIVIER SUR (P.)
Droit pénal général, Dalloz Paris, 1996.
COEURET (A.) et FORTIS (E.)
Droit pénal du travail, Litec. Paris, 3e éd., 2004.
COEURET (A.), GAURIAU (B.) et MINE (M.)
Droit du travail, Sirey Paris, 2006.
CONTE (Ph.)
Droit pénal spécial : Litec. Paris, 3e éd., 2007.
CONTE (Ph.), MAISTRE DE CHAMBON (P.)
Droit pénal général, Armand Colin Paris, 7e éd., octobre 2004.
Procédure pénale, Armand Colin Paris, 4e édition, 2002.
La responsabilité civile délictuelle : PUG, 2000.
CORNU (G.) (Sous la direction de)
Vocabulaire juridique, PUF Paris, coll. « Quadrige », 8e éd., 2007.
Droit Civil, Introduction, Les Personnes, Les Biens, 9e éd., Montchrestien, Paris 1999.
CÔTE-HARPER (G.) et MANGANAS (A. D.)
Droit pénal Canadien, Y. Blais Inc., 1984.
COZIAN (M.), VIANDIER (A.), DEBOISSY (F.)
Droit des sociétés, Litec., Paris, 15e édition, 2002, p. 109.
CUSSON (M.)
Le contrôle social du crime, Paris, PUF, 1983.
La criminologie, Paris, Hachette, 4e édition 2005.
DANET (J.)
Justice pénale, le tournant, Gallimard « folio » Paris, 2006.
DAVID (E.), HEIRMAN (P.)
Code de droit international pénal, 2e éd., Bruylant, Bruxelles, 2009.

DEBUYST (C.), DIGNEFFE (F.), LABADIE (J.-M.), PIRES (A.-P.)
Histoire des savoirs sur le crime et la peine, éd. Larcier Paris, 2008 (éd. 2005 repaginée).
DECOCQ (A.)
Droit pénal général, A. Colin Paris, 1971, Coll. U., série Dr. Pén. et Sc. Crim.
DEJAN DE LA BÂTIE (N.) in AUBRY et RAU
Droit civil français-Responsabilité délictuelle, Tome VI-2, Litec., Paris, 8e éd., 1989.
DE JUGLART (M.), IPPOLITO (B.)
Les sociétés commerciales, Montchrestien Paris, vol.2, 10e édition, 2000.
DELMAS-MARTY (M.)
Les grands systèmes de politique criminelle, Paris, PUF, 1992.
DELMAS-MARTY (M.), GIUDICELLI-DELAGE (G.)
Droit pénal des affaires, 2 tomes, PUF Paris, 4e éd. refondue, 2000.
DEMICHEL (A.)
Le droit pénal en marche arrière, Dalloz Paris, chr. 213-216, 1995.
DESPORTES (F.), LAZORGES-COUSQUER (L.)
Traité de procédure pénale, éd. Economica, Paris, 2009.
DESPORTES (F.), LE GUNEHEC (F.)
Le nouveau droit pénal, Economica, Paris 16e éd., 2009.
Criminologie et science pénitentiaire, 9e éd., Dalloz Mémentos Paris, 2001.
DE SUA (J.)
Les problèmes modernes de la culpabilité, Mélanges Paris, 1971.
DOUCET (J.-P.)
La loi pénale, Litec. Paris, 1986.
DREYER (E.)
Droit pénal général, Litec. Paris, 2010, p.1131.
DREYFUS (S.), NICOLAS-VULLIERME (L.)
La thèse de doctorat et le mémoire, Etude méthodologique (Sciences juridiques et politiques), Editions Cujas, Paris 3e éd., 2000, p.486.
DUNES (A.)
La documentation juridique, Méthodes du droit, Dalloz Paris, 2002.
FABRE MAGNAN (M.)
Les obligations, PUF Paris, 2004.
FLOUR (J.), AUBERT (J.-L.) et SAVAUX (E.)
Les obligations - Le fait juridique, tome 2, A. Colin Paris, 12e éd., 2007.
Les obligations - L'acte juridique, tome1, A. Colin Paris, 11e éd. 2004.
FRISON-ROCHE (M.-A.), (dir.)
Les enjeux de la pénalisation de la vie économique, Dalloz Paris, 1997.
FROMONT (M.) et RIEG (A.)
Introduction au droit allemand – Droit public – Droit pénal, t. 2, Cujas Paris, 1984.
GARRAUD (R.)
Traité théorique et pratique du droit pénal français, tome 1, Sirey Paris, 3e éd., 1913.
GARÉ (Th.), GINESTET (C.)
Droit pénal, Procédure, procédure pénale, 5e éd., Dalloz Paris, 2008.
GASSIN (R.)
Criminologie : Dalloz Paris, 6e éd., 2007.

GATTEGNO (P.)
Droit pénal spécial, 7e éd., Dalloz Paris, 2007.
GAUTHIER (T.)
Les dirigeants et les groupes de sociétés, Litec. Paris, 2000.
GENY (F.)
Méthodes d'interprétation et sources en droit privé positif, Sirey Paris, 1899.
GIBIRIKA (M.)
Le dirigeant de société, Litec. Paris, 1995.
GRIDEL (J.-P.)
La dissertation et le cas pratique en droit privé, Méthodes du droit, Dalloz Paris, 2007.
GRUA (F.)
Méthodes des études de droit, Conseils sur la dissertation et le commentaire, Dalloz Paris, 2006.
GUIDICELLI-DELAGE (G.) (Sous la direction de)
Droit pénal des affaires en Europe, 1e éd. PUF Paris, 2006.
GUINCHARD (S.), BUISSON (J.)
Manuel de procédure pénale, 5e éd., Litec. Paris 2009.
GUINCHARD (S.) et MONTAGNIER (G.) (Sous la direction de)
Lexique de termes juridiques de Raymond Guillien et Jean Vincent, Dalloz, Paris 17e éd., 2010.
GUYON (Y.)
Droit des affaires, Economica, Paris Tome 1, 12e éd., 2003.
Droit des affaires : Entreprises en difficultés. Redressement judiciaire - Faillite, Economica Paris, tome II, 9e éd., 2003.
Droit des affaires, Tome 1 droit commercial général et sociétés 9e éd. Economica, Paris 1996, p. 1016.
HERZOG-EVANS (M.)
Droit de l'exécution des peines, 3e éd, Dalloz Paris, juillet 2007.
Droit de la sanction pénitentiaire, 1e éd., Dalloz Paris, 2004.
HUET (A.), KOERING-JOULIN (R.)
Droit pénal international, 3e éd., Thémis droit, PUF Paris, 2005.
JACOPIN (S.)
Procédure pénale, Montchrestien, Paris, 2005.
JEAN (J.-P.)
Le système pénal, éd. La découverte, Paris, 2008.
JEANDIDIER (W.)
Droit pénal des affaires, Dalloz Paris, 6e éd. 2005.
Droit pénal général, Montchrestien Paris,, 2e éd. 1991.
JOBARD-BACHELIER (M.-N.) et BACHELIER (X.)
La technique de cassation, Dalloz Paris,, 6e éd., 2006.
KANGAMBEGA Elisabeth (L.)
Droit pénal général, collection précis de droit burkinabè, PADEG Ouagadougou 2007.
KANT (E.), (1781-1787)
Critique de la raison pure (1781-1787), trad. A. Renaut, Paris, Flammarion, coll. " GF ", 2001.
KELLENS (G.)
Précis de pénologie, Liège, Faculté de droit, 1991.

KELSEN (H.)
Théorie pure du droit, trad. Ch. EISENMANN, Dalloz Paris,, 1962.
KOLB (P.), LETURMY (L.)
Droit pénal général : Les grands principes, La responsabilité pénale, Les peines, 6e éd., Gualino Paris,, 2009.
LARGUIER (J.)
Droit pénal général, Dalloz Paris, 19e édition, coll. Mémentos, 2002.
Procédure pénale, 19e éd., Dalloz Paris, 2003.
LAINGUI (A.)
La responsabilité pénale dans l'ancien droit, LGDJ Paris, 1970.
LALOU (H.)
La responsabilité civile, Principes élémentaires et applications pratiques, Dalloz, Paris 1928.
LARGUIER (J.) et CONTE (Ph.)
Droit pénal spécial, 14e éd. Dalloz, Paris, 2008.
Droit pénal des affaires, Armand Colin, Paris 11e éd. 2004.
LASCOUMES (P.)
Élites irrégulières. Essai sur la délinquance d'affaires, Gallimard Paris,, 1997.
LAVAL (N.)
Le juge pénal et l'élu local, Paris, LGDJ, coll. Systèmes, 2002.
LEFEBVRE (F.)
Droit des affaires, Concurrence-Consommation, spéciale, refus de vente, Mémento pratique, Paris, 2006.
LEPAGE (A.), MAISTRE DU CHAMBON (P.), RENAUD (S.)
Droit pénal des affaires, Litec. Paris, 2008.
LEROY (J.)
Droit pénal général, LGDJ, Paris, 2e éd., 2007.
LE TOURNEAU (Ph.)
Droit de la responsabilité et des contrats, Dalloz Paris,, 6e éd., 2006.
LEVASSEUR (G.), CHAVANNE (A.), MONTREUIL (J.), BOULOC (B.), MATSOPOULOU (H.)
Droit pénal général et procédure pénale, 14e éd., Sirey Paris,, 2002.
LEVY (A.), BLOCH (S.), BLOCH (J.-D.)
La responsabilité pénale des collectivités territoriales, de leurs élus, de leurs agents, Litec. Paris, 1995.
LOMBOIS (C.)
Droit pénal général, Hachette, Paris, coll. Les Fondamentaux, 1994.
MALABAT (V.)
Droit pénal spécial, Dalloz Paris,, 3e éd., 2007.
MALAURIE (P.)
Les personnes - Les incapacités, Defrénois, coll. Droit civil, Paris, 2003.
MASCALA (C.)
Droit pénal général, Montchrestien, Paris, coll. Pages d'amphi, 2003.
MASSÉ (M.), JEAN (J.-P.), GIUDICELLI (A.)
Un droit pénal postmoderne, Mise en perspective des évolutions et ruptures contemporaines, 1e éd., PUF, Paris, 2009.
MAYAUD (Y.)
Droit pénal général, PUF, Paris, Coll. Droit fondamental, 2e éd., 2007.

MAZEAUD (H.) MAZEAUD (L.) MAZEAUD (J.) et CHABAS (F.)
Leçon de droit civil-Obligations : Montchrestien Paris, 9e éd., 1998.
La responsabilité civile contractuelle-Les quasi-contrats : PUG, 2001.
MAZEAUD (H.) MAZEAUD (L.) et TUNC (A.)
Traité théorique et pratique de la responsabilité civile délictuelle et contractuelle, t.2, Montchrestien, Paris, 6e éd., 1965.
MENDEGRIS (R.) et VERMELLE (G.)
Le commentaire d'arrêt en droit privé, Méthodes du droit, Dalloz Paris, 5e éd., 2004.
MERLE (R.)
Droit pénal général complémentaire, PUF, Paris 1957.
MERLE (R.) et VITU (A.)
Traité de droit criminel- Droit pénal général, Tome 1, Cujas, Paris 7e éd., 1997.
MORAND-DEVILLER (J.)
Manuel de droit administratif : Montchrestien Paris, 9e éd., 2005.
ORTOLAN (M.)
Eléments de droit pénal, t.1 : H. Plon, Paris, 3e éd., 1863.
PANSIER (F.-J.)
Méthodologie du droit, Litec., Paris 5e éd., 2009.
PAULIN (Ch.)
Droit pénal général, Litec. Paris, 4e édition, 2005.
PIN (X.)
Droit pénal général, Dalloz Paris, 2005.
PRADEL (J.)
Procédure pénale, Cujas, Paris, *14e éd., 2009.*
Droit pénal général, Cujas, Paris, 17e éd., 2008.
Droit pénal comparé, Dalloz Paris,, 3e édition, 2008.
Principes de Droit Criminel, Droit Pénal Général, Editions Cujas, Paris 1999.
Le nouveau Code pénal, Partie générale, 2e éd. Dalloz Paris,, 1995.
PRADEL (J.), CORSTENS (G.), VERMEULEN (G.)
Droit pénal européen, Dalloz Paris,, 3e édition, 2009.
PRADEL (J.), DANTI-JUAN (M.)
Manuel de Droit pénal spécial Droit commun-Droit des Affaires, 5e éd. Cujas Paris, 2010, p.730.
PRADEL (J.), VARINARD (A.)
Les grands arrêts du droit pénal général, tome I, 6e éd., Dalloz Paris,, 2007.
PUECH (C.)
Droit pénal général, Litec., Paris, 1988.
Les grands arrêts de la jurisprudence criminelle, Cujas Paris, 1976.
QUELOZ (N.)
Quelle(s) criminologie(s) demain? In B. Brägger et al. (sous la direction de), La criminologie, évolutions scientifiques et pratiques, Zurich, Ruegger, 2004.
RADE (C.)
Droit du travail, Montchrestien Paris, 5e éd., 2004.
RASSAT (M.-L.)
Droit pénal général, Ellipses Paris, 2e éd., 2006.
Droit pénal spécial, Dalloz Paris, éd., 2006.
Manuel de procédure pénale, PUF Paris, 2002.
Droit pénal, Droit fondamental, PUF Paris, 2e édition, 1999.

RAVRANI (G.)
La responsabilité civile des personnes privées et publiques, Pasicrisie luxembourgeoise, 2e édition, 2006.
RENNEVILLE (M.)
Crime et folie, Deux siècles d'enquête médicale et judiciaire, Paris, Fayard, 2003.
RIBOT (T.), (1885)
Les maladies de la personnalité, Paris, L'Harmattan, 2001.
RIPERT (G.)
La règle morale dans les obligations civiles, LGDJ Paris, 4e éd., 1949.
RIPERT (G.), ROBLOT (R.)
Traité de droit commercial, Litec. Paris Tome 1, vol. 2, 18e éd., 2002.
RIVERO (J.) et WALINE (J.)
Droit administratif, Dalloz Paris, 21e éd., 2006.
ROBERT (J.-H.)
Droit pénal général, PUF Paris, Coll. Thémis, 6e éd. refondue, 2005.
ROBERT (J.-H) et MATSOPOULOU (H.)
Traité de droit pénal des affaires, PUF Paris, 1e éd., 2004.
ROUJOU de BOUBEE (G.), BOULOC (B.), MAYAUD (Y.) et FRANCILLON (J.)
Code pénal annoté, Dalloz Paris. 1996.
ROUX (J.-A.)
Cours de droit criminel français, Tome I, Sirey Paris, 2e éd., 1927.
RUZIE (D.)
Organisations internationales et sanctions internationales, A. Colin Paris, Coll. U, 1971.
SALAS (D.)
La volonté de punir : essai sur le populisme pénal, Paris, Pluriel, 2008.
SALVAGE (Ph.)
Droit pénal général, Presses universitaires de Grenoble, 5e éd. 2001.
SEGONDS (M.)
Droit pénal général, Ellipses Paris, 2004.
SORDINO (M.-C.)
Droit pénal général, Ellipses, Paris coll. Universités droit, 2002.
SOYER (J.-C.)
Droit Pénal et Procédure Pénale, LGDJ Paris, 20e éd., 2008.
SPIELMANN (D.) et SPIELMANN (A.)
Droit pénal général luxembourgeois, Bruylant Paris, 2002.
STEFANI (G.), LEVASSEUR (G.), BOULOC (B.)
Droit pénal général, Précis Dalloz Paris, 21e éd., 2009.
TARDE (G.)
La criminalité comparée, Paris, Les empêcheurs de penser en rond, 2004.
La philosophie pénale, Paris Cujas, 1890, p. 559.
TERRÉ (F.)
Introduction générale au droit, Dalloz Paris, 4e édition, coll. Précis, 1998.
TERRÉ (F.), FENOUILLET (D.)
Les personnes, la famille, les incapacités, Dalloz Paris, 7e édition, 2005.
TERRÉ (F.), SIMLER (P.) et LEQUETTE (Y.)
Droit civil – Les obligations : Dalloz Paris, 9e éd., 2005.

VERNY (Ed.)
Procédure pénale, 2e éd., Dalloz Paris, 2008.
VERON (M.)
Droit pénal spécial, 12e éd. Dalloz Paris, 2008.
Droit pénal des affaires, 7e éd. Dalloz Paris, 2007.
VILLEY (M.)
La formation de la pensée juridique moderne, Paris, éd. « Quadrige », 2006.
VINEY (G.)
Traité de droit civil-Introduction à la responsabilité, LGDJ Paris, 2e éd. 1995, 470 p.
VINEY (G.), JOURDAIN (P.)
Traité de droit civil – Les conditions de la responsabilité civile : LGDJ Paris, 3e éd., 2006.
VOUIN (R.)
Manuel de droit criminel, LGDJ Paris, 1949.

B. Ouvrages spéciaux

ANTONA (J-P.), COLIN (P.), LENGLART (G.)
La responsabilité pénale des cadres et dirigeants dans le monde des affaires, Colin Paris, 1996, p. 67.
ADDA (M.) et BENEZECH (M.)
L'irresponsabilité pénale des handicapés mentaux en droit français et anglo-saxon, Litec. Paris, 1978.
BOCCON-GIBOD (D.)
La responsabilité pénale des personnes morales. Présentation théorique et pratique, Eska, Paris, 1994.
La responsabilité pénale des personnes morales, Alexandre Lacassagne Paris, coll. Juridique, 1993.
BOUCHARD (Ch.)
La personnalité morale démythifiée, Coll. « Droit », Paris, 2002.
CONTE (Ph.), JEANDIDIER (W.)
Droit pénal des sociétés commerciales, Litec. Paris, 2004.
DALMASSO (Th.)
La délégation de pouvoirs, Joly éditions, coll. pratique des affaires, Paris, 2000.
Responsabilité pénale des personnes morales : Evaluation des risques et stratégie de défense, EFE, Paris, 1996.
DESMONS (E.)
La responsabilité pénale des agents publics, collection encyclopédique « Que sais-je ? », éd. PUF Paris, n°. 3345, 1998.
FAUCONNET (P.)
La responsabilité, étude sociologique, 2e éd., F. Alcan, Paris, 1920.
GUYON (Y.) et DELMAS-MARTY (M.) (sous la direction de)
La responsabilité pénale, Gualino Editeur Paris, 2005.
La responsabilité pénale des personnes morales, éd. Dalloz Paris, 1993.
MATHIAS (E.)
La responsabilité pénale, Gualino Editeur Paris, 2005.

MICHOUD (L.)
La théorie de la personnalité morale, Son application au droit français, tome I, LGDJ Paris, 1929.
NIHOUL (M.) (Sous la direction de)
La responsabilité pénale des personnes morales en Belgique, La Charte, Paris, 2005.
PETIT (S.)
La responsabilité pénale des agents des trois fonctions publiques, Berger-Levrault, Paris 1998, Collection Gestion publique.
Le contentieux judiciaire de l'administration, Berger-Levrault, Paris, 1993.
PLANQUE (J.-C.)
La détermination de la personne morale pénalement responsable, L'Harmattan Paris, 2003.
SALEILLES (R.)
De la personnalité juridique, leçon 25, Dalloz, Sirey Paris, 2007.

II. Thèses et mémoires

AFCHAIN (M.-A.), *La responsabilité de la société (administrative, civile et pénale)*, Thèse Tours, 2006, p. 541.
BELGHOUL (F.), *L'extension de la responsabilité pénale des personnes morales*, Mémoire du DEA de droit économique et des affaires, Orléans, 2003.
BONNARD (R.), *De la répression disciplinaire,* thèse, 1903, 217 p.
CANADAS-BLANC (S.), *La responsabilité pénale des élus locaux*, thèse soutenue le 21 avril 1998 à l'Université des sciences sociales de Toulouse I, éd. Johanet, Paris 1999.
CASANOVA (F.), *La chambre criminelle et la responsabilité pénale des personnes morales*, Thèse Paris 2, 2000.
COLOMB (C.), *La responsabilité pénale des professionnels de santé, Thèse de droit privé*, Poitiers, novembre 2004.
COTEL (M.O.), *La responsabilité pénale des personnes morales en droit de la concurrence*, Mémoire DEA Orléans, 1995.
DANA (A.), *Essai sur la notion d'infraction pénale*, thèse Lyon 1981, LGDJ., 1985.
DIA (I.-N.), *Réflexions sur l'applicabilité aux personnes des causes d'exonération de responsabilité pénale*, Thèse Poitiers, 10 juin 2006, 355 p.
DOARE (R.), *Les sanctions administratives (contribution à l'étude du renouveau de la sanction administrative)*, thèse, Rennes I, 1994, 434 p.
EL SAYED (M.), *Le problème de la responsabilité pénale des personnes morales,* Thèse Paris 1, 1988.
FAUCANIE (J.-P.), *La notion de contrainte en droit pénal*, th. Nice, 1994, p. 217.
FORIERS (P.), *De l'état de nécessité en droit pénal*, th. Bruxelles, 1951.
JOURDAIN (P.), *Recherche sur l'imputabilité en matière de responsabilités civile et pénale* : th. Paris II, 1982.
LABORDE-LACOSTE (M.), *De la responsabilité pénale dans ses rapports avec la responsabilité civile et la responsabilité morale* : th. Bordeaux, 1918.
MAHIQUES (C.-A.), *La responsabilité des personnes morales en droit international pénal*, thèse, Poitiers, Septembre 2011.

MESTRE (A.), *La question de la responsabilité pénale des personnes morales*, thèse Paris, 1899.
QUIRICO (O), *Réflexion sur le système du droit international pénal : la responsabilité « pénale » des États et des autres personnes morales par rapport à celle des personnes physiques en droit international*, Thèse Toulouse 1, Décembre 2005.
ROUSSEAU (F.), *L'imputation dans la responsabilité pénale*, Thèse Poitiers, 20 novembre 2007. (Thèse publiée en ouvrages en 2009)
SAUVANT (F.), *L'erreur en droit pénal*, thèse. Nice, 1997, p. 292.
SERRATRICE (B.), *La responsabilité pénale des personnes morales dans le nouveau code pénal*, thèse, Aix-Marseille, 1993.
SHALBI (G.), *La responsabilité pénale du dirigeant d'Entreprise*, thèse, Paris I, juin 2004.
THEBAULT (M-L), *La responsabilité pénale des personnes morales de droit public*, Mémoire DEA Orléans, 1997.
VALETTE (V.), *La personne mise en cause en droit pénal*, Thèse Poitiers 2001, p. 506.

III. Articles et chroniques

AMAR (J.)
« *Brèves réflexions sur les conséquences de la généralisation de la responsabilité pénale des personnes morales sur les relations du travail* », Dr. pén. Novembre 2005, p. 6.
ANCEL (M.)
Pour une étude systématique des problèmes de politique criminelle, Archives de politique criminelle, 1975, pp. 547.
AUSSEL (J.-M.)
« *Le concept de responsabilité pénale* », Annales de la faculté de droit et des sciences économiques de Toulouse, tome XVII, fascicule I, 1969, p. 99.
« *La contrainte et la nécessité en droit pénal* », in Quelques aspects de l'autonomie du droit pénal, études sous la direction de G. STEFANI, Dalloz Paris, 1956, p. 254.
BARBIÉRI (J.-F.)
« *L'incidence de la réforme du code pénal sur la gestion des personnes morales* », Les Petites Affiches, 120, 22-28, 1993.
BELMOKHTAR (Z.)
La responsabilité pénale des personnes morales, Infostat Justice, Ministère de la justice, Bulletin d'information statistique, n° 82, mai 2005.
BERNARDINI (R.)
Personne morale, Responsabilité Pénale, Dalloz Paris, 2001.
Légitime défense, Responsabilité Pénale, Dalloz Paris, 1997.
BOCKELMAN (J.)
L'orientation moderne des notions d'auteur de l'infraction et de participation à l'infraction, RID pén., 1956, p. 167.
BOIZARD (M.)
Les sanctions pénales applicables aux personnes morales. Amende, confiscation, affichage ou communication de la décision, Revue des sociétés 1993 p. 330.

BONICHOT (J.-C.)
La responsabilité pénale des personnes morales de droit public, Gaz. Pal., 1999, p. 768.
BONIS-GARçON (E.)
Troubles psychiques Malades mentaux, Responsabilité Pénale, Dalloz Paris, n° 73, 2002.
BOULOC (B.)
La représentation de la personne morale poursuivie, une loi à refaire, D. 1998, Jurisprudence, p. 296.
La responsabilité pénale des entreprises, Rev. int. dr. pén. 1994 p. 669.
Le domaine de la responsabilité pénale des personnes morales, Revue des sociétés 1993, p. 291.
Le casier judiciaire des personnes morales, Revue des sociétés 1993 p. 364.
BOUTARD LABARDE (M.-C.)
Responsabilité pénale des personnes morales et droit de la concurrence, Petites affiches 1993, n° 120, p. 29.
BRAHY (S.)
De l'effet justificatif de l'erreur en droit pénal, RDPC, 1976-1977, p. 356.
BUFFELAN-LANORE (Y.)
La procédure applicable aux infractions commises par les personnes morales, Revue des sociétés 1993, p. 315.
BULLE (J.-F.)
Les délégations de pouvoirs, JCP E 1999, p. 1136.
CAILLÉ (C.)
Le motif légitime en droit pénal, Rev. Pénit., 1998, p. 194.
CARTIER (M. E.)
« *Nature et fondement de la responsabilité pénale des personnes morales dans le nouveau code pénal français* », Les Petites Affiches, 1996, n° 149, p. 18.
in La responsabilité pénale des personnes morales : évolution ou révolution ? Entretiens de Nanterre, JPCE. 1994, suppl. n° 5, p. 30.
in Le nouveau Code pénal, enjeux et perspectives, Collection thèmes et commentaires, Dalloz 1994, p. 37.
CABINETS FONTANEAU
Les mesures de lutte contre le blanchiment des capitaux à Monaco, in Revue Fiscalité Européenne et Droit International des Affaires, n° 126, 2001.
CATALAN (N.)
De la responsabilité pénale des chefs d'entreprise en matière d'hygiène et de sécurité sociale, JPCE 1976, II, 12010.
CHAPLEAU-MUSSEAU (B.)
Question sur l'erreur de droit, Réflexions sur le nouveau Code pénal, Pédone, 1995, p.70 et s.
CHAPUT (Y.)
Les sanctions pénales et les personnes morales en redressement judiciaire, Revue des sociétés 1993, p. 358.
CHARTIER (Y.)
La désignation des représentants des personnes morales qui exercent une action en justice, note sous ch. Mixte, 22 février 2002, Bulletin, ch. Mixte, n° 1,p. 1, in Revue des sociétés, n° 2, avril-juin 2002, p. 293-297.

CHEVALLIER (J.Y.)
L'état de nécessité, in Mélanges en l'honneur du Doyen BOUZAT, Pédone, 1980, p. 117.
CLÉMENT (G.), VICENTINI (J.-Ph.)
La délégation de pouvoirs du chef d'entreprise en matière pénale, Les Petites Affiches, 210, 5-13, 2001.
COEURET (A.)
La nouvelle donne en matière de responsabilité, Droit Social, 1994, p. 627.
Infraction aux règles d'hygiène et de sécurité du travail, délégation de pouvoirs et mise en danger, Dr. Soc., 1995, p. 344 – 347.
COFFY DE BOISDEFERE (M.J.)
L'évolution de la jurisprudence de la Chambre criminelle de la Cour de cassation quant à la détermination des personnes responsables dans l'entreprise, Petites Affiches, 9 novembre 1999, n° 223, p. 8.
COUTURIER (G.)
Répartition des responsabilités entre personnes morales et personnes physiques, Revue des sociétés, p. 307-314, 1993.
COUTURIER (J.-P.)
L'erreur de droit invincible en matière pénale, RSC, 1968, p. 548.
COUVRAT (P.)
Quelques aspects de l'actualité en droit pénal des affaires, Petites Affiches 1995, n°152, p. 37.
La responsabilité pénale des personnes morales : un principe nouveau, Petites Affiches 1993, n° 120, p. 13.
DALMASSO (Th.)
La délégation de pouvoirs, une réponse à la surpénalisation ?, Petites Affiches 2 mars 2000, n° 44, p. 3.
La responsabilité pénale des personnes morales, Petites Affiches 1993, n°138, p. 10.
DANTI-JUAN (M.)
La responsabilité pénale des sociétés, Rev. pén., 2002, p. 97.
Ordre de la loi, Responsabilité pénale, Dalloz Paris, 1999.
État de nécessité, Responsabilité pénale, Dalloz Paris, 1997.
Les causes d'exonération de responsabilité dans le nouveau Code pénal, RJCO, n°14 juillet 1994, p. 37, spéc. P. 41.
DE BRESSON (J.-J.)
Inflation des lois pénales et législations ou règlementations techniques, Rev. Soc. Crim.1985, p. 241.
DE CODT (J.), GORLE (F.), MANDOUX (P.), VANDERMEERSCH
Erreur invincible, RDPC, 2000, p. 572.
DEDESSUS-LE-MOUSTIER (N.)
La responsabilité du dirigeant de fait, Rev. Soc. 1997, p. 499.
DEKEUWER-DEFOSSEZ (F.)
La responsabilité pénale des personnes morales à la lumière éphémère de l'article 17-1 de l'ordonnance du 1er décembre 1986 relative à la concurrence, JCPE 1994, I, 356.
DELAGE (P.-J.)
Brèves propositions pour une effectivité de la responsabilité pénale des personnes morales, Dr. pén. janvier 2005, Études, p. 12, spéc. p. 13.

DELEBECQUE (P.)
Les sanctions pénales applicables aux personnes morales. Les sanctions de l'article 131-39, 3°, 5°, 6° et 7°, Revue des sociétés 1993, p. 349.
DELMAS-MARTY (M.)
Les conditions de fond de mise en jeu de la responsabilité pénale des personnes morales, Revue des sociétés 1993, p. 301.
Personnes morales étrangères et françaises (Questions de droit pénal international), Revue des sociétés 1993, p. 255.
La responsabilité pénale des groupements (avant projet de 1978), RID Pén. 1980, p.39.
DELMAS SAINT- HILAIRE (J.-P.)
Faits justificatifs. Légitime défense, Juris-Classeur, 1996.
Faits justificatifs : généralités, ordre de la loi, Juris-Classeur, 1996, n° 40.
DE MAGLIE (C.)
« *Défense et illustration de la responsabilité pénale des personnes morales* », Petites Affiches, 11 décembre 1996, n° 149, p. 36.
DE MASSIAC (B.)
Responsabilité pénale des dirigeants et délégation de pouvoirs, RJDA 1995, p. 927.
DEMICHEL (A.)
1995, Le droit pénal en marche arrière, Dalloz Paris, chr. 213-216.
DE VABRES (D.)
Les limites de la responsabilité pénale des personnes morales, RIDPén., 1950, p. 342.
DESPORTES (F.)
Responsabilité pénale des personnes, édit. Du Juris – Classeur, 2001, p. 27.
Les conditions d'imputation d'une infraction à une personne morale, CJEG, novembre 2000, chron., p. 426.
La responsabilité pénale des personnes morales en droit français, CJEG, mars 1996, p. 93.
Le nouveau régime de la responsabilité pénale des personnes morales, Etudes et chroniques, JCPE 1993, p. 70.
DESPORTES (F.), LE GUNEHEC (F.)
Erreur sur le droit, Juris-Classeur, 1996, n° 16.
Responsabilité pénale des personnes morales, Juris-Classeur, 1994, n° 84.
DIOUF (Nd.)
Actes uniformes et droit pénal des États signataires du Traité de l'OHADA : la difficile émergence d'un droit pénal communautaire dans l'espace OHADA, Ohadata D-05-4,1 Revue burkinabé de droit, n° 39-40, n° spécial, p. 63.
DOBKINE (M.)
L'ordre répressif administratif, Dalloz Paris 1993, Chron. p. 157.
DUCASSÉ (C.)
L'état de nécessité dans la jurisprudence pénale, in Recueil de l'Académie de législation de Toulouse, 5e série, tome IV, 1959, p. 146.
DUCOULUX-FAVARD (C.)
Quatre années de sanctions pénales à l'encontre des personnes morales, Dalloz Paris 1998, Chron. p. 395.
FAIVRE (P.)
La responsabilité pénale des personnes morales, RSC, 1958, p. 547.

FERRIER (B.)
Une grave lacune de notre démocratie : l'irresponsabilité pénale des personnes administratives, RSC, 1983, p. 394.
FORTIS (E.)
Les conséquences de la loi du 10 juillet 2000 en droit pénal, RSC, 2001, p. 737.
FREYRIA (Ch.)
La personnalité morale à la dérive, Mélanges BRETON et DERRIDA ? Dalloz Paris 1991, p. 121.
FRISON-ROCHE (M.-A.) (dir.)
Les enjeux de la pénalisation de la vie économique, Dalloz Paris, 1997.
GAËTAN DI MARINO
Le développement de la responsabilité pénale des personnes morales, in : Revue pénitentiaire et de droit pénal, n° 1, mars 2004, p. 27 - 38.
GAMET (M.)
Le principe de personnalité des peines à l'épreuve des fusions et des scissions de sociétés, JPCG, 2001, I, n° 345.
GARTNER (F.)
L'extension de la répression pénale aux personnes publiques, Revue Française de Droit Administratif, 126-158, 1994.
GRAVEN (J.)
L' « état de nécessité » justificatif des naufragés. À propos du Radeau de la Méduse, Rev. crim. et pol. tech., 1969, p. 135.
GRIDEL (J.-P.)
La personne morale en droit français in Revue internationale de droit comparé, 1990, Vol. 2, n° 2, pp. 495-512.
GUILLAUME (M.)
Etude : *La procédure suivie devant le conseil constitutionnel pour les questions prioritaires de constitutionnalité*, La semaine juridique, éd. Générale, supplément au n° 41 du 10 Octobre 2011, JCP G 2011, doctr. 5.
GUYON (Y.)
Quelles sont les personnes morales de droit privé susceptibles d'encourir une responsabilité pénale ? Revue des sociétés 1993, p. 235.
HERMANN (J.)
1998, *Le juge pénal, juge ordinaire de l'administration ?,* Dalloz Paris, chr. 195-202.
HUSS (M.-A.)
Sanction pénale et personnes morales, RDPC, 1976, p. 684.
JONAS (C.), MERGER-PELIER (M.)
La réforme de l'irresponsabilité dans le nouveau Code pénal (Les inquiétudes du psychiatre et l'expérience du magistrat), Revue Médecine et Droit, 1993, n° 1, p. 13.
JORDA (J.)
La responsabilité pénale des personnes morales de droit public à la lumière de la jurisprudence, La Gazette du Palais, n° 42, 11/02/2001, p. 432.
KRIEGK (J.-F.)
Le concept de responsabilité victime du développement de l'État providence ?, Gaz. Pal, 12 juillet 2000.
LARGUIER (J.)
Les limites de l'état de nécessité, RSC, 1982, p. 765.

LATRY-BONNART (C.)
Les personnes morales et la délinquance des nouvelles technologies : quelles responsabilités pénales des dirigeants d'entreprises et quelles délégations pénales ?, Gaz. Pal., 1996, p. 92.
LÉAUTÉ (J.)
Le rôle de la faute antérieure dans le fondement de la responsabilité pénale, Dalloz Paris, 1961, chron., p. 295.
LE CANNU (P.)
Les sanctions pénales applicables aux personnes morales. Dissolution, fermeture d'établissement et interdiction d'activités, Revue des sociétés 1993, p. 341.
LEGEAIS (R.)
Les réponses du droit anglais et du droit allemand aux problèmes de la responsabilité pénale des personnes morales, Revue des sociétés 1993, p. 371.
LE GUNEHEC (F.)
Les incidences du nouveau Code pénal sur le droit des affaires, Droit et Patrimoine, mai 1994, p. 29, spéc. n° 30.
LEVASSEUR (G.)
L'imputabilité des infractions en droit français, Rév. Crim. 1968-1969, p. 390.
LHUILLIER (J.-M.)
La responsabilité civile, administrative et pénale dans les établissements et services sociaux et médico-sociaux, éd. ENSP 1998.
MARECHAL (J.-Y.)
« *Plaidoyer pour une responsabilité pénale directe des personnes morales* », JCP, 14 septembre 2009, hebdo, n°38.
MARON (A.), ROBERT (J.-H.)
Cent personnes morales pénalement condamnées, Droit Pénal, chron. n° 22, 24 et 28, 1998.
MASCALA (C.)
La délégation : cause d'exonération de la responsabilité pénale des dirigeants, Bull. Joly 1998, p. 93, n° 38.
L'élargissement de la responsabilité pénale des personnes morales : la fin du principe de spécialité, Bulletin Joly Sociétés, janvier 2006, p.5.
MATSOPOULOU (H.)
La généralisation de la responsabilité pénale des personnes morales, Revue de Droit des Sociétés 2004 p. 283 et not. p. 285.
MAYAUD (Y.)
Retour sur la culpabilité non intentionnelle en droit pénal… (propos de la loi n° 2000-647 du 10 juillet 2000), Dalloz Paris, 2000, p. 603.
MAYMAT (J.-Ch.)
L'élu et le risque pénal, Berger-Levrault, Paris 1998, p. 248.
MEYER (F.)
Réflexions sur la responsabilité pénale des personnes morales de droit public à la lumière des premières applications jurisprudentielles, Revue Française de Droit Administratif, 920-936, 1999.
MERCADAL (B.)
Abus de biens sociaux, responsabilité pénale des personnes morales, RJDA, 1998, chron., p. 879, spéc. p. 881.

MONDOU (C.)
Responsabilité pénale des collectivités territoriales, Dr. (chronique de législation), Actualité Juridique Droit Administratif, p. 539-548, 1993.
MOULOUNGUI (C.)
La nature de la responsabilité pénale des personnes morales en France, RD pén. crim. 1995, p. 143.
L'élément moral dans la responsabilité pénale des personnes morales (nouveau Code pénal), RTD com., 47 (3), juillet-sept. 1994, p. 441.
MOREAU (J.)
La responsabilité pénale des établissements publics de santé et le nouveau Code pénal, AJDA, 20 septembre 1995, p. 620.
MORVAN (P.)
La personne morale maltraitée par le droit pénal, in « Code pénal et code d'instruction criminelle, Livre du Bicentenaire », Dalloz, 2010, p. 171.
Nullité en droit du travail et délégation de pouvoirs dans les SAS : JCP S 2010, p. 1424.
Le droit pénal fiscal ou la rencontre du troisième type : Gazette du Palais 10 – 12 mars 2002, p. 26.
Responsabilité pénale et droit social, avant et après la loi du 10 juillet 2000 : Revue de Jurisprudence Sociale, Avril 2001, p. 283.
Le droit pénal des institutions représentatives du personnel : Droit social 2000, p. 987.
Délit d'entrave, Juris-Classeur Travail Traité, fascicule 15-92, 2000.
La responsabilité sociale du chef d'entreprise pour manquement à son obligation de sécurité in « Entreprise et responsabilité pénale », LGDJ Paris, coll. Travaux et recherches Panthéon-Assas, Paris II, 1994, p. 95 s.
OHL (D.)
Recherche sur un dédoublement de la personnalité en droit pénal (à propos d'une responsabilité de la personne morale qui n'exclut pas celle du dirigeant personne physique), Études offertes à Barthélémy MERCADAL, Francis LEFEBVRE, Paris, 2002, p. 373, spéc. p. 389-390.
OUTIN-ADAM (A.)
La responsabilité pénale de la personne morale et le cumul avec la responsabilité individuelle, Gaz. Pal. 1999 (1er sem.), Doctr., p. 364.
PAILLUSSEAU (J.)
Le droit moderne de la personnalité morale, RTD civ. 1993, p. 705.
PARIENTE (M.)
Les groupes de sociétés et la responsabilité pénale des personnes morales, Revue des sociétés 1993, p. 247.
PERE (D.)
Le point sur la responsabilité pénale des personnes morales : les précisions apportées par la circulaire du 13 février 2006, Petites affiches, 12 juin 2006, n° 116, p. 20.
PHILIPPE (D.) et NOTTE (C.)
Responsabilité *pénale des personnes morales et délégation de pouvoirs,* Annales du droit luxembourgeois, 2004, Bruylant, p. 163 et s.
PICARD (E.)
La responsabilité pénale des personnes morales de droit public : fondements et champ d'application, Revue des sociétés, 261-287, 1993.

PIRÉ (E.)
Responsabilité pénale des personnes morales : difficulté de droit transitoire, Dalloz Paris, 2004, n° 23, p. 1650.
PLANQUE (J.-C.)
Plaidoyer pour une suppression réfléchie de la spécialité de la responsabilité pénale des personnes morales, Petites affiches, 7 janvier 2004, n° 5, p. 3.
Elargissement jurisprudentiel du domaine d'application de la responsabilité pénale des personnes morales, Dalloz Paris, 2003, p. 2855.
La mise en œuvre de la responsabilité pénale des personnes morales : entre litanie et liturgie, Dalloz Paris, 2002, p. 1147.
Contribution à l'analyse économique de la responsabilité pénale des personnes morales, Droit pénal, n° 10, 01/10/2001.
Influence de la loi du 10 juillet 2000 sur la responsabilité pénale des personnes, Dalloz Paris, 2000, p. 514.
POCHARD (M.) (Conseiller d'État)
La responsabilité des élus, fascicule 812, Editions du Jurisclasseur 1999.
POUJADE (B.) et MEYER (F.)
Les fonctionnaires territoriaux face au juge pénal, éd. La Gazette des communes, 1999.
PRADEL (J.)
De la véritable portée de la loi du 10 juillet 2000 sur la définition des délits non intentionnels, Dalloz Paris, n° 29, Point de vue.
La responsabilité pénale des personnes morales en droit français, quelques questions, Rev. pén., 1998, p. 153.
Le nouveau Code pénal (partie générale), Dalloz Paris, 1993, commentaires législatifs, p. 163, n° 77.
PRÉTOT (X.)
1997, *La responsabilité pénale des fonctionnaires et agents publics. À propos de l'affaire du Stade de Furiani*, Revue du Droit Public, p. 1601-1614.
PUIGELIER (C.)
La délégation de pouvoirs en matière d'accidents du travail, JCP E 1993, I, 283.
RAIMBAULT (Ph.)
La discrète généralisation de la responsabilité pénale des personnes morales, Actualité Juridique Droit Administratif, 2427-2430, 2004.
RASSAT (M.-L.)
Trouble psychique ou neuropsychique. Contrainte, Juris Classeur, 1998, n° 33.
RENUCCI (J.-F.)
La délégation de pouvoirs : questions d'actualité, RJDA 1998, p. 679.
ROUX (J.-A.)
La responsabilité pénale des personnes morales (Congrès de Bucarest 1929), RID pén. 1956.
ROBERT (J.-H.)
Questions prioritaires de constitutionnalité dirigées contre la responsabilité pénale des personnes morales : Des échecs répétés ; la semaine juridique - éd. Générale-Supplément au n° 41-10 Octobre 2011, p. 25 - 30.
RUET (C.)
La responsabilité pénale pour faute d'imprudence après la loi n° 2000-647 du 10 juillet 2000 tendant à préciser la définition des délits non intentionnels, Dr. pén., 2001, chron., p. 4.

SAINT-PAU (J.-C.)

La responsabilité pénale des personnes morales sans représentation, Gazette du Palais, 31 mars 2011, p. 8.

« *L'insécurité juridique de la détermination du responsable en droit pénal de l'entreprise* », Gazette du palais, 10 février 2005, n° 41, p. 7.

La responsabilité pénale des personnes morales : réalité ou fiction, in Le risque pénal dans l'entreprise, Litec., 2003, Coll. Carré Droit, p. 107.

SAUTEL (O.)

« *la responsabilité pénale des personnes morales* », les petites affiches, 18 Juin 2008, n° 122, p. 7.

La mise en œuvre de la responsabilité pénale des personnes morales : entre litanie et liturgie ?, D. 2002, Chron. p. 1147.

SAVATIER (R.)

L'écran de la représentation devant l'autonomie de la volonté de la personne, Dalloz 1959, chron., p. 47.

SAVEAUX (E.)

La personnalité morale en procédure civile, RTD civ.1995, p. 1.

SCHNERB (O.)

Cinq années de jurisprudence sur la responsabilité pénale des personnes morales en France, Bulletin Droit et Banque n° 30, ALJB 2000, p. 31.

SEXER (Y.)

Les conditions de la responsabilité pénale des personnes morales, Droit et Patrimoine, n° 3, p. 43-44, Etude, Doctrine, Article, 2002.

SPIELMANN (D.)

La responsabilité des personnes morales en droit pénal luxembourgeois et étranger : vers une responsabilité pénale des personnes morales ?, Bulletin Droit et Banque n° 30, ALJB 2000, p. 41.

La responsabilité pénale des personnes morales, Bulletin F. Laurent n° IV, 1999, p. 1.

La responsabilité pénale des personnes morales en droit luxembourgeois, Annales du *Droit Luxembourgeois,* vol. 4/1994, Bruylant, Bruxelles 1995, p. 127.

STEINLE-FEUERBACH (M.-F.)

La responsabilité pénale des maires en cas de catastrophe (au regard des procès de Bruz et de Barbotan), JCP, I, 4057, 435-441, 1997.

STOLOWY (N.)

La disparition du principe de spécialité dans la mise en cause pénale des personnes morales, JCP E Semaine Juridique (édition entreprise), n° 24, 10/06/2004, pp. 952-957 JCP 2004, I, 138.

La protection des personnes morales contre le risque pénal, Dalloz Affaires 1998, n° 99.

Responsabilité pénale des personnes morales et des personnes physiques, coauteurs ou complices des mêmes faits : cumul de responsabilité ou meilleure justice pénale, Dalloz Affaires 1995, n° 5, p. 101.

TANDEAU DE MARSAC (V.)

Le principe de responsabilité pénale des personnes morales a-t-il amélioré la situation des dirigeants face au risque de mise en cause de leur responsabilité pénale ?, Gaz. Pal. 8-10 octobre 2000, p. 1652.

URBAIN-PARLEANI (I.)
Les limites chronologiques à la mise en jeu de la responsabilité pénale des personnes morales, Revue des sociétés 1993, p. 239, n°4.
VALEUR (R.)
La responsabilité pénale des personnes morales dans le droit français et anglo-américain, Girad, 1931, Paris, n° 98, p. 66.
VARINARD (A.)
À propos d'une recherche sur la criminalité des accidents du travail, la réaction pénale face à l'accident du travail, in collectif, Mélanges dédiés à Jean Vincent, Dalloz, 407-426, 1981.
VATIER (B.)
La pénalisation nuit-elle à la démocratie ?, Les Petites Affiches n° 12, p. 4-6, 1997.
VINEY (G.)
La responsabilité pénale des personnes morales : Conclusions, Revue des sociétés 1993, p. 381.
VIRET (J.)
La responsabilité de l'administration et de ses agents à l'épreuve du droit pénal contemporain, AJDA, 1995, p. 763, spéc. n° 773.

IV. Rapports

Rapport de la cour de cassation, La responsabilité pénale en matière d'infractions non intentionnelles. La loi du 10 juillet 2000 devant la chambre criminelle.
Rapport du Conseil d'État, *La responsabilité pénale des agents publics en cas d'infractions non intentionnelles*, Paris, La Documentation française, 1996.
Rapport du groupe de travail présidé par M. Jacques FOURNIER au nom du Conseil d'État, *La responsabilité pénale des agents publics en cas d'infractions non-intentionnelles?*, La Documentation française, Paris 1996, Collection Les études du Conseil d'Etat.
Rapport du Conseil d'État, *Régler autrement les conflits*, La Documentation française, Paris, Collection Les études du Conseil d'État, 1993.
Rapport de la Cour de cassation 1998, notamment l'étude de M. Pierre GUERDER *La faute pénale non-intentionnelle des fonctionnaires*, p. 89, La Documentation française, Paris 1999.
Sénat, Rapport du groupe de travail présidé par M. Jean-Paul DELEVOYE au nom de la Commission des lois du Sénat et établi par M. Pierre FAUCHON, Document Sénat n°. 328, Juin 1995.
Rapport présenté lors d'un colloque consacré à la responsabilité pénale des personnes morales, organisé par le département de droit de l'Université de Paris I, le 7 avril 1993, sous la présidence de M. le Procureur général TRUCHE.
Rapport de la Cour de cassation 1998, éd.1999, p. 303.
MASSOT (J.), 1999, Rapport remis au Garde des Sceaux, 16 déc.
Rapport sur la situation de la femme au Mali, MALI-RECOFEM, décembre 2007.
Rapport général du forum sur la justice tenu à Bamako du 30 mars au 03 avril 1999.

V. Colloques et journées d'études

La responsabilité pénale des personnes morales, Actes du colloque de Limoges, 11 mai 1993, Petites Affiches, 6 octobre 1993, n° 120, p. 2 et s.

Entreprise et Responsabilité, Colloque organisé par le Tribunal de Grande Instance de Bobigny, vendredi 24 novembre 1995, Gaz. Pal., 1996, p. 621.

Association des membres et anciens membres du Conseil d'État, Association du corps préfectoral et des hauts fonctionnaires du ministère de l'intérieur, L'état de droit au quotidien, Colloque des 11 et 12 octobre 1993, éd. Regard international, Paris.

Ecole nationale d'administration : *La responsabilité des fonctionnaires*, Colloque du 7 novembre 1995, éd. Cahiers de la fonction publique, Berger-Levrault, Paris.

CARTIER (M.E), La nouvelle définition des délits non intentionnels par la loi du 10 juillet 2000, Introduction au Colloque du 1er février 2001organisé par le centre de recherche en Droit Privé de l'Université de Paris I, Rev. Sc. Crim. 2001, p. 725.

CARTIER (M.E), Nature et fondement de la responsabilité pénale des personnes morales dans le nouveau Code pénal français, n° 149 spécial Petites Affiches 11 Décembre 1996, p. 2 et s. (V. également Bull. Joly 1997, P.94.), acte du Colloque de Sienne de mai 1996.

Sénat *Sécurité juridique et action publique locale*, colloque du 29 avril 1999.

Association et justice pénale, in l'Association, 7e Journée René SAVATIER, Poitiers, 8 et 9 juin 2001, PUF Paris, 2002.

Dix ans après la reforme de 1994 : quels repères dans le Code pénal ?, 15e journées d'études de l'Institut de sciences criminelles de Poitiers, 5 et 6 mars 2004, Coll. Travaux de l'Institut de sciences criminelles de Poitiers, Vol. XXIV, Cujas Paris, 2005.

VI. Notes et observations

BARBIERI (J.-F.),

Note sous Crim. 19 mars 1996, Bull. Joly 1996, p. 846, n° 299.

Note sous Crim. 29 avr. 1998, Bull. Joly 1998, p. 1074, n° 328, D. 1999, p. 502.

BOULOC (B.),

Note sous Crim. 5 février 2003, RSC 2003, p. 554.

Note sous Cass. fr. Crim. 9 décembre 1997, D. 1998, Jurisprudence, p. 296.

Note sous Crim. 17 oct. 2000, Rev. Sociétés 2001, p. 124.

Note sous Crim. 3 déc. 1998, Rev. Sociétés 1999, p. 404, Sur les conditions de la subdélégation.

CARTIER (M. E.), Bull. Joly 1993, p. 666, n° 183, admettant le principe de l'efficacité de la délégation, notamment en matière économique, sauf si un texte de loi en dispose autrement.

DAURY-FAUVEAU (M.), note sous Crim. 24 Octobre 2000, JCP G, 2001, p.1058, « homicide et blessures volontaires : conditions de la responsabilité pénale des personnes morales après la loi du 10 juillet 2000 ».

GIACOPELLI (G.), note sous Crim. 24 octobre 2000, Petites Affiches, n° 228 du 15 novembre 2001, p. 21, « les tribulations de la responsabilité pénale des personnes morales ».

HOUTMANN (M-A.), note sous Crim. 1er décembre 1998, D.2000, p.34.

JOBARD (Y.), REINHARD (Y.), note sous Crim. 17 sept. 2002, RJDA 2003, p. 26, n° 30, en matière d'information financière inexacte, Paris, 30 nov. 1994 (aff. Tapie), Gaz. Pal. 31 déc. 1994, RTD com. 1995, p. 144, ainsi qu'en matière fiscale.

LE POITTEVIN, note sous Crim. 28 décembre 1900, D. 1901, I, 81.

LEVASSEUR (G.), note sous Crim.28 janvier 1954, D.1954, p. 217.

MASCALA (C.),

Note sous Crim. 19 août 1997, Bull. Joly 1998, p. 36, n° 9, (appréciation souveraine des juges ; responsabilité fiscale). En faveur d'une délégation par le PDG au directeur général.

Note sous Crim. 30 oct. 1996, Bull. Joly 1997, p. 300, n° 120.

MASSART (Th.), note sous Crim. 20 mai 2003, Bull. Joly 2003, p. 1166, n° 242.

MATSOPOULOU (H.), note sous Crim. 20 juin 2000, Dalloz Paris, 2001, p. 853, La société absorbante n'est pas pénalement responsable de l'infraction commise par la société absorbée.

NAST (M.), note sous Crim. 7 mars 1918, Dalloz Paris, 1921, 1e partie p. 217.

OHL (D.), note sous Crim. 2 juin 2001, JCP E 2002, n° 371.

PIERRICK (P.), note sous Cass. crim. 2 déc. 2003, Droit pénal 2004, n° 17.

PLANQUE (J.-C.),

Note sous 24 octobre 2000, Dalloz Paris, 2002, p. 514, influence de la loi du 10 juillet 2000 sur la responsabilité pénale des personnes morales.

Note sous Cass. crim. 5 février 2003, Dalloz Paris. 2003, p. 2855, Elargissement jurisprudentiel du domaine d'application de la responsabilité pénale des personnes morales.

ROBERT (J.-H.),

Note sous Crim. 21 mars 2000, JCP éd. E 2001 p. 133, *Responsabilité pénale d'une personne morale à la suite de la production dans une instance prud'homale d'une lettre d'avertissement bénéficiant de l'amnistie.*

Note sous Crim. 11 mars 1993 (5 arrêts) JCP E 1994, II, 571.

ROUJOU de BOUBÉE (G.),

Observations sous Crim. 30 mai 2000, Dalloz Paris, 2001, p. 2350.

Note sous Crim. 26 juin 2001, Dalloz Paris .2002, p.1802.-

SAINT-PAU (J.-C.),

Note sous Crim. 18 janvier 2000, Dalloz Paris, 2000, p. 636, *La responsabilité pénale des personnes morales est-elle une responsabilité par ricochet ?*

Note sous Crim. 29 avril 2003, Dalloz Paris, 2004, p. 167, *La faute diffuse de la personne morale.*

VERON (M.),

Note sous Crim. 9 novembre 1999 et Crim. 14 décembre 1999, *Droit pénal,* mai 2000, n° 56.

VII. Textes législatifs et réglementaires

Directive 2002 de l'UEMOA relative à la coopération internationale en matière de lutte contre le blanchiment d'argent.

Loi uniforme malienne n° 06-066/ AN-RM du 29 décembre 2006 portant sur le blanchiment des capitaux.

Loi uniforme n° 2008-48 du 3 septembre 2008 relative à la répression des infractions en matière de chèque de carte bancaire et d'autres instruments de procédés électroniques de paiement.

La loi n° 2002-305 du 4 mars 2002 relative la responsabilité des personnes morales pour la prostitution des mineurs, JO n° 54 du 5 mars 2002.

Loi n° 01-079 du 20 août 2001 portant code pénal malien, JO 43e année, 1er février 2002.

Loi n° 08-043 RBM/40 du 1er décembre 2008 portant règlement bancaire en République du Mali.

Loi n° 43-96 ADP du 13 novembre 1996 portant code pénal du Burkina Faso, JO 39e année, spécial n° 1 du 27 janvier 1997.

Loi n° 92-686 du 22 juillet 1992 portant code pénal français, entrée en vigueur le 1er mars 1994.

Loi n° 026-2006/AN-RM du 28 novembre 2006 relative à la lutte contre le blanchiment de capitaux au Mali.

Loi du 13 août 1980 portant code pénal togolais révisé en avril 2000, JO 41e année, 6 mars 2002.

Constitution de la république du Mali, adoptée par referendum du 12 janvier 1992 et promulguée par décret n° 92-073/P-CTSP du 25 février 1992.

Loi n° 058-2008/AN du 20 novembre 2008 portant réglementation bancaire au Burkina Faso, JO n° 0002 du 08 janvier 2009.

Loi n° 2004-204 du 9 mars 2004 relative au principe de la généralité de la responsabilité pénale des personnes morales, bulletin officiel du ministère de la justice n° 101.

VIII. Jurisprudence

Cass., QPC, 11 juin 2010, n° 09-87.884, Dalloz Paris : JurisData n° 2010-008735.

Cass., crim., 29 mars 2011, n° 11-90.007 (arrêt n° 2116).

Cass., crim, 27 avr. 2011, n° 11-90.013, Dalloz Paris, JurisData n° 2011-012330.

Cass. crim., 12 déc. 2000, Bull. crim. n° 371.

Cass. Crim. 5 janvier 2000, Bull. crim. n°4.

Cass. Crim. 20 juin 2000, Dalloz Paris 2001, Jurisprudence, p. 853 - 1608.

Cass. Crim. 5 février 2003, Dalloz Paris 2003, Bull. crim. 2003 n° 24 p. 2857.

Cass. Crim. 14 octobre 2003, JCP G 2003, IV 2926, p. 2116.

Cass. soc. 1er octobre 2002, n° 00-45.070.

Crim. 6 mai 1997, Bull. crim. 1997 n° 197.

Crim. 28 octobre 1998, Bull. crim. 1998 n° 281.

Crim. 1er décembre 1998, Bull. crim. 1998 n° 325.

Crim. 9 novembre 1999, Bull. crim. 1999 n° 252.

Crim. 14 décembre 1999, Bull. crim.1999 n° 306.

Crim. 18 janvier 2000, Bull. crim. 2000, n° 28.

Crim. 21 mars 2000, Bull. crim. 2000, n° 128.

Crim. 18 avril 2000, Bull. crim. 2000, n° 153.

Crim. 23 mai 2000, Bull. crim. 2000, n° 200.

Crim. 24 mai 2000, Bull. crim. 2000, n° 203.

Crim. 30 mai 2000, Bull. crim. 2000, n° 206.

Crim. 20 septembre 2000, inédit titré pourvoi n° 01-85938.

Crim. 24 octobre 2000, Bull. crim., n° 268.
Crim. 14 décembre 2000, inédit pourvoi n° 99-85002.
Crim.13 mars 2001, inédit pourvoi n°99-86256.
Crim. 9 mai 2001, inédit titré pourvoi n° 00-84855.
Crim. 26 juin 2001, Bull. crim. 2001 n° 161.
Crim. 26 septembre 2001, Bull. crim. 2001, n° 191.
Crim. 3 avril 2002, Bull. crim. 2002, n° 77.
Crim. 7 mai 2002, inédit titré pourvoi n° 01-82521.
Crim. 8 janvier 2003, inédit titré pourvoi n° 01-85938.
Crim. 11 mars 2003, Bull. crim. 2003, n° 65.
Crim. 29 avril 2003, Bull. crim. 2003, n° 91.
Crim. 17 décembre 2003, inédit pourvoi n° 00-87872.

IX. Webographie

Cabinet ACI, *Effacement du casier judiciaire,* www.cabinetaci.com (consulté le 7 nov. 2013).

Décision du conseil constitutionnel, *Question Prioritaire de Constitutionnalité,* www.conseil-constitutionnel.fr (consulté le 7 nov. 2011).

SAINT-PAU (J.-C.), *La Responsabilité pénale des personnes morales,* www.courdecassation.fr (consulté le 6 avr. 2012).

THIELTGEN (N.), *La Responsabilité pénale des personnes morales en droit luxembourgeois,* www.droitbelge.be (consulté le 8 juin 2010).

BASILE (S.), *La Responsabilité pénale des personnes morales,* www.inrs.fr (consulté le 22 janvier 2012).

DAULL (C.), *De la délégation de responsabilité aux directeurs techniques,* www.irma.asso.fr (consulté le 6 déc. 2008).

BERTRAND (A.), *La responsabilité pénale du maire et de la commune,* www.juripole.fr (consulté le 3 janvier 2013).

PERICARD (A.), WILHELM (P.), *La responsabilité pénale des personnes morales : disparition du principe de spécialité,* www.legipme.com (consulté le 16 décembre 2009).

PLANQUE (J.-C.), *Responsabilité pénale. Influence de la loi du 10 juillet 2000 sur la responsabilité pénale des personnes morales,* www.lexinter.net (consulté le 28 sept. 2010).

GENDRY (B.), *Responsabilité pénale des personnes morales et responsabilité pénale des dirigeants : alternative ou cumul ? Portée des délégations de pouvoirs,* www.lextenso.net (consulté le 10 mai 2011).

ANGELIQUE (R.), *Responsabilité pénale des personnes morales et responsabilité pénale personnelle,* www.oboulo.com (consulté le 18 Mars 2010).

VOVARD (L.), *La responsabilité pénale des personnes morales en matière d'infractions non intentionnelles,* www.village-justice.com (consulté le 12 février 2012).

INDEX ALPHABETIQUE

(Les chiffres renvoient aux numéros de paragraphe)

TABLE DES MATIÈRES

Le Mali
aux éditions L'Harmattan

Dernières parutions

SUR LES TRACES DES GRANDS EMPIRES
Recherches archéologique au Mali
Takezawa Shoichiro, Cisse Mamadou – Préface de N'Diaye Ramatoulaye Diallo
Ce livre est le fruit d'une longue collaboration archéologique malo-japonaise qui a commencé en 1999, qui a permis de déterrer de grands bâtiments des Xe et XIe siècles, faits de pierres, qui pourraient constituer le palais royal du premier royaume de Gao... Il fournit une base riche et solide sur laquelle une nouvelle histoire africaine sera construite. Il intéressera non seulement les archéologues et les historiens, mais aussi les amateurs séduits par ce continent à la fois turbulent et fascinant.
(29.00 euros, 314 p.)
ISBN : 978-2-343-11745-4, ISBN EBOOK : 978-2-14-003419-0

MODIBO KEÏTA
La renaissance malienne
Sangaré Issa Balla Moussa - Préface de André Bourgeot
En 1946, le vent du panafricanisme souffle sur l'Afrique francophone avec la création à Bamako du Rassemblement Démocratique Africain (RDA). La branche Soudanaise (Malienne) du RDA naquit et Modibo Keïta est désigné secrétaire général, avant-gardiste de l'indépendance de la Fédération du Mali. Il conduira ensuite à la souveraineté nationale la République du Mali. Au-delà du parcours politique de l'homme, ce livre fait un exposé des principaux évènements qui ont marqué le pays.
(Harmattan Mali, 22.50 euros, 220 p.)
ISBN : 978-2-343-10156-9, ISBN EBOOK : 978-2-14-002133-6

TOMBOUCTOU À TOUT PRIX
Récit d'une passion pour le Mali
Cissé Moussa
L'auteur de ce livre a été envoûté par la mythique cité de Tombouctou qu'il a fini par connaître intimement. Au fil de ses périples, il a découvert les hommes, les lieux et les faits qui constituent la diversité culturelle qu'il est amené à défendre des années plus tard dans le cadre de ses fonctions publiques. Puisant dans ses souvenirs agrémentés d'anecdotes, il brosse la chronologie des grands voyages à Tombouctou et entraîne le lecteur dans le dédale des manuscrits anciens et du riche patrimoine culturel de la Cité des 333 saints.
(Coll. Écrire l'Afrique, 15.50 euros, 152 p.)
ISBN : 978-2-343-10372-3, ISBN EBOOK : 978-2-14-002310-1

LE MALI SOUS MOUSSA TRAORÉ
Sous la direction de Djibril Diallo
Cet ouvrage relève d'une volonté commune de témoigner, sous l'impulsion d'un droit de mémoire, d'inventaire et de vérité. Les auteurs se proposent d'éclairer les générations actuelles et futures et de fournir aux historiens, chercheurs, des éléments utiles à leurs investigations.
(La Sahelienne, Coll. Mémoire, 23.00 euros, 214 p.)
ISBN : 978-2-343-09375-8, ISBN EBOOK : 978-2-14-001562-5

BIOÉTHIQUE ET EXCISION AU MALI
De la dignité humaine au respect de l'intégrité physique des femmes
Dembélé Moïse
Mais de quelles coutumes s'agit-il, exactement, quand on parle de l'excision et de l'infibulation ? Et à la demande de qui on s'y adonne encore ? Pour répondre à ces questions et essayer de comprendre les raisons du maintien de telles pratiques, impliquant presque 90 % de la population féminine du Mali, Moïse Dembélé a mené un travail approfondi de recherche sur le terrain et d'analyse théorique. Ce parcours l'a conduit à concevoir un ouvrage où plusieurs disciplines - allant de l'anthropologie, à l'éthique, aux sciences de la santé et à la théologie - sont mises à contribution.
(Harmattan Italia, 46.00 euros, 440 p.)
ISBN : 978-2-336-31176-0, ISBN EBOOK : 978-2-14-001557-1

CHRONIQUE KAL KANSAR. LE TAMBOUR SUSPENDU
Témoignage de l'Amanokal Mohamed-Elmehdi Ag Attaher Al Ansari
Oualett Halatine Zakiyatou
Cette chronique révèle l'histoire lointaine et contemporaine des Kal Ansar, une composante importante du monde touareg de la région de Tombouctou et du centre du Mali. C'est un regard de l'intérieur, introduit par le témoignage de Mohamed Elmehdi Attaher Al Ansari, dernier amanokal (souverain) des Kal Ansar. Les références d'auteurs, les écrits et récits des prédécesseurs, des contemporains, d'administrateurs du temps colonial et du Mali apportent des éclairages.
(28.00 euros, 28 p.)
ISBN : 978-2-343-05439-1, ISBN EBOOK : 978-2-336-37947-0

LA PROTECTION JURIDICTIONNELLE DES DROITS DE L'HOMME AU MALI
Bengaly Abraham
Les libertés et droits fondamentaux constituent des normes suprêmes qui gouvernent tous les domaines du droit. Pour s'affirmer et asseoir sa crédibilité, la justice doit partir du capital de valeurs traditionnelles favorables aux droits de l'homme vers le droit écrit de type moderne, et non l'inverse. D'où la nécessité d'une refondation de la justice pour une culture du droit et des droits de l'homme au Mali, et d'une réflexion sur la place et le rôle du juge malien dans une perspective de consolidation de l'État de droit et de la démocratie.
(Coll. Harmattan Mali, 35.00 euros, 346 p.)
ISBN : 978-2-343-05580-0, ISBN EBOOK : 978-2-336-37056-9

PRÉSIDENT (LE) AMADOU TOUMANI TOURÉ ET L'EXPÉRIENCE MALIENNE DU CONSENSUS
Ngono Emmanuel
Cet ouvrage est le fruit d'une réflexion réalisée par un citoyen africain, admirateur de la vie politique du Mali. Le président Amadou Toumani Touré (ATT) a réussi un exploit politique rare : se faire élire et réélire sans avoir une formation politique propre. L'auteur se saisit de cette expérience pour appeler l'attention du président IBK sur l'essentiel de sa charge : faire du Mali un pays souverain et respecté, pour la dignité et la fierté de l'Afrique et des Africains.
(Coll. Harmattan Congo, 11.50 euros, 86 p.)
ISBN : 978-2-343-04946-5, ISBN EBOOK : 978-2-336-36763-7

POLITIQUES AGRICOLES ET STRATÉGIES PAYSANNES AU MALI DE 1910 À 2010
Mythes et réalités à l'Office du Niger
Coulibaly Chéibane
Ce livre raconte cent ans d'histoire de l'Office du Niger de 1910 (date de création du Comité du Niger) à 2010 (date de consolidation du programme initiative Riz). C'est l'analyse des politiques agricoles de périodes aussi différentes que l'époque coloniale du Soudan français, la période socialiste du Mali, de 1960 à 1968, le régime militaire issu du coup d'État de 1968, et l'ère libérale des années 1990 à nos jours. C'est aussi le récit de 100 ans d'histoire du monde rural du delta du Niger, des résistances et des luttes paysannes.
(Coll. Harmattan Mali, 29.00 euros, 280 p.)
ISBN : 978-2-343-04972-4, ISBN EBOOK : 978-2-336-36579-4

L'HARMATTAN ITALIA
Via Degli Artisti 15; 10124 Torino
harmattan.italia@gmail.com

L'HARMATTAN HONGRIE
Könyvesbolt ; Kossuth L. u. 14-16
1053 Budapest

L'HARMATTAN KINSHASA
185, avenue Nyangwe
Commune de Lingwala
Kinshasa, R.D. Congo
(00243) 998697603 ou (00243) 999229662

L'HARMATTAN CONGO
67, av. E. P. Lumumba
Bât. – Congo Pharmacie (Bib. Nat.)
BP2874 Brazzaville
harmattan.congo@yahoo.fr

L'HARMATTAN GUINÉE
Almamya Rue KA 028, en face
du restaurant Le Cèdre
OKB agency BP 3470 Conakry
(00224) 657 20 85 08 / 664 28 91 96
harmattanguinee@yahoo.fr

L'HARMATTAN MALI
Rue 73, Porte 536, Niamakoro,
Cité Unicef, Bamako
Tél. 00 (223) 20205724 / +(223) 76378082
poudiougopaul@yahoo.fr
pp.harmattan@gmail.com

L'HARMATTAN CAMEROUN
TSINGA/FECAFOOT
BP 11486 Yaoundé
699198028/675441949
harmattancam@yahoo.com

L'HARMATTAN CÔTE D'IVOIRE
Résidence Karl / cité des arts
Abidjan-Cocody 03 BP 1588 Abidjan 03
(00225) 05 77 87 31
etien_nda@yahoo.fr

L'HARMATTAN BURKINA
Penou Achille Some
Ouagadougou
(+226) 70 26 88 27

L'HARMATTAN SÉNÉGAL
10 VDN en face Mermoz, après le pont de Fann
BP 45034 Dakar Fann
33 825 98 58 / 33 860 9858
senharmattan@gmail.com / senlibraire@gmail.com
www.harmattansenegal.com

www.ingramcontent.com/pod-product-compliance
Lightning Source LLC
LaVergne TN
LVHW011138061026
849535LV00003B/528
* 9 7 8 2 3 4 3 1 2 6 5 9 3 *